V.W. Vasil'ev

Der Buddhismus, seine Dogmen, Geschichte und Literatur

Aus dem Russischen übersetzt. Erster Theil.

V.W. Vasil'ev

Der Buddhismus, seine Dogmen, Geschichte und Literatur
Aus dem Russischen übersetzt. Erster Theil.

ISBN/EAN: 9783743441231

Hergestellt in Europa, USA, Kanada, Australien, Japan

Cover: Foto ©ninafisch / pixelio.de

Weitere Bücher finden Sie auf **www.hansebooks.com**

DER BUDDHISMUS,

SEINE

DOGMEN, GESCHICHTE UND LITERATUR.

Von

W. Wassiljew.

Professor der chinesischen Sprache an der Kaiserlichen Universität zu St. Petersburg.

ERSTER THEIL:

Allgemeine Uebersicht.

Aus dem Russischen übersetzt.

St. PETERSBURG, 1860.

Commissionaire der Kaiserlichen Akademie der Wissenschaften:

in St. Petersburg Eggers et Comp., in Riga Samuel Schmidt, in Leipzig Leopold Voss.

Preis: 1 Rbl. 50 Kop. = 1 Thlr. 20 Ngr.

Gedruckt auf Verfügung der Kaiserlichen Akademie der Wissenschaften.

K. Vesselofski, beständiger Secretär.

Im Mai 1860.

Buchdruckerei der Kaiserlichen Akademie der Wissenschaften.

Vorrede des Verfassers.

Während eines fast zehnjährigen Aufenthaltes in Peking habe ich keine geringe Zeit auf das Studium des Buddhismus verwendet. Der Reichthum an Materialien in tibetischer und chinesischer Sprache gab mir die Möglichkeit, mich mit den sehr verschiedenen Seiten dieser Religion bekannt zu machen. Doch liess ich nicht ausser Augen, dass weder alles, was den Anhänger dieses Glaubens interessirt, überhaupt Ueberlieferung verdient, noch so überliefert werden muss, wie die Buddhisten es auffassen. Deshalb habe ich weder alles, was ich gelesen, in meine Bemerkungen eingetragen, noch allem, was vielleicht niedergeschrieben zu werden verdient hätte, eine Stelle eingeräumt. Denn erst bei genauerer Bekanntschaft, nachdem schon vieles durchgelesen war, ohne aufgeschrieben zu sein, war es möglich, sich eine vollständige und befriedigende Rechenschaft über alles, was Aufmerksamkeit verdient, zu geben. Dennoch glaube ich der Ansicht sein zu dürfen, dass die von mir verarbeiteten Materialien dadurch eine nicht unwesentliche Bedeutung erhalten, dass sie mit dem Buddhismus in einem grössern Umfang bekannt machen, als die früheren Gelehrten dies zu thun im Stande waren; denn obgleich gründlicher in demjenigen, was ihnen in die Hand gefallen war, hatten sie doch

IV keine solchen Quellen. Die Kenntniss beider Sprachen, sowohl der chinesischen als der tibetischen, deren sich bis jetzt die occidentalischen Gelehrten des Westens nicht rühmen können, gab mir ebenfalls kein geringes Uebergewicht. — Wie dem jedoch sein möge, die allgemeine Uebersicht des Buddhismus, welche ich hier vorlege, bildet nur den kleinsten Theil von dem, was ich niedergeschrieben: sie ist nur die Einleitung zu denjenigen Arbeiten, welche ihr als Grundlage gedient haben und deren Ziel ist, das, worüber hier kurz und oft in hypothetischer Form gesprochen ist, zu entwickeln und zu rechtfertigen. Diese Arbeiten sind 1) die buddhistischen Dogmen dargestellt in einer Erklärung zu dem terminologischen Lexikon Mahâvjutpatti; 2) eine Uebersicht der buddhistischen Literatur; 3) Geschichte des Buddhismus in Indien, aus dem tibetischen Werke des Târanâtha übersetzt; 4) Geschichte des Buddhismus in Tibet; 5) endlich die Reise des Hiuen Thsang, aus dem Chinesischen übersetzt. Alles dieses ist nicht ohne eine innere Verbindung unter einander und begreift alles, was man nur von dem Buddhismus zu wissen wünschen kann; ich habe die übersetzten Werke ans Ende gestellt, um sie nicht mit einer Menge Noten überladen zu müssen, wie gewöhnlich bei Veröffentlichungen ähnlicher Art geschieht, selbst vortreffliche Anmerkungen verlieren dadurch, dass sie ohne Verbindung zerstreut sind, oft ihren Werth; derjenige, welcher ein Werk mitsammt den Erklärungen durchliest, ist schon überhaupt häufig nach Vollendung desselben nicht im Stande, sich von dem Gelesenen Rechenschaft abzulegen; — um wie viel mehr ist dies bei neuen Gegenständen zu befürchten, welche nicht zu den bekannteren Studienkreisen gehören, wie der Buddhismus, von dessen Lehre auch kein einziges in Europa herausgegebenes besonderes Werk bis jetzt einen ganz richtigen Begriff zu geben vermag. Mich leitete dabei der Gedanke, den Leser durch vorläufige Arbeiten zum Verständniss der Originalwerke ohne ausgedehnte Commentare vorzubereiten, oder demjenigen, welcher sich nicht in ein weiteres tiefes Studium einlassen will, in meinen Abhandlungen zur Befriedigung seiner Neugierde genügende Nachrichten darzubieten.

Vielleicht wird es auffallen, dass mein Buch mit dem Mangel jeglicher Verweisungen auf Abhandlungen und Werke über den Buddhismus, die in Europa herausgegeben sind, gewissermassen prunkt. — Russische, französische, englische und deutsche Gelehrte haben in der That bereits viel über diesen Gegenstand geschrieben; auch ich habe seiner Zeit den grössten Theil ihrer Werke durchgelesen, aber den Buddhismus durch sie nicht kennen gelernt. Sogar die allerberühmteste Arbeit Burnouf's *Introduction à l'histoire du Buddhisme Indien* wurde von mir — obgleich sie in vielem die Erkenntniss dieser Religion unter dem richtigen Gesichtspunkt gefördert hat — doch nicht zum Führer genommen. Wenn man bei mir stellenweis übereinstimmenden Meinungen begegnet, so bin ich unabhängig von diesem Gelehrten dazu gelangt; was aber Abweichungen betrifft, so wollte ich diese Arbeit nicht mit Polemik füllen; denn wenn diese auch einzelne Punkte aufhellt, so verhindert sie nichts desto weniger die Erkenntniss der Ganzheit des Systems. Ich habe bereits oben gesagt, dass die Quellen, deren ich mich bedienen konnte, wie ich überzeugt bin, viel umfassender waren, als die, welche den übrigen Gelehrten zu Gebote standen, und wenn ich mir etwas vorzuwerfen habe, so ist es doch nicht das, dass ich den früheren, auf ein oder einige Stücke unter den tausend verschiedenen Werken der buddhistischen Literatur gegründeten Arbeiten wenig Aufmerksamkeit zugewendet habe. Ich denke, dass die geringe Anzahl der Kenner der ostasiatischen Sprachen es gegenwärtig noch etwas aufschieben mag, sich mit Streiten abzugeben, für sie ist jede Stunde kostbarer, die sie auf Bearbeitung und Benutzung der dortigen Werke verwenden. Und demgemäss muss der Werth von der Bestimmung des Grades abhangen, in welchem ich fähig war die mir zu Gebote stehenden Materialien zu benutzen. Doch auch hierüber erlaube ich mir noch einige Worte.

Es sind bereits fast sieben Jahre verflossen seit der Zeit, dass ich Peking verlassen habe; seitdem nehmen andere Interessen, denen ich mich aus Neigung und Dienstpflicht hingegeben habe, meine ganze Aufmerksamkeit in Anspruch. Dass ich mir bewusst war, dass die von mir vorbereiteten Materialien noch einer sorgfältigen Ausarbeitung, Verbesserung und Ergänzung bedürften, ist daraus ersichtlich, dass ich mich nicht beeilt habe, sie zu veröffentlichen. Doch die Zeit geht mittlerweile hin und die Richtung meiner Beschäftigungen wendet sich immer mehr und mehr derjenigen Seite zu, welche mir keine Hoffnung giebt, dass ich in kurzer Zeit im Stande sein werde, mich mit der Beendigung der bereits geschriebenen zu beschäftigen; die Zeit geht hin und macht Arbeiten, welche wenige Jahre vorher frisch genug erschienen wären, zu verspäteten und dem Stand der Wissenschaft nicht entsprechenden. Die isolirte Thätigkeit verschwindet unbeachtet im Dunkel und

verdient das dunkle Hinsterben einer vieljährigen Thätigkeit nicht um so mehr Mitleiden, wenn es den Ruhm
des russischen Namens betrifft, den Beweis, dass auch
die Russen etwas für die Wissenschaft zu thun vermö- VII
gen? Haben wir doch gesehen, dass die Ehre die erste
Uebersetzung der Reise des Hiuen Thsang der Oeffent-
lichkeit zu übergeben, obgleich schon im Jahre 1845
von einem russischen Orientalisten eine Uebertragung
abgefasst war, im Jahre 1856 durch Stan. Julien gewonnen ward.

So stand die Sache, als der Herr Akademiker
Schiefner gleich nach Durchlesung des ersten Theils
meiner Arbeiten, welchen ich ihm vorgelegt hatte, ihn
der Akademie der Wissenschaften zum Druck empfahl.
Diese beschloss nicht nur diese Publication mit ihrem
Namen zu schmücken, sondern auch die Kosten derselben zu tragen. Jetzt wird es nun fast ganz in der Gestalt vorgelegt, in welcher ich es aus Peking mitbrachte
und wie es sechs Jahr hindurch in meinem Pulte gelegen hat; — alles übrige ist unverändert geblieben.

Obgleich aus dem oben Gesagten hervorgeht, dass
hier nur der erste und allerkleinste Theil meiner Materialien vorgelegt wird, so entbehrt doch auch dieser
eines Abschlusses bezüglich seines Inhaltes nicht. Ich
setze hier die allgemeinen Ideen über den Buddhismus
auseinander, welche ich mir durch eine mehr oder minder grosse Bekanntschaft mit dem ganzen Umfang seiner
Literatur, seiner Geschichte, Dogmatik und Philosophie
gebildet habe; doch gestehe ich gern, dass diese De- VIII
duction, so lange als alle übrigen Theile meiner Arbeiten nicht beendet sein werden, ebenfalls unfertig erscheinen wird.

Uebrigens darf ich bezüglich der Befriedigung der wissenschaftlichen Anforderungen insbesondre in Betreff meines Vaterlandes mehr beruhigt sein. Bei uns giebt es bis jetzt auch nicht ein einziges Werk dieser Art. Die Kritik unsrer Gelehrten würde mir sogar Befriedigung gewähren; denn sie würde mir den Beweis liefern, dass der Gegenstand, welcher mich lange Zeit beschäftigte, und demgemäss ein Recht auf meine Theilnahme hat, meinen Landsleuten nicht fremd ist und dass sie fähig sind auf diesem Gebiete weiter zu wirken. Eine strenge Kritik des wissenschaftlichen Theiles muss ich von Seiten der europäischen Gelehrten um so mehr erwarten, da die Akademie der Wissenschaften sich erboten hat, dieses Buch auch in einer der europäischen Sprachen zu veröffentlichen. Ich kann nicht umhin bei dieser Gelegenheit nochmals der Mängel der gegenwärtigen Veröffentlichung zu gedenken; aber zur Vertheidigung erlaube ich mir nur eine Bemerkung auszusprechen: wo kann es eine Vollkommenheit und ein Ende einer gelehrten Ausarbeitung geben? Je mehr sich ein Gelehrter in das Gebiet einer Wissenschaft vertieft, desto weniger bleibt er von seinen Forschungen befriedigt. Im Verhältniss zu seiner Vertiefung erheben sich in seinem Haupte immer neue Fragen, welche er beim Anfang der Beschäftigung nicht einmal ahndete; er begreift eher als ein andrer Leser, dass der vorausgesetzte Abschluss nur ein scheinbarer ist und dass noch manches Wort, mancher Ausdruck gesichert werden müsste, welcher einem andern auch nicht einmal auffällt. Ich bin überzeugt, dass kein einziger gewissenhafter Schriftsteller
IX seine Arbeiten ohne Herzklopfen zu veröffentlichen vermag.

Einen anderen mehr begründeten Vorwurf können unsere Kritiker mir wegen Ungenauigkeit in dem materiellen Theil der Veröffentlichung machen, wegen der Mängel der Correctur und noch mehr wegen der Unregelmässigkeit der Sprache und der Unebenheit des Styls. Ich bin mir selbst dieser Mängel sehr wohl bewusst und hege nicht die Hoffnung, mich mit meiner Ungeduld und meiner geringen Erfahrung in dem, was Veröffentlichung betrifft, hinreichend entschuldigen zu können; auch bin ich fern davon, mich etwa gar damit rechtfertigen zu wollen, dass das Buch so erscheint, wie es unmittelbar niedergeschrieben ward, und ich während der Herausgabe sogar keine Zeit hatte, viele Verbesserungen im Styl vorzunehmen. Aber ich glaube, dass wenn man über einen in unserm Vaterlande noch neuen Gegenstand über Ausdrücke und Ideen, welche wir uns noch nicht angeeignet haben, spricht, es nicht möglich ist, einige Unebenheiten in der Sprache zu vermeiden; zugleich mag es leicht geschehen, dass ein Schriftsteller, welcher sein ganzes Leben unter Handschriften zugebracht hat, die in Sprachen, welche von den unsrigen so ganz abweichend abgefasst sind, in den Fehler orientalischer Wendungen verfalle. Was die Klarheit der Darstellung betrifft, so schien ihm vielleicht aus demselben Grund in der kurzen und abgerissenen Rede oft dasjenige deutlich, von welchem andere sogleich annehmen würden, dass er verpflichtet gewesen wäre es abzuändern; hier kam es darauf an, die eignen Kenntnisse dem Niveau des zukünftigen Lesers anzubequemen und anzugleichen; es mag leicht geschehen, dass dem Verfasser da eine Andeutung genügend scheint, wo der Leser ausführliche Erläuterungen verlangt. Noch häufiger sind die Fälle, wo ich die Leichtigkeit des Styls dem Wunsch opferte, meinen Gedanken zu vervollständigen und in seiner Ganzheit wiederzugeben; um so mehr hatte ich bei der Darstellung der philosophischen Systeme des Buddhismus mit der Schwierigkeit der orientalischen Texte, der Nebelhaftigkeit ihrer Metaphysik und dem Mangel entsprechender Ausdrücke in der russischen Sprache zu kämpfen. Mit andern Worten könnte ich sagen, dass ich meine Fehler in Styl und Sprache sehr gut einsehe, aber dass ich auch glaube, dass auch jeder andre an meiner Stelle diese Mängel wohl hätte vermeiden können; denn der Hauptgrund derselben liegt nicht in der Sprache, sondern in den Gedanken.

Uebrigens habe ich alles dieses nicht zu meiner Rechtfertigung gesagt, sondern damit man ein unpartheiisches Urtheil fällen könne, nach diesem Anfange wol auch die folgenden von mir vorbereiteten Materialien eine Veröffentlichung verdienen.

W. Wassiljew.

Vorwort zur Uebersetzung.

Das im April 1856 der Akademie zum Druck empfohlene Manuscript des vorliegenden Werkes war nicht der Art, dass unmittelbar nach demselben eine Uebertragung in eine neuere Sprache möglich gewesen wäre. Eine wörtliche französische Uebersetzung wurde zwar bald nach Erscheinen des Originalwerkes im J. 1857 im Auftrage der Akademie unter meinen Augen versucht, jedoch ergab es sich gar bald, dass, um den Anforderungen französischer Leser zu genügen, eine Ueberarbeitung erforderlich gewesen wäre, welche auch nur von einem mit buddhistischen Studien vertrauten Manne hätte geleistet werden können. In Ermangelung eines solchen sah die Akademie sich veranlasst an die Stelle der anfangs beschlossenen französischen Bearbeitung eine deutsche treten zu lassen, zumal da diese Arbeit von einem Gelehrten unternommen wurde, der ausser einer gründlichen Kenntniss des indischen Alterthums auch die erforderliche Leichtigkeit im Verständniss der russischen Sprache mitbrachte. Da es demselben gestattet war die Uebersetzung mit Freiheit zu behandeln und Zusätze zu machen, so hat er vom ersten Recht einigen Gebrauch gemacht, jedoch nur in Bezug auf die Form und auch hier fast nur in der Uebersicht, insbesondere fast gar nicht in den beiden letzten Beilagen und überhaupt wo der Verfasser Originaltexte wörtlich übertragen zu haben schien. An dem Inhalt etwas zu ändern, hat er sich — natürlich Druckfehler ausgenommen — nicht erlaubt; ebensowenig hat er — mit Ausnahme einiger durch ( ) bezeichneten Einschiebsel — von dem Recht Gebrauch gemacht, Zusätze hinzuzufügen. Einige Nachsicht werden die Kenner des Chinesischen mit der vielleicht nicht immer gleichförmigen Transcription chinesischer Wörter haben müssen. Im russischen Original sind die einzelnen chinesischen Wörter auf die bei den Mitgliedern der russ. Mission in Peking üblich gewordenen, freilich den gerechten Anforderungen genauer Lautbezeichnung wenig entsprechende Weise wiedergegeben und später zum Behuf der französischen Uebersetzung in die dem Abendlande bekannte Transcription der südlichen Mundart übertragen worden. Für die deutsche Ausgabe waren neue Aenderungen nothwendig, welche jedoch bisweilen unterblieben oder nicht ganz regelrecht vorgenommen worden zu sein scheinen.

Die am Rande befindlichen Seitenzahlen sind die des russ. Originals, welche mehrfach im Böhtlingk-Roth-schen Sanskrit-Wörterbuche citirt werden und deshalb hier von mir im Index beibehalten worden sind.

Da nun endlich der durch verschiedene Hindernisse hinausgeschobene Druck des vorliegenden Werkes beendigt ist, werden die auswärtigen Leser selbst Gelegenheit haben, die Punkte, in denen Prof. Wassiljew neue oder ihm eigenthümliche Ansichten aufstellt, einer Prüfung zu unterwerfen. Mit mir werden sie den Wunsch theilen, dass der Verfasser fortfahren möge aus den ihm zu Gebote stehenden reichen chinesischen Quellen unsere Kenntnisse des Buddhismus zu erweitern oder zu erneuter Untersuchung streitiger Punkte Anlass zu geben.

St. Petersburg, den $\frac{\text{21. März}}{\text{2. April}}$ 1860.

A. Schiefner.

Inhalt.

Allgemeine Uebersicht.

Der Buddhismus zieht bereits seit langer Zeit die Aufmerksamkeit der Gelehrten auf sich; diese schöpfen ihre Kenntnisse aus verschiedenen Quellen, weil die buddhistische Literatur in der Sanskritsprache, dem Pâli, dem Tibetischen, dem Mongolischen, Mandschu und Chinesischen erscheint. Wir begegnen ihm in unbestrittener Herrschaft, sowohl auf der Insel Ceylon und im transgangetischen Indien, als an den Ufern des Baikal und des kaspischen Meeres. Aber bis auf den heutigen Tag hat es noch Niemand unternommen eine vollständige Uebersicht aller dieser Religion angehörigen Momente zusammenzustellen und eine kurze Geschichte derselben vorzulegen; ja — was die Hauptsache ist — die gelehrte Welt hat erst eine geringe Kenntniss des Inhalts der mannigfaltigen Systeme, welche sich im Lauf der Zeit in dieser Religion gestaltet haben. Bis jetzt hat der grösste Theil der russischen und europäischen Gelehrten entweder irgend einen einzelnen Punkt der Lehre (z. B. «von den drei Körpern,» «die Cosmogonie» u. s. w.) behandelt, oder irgend ein Werk (z. B. die Vadschratschtsch'hedikâ, den Lalitavistara,

Saddharmapundarika) übersetzt und erläutert. Dies ist zwar
2 ganz gut* und nach der Ansicht vieler Gelehrten, welche glauben, dass es einer Ausarbeitung der Theile bedarf, um zu einem sichern allgemeinen Resultat zu gelangen, sogar unumgänglich nothwendig. Dennoch sind wir andrer Meinung. Wir glauben, dass die partikulären Bearbeitungen der Gelehrten theils nur daraus hervorgegangen sind, dass sie in einer indirekten Verbindung mit andern Gegenständen standen, welche sie dem Publikum mittheilten, theils aus Mangel an Materialien.

Wirft man einen Blick auf die Massenhaftigkeit der buddhistischen Literatur, so muss man sich zuerst unwillkürlich fragen, ob es möglich sei, alle Bücher Theil für Theil in Kürze zu analysiren. Zweitens, wenn Niemand es nöthig hielt und fand, sämmtliche theologische Werke des Islam im Original wiederzugeben, obgleich dieser uns viel näher steht und, zumal bei der Menge der bekannten mohammedanischen Sprachen, viel zugänglicher ist — so frägt es sich natürlich: aus welchem Grund wir den buddhistischen Werken diesen Vorzug einräumen müssen — und ausserdem zugleich: wer sie lesen und — vor allem — verstehen wird, wenn er, wie vielleicht der Herausgeber selbst, keinen Begriff von der Gesammtheit der ganzen Literatur hat, keinen von der Stelle, welche ein bestimmtes Werk in ihr einnimmt, und keinen von dem Kreis der Ideen, welche es enthält. Denn es kann leicht der Fall sein, dass dieses Buch nur der Auszug oder die Wiederholung eines andern ist, in welcher absichtlich zwei oder drei Ausdrücke hinzugefügt sind, um Ideen zu bekräftigen, welche der Verfertiger dieser Bearbeitung an einem andern Ort entwickelt hat. Endlich — und dies ist das Wichtigste — gehören die Bücher dieser oder einer andern Schule an; die Lehre über einen hier behandelten Gegenstand entfernt sich von den Meinungen, welche dort aufgestellt sind. Kennen wir nun nicht alle Windungen der Literatur, so nehmen wir das erste Buch, welches uns in die Hände fällt, und bürden die darin dargestellte Form dem gesammten Buddhismus auf.

Diese Religion hat eine eigenthümliche Methode angenommen, ihre heiligen Schriften zu verherrlichen. Fast in dem grössten Theil derselben sitzt der Buddha von seinen Schü- 3
lern oder einem zahlreichen Gefolge höherer Wesen umgeben, welche, je nach der Schule, der das Werk angehört, verschieden sind —; es entspinnt sich ein Gespräch entweder unter den Anwesenden, oder zwischen einem von ihnen und dem Buddha selbst — und zwar von grösserer oder geringerer theologischer Bedeutung. Liest man weiter, so findet man, dass dieses Buch, dessen Namen auf dem Titelblatt genannt ist, eins der allerheiligsten und erhabensten ist, dass die Buddha's aller Zeiten seinen Inhalt gelehrt haben, dass, wer es lesen, wiederholen, dem Gedächtniss einprägen und verbreiten wird, frei wird von allen Leiden, und Herr über alle Geister; ja dass das Reich, in welchem die Lehre dieses Buchs blühen werde, alle möglichen Arten von Glückseligkeit geniessen solle. Alles dieses nimmt mehr als die Hälfte des Buches ein; ja es giebt deren sogar nicht wenige, deren ganzer Inhalt aus Lobpreisungen des Titels, welcher an ihre Spitze gestellt ist, besteht. Würde unter solchen Umständen ein mit dem Inhalt der buddhistischen Literatur minder Bekannter sich nicht für berechtigt halten, nach einem solchen Werke zu greifen und es als den Ausdruck des ganzen Buddhismus zu betrachten? Wie sehr aber würde er sich irren!! Der grössere Theil der bis jetzt herausgegebenen Werke hat für die dogmatische Seite dieser Religion fast gar keine Bedeutung. Die, welche über den Buddhismus geschrie-

ben haben, heben in den Texten, welche sie aus verschiedenen Büchern beibringen, selten irgend etwas Wesentliches hervor. Bücher, wie z. B. die Vadschratschtsch'hedikâ, der Uligerun dalai, haben sich nur in Folge der Schönheit ihrer Publikation einer Bekanntschaft zu erfreuen. Das erstere ist, als bibliographische Seltenheit, von einem chinesischen Kaiser in mehreren Sprachen herausgegeben, das zweite ist auf ähnliche Weise dadurch bekannt geworden, dass es aus dem Chinesischen in das Tibetische übersetzt ward. Der Lalitavi-
4 stara ist unzweifelhaft durch sein Alter und die jugendlich
frischen Ideen, welche er darstellt, interessant, allein er ist ein Werk, welches nur einer Schule angehört. — In solcher Weise verdient Alles, was in Uebersetzungen bekannt gemacht ist, eher von Seiten des literarischen Verdienstes überhaupt Aufmerksamkeit und kann vielleicht — in Ermangelung andrer Quellen — als ein Pröbchen der buddhistischen Literatur Eingang finden, allein keinesweges, wie wir bemerken müssen, in jeder Beziehung, und noch weniger als Darstellung der Hauptmomente seiner Dogmatik.

Wollten wir ausführliche Untersuchungen sowohl über die Glaubenssätze dieser Religion, als ihre Geschichte, über die Reibungen sowohl mit andern fremden Lehren als unter den eignen mehr oder minder verfeindeten Schulen vorlegen, so würde das nicht blos viel Zeit in Anspruch nehmen, sondern möchte auch mehrere umfangreiche Bände füllen, welche — da das Publikum für diesen Gegenstand nicht vorbereitet ist — wahrscheinlich von Niemand gelesen werden würden.

Vertieft man sich in die Betrachtung nicht nur der wichtigeren Thatsachen, sondern auch der minder wichtigen technischen Ausdrücke, der partikulären Mittheilungen, so wird man betroffen durch das im Ganzen erstaunliche Gemenge, wel-

ches aus dem Zusammenfluss von verschiedenen Meinungen, in Folge der langen Dauer der buddhistischen Religion und ihrer Spaltung in Schulen, die bald sich mit einander zu versöhnen suchten, bald einander bekämpften, hervorgegangen ist. Ein und dasselbe Wort wird oft auf zehn verschiedene Weisen erklärt, einem und demselben Moment wird oft eine verschiedene und ganz entgegengesetzte Stelle angewiesen. Dies rührt einzig daher, dass in den neueren Buddhismus oder in seine Gesammtliteratur, welche für gleichzeitig mit einem und demselben Buddha ausgegeben wird und von diesem, wenn auch nicht geschrieben, doch vorgetragen sein soll, Bücher eingedrungen sind, welche unter Einfluss all der verschiedenen Bedingungen abgefasst sind, wie sie eine Re- 5
ligion in einer langen Entwickelung, im Kampf mit ihren Gegnern, im Streben nach Klarheit über sich selbst, und in ihrer Anbequemung an die Umstände und Bedürfnisse erdulden muss. Demgemäss würde es bei einer gründlichen Darstellung nöthig sein, sich in tiefe Untersuchungen über das relative Alter der Bücher einzulassen, dieses durch Vergleichung derselben zu bestimmen, nachzuweisen, welches Ziel jedes von ihnen bei seinem Erscheinen im Auge hatte, welche neue Ideen es mit sich brachte und welche Folgen dadurch hervorgerufen wurden. Obgleich diese Arbeit keineswegs leicht ist, so ist sie doch, nach den Materialien zu urtheilen, welche uns zu Gebot stehen, ausführbar; allein dies ist nicht der Ort, sich in derartige Einzelnheiten einzulassen und deswegen wollen wir hier nur die Resultate darstellen, welche wir aus einer ziemlich langen Beschäftigung mit dem Buddhismus und einer, wie wir hoffen, beträchtlichen Bekanntschaft mit allen seinen mannigfaltigen Verzweigungen gezogen haben.

Um den Plan und die Methode unsrer Auseinandersetzung

zu rechtfertigen und zu erklären, müssen wir vor allen Dingen eines Umstandes Erwähnung thun. Wenn die Buddhisten
von den Thaten, der Herkunft und der Lehre des Buddha
sprechen, versichern sie, dass ihr erster Lehrer in seiner
Lehre nichts Neues vorgebracht habe; denn der Buddhismus
ist ein Glaube, der, ihrer Angabe nach, allen Zeiten und allen Völkern angehört, der sogar bereits vor dem Beginn der
Welt in ihrer jetzigen Ordnung — als andre Welten bestanden — ganz eben so war, wie er jetzt ist; auch damals hätten sich Buddha's manifestirt, welche eben dieselben Bücher
und Sûtra's (Chines. *King's*) vorgetragen hätten, wie Çâkjamuni, der Lehrer der gegenwärtigen Zeit, welcher aber ebenfalls keinesweges der letzte sei: denn, wie alles in der Welt,
sei auch die Dauer seiner Lehre der Zeit nach begränzt und
habe eine Periode des Wachsthums und des Verfalls. Natürlich werden wir uns weder in so entlegene Zeiten entführen
6 lassen, noch die Geschichte dieser Religion von demselben
Standpunkt wie die Buddhisten beginnen. Wir sehen, dass
dies keine historische Thatsache, sondern nur ein Glaubenssatz der buddhistischen Religion ist, welcher vom Anfang an
sogar nicht in ihr enthalten sein konnte. — Weiter erzählt
die buddhistische Geschichte auch von den früheren Existenzen des Buddha, von seiner wunderbaren Geburt, von den
Wundern, die er gethan, von den Zuhörern bei seiner Predigt, unter denen nicht blos Bewohner der Erde erscheinen,
sondern auch Götter, Bewohner aller Himmel, mit Indra und
Brahman an der Spitze, endlich Bodhisattwa's, d. h. solche
erhabene Wesen, die sich vorbereiten, eben solche buddhistische Lehrer zu werden, oder sich zu dem höchsten in der
Welt, dem Beruf des Buddha, empor zu schwingen. Selbstverständlich ist auch dies Glaubenssatz der Buddhisten und augenscheinlich ein erst in der Folge ausgearbeiteter. Um dies

alles zu erklären, müssen wir aber prüfen, worin die Lehre des Buddha bestand.

Wie die Buddhisten selbst bekennen, besteht sie aus verschiedenartigen, einander entgegengesetzten Vorschriften, Forderungen, sogar Hinweisungen, sowohl auf das Ziel, nach welchem die Menschen streben müssen, als auf die Mittel, durch welche es erreicht wird; aber in Folge desselben Dogmatismus, welcher den sonderbaren Satz aufstellte: dass eine Wahrheit, welche aus dem Munde einer und derselben Person floss, nicht auf eine und dieselbe Weise ausgedrückt werden konnte; dass man dem einen nicht dasselbe sagen könne, wie dem andern — ist auch diese Lehre des Buddhismus nur ein Glaubenssatz und keine Thatsache. Davon überzeugen wir uns noch mehr, wenn uns die buddhistischen Legenden berichten, dass der Buddha den Menschen eine Lehre gepredigt habe und dass nur diese sich nach ihm auf Erden erhalten und entwickelt habe, dass aber in derselben Zeit die höheren Wesen unter seinen Zuhörern an seiner Unterhaltung mit den Bodhisattwa's und Göttern Theil nahmen, und die
diesen letztern vorgetragene Lehre nach * seinem Tode nicht 7
auf der Erde verblieben, sondern in den Himmeln und den Palästen der Schlangen (*nâga*) bewahrt sei, von wo sie erst in späterer Zeit von den grossen Nachfolgern des Buddha, wie Nâgârdschuna, Ârjâsanga u. a. m. wieder geholt ward; dass es sogar eine Lehre des Buddha gegeben habe, welche er selbst nicht auf der Erde verkündigt, sondern nachdem er sich durch seine wunderthätige Macht zu verschiedenen Himmelsregionen (insbesondre in die der Trajastrimçat*) emporgeschwungen hatte: diese Lehre sei bei Vadschradhara oder Guhjapati bewahrt und habe noch später als die vorige be-

---

*) D. i. der «drei und dreissig» alten, schon vedischen, Götter. *N. d. U.*

gonnen sich unter den Menschen auszubreiten. Aus dieser Erzählung kann man unbedenklich den sichern Schluss ziehen, dass diese drei Theile oder Abtheilungen der Lehre nicht gleichzeitig waren, und nicht einer und derselben Person angehören, sondern in verschiedener Zeit und ausserdem in einer bestimmten Aufeinanderfolge hervorgetreten sind. Ferner muss man schliessen, dass wenn die Möglichkeit ihres Ursprungs aus einem und demselben Anfang ersichtlich ist, sie nur die Entwickelung von Ideen sind, welche vom Buddha aufgestellt waren; allein es ist leicht möglich, dass trotz dem, dass sie eine gewisse Verwandtschaft sowohl in Bezug auf die Termini als die zur Erläuterung dienenden Punkte zeigen, trotz dem, dass auf Grund ihres Dogmatismus die verschiedenartigsten Lehren vermittelst des Eklekticismus endlich zu einem Ganzen vereinigt sind, diese Versöhnung dennoch den Fall nicht ausschliesst, dass die wesentlichen Grundideen jeder dieser Abtheilungen aus verschiedenen Quellen stammen und entweder eine eigene Schöpfung der späteren Lehrer des Buddhismus, oder aus fremden Religionen entlehnt sind. Wer mit der Sprache des Buddhismus nur einigermassen vertraut ist, weiss, dass ich hier von den Jâna's (Vehikeln) spreche; das Dogma, welches durch dieses Wort ausgedrückt wird, erscheint jedoch, wie wir aus dem Nachfolgenden schliessen müssen, etwas früher, als die voll-
8 ständige Entwickelung der ganzen Lehre. Es bildete sich schon in der zweiten der drei Hauptperioden, welche wir angedeutet haben und untersuchen werden; alle Punkte, welche zur Bildung des Systems des Buddhismus dienen mussten, wurden damals aufgerechnet, gewissermassen in der Voraussetzung, dass nichts weiter hinzuzufügen sei. Aus diesem Grunde sahen die neueren Schriftsteller sich auch genöthigt, den Beweis anzutreten, dass die dritte oder mysti-

sche Periode — in Uebereinstimmung mit den Dogmen der buddhistischen Religion — nichts weiter sei, als das Theil oder ein Ausfluss des ganzen Mahâjâna (grosses Vehikel) oder nur ein Theil desselben, das heisst derjenigen Periode, welche wir die zweite nennen, während der erste oder ursprüngliche Buddhismus Hînajâna (kleines Vehikel) genannt wird. Obgleich nämlich auch in buddhistischen Schriften von drei Jâna's die Rede ist, so werden unter diesen doch nicht die drei von uns angegebenen Perioden verstanden, welche wir als die Hauptphasen der buddhistischen Geschichte betrachten. Die beiden ersten Jâna's — das der Çrâvaka's und der Pratjekabuddha's — gelten jetzt nur für zwei Abtheilungen des Hînajâna, und wir mögen schon bei dieser Gelegenheit uns die Bemerkung verstatten, dass wir in allen drei Hauptabtheilungen mehrere ähnliche Unterabtheilungen antreffen werden.

Das was wir so eben über die Geschichte der Entwickelung des Buddhismus gesagt haben, gilt auch in Betreff der Geschichte des Buddha selbst, als Gründers dieser Religion. Der Buddha ist, so zu sagen, keine Person, auch er ist ein Terminus oder Dogma. Obgleich verschiedene Legenden auf eine bestimmte Person hinweisen, so ist doch in ihnen so wenig wirklich historisches Element, dass sich diese Person selbst in einen Mythus verwandelt. So überzeugen wir uns, dass der Buddha der Çrâvaka's nicht identisch ist mit dem der Mahâjânisten, und in völlig verschiedener Gestalt erscheint er bei den Mystikern. Von diesem Gesichtspunkt aus wollen wir auch erst von dem Buddha sprechen, bevor wir zu seiner Lehre selbst übergehen.

9 Das Hînajâna oder der ursprüngliche Buddhismus.

Dass Çâkjamuni, oder, wie er sich früher nannte, Siddhârtha, vom Geschlechte der Çâkja stammend, welches nicht weit von Nepal herrschte, aber um dieselbe Zeit vertilgt ward, wirklich existirt habe, darüber kann man, wie es scheint, keinen Zweifel hegen; was er aber gethan, worin seine Lehre bestanden habe, das sind Punkte, in denen man sich auf die Worte der Buddhisten nicht verlassen darf. Was die Abstammung des Geschlechts der Çâkja von dem ersten König Mahâsammata und die Reihe der ihm folgenden Herrscher betrifft, so wird dies in einer Legende erzählt, welche sich im Vinaja befindet; doch können wir nicht umhin zu bemerken, dass der Buddha selbst sich an der Erzählung dieser Legende nicht betheiligt, gleichsam als wenn der Autor es gescheut hätte, für seine Erfindung eine solche Autorität geltend zu machen. Andrerseits dürfen wir auch nicht unbemerkt lassen, dass diese Legende erst eine beträchtliche Zeit nach der Entwickelung vieler buddhistischer Glaubenssätze entstehen konnte, als sich das Bedürfniss einstellte dem Buddha durch seine persönliche Abstammung Gewicht zu verleihen.

Eine andere Legende, welche im Lalitavistara die ersten Lebensjahre des Çâkjamuni erzählt, seine wunderbare Geburt, die Vorhersagung des Rischi Açita über ihn, seine Erlernung der Wissenschaften und Künste, seinen Wettkampf mit seinen Altersgenossen und Verwandten, in welchem er alle weit überragte und endlich seine Verheirathung — ist weiter nichts als eine Erfindung der indischen Phantasie, welche darin einen Beweis liefert, dass, trotz des hohen Alters, welches von den occidentalischen Sanskritologen der indischen Literatur zugeschrieben wird, zu der Zeit, in welcher der Lalitavistara abgefasst ward, Indien sich noch auf einer sehr 10 unbedeutenden Stufe der Bildung befand. Endlich nimmt die specielle buddhistische Erzählung ihren Anfang: Der Buddha, oder um diese Zeit noch der Königssohn Siddhârtha — obgleich von allen Genüssen umgeben — erkennt nach seiner Verheirathung die Nichtigkeit des weltlichen Lebens; auf einem Spaziergang sieht er die Bilder der Krankheit, des Alters und des Todes; er gelangt zu dem Gedanken, dass bei dem gewöhnlichen Lauf der Dinge auch ihm nicht möglich sei, diesen zu entrinnen, dass es aber nothwendig sei, Mittel zu suchen, durch welche man ihnen entgehen könne. Von diesen Gedanken verfolgt, giebt er seine königliche Würde auf, verlässt Weib und Heimath, wirft sein königliches Gewand von sich, scheert sein Haupt, um seine Gestalt zu entstellen, und begiebt sich zu dem Sitz der Anachoreten; nachdem er bei ihnen den wahren Weg gesucht, aber von ihren Ideen nicht befriedigt ist, beschliesst er sich selbst einen Weg zu bahnen; dabei macht er sich ebenfalls zum Einsiedler, lässt sich an den Ufern des Flusses Nairandschanâ nieder, giebt sich sechs Jahre hindurch harter Bussübung und, wenn nicht auch dies erst ein späterer Zusatz ist, der Beschaulichkeit hin; endlich aber erkennt er, dass selbst dies zu nichts führt, verlässt seinen Aufenthaltsort, wäscht sich, nimmt Nahrung zu sich, erschaut — nachdem er wenige Schritte gegangen ist — auf einmal die Wahrheit und wird zum Buddha.

Es ist schwer zu bestimmen, welcher eigentliche Grund Siddhârtha bewogen haben möchte, sein Haus zu verlassen. In andern Legenden finden wir, dass ihm seine Gattin sechs

Jahr nachdem er von ihr gegangen war, einen Sohn Râhula
geboren habe. Die Legende erzählt, dass sie sich in Folge
ihres heftigen Kummers über die Trennung vom Gemahl ihrer Bürde nicht entledigen konnte — eine Naivität über welche wir natürlich lächeln. Als das Wahrscheinlichste lässt
sich wohl annehmen, dass Siddhârtha sich nicht freiwillig
verbannte, jedoch auch nicht in Folge häuslicher Unannehm-
11 lichkeiten, sondern vielmehr politischer Intriguen. Es giebt
eine Legende, nach welcher zur Zeit als der Buddha bereits
seine Lehre predigte, Virûdhaka das ganze Geschlecht der
Çâkja's vertilgte. Wer weiss, ob dieses Ereigniss nicht etwas früher statt fand, ob nicht Siddhârtha eben dadurch litt
und genöthigt ward, herumzuirren? So mochte er viel einfacher, als wie nach dem legendären Bericht, die ganze Eitelkeit der Welt begreifen, und nicht minder alle Qualen,
welche aus den Gegenständen der Aussenwelt, an denen die
Seele hängt, hervorgehen und an ihnen, wie an allem Ver-
bundnen oder Zusammengesetzten, haften, so, dass man, um
sich von der Qual zu befreien, allem Weltlichen, d. h., Zusammengesetzten entsagen und den Geist zu derselben Uner-
schütterlichkeit und Unabhängigkeit von allen Eindrücken
bringen müsse, wie sie um dieselbe Zeit im fernen Osten
Lao tseu lehrte. Um diese Zeit war Indien schon mit dem
Anachoretenwesen bekannt und in diesem mochte man hin
und wieder bereits auf den Gedanken der Askese gerathen
sein. Siddhârtha war im Ganzen genommen ein Einsiedler,
wie die andern auch, und deshalb verblieb ihm auch für immer der Name Muni «Einsiedler,» in der Zusammensetzung
mit dem Namen seines Geschlechts; Çâkjamuni «Einsiedler
aus dem Geschlecht Çâkja,» in der bei uns bekannteren mongolischen Umgestaltung Schigemuni. Seine Wanderungen
und Bekanntschaft mit anderen Anachoreten, deren Namen

und Meinungen wir bei dieser Gelegenheit kennen lernen, brauchen nicht wirklich statt gehabt zu haben. Sie zeigen nur, dass der Buddhismus zu der Zeit, als die Legende sich bildete, mit diesen Sekten und deren Anhängern bekannt war. Was den Punkt betrifft: auf welche Weise Çâkjamuni zum Buddha wurde, so gehört er zu den Grundlehren des Buddhismus, zu der ursprünglichen Richtung jeder Schule desselben und wird aus eben diesem Grunde nicht übereinstimmend berichtet. Freilich aber darf man noch daran zweifeln, ob Çâkjamuni wirklich diesen Titel bei seinem
Leben führte, es müsste denn beweisbar sein, dass es ein in 12
Indien für alle geehrte und weise Männer gemeinschaftlicher Ehrentitel war, ähnlich wie in China um dieselbe Zeit tseu. Wie dem auch sein möge, das Wort «Buddha» hatte in seiner ursprünglichen Bedeutung nichts Göttliches; es bedeutet einfach der »Weise« (chinesisch: sheng) und, bei aller Verehrung, die er genoss, konnte Çâkjamuni dennoch, weder während seines Lebens noch in der nächsten Zeit nach seinem Tode, auf Grösseres Anspruch machen. Aber je grösser die Entfernung zwischen ihm und der Nachwelt ward, je mehr sich seine Lehre entwickelte, desto ungewöhnlicher stellte er sich den Augen seiner Verehrer dar. und dies können wir selbst in der Reihenfolge der drei Perioden deutlich bemerken: der Buddha des Hînajâna ist noch lange Zeit nur der, welcher es verstanden hat, sich der Banden der Qual, d. h. des Samsâra oder, nach unserm Sprachgebrauch, der Welt zu entledigen, der sich bis zur Selbstvernichtung emporgearbeitet und dadurch aus der Welt der Wiedergeburten gerettet hat. Er ist nicht Herrscher der Welt und ward dies auch nicht nach seinem Tode, d. h. seinem Nirvâna. Eine ganz andere Person ist der Buddha des Mahâjâna: er steht mit allen Welten in Verbindung; auch nach dem Tode ver-

liert er seine Persönlichkeit nicht; denn es stirbt nur der Körper, in welchem er Mensch geworden war. Doch hat auch dieser Buddha noch ein bestimmtes Moment des Anfangs, während er in der mystischen Lehre seit unvordenklichen Zeiten existirte.»

Weshalb aber hat Çâkjamuni den Titel des Weisen erhalten? Worin bestanden seine Lehre und seine Thaten? Nachdem der Buddha die weltlichen Genüsse aufgegeben hat, erkennt er, wie wir bereits gesagt, das ganze Leid, welches aus ihnen hervorgeht; darauf macht er auch die Erfahrung, dass alle Kasteiung und Einsamkeit zu nichts führen und keine Vollkommenheiten verleihen; in Folge davon gelangt
13 er zu dem Gedanken, dass man an nichts Antheil nehmen darf, dass es nichts Bleibendes in der Welt gebe: weder in noch ausser uns. Diese Deduction ist hinreichend, ihm in diesen fernen Zeiten in Indien, welches eben erst die Laufbahn der Cultur zu betreten begann, diesen ehrenvollen Beinamen zu erwerben. Haben doch auch die alten griechischen Weisen, wenn man sie näher betrachtet, eben nichts Weiseres ausgesprochen! In diesen Gedanken liegt der Anfang der buddhistischen Moral, welche im Vinaja ihre Entwickelung findet, so wie die Grundlagen der Ordnung für die zukünftig aufzunehmenden Bekenner. Wirft man einen Blick in alle Bücher, welche dem Buddha zugeschrieben werden, dann ist man erstaunt über alles, was sich darin findet; welche erhabene Ideen kommen darin vor! welche genaue Vorschriften sind in ihnen enthalten! Wenn wir aber dem Trug keinen Glauben schenken und sichere Gründe haben eine stufenweise Entwicklung anzunehmen, dann mögen wir wohl fürchten dürfen, dass man dem wirklichen Çâkjamuni zuviel in den Mund und in den Sinn gelegt habe. Trotz dem, dass die schriftliche Gestaltung der buddhistischen Literatur

erst lange Zeit nach der Gründung dieser Religion ihren Anfang nahm, finden wir viele Sûtras's, welche ihr höheres Alter vor den übrigen bekunden, und zwar gerade dadurch, dass in ihnen der Buddha, von einem Ort zum andern wandernd und vor Königen und Privatpersonen erscheinend, sie alle einzig und allein durch die Lehre von den vier Wahrheiten bekehrt. Die vier Wahrheiten sind die Hauptgrundlagen in der Lehre des alten Buddhismus, oder der Schule der Çrâvaka's; so wie die Pratjeka's auftreten, spricht der Buddha von und bekehrt durch die Lehre von den zwölf Nidâna's (Ursachen); im Mahâjâna predigt er von der Leerheit und den Pâramitâ's (Vollkommenheiten); im Mysticismus — von der Beschaulichkeit. Alles dies sind Ideen, welche innerhalb der buddhistischen Lehre, einander folgend, in Analogie mit der Ausbildung der Schulen, sich aus sich selbst entwickelten. Wir wiederholen aber nochmals, dass wir vielleicht dem Buddha schon zuviel in den Mund gelegt haben: 14
das Sûtra wenigstens oder die Lehre von den vier Wahrheiten, wie sie auf uns gekommen, zeigt schon eine beträchtliche Complication und entscheidet für eine ihm vorhergegangene lange Bearbeitung der Lehre des alten Buddhismus. Der Vinaja berichtet folgendes Ereigniss, welches sich nicht etwa auf die Einführung irgend welcher besondrer Wissenschaften bezieht, sondern nur auf die Entwicklung der philosophischen Gedanken des Buddhismus selbst: ein Bhikschu (buddhistischer Mönch) fing an die ketzerischen Tempel zu besuchen und, als man ihm deshalb Vorwürfe machte, antwortete er, dass es dort was zu lernen gebe, während die Buddhisten gar nichts erklärten; auf diese Veranlassung ward auch in der buddhistischen Religion der Unterricht eingeführt. — Obgleich auch diese Thatsache, gleichwie auch alle Vorschriften des Vinaja, in die Zeiten des Buddha versetzt wird,

so tragen doch alle Statuten dieses Werks unzweifelhaft das Gepräge der Entwicklung und Erweiterung an sich.

Ueberdies dürfen wir, abgesehen von vielen andern Fällen, schon aus diesem einen schliessen, dass der Buddhismus sich nicht so sehr aus seinen eignen Anfängen, als unter fremdem Einfluss entwickelt hat; er lernte von andern, nahm deren Ideen in sich auf oder gestaltete sie um und liefert auf diese Weise einen vortrefflichen Maassstab für analoge Deductionen in Bezug auf die geistigen Umgestaltungen, welche sich in Indien im Verlauf von wenigstens einem Jahrtausend vollzogen haben. Was für eine geistige und wissenschaftliche Bildung kann man auch, genau genommen, einem Menschen zugestehen oder bei ihm voraussetzen, welcher die Welt verlässt, wie eine unnütze Last, sein Haar abscheert, das Recht aufgiebt, ein anderes Gewand zu tragen, als einen aus Lappen, welche er selbst aus Schmutz aufgesucht hat, zusammengeflickten Mantel, der unter keinem Dach leben darf, sondern sein ganzes Leben unter freiem Himmel, auf Lei-
15 chenfeldern oder unter einem Baum sitzend, zubringen muss, der weiter keinen Hausrath haben darf, als eine Schale, in welcher er jeden Tag in der nächsten Stadt Speise sammelt, ohne zu wagen etwas davon auf den nächsten Tag übrig zu lassen, der verpflichtet ist, nur einmal täglich, und zwar nur Mittags, zu essen? Und alles dies finden wir schon im uranfänglichen Buddhismus! Diese Vorschriften, welche augenscheinlich das Gepräge eines höheren Alters als die übrigen tragen, erscheinen in unseren Quellen mit letzteren vereint, obgleich sie nimmermehr zusammen bestehen konnten. Und in der That sehen wir den Buddha in den Legenden, trotz alles scheinbaren Glanzes, mit welchem sie ihn umgeben, jeden Tag in eigner Person aus dem Hain des Anâthapiṇḍada hervortreten und in die nächste Stadt gehen, um Almosen zu

sammeln. Welchen Sinn haben dem gegenüber die Kloster-
regeln, die Vorschriften für das Zusammenleben und was
sonst der Art im Vinaja vorkommt? Verträgt es sich damit,
dass den Buddha eine Menge Schüler umgeben, sich an seinen
Lehren gesättigt und andre belehrt haben? Gewiss, in Folge
von allem Diesen dürfen wir den Schluss ziehen, dass der
Buddha Çâkjamuni nichts weiter war, als der Gründer eines
Bettelordens, und dafür spricht auch die allerälteste Benennung jedes Mitgliedes desselben: Bhikschu, welche nicht
mehr und nicht weniger als Bettler bedeutet. Eine solche
Brüderschaft findet überall ihre Anhänger und Verehrer; der
Buddhismus nennt diese ebenfalls einfach: Almosengeber
(Dânapati). Indien ist durch sein vorzügliches Klima, den
Reichthum seiner Natur und durch die geringen Lebensbe-
dürfnisse des Menschen für eine solche Brüderschaft mehr
geeignet als irgend ein anderes Land. In allen Jahrhunderten
zeichnete es sich durch seine Mildthätigkeit aus, die auf ihre
Kosten eine zahllose Menge verschiedener Sektirer — Faul-
lenzer, wie noch heutigen Tages — erhielt. — Aber gerade
diese Achtung insbesondre vor denen, die sich von der Welt 16
absonderten und ihr nicht den geringsten Nutzen brachten,
wurde die Veranlassung zu den Umwandlungen im Buddhismus. Wie lange kann sich die strengste und mässigste Gemeinschaft oder Brüderschaft halten, wenn ihre Mitglieder
zahlreich geworden und von allen Seiten von Versuchungen
umringt sind? werden sie noch lange grobe Nahrung der
schmackhaften vorziehen? Konnten sie, von Königen und
Grossen mit Einladungen zur Tafel beehrt, es wohl immer
über sich gewinnen, den Charakter der Verunstaltung und
Unreinlichkeit beizubehalten? Musste dies nicht vielmehr in
dem Benehmen und den Sitten dieser Menschen, die der Welt
entsagt hatten, eine Veränderung herbeiführen? Dass der

Buddhismus sowohl in seinen theoretischen, als socialen Principien einer Entwicklung unterlag, erkennen wir bei jedem Schritt, und man sieht ein, dass die Gedanken — je einfacher und trivialer — die Vorschriften — je weniger verwickelt — desto älter sind. Doch die Bildung hängt in der That auch von der Form des Lebens ab. Deshalb glauben wir, und sind von der Richtigkeit dieser Meinung überzeugt, dass die Veränderungen nicht in den Ideen, sondern in den Vorschriften ihren Anfang nahmen, und dass ein bestimmter Zeitraum verlaufen musste, ehe die Buddhisten von den Leichenäckern und den Bäumen am Wege zu Höhlen, Cellen und Klöstern übergingen, welche alsdann durch ihren Reichthum, ihre Pracht und Menschenmenge den Orient in Erstaunen setzten[1]). Im Vinaja findet sich noch erwähnt, dass die Bhikschu's anfänglich während der Regenzeit eine Zuflucht in den Wohnungen der Landleute suchten und diese wichtige Einrichtung, welche mit dem Leben in Klöstern unverträglich ist, zeigt deutlich, dass ein solches früher nicht statt fand. — Erst als die Brüderschaft in Klöstern vereinigt war, lässt sich eine Verbreitung der philosophischen Principien,
17 eine Entwickelung der buddhistischen Dogmen annehmen; aber selbst da melden die Vinaja's noch nicht, dass in den Versammlungen, welche jeden Halbmond statt fanden, irgend welche Sûtra's gelesen, oder besondre Cäremonien vollzogen wurden; nein! es versammelte sich die Brüderschaft auf einem freien Platz, und später im Tempel, nur um die Wiederholung einer und derselben Vorschriften oder Anordnungen

---

1) Viele mongolische und tibetische Klöster enthalten mehr als fünf tausend Mönche. In Peking und dessen Umgebungen zählt man fünf tausend buddhistische Tempel und 80000 Mönche. Die chinesischen Klöster zeichnen sich durch ihre Reinlichkeit und Schönheit aus.

des Vinaja — nämlich der Anforderungen an jedes Mitglied der Brüderschaft — anzuhören.

Wenn wir die Meinungen, welche die Anhänger des alten Buddhismus trennten, genauer betrachten, so finden wir, dass sie einander sehr entgegen stehen, ja sogar feindlich sind; das Recht sich Buddhisten zu nennen, giebt ihnen fast nur der Umstand, dass alle dieselben allgemeinen Gesetze anerkennen, wie denn auch die Mahâjânisten und Mystiker nur aus demselben Grunde Buddhisten genannt werden können. In der That sind in chinesischer Uebersetzung einige Vinaja's verschiedener buddhistischer Schulen auf uns gekommen und diese sind sämmtlich nur wenig verschieden von einander, während das, was von den Meinungen dieser Schulen mitgetheilt wird, ganz und gar nicht sehr übereinstimmt. Hieraus ist man berechtigt zu schliessen, dass die Vorschriften des Vinaja früher entstanden sind, als alle die Sûtra's, in welchen philosophische Ansichten des Buddhismus auseinandergesetzt wurden, und zwar schon zu der Zeit, wo er in Indien noch nicht weit verbreitet war, und die Mitglieder seiner Gemeinde noch in enger Verbindung mit einander standen. Wenden wir unsern Blick auf das, was die buddhistischen Traditionen über die Versammlung der Geistlichen in Vaiçâlî berichten![1]) In dieser handelt es sich gar nicht um religiöse Ideen, sondern um Abweichungen von den Vorschriften, und diese Abweichungen sind noch dazu ganz geringfügig und werden heutiges Tages von Niemanden ge- 18
rügt — die Buddhisten essen gesalzne Speisen, nehmen Geld in die Hand und theilen Einkünfte nach eigner Willkür. Die durch Mahâdeva herbeigeführte Spaltung fällt erst nach dieser Begebenheit. Betrachten wir aber die Kleinigkeiten, wel-

1) Vergl. Palladius in den Arbeiten der Peking'schen Mission, II, 116.

che in dieser, wahrscheinlich ersten, Versammlung der buddhistischen Geistlichen erwogen wurden, dann kommen wir auf den Gedanken, dass es um diese Zeit im Vinaja selbst noch gar keine bedeutende Satzungen gab und dass dessen Vorschriften in ihrer Gesammtheit erst weit später geschaffen sind. Auf diese Weise ergiebt sich, dass diese Religion, wie sie in ihrem philosophischen Kreis von unbedeutenden Begriffen zu abstracteren überging, so auch in ihren socialen Einrichtungen sich zuerst mit Kleinigkeiten abgab, und erst später wichtigere Bestimmungen sich geltend machten. Dieser Grund führt uns zu der Annahme, dass der Vinajakschudraka, welcher sich mit diesen Kleinigkeiten beschäftigt, viel älter ist, als die ersten Vinaja's, keineswegs aber eine Ergänzung derselben.

Wenn unter den Bedingungen, welche bei Verwandelung des Buddhismus bezüglich seiner asketischen Principien mitwirkten, der veränderten Stellung seiner Mitglieder ein Antheil einzuräumen ist, so müssen wir einen eben so bedeutenden auch der Ausbreitung dieser Religion zuschreiben. Als der Buddhismus sich nach dem Norden verbreitete, gestatteten die klimatischen Bedingungen seinen Bekennern die früheren Formen nicht mehr; Kopf- und Fussbekleidung konnte man hier nicht entbehren; die periodischen Regen treten hier zu einer andern Zeit ein, als in Magadha; daraus ergab sich eine Veränderung in der festgesetzten Zeitordnung. Ueberhaupt wird der Buddhismus in Allem von einem Grundgedanken geleitet, welcher sich auf den ersten Anblick sonderbar ausnimmt, aber schon in den ersten Zeiten seines Bestehens in folgenden Worten seinen Ausdruck findet: «Alles, was mit der gesunden Vernunft, oder überhaupt mit den Umständen, übereinstimmt, das muss als übereinstimmend mit der Wahrheit auch zur Richtschnur genommen werden, und

so hat auch Buddha, unser Lehrer, nur lehren können.» Mit 19
diesem Satz eröffnet sich ein weiter Spielraum für eine zukünftige Entwicklung; und was konnte der Aufstellung und Verbreitung dieses Gedankens hinderlich sein, da der Buddhismus schon in seiner Jugend an der Leerheit reich war, die er in der Folge zu lehren begann, da seine Mitglieder nicht blos eine Schale darbieten konnten, um sie mit Nahrung zu füllen, sondern auch eine *tabula rasa* für die Gesetze der Moral, der Vernunft und des Herzens: was ihm gut schien — von wem er es auch immer gehört haben mochte, trug er in seine Tafeln ein; kam er auf den Gedanken, dass eine Meinung unrichtig, dass sie mit einer andern zu vertauschen sei — so war er auch dazu bereit. Hierin liegt auch das ganze Geheimniss der Entstehung verschiedener Sûtra's; doch haben dabei ausserdem auch andere Ursachen mitgewirkt. Der Buddhismus mit seinen Einrichtungen in verschiedene Länder verpflanzt, dort Klöster errichtend, konnte sicherlich die früheren Verbindungen nicht aufrecht erhalten, und zwar um so weniger, da auch politische Verhältnisse hindernd in den Weg treten mochten. Er war genöthigt, sich den geistigen Bedürfnissen des Landes, den dort herrschenden Anschauungen anzupassen, musste mit fremden Lehren, die in andern Ländern unbekannt waren, in Berührung gerathen, sich sogar einer verschiedenen Sprache, oder Mundart bedienen. Schriftliche Aufzeichnung trat erst später ein: denn alle Anordnungen des Vinaja unterstützen die Ansicht, dass sie in den ersten Zeiten des Buddhismus in den Gegenden, welche ihn aufgenommen hatten, nicht in Gebrauch war; die ersten Sûtra's sprechen sogar beständig von Einprägung und Auswendiglernen derselben; die Schüler, welche den Buddha umgaben, werden Çrâvaka's, d. h. «Hörer» genannt; die Vorschriften des Vinaja werden aus dem Gedächtniss vorgetra-

20 gen; in sämmtlichen Legenden über das Leben des Buddha wird auch nicht ein schriftliches Denkmal erwähnt und selbst in der Legende über die erste Sammlung der buddhistischen Lehre, wird bei der Erzählung vom Concil in Vaiçâlî nicht berichtet, dass die Vorsteher desselben schriftliche Denkmäler verlangt hätten, sondern sie begnügten sich mit mündlichen Fragen über den Glauben. Demgemäss war — als man fern von der ursprünglichen Heimath das Bekannte in schriftlicher Gestalt niederzulegen und das Mangelhafte durch unterschobene Werke zu ergänzen begann — eine Uebereinstimmung zwischen den Buddhisten in Betreff der Glaubenspunkte nicht zu erwarten. — Es ist genau bekannt, dass einige Gâthâ's (Verse), welche mündlich überliefert wurden, den Legenden zufolge, schon während des Lebens des Buddha verderbt waren — und ein Kenner der Eigenthümlichkeiten des Sanskrit wird sich leicht von der Möglichkeit einer solchen Corruption der mündlichen Ueberlieferung überzeugen; doch kann man daraus, dass der Vinaja keine grossen Spaltungen unter den Bekennern hervorrief und alle ihn gleichmässig anerkannten, den Schluss ziehen, dass die Zahl derartiger Gâthâ's nicht sehr beträchtlich war. Betrachten wir den Inhalt des Vinaja, die Erzählungen, welche eine jede der zahlreichen Anordnungen begleiten — und es giebt keine einzige, die nicht, der Legende zufolge, ihre Veranlassung schon während des Lebens des Buddha gefunden hätte, und zwar so, dass die Anordnung schon alle möglichen Fälle und Ausnahmen voraussieht, und für jeden Punkt neue Legenden beigebracht werden — so müssen wir folgern, dass die ersten Sûtra's grösstentheils auf Erklärung der Dogmen des Vinaja gerichtet waren und demgemäss ihre Anzahl einst bedeutend grösser gewesen sein muss. Und in der That findet man eine Menge Sûtra's in chinesischer Uebersetzung,

welche man vergebens in dem tibetischen Kandjur sucht; es ist aber keinesweges erlaubt, daraus zu schliessen, dass sie in Tibet ganz unbekannt waren. Die Sache verhält sich vielmehr so, dass der Vinaja in der Gestalt, in welcher er in ti- 21
betischer Sprache vorliegt, ein viel späteres Produkt ist, als die Vinaja's, welche wir in chinesischer Uebersetzung finden; und viele von den Sûtra's, welche im Alterthum besonders existirten, sind in ihn aufgenommen [1]).

Doch der Zweck der Sûtra's beschränkt sich weder auf die Rechtfertigung der Statuten der Bettlerbrüderscaft, noch auf die Auseinandersetzung der buddhistischen Denkweise. Als sich die Buddhisten in Indien ausbreiteten und Klöster errichtet wurden, so eilten diese ihren Ruhm auf Traditionen von der Berühmtheit ihrer Localität zu stützen; zu diesem Zweck mussten Legenden von dem dortigen Aufenthalt des Buddha erfunden werden, von den wunderbaren Thaten, die er dort verrichtet und von den erhabenen Gedanken, die dort seinem Munde entströmt seien. Liess es sich nicht wahrscheinlich machen, dass er während seines Lebens auf natürlichem Wege in das gewünschte Land gekommen sei, so liess man ihn vermittelst seiner Zaubermacht sich dahin begeben, wie z. B. nach Ceylon, nach dem Himâlaja, zu dem See Anavatapta u. s. w.; ging der Vorrath an derartigen Legenden aus, so mussten die Fussspuren herhalten, die er zurückgelassen habe, und die Thaten der früheren Buddha's. Dazu kam noch, dass auch die Person, von welcher das Kloster gegründet war, in den Legenden eine Stelle erhalten musste; ohne Furcht vor Anachronismen, musste sie zu einem Schüler des Buddha gemacht, die Grösse ihrer Verdienste her-

1) Während andre ausgelassen sein mochten.

Anmerk. des Uebersetzers.

vorgehoben, ihr Lob dem Çâkjamuni selbst in den Mund gelegt werden u. s. w., wie wir dies in den Legenden von Çâriputra, Maudgaljâjana u. aa. sehen. — Der Buddha kennt aber ferner auch schon die Zukunft: er weissagt von den Personen, welche sich in seiner Lehre einst auszeichnen werden; er schildert ihre Thaten; deutet sogar prophetisch die Geschichte seiner Religion an; sieht die Spaltung und die Streitigkeiten in seiner Lehre voraus und — beeilt sich alle Sekten als seine Angehörigen anzuerkennen; er weiss,
22 dass später die Lehre der Mahâjânisten und Mystiker auftreten wird und gestaltet schon im Allgemeinen die Lehre von den Jâna's. — Alles dieses war in die zu verfassenden Sûtra's hineinzuarbeiten, und bildet jetzt ihren Inhalt — aber in welcher Complication! Wer wird dieses entsetzliche Gewirr entwirren, da die Geschichte die allmähliche Entstehung der einzelnen Sûtra's unsern Augen entzogen hat, da es unbekannt ist, wer sie zuerst herausgegeben hat und an welchem Ort sie zuerst zum Vorschein gekommen sind? Und dennoch liegt es, wie wir bereits oben angedeutet haben, keinesweges ausser dem Bereich der Möglichkeit; denn die Vergleichung der Sûtra's bestimmt, wenn auch nicht chronologisch, doch annäherungsweise, ihr relatives Alter, weist zugleich den Ort nach, wo sie hervortreten, und erläutert mehr als alles andere die Geschichte der Verbreitung des Buddhismus.

Ist es nach allem hier, und zwar nur in kurzer Uebersicht, Gesagten noch nöthig, die unterbrochene Erzählung vom Lobe des Buddha weiter fortzusetzen? Was werden wir in ihr finden, das historisch glaubwürdig wäre? Die Buddhisten lassen ihn von Ort zu Ort wandern, hier und dort Predigten halten und Wunder thun; er erhebt sich zum Himmel und steigt in die Hölle hinab, bekehrt Könige, Für-

sten und berühmte Schüler; doch wie viel von allem Diesen
konnte in der damaligen Zeit wirklich geschehen sein? —
Wir haben in tibetischer Sprache eine sehr ins Einzelne gehende Lebensbeschreibung des Buddha, welche bereits von
einem tibetischen Lama abgefasst ist;[1]) Schritt vor Schritt
verfolgt er das Leben des Buddha; aber welche Quellen
dienten ihm bei seiner Darstellung? — eben dieselben Sûtra's, in denen nicht selten dieselbe Legende, welche schon
im alten Buddhismus erschien, mit verschiedenen Ausschmük-
kungen und Veränderungen wiederholt wird. Der Verfasser
dieser Biographie hatte, als eifriger Verehrer des Buddha,
keine Ahnung davon, dass es für eine und dieselbe Thatsache, für eine und dieselbe Lehre verschiedene Ueberlieferungen geben könne, und konnte sich deshalb nicht enthalten,
alles sammt und sonders in die Lebensbeschreibung aufzunehmen. Demgemäss ist eine solche Geschichte des Buddha
weiter nichts als eine Geschichte seiner Lehre in einem be- 23
deutenden Zeitraum, keineswegs aber eine Geschichte seiner Person. Uebrigens wurde das Leben des Buddha selbst
später zu einem Dogma. Er kann nicht anders leben, als wie
er gelebt hat und wie alle Buddha's leben: sie müssen zwölf
Hauptthaten verrichten, an einem bestimmten Ort, von einer
bestimmten Person geboren werden; an einem andern Ort
den Beruf des Buddha erlangen, an einem dritten sterben;
jeder Buddha hat eine bestimmte Anzahl von Hauptbeinamen,
und eben so ist er mit bestimmten Kräften begabt.

Aus allem Diesen ist ersichtlich, dass die Legenden von
dem Leben des Buddha in einer so umfangreichen Fülle ent-

---

1) Es ist dies die von mir im J. 1849 in den Mémoires des savants étrangers de l'Académie Impériale des sciences, T. VI, im Auszuge behandelte Lebensbeschreibung Çâkjamuni's. Sch.

stehen, mit so unglaublichen Ausschmückungen fortgepflanzt werden mussten, dass selbst der indischen Leichtgläubigkeit ihre Unwahrscheinlichkeit in die Augen fallen musste und man schon in den ersten Zeiten des Buddhismus sich genöthigt sah, bestimmte Regeln aufzustellen, um der Willkür einige Schranken zu setzen. Doch war dieser Versuch nicht für andre Schulen verbindlich, und die Mahâjânisten und Mystiker, welche sich niemals von der Lehre des alten Buddhismus lossagten — die nach ihrer Ansicht für Leute von beschränkten Fähigkeiten vorgetragen (aber nicht niedergeschrieben) war — waren an und für sich befugt, bei der Abfassung neuer Sûtra's, nicht blos neue Thatsachen in das Leben des Buddha zu tragen, sondern auch schon vor ihnen Bekanntes in einem neuen Lichte darzustellen.

Wie dies nun auch sein möge, alles was wir mit Sicherheit über das Leben des Buddha sagen können, besteht darin, dass er, nachdem er das Büsserleben aufgegeben hatte, die Gestalt eines Bettlers annahm, und als solcher sich in die nächste Stadt Râdschagriha begab, wo er sich in dem Garten des Anâthapiṇḍada niederliess und bei den Einwohnern Almosen sammelte. Da er aber der Begründer einer Brüderschaft ist — denn es ist nicht zu bezweifeln, dass wenigstens
24 die fünf ersten Schüler von ihm wirklich bekehrt wurden — so muss man folgern, dass er dies nicht blos durch sein Beispiel that, indem er ein Leben voll von allen Entbehrungen ertrug, sondern es auch durch das Wort seiner Lehre rechtfertigte.

Die alten Buddhisten rechnen sein Gefolge oder vielmehr die ganze Zahl der von ihm Bekehrten zu 1250 Personen; unter ihnen sind bemerkenswerth Çâriputra und Maudgaljâjana, welche sicherlich besonders in den Klöstern gefeiert wurden, die in der Folge in ihrem Geburtsort gegründet wa-

ren. Unter den übrigen Bekehrten ziehen die Verwandten des
Çâkjamuni selbst unsere besondere Aufmerksamkeit auf sich.
Die Legenden selbst lassen sie, in Folge seines Ruhms, zum
Buddha kommen; wir aber sind eher geneigt anzunehmen,
dass die Vertilgung des Çâkja-Geschlechts daran Antheil
hatte. Besonders berühmt sind Ânanda, der Liebling und
Vetter des Çâkjamuni, welcher ihn beständig begleitete und
— wenigstens der Ueberlieferung gemäss, wie sie sich bei
den jüngeren Buddhisten gestaltete — in Folge davon nach
seinem Tode sein Nachfolger in der Vorstandschaft und der
Erklärer seiner Lehre ward; Râhula, Sohn des Çâkjamuni,
welcher mit dem Barbier Upâli zusammen an der Spitze der
Vinaja-Ordner steht; endlich Devadatta, welcher ebenfalls
ein Vetter des Çâkjamuni, aus seinem Anhänger sein Feind
ward und sich bemühte die Bekenner und Schüler des Buddha
auf seine Seite zu ziehen. Die Legenden geben ihm Eigenschaften,
die denen seines Vetters fast gleich sind; wir
hoffen aber in der Folge zu beweisen, dass die Geschichte
des Devadatta nichts weiter als einen Kampf zweier Hauptparteien
in dem Buddhismus darstellt. Auf jeden Fall ist es,
trotz der glänzenden Stellung, welche der Buddha in seinen
Lebensbeschreibungen einnimmt, keinem Zweifel zu unterwerfen,
dass ihm in Magadha, wo ihn Könige und Bürger
aufs Tiefste verehrt hatten, gegen das Ende seines Lebens 25
ein unangenehmes Loos zu Theil ward; er wendete seinen
Weg nach dem Norden Indiens und starb dort in einem
Anachoreten-Walde unter zwei sich über ihm zusammenneigenden
Bäumen.

Nach den Worten der Legenden zu schliessen, welche
andeuten, dass der Buddha in die von ihm gegründete Brüderschaft
keine Frauen zulassen wollte, würden die Nonnen
(Bhikschunî's eigentlich «Bettlerinnen») erst eine spätere Er-

scheinung im Buddhismus sein; doch werden auch als erste von diesen Verwandtinnen des Buddha aufgeführt.

Allein die Lehre des Buddha ging nicht zu Grunde; die Gemeinde seiner Schüler zerstreute sich nicht; sie wuchs in die Breite, einem mächtigen Baume gleich, dessen Zweige jetzt von der Neige des Kaukasus bis Japan reichen und mit den Ufern des Baikal, so wie mit den Pagoden auf der Insel Ceylon Blicke austauschen. Diese Ausbreitung, welche sich in Jahrtausenden vollendet hat, bietet in der That kein geringeres Interesse, als die innere Entwicklung der Ideen und — obgleich wir die späteren Phasen dieser Verbreitung Schritt vor Schritt genau verfolgen können — so ist doch, um alle Kräfte, welche der Buddhismus zur Erlangung dieser seiner ausgedehnten Herrschaft besass, richtig würdigen zu können, unumgänglich nothwendig, eine Einsicht in diejenigen Verhältnisse zu haben, unter deren Einfluss er in den ältesten Zeiten seiner Entstehung auf seinem heimathlichen Boden, in Indien, heranwuchs.

Dass die Buddhisten es sich angelegen sein liessen, ihr geschichtliches Dasein für die Erinnerung aufzubewahren und zu erhalten, davon überzeugen uns eine Menge Documente, welche sich nur in ihren Büchern vorfinden und sogar das einzige Mittel gewähren, um die Geschichte Indiens zu entziffern; dass aber die Thatsachen bei ihnen entstellt, unter einander gemengt, dass die Vorgänge verschiedener Epochen vereinigt und, umgekehrt, ein und derselbe bei verschiedenen Gelegenheiten wiederholt wird: das unterliegt schon für jeden, welcher die bis jetzt in Europa bekannten
26 Quellen benutzt hat, nicht dem geringsten Zweifel. Bei Analysirung der Geschichte des Buddhismus, eines Werkes des Târanâtha, werden wir Gelegenheit haben, dieses im Einzelnen zu prüfen; hier wollen wir nur in einer kurzen

Uebersicht den Ursprung dieses Gewirres darzustellen versuchen.

Vor allen Dingen entsteht die Frage: auf welche Weise die Buddhisten Nachrichten über die ältesten Zeiten ihrer Religion erhalten konnten, da wir in ihren eigenen Berichten so viele positive Versicherungen finden, dass noch lange Zeit nach dem Tode des Çâkjamuni ihre Lehre nicht in schriftlicher Gestalt existirte. Betrachten wir die Rolle, welche diese Religion in den Ländern spielt, in denen sie sich verbreitet hat, prüfen wir die ursprünglichen Ideen, welche sie aufstellt und ziehen wir mit Recht daraus einen Schluss auf den kindlichen Zustand der geistigen Cultur in Indien — welche für diese Periode nirgends treuer wiedergespiegelt wird, als in den buddhistischen Werken — so gewinnen wir die feste Ueberzeugung, dass noch mehrere Jahrhunderte nach des Buddha Erscheinung die Kunst zu schreiben in Indien nicht bekannt war. Wie kann man aber von einer mündlichen Ueberlieferung, welche die Literatur ersetzt hätte, eine Bewahrung von positiven Begebenheiten erwarten? Wir können uns hier nicht auf weitläuftige Untersuchungen einlassen,
sind aber fest überzeugt, dass die Erzählungen von dem hohen Alter der Veden, der epischen Gedichte und der übrigen nichtbuddhistischen Werke gleichfalls in das Reich der Fabel gehören, womit wir sagen wollen, dass, wenn auch ihr Keim schon im Munde der Priester oder Sänger (Rhapsoden)
lebte, sie doch nicht früher als die buddhistischen Bücher in 27
Schrift gebracht wurden und gleichwie die letzteren erst seit dieser Zeit sich weiter zu entfalten anfingen, womit aber zugleich auch das Bestreben hervortrat, Andre von ihrem hohen Alterthum zu überzeugen. Prüfen wir die buddhistischen Berichte, so überzeugen wir uns, dass nicht eine einzige der berühmten indischen Schulen, wie z. B. der Lokâjatika's,

Nirgrantha's u. s. w. zu der Zeit des ersten Auftretens des Buddhismus existirt hat; dieser erweist sich demnach als die erste der in Indien, so zu sagen, regelrecht gebildeten Schulen. Gesetzt es wären in den Erzählungen von Buddha's Streit mit den sechs sogenannten Lehrern auch nicht grösstentheils Ueberlieferungen über die eignen einander feindlichen Lehren der rasch hervortretenden buddhistischen Schulen enthalten, so sehen wir doch aus diesen Nachrichten, dass es in den ersten Zeiten nur partikuläre Meinungen gab, welche nicht einmal den Namen irgend einer Schule trugen. Wir sehen nicht, dass der Buddha sich irgendwo, namentlich mit den Priestern irgend einer Religion, in eine Disputation einlässt, und die berühmten Wettkämpfe, welche fünfzehn Tage lang dauerten, werden uns zugleich nicht in der Gestalt philosophischer Discussionen geschildert, sondern in der von Mirakeln, in welchen des Buddha wunderthätige Kraft die der Andern überragt — und diese Auffassungsweise erscheint auch in der Legende über den Streit des Ânanda mit dem Bharadvâdscha und den übrigen. Die Brahmanen bestanden damals nur als geachtete Kaste, als Gelehrtenstand, nicht aber als Priester einer Religion, und konnten demgemäss in ihren Meinungen dem Buddha oder andern Lehrern folgen. Dies ist der Grund, weshalb wir in der berühmten Inschrift des Açoka ihren Namen vor dem der Çrâvaka's finden. Wenngleich es unzweifelhaft ist, dass diese berühmte Inschrift in die Zeit dieses Königs gehört — obgleich die Erwähnung von siebenzehn buddhistischen Schulen und der Aussendung von Missionären in ihr Bedenken erregen könnte,
28 so ist es doch die erste und allerälteste Inschrift, die man in Indien gefunden hat, und wurde wahrscheinlich unmittelbar nach Einführung der Schrift abgefasst, wie denn auch kurz nachher bei den Buddhisten die schriftliche Aufzeichnung

ihrer Bücher erwähnt wird. Man kann sogar die Hypothese aufstellen, dass die Buddhisten, indem sie sich von Magadha aus nach dem Westen ausbreiteten, in Bactrien zuerst mit der griechischen Schrift bekannt wurden, und den Açoka, welcher als ihr Beschützer erscheint, bewogen, sie seiner Sprache anzupassen; dies ist auch vielleicht in der Legende von Jaças angedeutet, welcher ein Täfelchen in den Ganges warf, auf welches geschrieben war, dass die Schlangen dem König Açoka die ins Meer versunkenen Schätze wiederbringen sollten.

Doch die buddhistischen Schriften gewinnen auch mit dem Beginn des Schriftgebrauchs keine grössere Glaubwürdigkeit, und dieses findet seinen Grund ohne Zweifel im Wesen des Buddhismus selbst. Da die Sûtra's, d. h. die Bücher, in denen die buddhistische Lehre vorgetragen wird, selbst wenn sie nach Einführung der Schrift erschienen, doch in die Lebenszeit des Buddha versetzt werden mussten, so wurden auch die in ihnen erwähnten Personen dessen Zeitgenossen. Diesem gemäss konnten Maudgaljâjana, Kâtjâjana und selbst Mandschuçrî, welche in der Geschichte des Buddhismus eine wichtige Rolle spielten, von einem Geschichtschreiber desselben nicht in ihre wirkliche Zeit gesetzt werden.

Was die Zeit, in welcher der Buddha lebte, selbst betrifft, so müssen wir sie, wenn die Traditionen nicht die volle Wahrheit bewahrt haben sollten, durch Vergleichung mit den späteren Ereignissen und aus der Reihenfolge der Könige, welche dem Adschâtaçatru, dem Zeitgenossen des Çâkjamuni, folgten, ermitteln, und dieser Punkt, welcher durch Lassen's Untersuchungen jetzt völlig aufgeklärt ist, kann als entschieden betrachtet werden. Die Widersprüche, denen wir in den chinesischen und noch mehr in den tibetischen Angaben über das Alter des Buddha begegnen, beru- 29 hen nicht so sehr auf dem Bestreben, ihrem Lehrer ein möglichst hohes Alter zu verleihen, als auf den in den Sûtra's selbst erscheinenden Widersprüchen, einer unvermeidlichen Folge ihrer ungleichzeitigen Erscheinung, die es mit sich brachte, dass das eine Sûtra nicht wusste, was über denselben Gegenstand im andern gesagt wird. So verbreiten sich einige Sûtra's prophetisch über die künftigen Schicksale des Buddhismus, bezeichnen gewisse Perioden des Emporkommens und des Verfalls der Lehre, und charakterisiren eine bestimmte Periode durch besondre Züge. Der Historiker darf derartige angebliche Prophezeihungen nicht unbeachtet lassen, und muss sich nothwendig nach ihnen richten. Andrerseits werden gewisse Begebenheiten in einigen Sûtra's durch Himmelserscheinungen, Sonnenfinsternisse u. s. w. bestimmt. Die Buddhisten wenden sich zu ihren astronomischen Werken und meinen jetzt einzig nach ihren Berechnungen die Existenz des Buddha zu erschliessen; der Art sind insbedere die verschiedenen Systeme der Tibeter. Wir können die Ursachen dieser Verschiedenheiten bis jetzt noch nicht ergründen: wahrscheinlich ist, dass wo in den Sûtra's dergleichen Fälle vorkommen, die sich auf eine bestimmte Epoche beziehen, man sie durch astronomische Berechnungen zu bestimmen versuchte, aber entweder war ihre Methode unrichtig, von der, welcher sich die spätern Astronomen bedienten, verschieden, oder der Fehler lag in den Berechnungen selbst.

Eine noch grössere Veranlassung zu Widersprüchen bietet das Schicksal der buddhistischen Religion selbst. Wir sehen, dass der Buddhismus bald — angeblich hundert Jahre nach seinem Auftreten — durch verschiedene Streitigkeiten zerrissen ward, und indem diese immer weiter um sich griffen, sich in achtzehn unter einander disharmonirende Schulen spaltete. Offenbar mussten bei diesen Streitigkeiten, bei dieser Disharmonie eine Menge einander widersprechender Erklärungen und Legenden hervortreten. Jede Schule musste die andre beschuldigen, dass sie eine Schöpfung des Dämons sei, und zugleich durch mannigfaltige Legenden die Richtigkeit ihrer eignen Meinungen beweisen. Ausser diesen Streitigkeiten trug auch die Ausbreitung des Buddhismus zu der Spaltung in Schulen das Ihrige bei. Waren die neuen Pflanzschulen durch politische Verhältnisse von einander getrennt, oder bestand, trotz der Versicherung einiger, im Buddhismus selbst keine enge Verbindung, dann konnten diese Schulen, auch ohne die Bekämpfung andrer im Auge zu haben, in ihrer neuen Oertlichkeit anfangen, die Gestalt, in welcher sie die Lehre mitgebracht hatten, weiter zu entwickeln, wobei sie sich dann nach deren geistiger Bildung und Bedürfnissen richteten; zugleich trugen sie solche Personen in die Legenden, welche in ihrem Kreis thätig gewesen waren. Die Früchte dieser isolirten Thätigkeit — die besonderen Streitpunkte — werden indessen mit der Zeit Eigenthum der ganzen buddhistischen Religion und müssen in ihr eine unbestreitbare Stellung finden. Wir sehen, dass entweder in Folge einer allgemeinen Versammlung buddhistischer Geistlichen in einem nördlichen Theil Indiens, oder wohl noch eher durch die Concentration des Buddhismus in Magadha — wo sich auf dem durch die Thaten des Buddha geheiligten Boden der als Zielpunkt aller buddhistischen Berühmtheiten und Pflanzstätte buddhistischer Gelehrsamkeit berühmte Tempel Nâlanda erhob — die früher gespaltenen Meinungen sich zu versöhnen suchten und, nach allen Seiten Concessionen machend, einem gemeinschaftlichen System zustrebten; — allein in der Folge erhoben sich wieder neue, durch die Mahâjâna-Lehre herbeigeführte, Streitigkeiten, die jedoch ebenfalls ausgeglichen wurden.

Unter welchem Gesichtspunkt sollen wir nun die Personen hinstellen, welche an der besprochenen Spaltung Antheil nahmen und von den einen eben so sehr gelobt, als von den andern getadelt werden? Wenn Mahâdeva, Nâga, Bhadra
31 und andre, welche die Spaltung verursachten, nach den Worten der einen Incarnationen des Dämons waren, so mussten sie nichts desto weniger — da aus dieser Spaltung Schulen hervorgingen, die ihre Meinungen annahmen und sie also nicht mit denselben Augen ansehen konnten — an einem andern Ort in einem ganz andern Lichte dastehen: wie kann ein rechtgläubiger Buddhist bei solchen Widersprüchen die Geschichte seiner Religion unter dem richtigen Gesichtspunkt darstellen? Es bleibt ihm nichts übrig, als die Namen zu ändern und Begebenheiten und Personen in eine andere Zeit und an einen anderen Ort zu versetzen. Es ist keinem Zweifel zu unterwerfen, dass sich in den Namen Nâga und Mahâdeva, welche bei der ersten Spaltung betheiligt waren, eine Einmischung von Legenden über einen späteren Streit verbirgt, welcher durch Nâgârdschuna und seinen Schüler Ârjadeva, die Gründer der Mahâjâna-Lehre im Buddhismus hervorgerufen ward. Wir werden nämlich weiter unten sehen, dass Nâgârdschuna's Leben 400, nach andern (was auch richtiger) 500 Jahre nach dem Buddha angesetzt wird; und hundert Jahre nach ihm muss Ârjâsanga gelebt haben [1]). Man kann nun aber unmöglich annehmen, dass die umfangreiche Mahâjâna-Literatur, mit welcher wir uns weiterhin bekannt machen werden, in einem so kurzen Zeitraum sich entwickelt habe; es ist vielmehr offenbar, dass ihr Keim schon in den

1) Die Lebensperiode dieser Person wird von einigen 900, von andern 600 Jahre nach dem Buddha angesetzt; wenn aber der Tod des Buddha 544 vor Chr. Geb. fällt, würde Ârjâsanga nach der ersten Rechnung im 4ten Jahrhundert nach Chr. Geb. gelebt haben, was nicht zulässig ist

Ideen irgend einer der ersten Schulen liegen muss und durch den Nâgârdschuna einer bestimmten Epoche nur in ausgebreiteter Gestalt hervortrat; — dies erklärt auch der Umstand, dass wir bereits im Hînajâna viele Termini finden, welche ihre vollständige Erklärung erst in der Mahâjâna-Lehre erhalten; aus diesem Grunde sind wir der Ansicht, dass von den Çrâvaka's in die Legenden über die ersten Streitigkeiten vieles aus späterer Zeit getragen ward, oder 32
dass Nâgârdschuna, der Begründer der Mahâjâna-Lehre, unter dem Namen Nâga versteckt ist. Ueberhaupt mussten die Mahâjânisten — durch deren Vermittelung vorwaltend die Geschichte des Buddhismus zu uns gelangt ist — da sie ihre Lehre ebenfalls direkt vom Buddha ableiten, offenbar darauf ausgehen, die Anfänge derselben, so weit wie möglich, zu verheimlichen, die Ueberlieferungen der Çrâvaka's zu entstellen, die Einzelnheiten ihrer eignen Entwicklung zu verbergen, um die Art und Weise, wie sie sich nach und nach entwickelt hatten, nicht bekannt werden zu lassen und um nicht Personen als ihre Lehrer anerkennen zu müssen, welche von den Çrâvaka's geschmäht wurden. Noch mehr treten ihre Vermengungen in dem Bestreben hervor Çrâvakisten in Mahâjânisten zu verwandeln, indem sie zu diesem Zweck viel spätere Personen zu Schülern längst verstorbener machen. Endlich beginnt jetzt die Uebertragung von Werken auf andre Personen, während sie früher sämmtlich einem und demselben Buddha zugeschrieben wurden — denn jetzt zeigt sich deutlich das Bestreben sich durch eine Autorität zu decken. Fügen wir zu dem Gesagten noch die Fehler, welche aus Unwissenheit hervorgingen, wie z. B. die Vereinigung der beiden Açoka's in eine Person, die Verrückung der Reihenfolge der Könige in Folge der Verrückung der Lebenszeit von Personen, welche im Buddhismus eine hervorragende

Stelle einnehmen, — endlich noch das Bestreben von Epochen und Königen zu schweigen, welche dem Buddhismus abhold waren, so begreift man, wie schwer es in einem solchen Chaos sein muss, zu sichern historischen Thatsachen durchzudringen. Dennoch aber giebt es im Buddhismus selbst viele Mittel — auch ohne die Hülfe andrer fremder Andeutungen — sein inneres Leben zu enthüllen. Es liegt eine reiche Literatur des Buddhismus vor uns, welche allen Epochen seiner Entwickelung angehört; verschliessen wir unser Ohr, um uns nicht von den Erzählungen seiner Prediger fortreissen zu lassen! waffnen wir uns mit Misstrauen gegen die Epochen, in die sie sein Auftreten hinaufrücken! mögen wir
33 dagegen sorgfältig die Bücher mit einander vergleichen und dadurch ihr relatives Alter ermitteln! Lasst uns, wie bei Integralen, auf das Ganze, Unbekannte einen Schluss ziehen — und dann wird sich vor unsern Augen in allmählicher Entwicklung aus den einfachsten und kindlichsten Begriffen bis zu einem umfassenden und vollständigen System ein mächtiges Geistesleben enthüllen. Wenn dies auch nicht ganz eine Geschichte sein wird, wie wir sie wünschen — eine Geschichte, welche gründlich jedes Jahr darstellt, jeden Namen in ihre Blätter einträgt, so werden wir doch ein lebendiges historisches Gemälde vor uns haben, welches uns zeigt, wie ein fast zufällig hingeworfener Gedanke Gestalt gewinnt, dann eine vielseitige Richtung annimmt, wie sich allmählich eine Reihe von Fragen erhebt, die je nach der eingeschlagenen Richtung verschiedenartig beantwortet werden. So enthüllt sich uns nicht nur das innere Leben des Buddhismus, sondern auch seine Beziehungen zu andern Schulen; wir werden einen Begriff von der Entwicklung der ganzen indischen Cultur erhalten, obgleich wir weder Personen noch Zeiten mit Sicherheit zu bestimmen im Stande sein werden.

Freilich können wir uns der Hoffnung nicht hingeben, ein solches Gemälde durch unsere Leistungen vollständig zu Stande zu bringen; doch glauben wir, dass sie für zukünftige Forschungen nicht ohne Nutzen sein werden. Für jetzt beschränken wir uns darauf die Begebenheiten in der Geschichte des Buddhismus, welche uns von den Historikern überliefert sind, so wie die wesentlichen Punkte seiner Lehre, in der Kürze hervorzuheben, wobei wir uns eine ins Einzelne gehende Analyse der letztern für zukünftige Arbeiten vorbehalten.

Alles was sich aus den zahlreichen Legenden der Buddhisten über die Schicksale dieser Lehre entnehmen lässt, ist, dass die von Çâkjamuni gegründete Brüderschaft, seinen Anordnungen folgend, sich anfänglich in verschiedenen Gegenden friedlich verbreitete und bei deren Einwohnern Wohlwollen und eine freundliche Aufnahme fand. Alsdann traten verschiedene Zwistigkeiten ein, entweder, wie wir glauben, in Folge der Ausbreitung selbst, oder, wie versichert wird, in Folge der Differenzen, welche an einem bestimmten Ort in Betreff der Beobachtung der Ordensvorschriften, oder aus Uneinigkeit bei Erklärung der Religionslehren entstanden waren, vielleicht auch in Folge beider Umstände zugleich; die Streitigkeiten führten zur Bildung verschiedener Schulen. 34

In dieser zweiten Periode werden eine Menge Concile gehalten; in diesen werden zuerst diejenigen, welche sich vergangen haben, gerichtet (Concil von Vaiçâlî), dann die widersprechenden Meinungen untersucht (Concil unter Açoka), endlich, in den letzten wird der Versuch gemacht die feindlichen Partheien einander zu nähern oder zu versöhnen, indem entweder festgestellt wird, worin die Lehre des Buddha besteht (Concil des Vatsîputra), oder ein Codex der buddhistischen Lehre abgefasst wird (von Kanischka berufnes Concil).

In der dritten Periode alsdann fährt jede der Schulen in ihrem Kreise fort friedlich zu wirken, jedoch mit Bewahrung ihrer charakteristischen Züge und unter Weiterentwicklung ihrer Ideen. Was die philosophische Seite der Lehre betrifft, so glauben wir sogar, dass alle achtzehn Schulen, welche in der Zeit der früheren Streitigkeiten entstanden waren, sich in zwei Haugtgruppen vereinigten; die Systeme der Vaibhâschika's und Sautrântika's. Diese Periode dauert eine beträchtliche Zeit bis zum Verschwinden dieser Schulen, und dieses erfolgte entweder auf gewaltsame Weise durch äussere Feinde, oder durch Verschmelzung mit der Lehre, welche aus eben diesen Streitigkeiten hervorging, aber ein ganz neues System bildete und den Namen Mahâjâna-Lehre oder
35 neuer Buddhismus erhielt. Für diese haben wir bedeutend reichlichere Data, insbesondere seit der Zeit, wo sie vollständig den Schauplatz der Geschichte betritt, d. h. seit der Zeit des Ârjâsanga. Die Schicksale dieser Lehre sind auch bezüglich Indiens mit Bestimmtheit zu erkennen, keineswegs blos in Betreff von Tibet, China und der Mongolei, auf deren Gebiet wir — den Quellen, welche uns zu Gebot stehen, folgend — den Kreis unsrer Untersuchungen beschränkt haben. Was dagegen die drei Hauptphasen der Geschichte des alten Buddhismus betrifft, so lässt sich über keine derselben Sicherheit gewinnen.

Die erste Periode, welcher, mit grosser Unwahrscheinlichkeit, nur eine sehr kurze Dauer — nämlich fast nur ein Jahrhundert nach dem Tode des Buddha — zugewiesen wird, stellt uns diese Religion in einer patriarchalischen Form dar. Es wird eine Reihe von Nachfolgern im Lehramt aufgezählt, welche angeblich unmittelbar hinter einander gefolgt sein sollen, während es Beweise genug giebt, dass diese sieben Personen — denn so gross ist ihre Anzahl in dieser ersten

Periode — nicht einmal Patriarchen gewesen sein können. Lassen wir den Madhjântika, welchen einige zu diesen Nachfolgern zählen, andere von ihnen ausschliessen — er wird als Schüler des Ânanda betrachtet, während die Kaschmirsche Chronik ihn viel später ansetzt — ganz zur Seite, so sehen wir, dass weder Dhîtika noch Kâla und Sudarçana, die letzten Patriarchen dieser Periode, den chinesischen Quellen bekannt sind. Diesen ist sogar die Meinung, dass die Nachfolge je aufhören konnte, unbekannt. Welche Glaubwürdigkeit ihre Ueberlieferungen in Betreff der Nachfolger besitzen, kann man daraus beurtheilen, dass sie vom Buddha selbst bis Bodhidharma, den Begründer des Buddhismus in China, im Ganzen acht und zwanzig Nachfolger zählen. Aber auch angenommen, dass diese Liste nicht vollständig — denn wir haben andre, in welchen bis zum Jahr 317 nach Chr. mehr als 36
fünfzig aufgezählt werden — so überzeugen wir uns doch durch diese Widersprüche, dass die Erzählungen von der Nachfolge wohl nur das Werk einer Schule waren. Wenden wir uns zu der Prüfung der alten Vorschriften des Vinaja, so finden wir in ihnen in der That keine Spur eines solchen über alle gebietenden Nachfolgers im Lehramt. Der Vorrang eines Mitglieds vor den übrigen beruht einzig auf dem Alter, und zwar nicht der Lebensjahre, sondern des Eintritts in den geistlichen Stand.

Auch in der zweiten Periode — der Zeit des Streits — treten keine zuverlässigen Nachrichten hervor. Schon oben haben wir angedeutet, aus welchen Gründen die Persönlichkeiten hier verdunkelt sind. Spätere Schriftsteller haben eine Uebersicht der hauptsächlichen Meinungen der einzelnen Schulen, welche sich unter diesen Streitigkeiten bildeten, zusammengestellt; diese ist natürlich von keinem geringen Interesse, aber leider bemühen wir uns vergebens, etwas wahrhaft Historisches in ihr zu entdecken: von keiner dieser Schulen können wir ihre Schicksale, die Veranlassung ihrer Entstehung, ihren Stifter, den Ort ihrer Verbreitung. Höchst wahrscheinlich hatte auch jede dieser Schulen ihre besondre Literatur — doch auch darüber ist uns nichts überliefert.

In der dritten Periode finden wir nur einzelne fragmentarische Nachrichten, welche nicht selten aus verschiedenen Orten und Zeiten herrühren. Diese Periode hätte, allen Umständen nach zu urtheilen, recht gut eine historisch bekannte werden können; dass sie es nicht geworden ist, ist die Schuld der Mahâjânisten, welche deren Geschichte abgefasst haben, aber einzig ihre eigne Schule im Auge hatten, die, wie sie nach und nach alle Schulen des alten Buddhismus verschlungen hatte, ihre ganze Aufmerksamkeit verschlang.

Nach diesem kurzen Ueberblick über die ganze Geschichte des Buddhismus, müssen wir noch bemerken, dass das darin Gesagte nicht so zu verstehen ist, als ob wir berechtigt wä-
37 ren, die Erzählungen, welche uns als Geschichte überliefert werden, ganz unberücksichtigt zu lassen. Sie bieten vielmehr eine Fülle von Hülfsmitteln, welche zur Gewinnung wahrscheinlicher Vermuthungen über das Schicksal des Buddhismus benutzt werden können. Aus diesem Grunde wollen wir, ohne uns jedoch in detaillirte Untersuchungen einzulassen, eine kurze Uebersicht derselben geben, wobei wir einer der ausführlichsten Geschichten des Buddhismus, einem von Târanâtha im Jahre 1608 nach Christi abgefassten tibetischen Werke folgen werden. Dabei müssen wir bevorworten, dass wir — da die Eigennamen in tibetischen und chinesischen Werken übersetzt werden und, ausser bei bedeutenden Personen, nicht ohne Schwierigkeit auf die ursprünglichen Sanskrit-Namen zurückgeführt werden können — in denjenigen Fällen, wo wir die Richtigkeit der Zurückführung nicht ver-

bürgen können, die tibetische Uebersetzung in Parenthese hinzufügen oder sogar allein geben werden.

Nach dem Tode des Buddha wurde sein Leichnam nach indischer Sitte verbrannt; allein in der Folge bedurfte man Reliquien des Buddha, und deshalb berichtet die Legende zuerst über die Vertheilung derselben. Alsdann versammeln sich die Schüler des Buddha wieder in Magadha und zwar unter Vorsitz des Mahâkâçjapa, welcher als erster Nachfolger des Buddha betrachtet wird. Da die Buddhisten beweisen mussten, dass ihre Lehre in ununterbrochner Folge seit dem Stifter derselben überliefert sei, so verlegte man schon in sein Todesjahr selbst die erste, in einem friedlichen Concil zu Stande gebrachte Sammlung derselben; diese bestand angeblich aus dem von Ânanda überlieferten Sûtra, welches beginnt «So wurde von mir einst gehört (Buddha war dort, mit dem). Grade das Bestreben, zur Befriedigung der Kritik, Ort und Personen anzugeben, erregt schon die stärksten Bedenken gegen diese Ueberlieferung. Eine wirkliche Sammlung hatte, so unmittelbar nach dem Tode des Buddha, offenbar nicht nöthig, auf solche Data ihr Augenmerk zu richten. — Beiläufig bemerkt ist diese Form, welche gewiss erst 38
angenommen ward, als man die durch Ueberlieferung fortgepflanzte Lehre in den Concilien niederzuschreiben begann, zugleich der beste Beweis, dass es vorher keine Schrift gab.

Ausserdem wurden dort angeblich die Vinaja's von Upâli vorgetragen und gesammelt, so wie die Abhidarma's unter Mahâkâçjapa's eigener Aufsicht redigirt. Betrachten wir die letzte Art von Werken, welche nicht Worte des Buddha sind, sondern Erklärungen zu seiner Lehre und ausführliche psychologische Untersuchungen darbieten, so ist es kaum auch nur möglich, ihre Existenz in jener Zeit, selbst in einer von der auf uns gekommenen verschiedenen Gestalt, zuzulassen.

Die Beschuldigungen, welche Mahâkâçjapa gegen Ânanda vorbringt, die Rechtfertigung des letzteren und endlich sein Triumph, welches alles in den Legenden erzählt wird, sprechen ohne Weiteres entscheidend dafür, dass die Legende erst nach den Streitigkeiten entstanden ist, welche zwischen den Sautrântika's und Vaibhâschika's, den Anhängern der Abhidarma's, ausbrachen, da diese beiden Hauptpartheien ihren Ursprung auf Ânanda und Kâçjapa zurückführten. Die Versöhnung dieser beiden Patriarchen deutet das fernere Schicksal des Kampfes an. — Nach den Worten des Hiuen Thsang fällt auch die Trennung des Buddhismus in Mahâsâmghika's und Sthavira's schon in eben diese Zeit; andere Legenden versetzen sie jedoch erst in eine spätere.

Nach diesem begab sich unter Kâçjapa nichts Wichtiges mehr. Sein Lehramt dauerte zehn Jahre und er übergab es dem Ânanda. Dieser verwaltete es angeblich vierzig Jahre und starb fast gleichzeitig mit dem König Adschâtaçatru, welcher schon Zeitgenosse des Buddha gewesen war. Die Legenden erzählen von der Bekehrung des Kanakavarṇa, Bharadvâdscha und Çâṇavâsika durch Ânanda; der letzte von jenen wurde sein Nachfolger und wohnte in Çrâvastî. Mittlerweile geschah es, dass in Vârâṇasî, dem heutigen Benares, wo, wie es scheint, der von Ânanda kurz vor seinem Tode
39 bekehrte Madhjântika (ཉི་མ་གུང chinesisch Mo-tien-ti-kia) seinen besondern Wirkungskreis hatte, die Einwohner sich durch die Masse der Bhikschu's beengt fühlten, worauf Madhjântika, wie es in der Legende heisst, mit zehntausend Arhant's durch die Luft flog und sich nach Norden zu dem Berg Uçîra begab, sich daselbst niederliess und die Lehre des Buddha verbreitete, die von da an auch im Norden zu hoher Blüthe gelangte. Dies ist augenscheinlich eine örtliche Le-

gende, in welcher eine Andeutung der viel späteren Entfernung der Sthavira's in den Himâlaja liegt; doch darf man aus ihr auch den Schluss ziehen, dass nicht blos Streitigkeiten zwischen den Brüderschaften — denn es ist deutlich, dass Madhjântika sich dem Çâṇavâsika nicht unterwarf, sondern selbst die Verfolgung des Buddhismus als Mittel zu seiner Ausbreitung diente. Wenn wir ihn aber jetzt, so kurze Zeit nach dem Tode des Buddha, an den Gränzen Kaschmir's sehen[1], dürfen wir da annehmen, dass die auf dem Wege zwischen Magadha und Kaschmir liegenden Landstriche dieser Religion ganz fremd geblieben sind? Doch wie es sich auch hiermit verhalten möge, die Verbreitung des Buddhismus nach Kaschmir, mag sie auch erst nach dieser Zeit anzusetzen sein, ist für die Geschichte desselben von ausserordentlicher Bedeutung. Von nun an wird dieses Land eine neue Lehrerin dieser Religion und der Sitz einer besonderen Schule. Dies ist schon daraus ersichtlich, dass Madhjântika den direkten Patriarchen gleichgestellt, sogar ihnen zugezählt wird. Hier entstehen eine Menge Sûtra's und hier ist 10
sogar die Heimath der berühmten Çâstra's oder Abhidarma's; hier auch der Hauptstreit zwischen den Sautrântika's und Vaibhâschika's. Kaschmir hatte überhaupt einen sehr wesentlichen Einfluss auf die Verbreitung des Buddhismus ausserhalb Indiens. Von hier dringt er nach Kandahar und Ka-

---

1) Madhjântika zog vom Berg Uçîra nach Kaschmir hinab, welches ein See oder von Nâga's bewohnt war; diese vertrieb er und rief 500 Menschen seines Gefolges und Brahmanen, so wie Hausbesitzer aus Benares herbei, mit welchen er sich ansiedelte; nachher siedelten sich auch aus andern Gegenden viele Menschen an. Unter Madhjântika wurden schon neun Städte, viele Dörfer und zwölf Tempel gegründet. Später pflanzte er vom Berg Gandhâmâdana eingeführten Safran an, und brachte sein Reich dadurch zu Wohlstand. Noch jetzt ist der Kaschmir'sche Safran im ganzen Orient berühmt (s. Târanâtha, Cap. III).

bul, und dass diese Länder die zweite Heimath des Buddhismus wurden, ersieht man schon aus Hiuen-Thsang's Reisebeschreibung, der in ihren Oertlichkeiten Denkmäler vom Leben des Buddha suchte. Von hier verbreitete sich der Buddhismus über Bactrien, wo die Stadt Gazna in der Folge die Pflanzstätte der Zauberlehre ward. Den Hindukusch umgehend, bemächtigte er sich des ganzen heutigen Kurdestan, sowohl des abhängigen als unabhängigen; erst der Islam hat ihn hier ausgerottet und zwar nach der Zeit der Juen-Dynastie. Nach Indien gelangte der Islam erst als der Buddhismus daselbst schon in Verfall gerathen war: dennoch hält ihn der letztere für seinen erbittertsten Feind, und diese Meinung muss sich deshalb namentlich auf die ausserindischen Buddhisten beziehen. Auch der tibetische Buddhismus stammt wesentlich zunächst aus Kaschmir und hat von hieraus viele Werke erhalten. So gross ist die Bedeutung dieses Landes für die Geschichte des Buddhismus.

In der Geschichte des Çâṇavâsika (Târanâtha Cap. III) finden wir eine für den Zustand des Buddhismus in dieser Zeit wichtige Thatsache. Die Legende schreibt ihm die Bekehrung von etwa 2000 Mann aus dem Gefolge des verstorbenen Königs Sudhanu (? གཞུ་བཟང) zu — (auf Adschâtaçatru folgte nämlich sein Sohn Subâhu (? ལག་བཟང) und auf diesen nach zehn Jahren dessen Sohn, der erwähnte Sudhanu) — und erzählt zugleich, dass er mit diesen zusammen die Regenzeit auf dem Leichenacker Çitavana (བསིལ་མའི་ཚལ) zuge-
41 bracht habe. Demgemäss war der Buddhismus in dieser Zeit von einem klösterlichen Leben noch weit entfernt.

Auf Çâṇavâsika folgte Upagupta (ཉེ་སྦས), der Sohn eines Räucherkerzenhändlers. Unter ihm zuerst wird die Gründung

von buddhistischen Tempeln [1]) (aber noch nicht «Klöstern») erwähnt. Upagupta nahm seinen Wohnsitz in Mathurâ [2]), wo zwei Brüder [3]) Naṭa und Bhaṭa auf dem Berg Çiras einen Tempel gründeten, welcher unter dem Namen Naṭabhaṭika-vihâra bekannt ist [4]). Es scheint, dass damals der Gedanke entstand, dem Buddha zu Ehren Bilder aufzustellen, denn eine Legende erzählt, dass Upagupta einen Dämon, welchen er bekehrt hatte, bat, ihm die Gestalt des Buddha zu zeigen. Um dieselbe Zeit wurde (nach Târanâtha Cap. IV) in Osten für den Arhant Uttara (བླ་མ), wahrscheinlich, denselben, der auch bei der Spaltung der Schulen vorkommt, — ein Tempel Kukkuṭârâma (བྱ་གག་ཀུན་དགའ་ར་བ) errichtet. Dieser Uttara erfreute sich des besondern Wohlwollens des Königs Mahendra (དབང་ཆེན), des Sohnes und Nachfolgers von Sudhanu. Wahrscheinlich war auch eben diese Bevorzugung der Grund, dass sich Upagupta nach Mathurâ entfernte, wo er sein übriges Leben zubrachte. In Verbindung mit Uttara's Geschichte steht die Legende von den drei Brüdern Dschaja (? རྒྱལ་བ), Bhadradschaja (? ལེགས་རྒྱལ) und Punja, von denen zuerst der eine an Mahâdeva oder Çiva, der andre an Kapila 42
(སེར་སྐྱ) und nur der dritte an den Buddha glaubte. Uttara be-

1) Târanâtha, Cap. IV.

2) Diese Uebersiedlung des Patriarchen von einem Orte zum andern spricht ebenfalls für die Annahme, dass es gar keine direkte Nachfolge gab, sondern dass berühmte Orte ihre berühmten Persönlichkeiten in die Patriarchenliste eintrugen.

3) Vgl. Eug. Burnouf Introduction à l'histoire du Buddhisme indien, I, 378, n. 4.

4) Von diesem Tempel spricht auch Hiuen-Thsang im 4ten Buch (Mémoires sur les contrées occidentales traduits du Sanscrit en Chinois par Hiouen Thsang, et du Chinois en Français par M. Stan. Julien. T. I, S. 210).

kehrte auch die beiden ersteren zum Buddhismus und jeder der drei Brüder errichtete nun dem Buddha zu Ehren einen Tempel mit Bildern, und zwar der erste in Benares auf dem Platze, wo die wahrscheinlich erst später in diesem Tempel selbst entstandene Legende den Buddha das Rad der Lehre drehen lässt; der zweite in Râdschagṛiha im Garten Veṇuvana (འོད་མའི་ཚལ); der dritte in Bodhimaṇḍa, d. i. der Stelle, wo Çâkjamuni zum Buddha ward. Dies ist Gaṇḍola, in welchem eine der Legende zufolge von einem himmlischen Bildhauer verfertigte Bildsäule der Mahâbodhi aufgestellt war; deren Augen bestanden aus glänzenden Smaragden (açmagarbha) und an ihrem Haarschopf (ushṇîscha) auf dem Scheitel strahlte ein kostbarer Saphir (indranîla) [1]).

Möglicherweise fällt auch die Erbauung von Tempeln erst später; in der Legende von den drei Brüdern selbst birgt sich wahrscheinlich eine Andeutung von drei berühmten Klöstern, welche in freundschaftlicher Verbindung standen und von Anhängern des Uttara gegründet waren; denn dieser wird auch als Stifter einer besondern Schule erwähnt. Für uns ist das Wichtigste, dass in diesen drei Tempeln der Ursprung der Sûtra's zu suchen ist, welche das Leben und die Lehre des Buddha darzustellen anfingen. Waren sie gleich an einem anderen Ort erbaut, so konnte man doch leicht Thaten aus dem Leben des Buddha dahin verlegen, wie denn auch dort die Namen des Maudgaljâjana, Çâriputra und andrer auftauchen mochten, ganz eben so wie Kâtjâjana,
43 welcher 500 Jahr nach dem Buddha lebte (s. das Leben des Vasubandhu aus der chinesischen Uebersetzung, weiterhin

1) Dieses Tempels erwähnt auch Hiuen-Thsang im 8ten Buch (Mémoires sur les contrées, etc. I, p. 459 ff.); doch ward dessen Worten zufolge die Bildsäule erst nach Açoka von einem nicht genannten Brahmanen errichtet.

S. 217), in dessen Lebenszeit versetzt und zu dessen Schüler gemacht wird. Von gleicher Wichtigkeit ist die nahe liegende Folgerung, dass gerade dieser Uebergang aus dem Wander- in das Kloster-Leben die beginnende Ausbreitung der Lehre und das Auftreten von Personen, welche, ohne die Berechtigung Vertreter der Gemeinde zu sein, bei Königen und Privatleuten grossen Einfluss genossen, die Streitigkeiten und Spaltungen, welche im Buddhismus ausbrachen, unzweifelhaft mehr als andere hervorriefen und beförderten. Denn es liegt keine Nöthigung vor, in dieser Beziehung den Traditionen zu folgen, deren Ursprung erst in eine spätere Zeit zu verlegen ist.

Die Chinesen versichern, dass Upagupta ein Zeitgenosse des Açoka war, unter welchem die erste Spaltung des Buddhismus ihren Anfang nahm; wir folgen jedoch in unserer Erzählung dem Târanâtha, welcher das Leben des Açoka in eine spätere Zeit versetzt. Nehmen wir, in Uebereinstimmung mit unserm Autor, nicht zwei Açoka's an, dann spricht schon der Aufenthalt des Upagupta in Mathurâ, welchen auch die chinesischen Uebersetzungen anerkennen, sehr dafür, dass er nicht der Zeitgenosse des einen unzweifelhaft anerkannten Açoka gewesen sein könne. Denn es lässt sich nicht absehen, wodurch er unter der Regierung von diesem, welcher in der Folge der eifrigste Buddhist ward, hätte genöthigt sein können, sich aus der neuen Hauptstadt Indiens, Pâṭaliputra zu entfernen[1]).

1) Es ist bekannt, dass die nördlichen Buddhisten die beiden Açoka's, welche nach der Ansicht der Sanskritologen zwei Jahrhunderte von einander entfernt sind, in eine Person verschmelzen: Kâlâçoka lebte angeblich in der Mitte des 5ten Jahrhunderts, Dharmâçoka in der des 3ten vor Christi Geburt. Die eigentlichen Spaltungen begannen in dem zwischen beiden Regierungen verflossenen Zeitraum. In Folge dieser Verschmelzung mussten nun auch die Traditionen dieser verschiedenen Epochen in einander verschmelzen.

Die Legende von Upagupta, — nach welcher die Zahl
44 der von ihm Bekehrten so gross war, dass eine geräumige Höhle von den Stäbchen gefüllt wurde, deren eines von jedem hineingeworfen ward, steht mit der Tradition über die Ausbreitung des Buddhismus in Verbindung. Eben so die in den Legenden hervortretende Uebertragung der Thaten des Dhîtika, welcher dem Upagupta im Lehramt folgte, von einem Ort zum andern.

Dhîtika selbst stammte aus Udschdschajant und hatte vor seiner Ankunft in Mathurâ verschiedene Länder durchwandert; alsdann verwaltet er das Lehramt in sechs Städten, woraus sich offenbar folgern lässt, dass sich der Einfluss nicht weiter erstreckte und selbst hier war er nicht unbestritten; hierauf fliegt er durch die Luft nach Tukhâra (unserm Bactrien), wo damals Minara herrschte, man keinen Begriff von Sünde hatte, und einen himmlischen Gott verehrte, welchem man Brod, Stoffe und Kostbarkeiten als Opfer verbrannte. Dhîtika bekehrte dieses Land, eine sichere und bequeme Strasse wurde zwischen ihm und Kaschmir angelegt; diese benutzten in der Folge viele Sthavira's aus dem letztern und verbreiteten den Buddhismus immer mehr. Unter Minara und seinem Sohn wurden wohl 50 grosse Tempel erbaut, in denen sich eine Menge Geistliche aufhielten. Augenscheinlich konnte Dhîtika an dieser Ausbreitung nicht persönlich Theil genommen haben; die Legende führt ihn nur ein, um ihr grössere Bedeutung zu verleihen. Dennoch ist unverkennbar, dass der Buddhismus so wie er sich in Kaschmir befestigt hatte, Missionäre nach allen Seiten aussandte.

Dieser Periode wird die Verbreitung des Buddhismus auch noch in andre Länder zugeschrieben. Auf dieselbe wunderbare Weise soll Dhîtika auch Kâmarûpa im Osten — wo

sich der Tempel Mahâstûpa (མཆོད་རྟེན་ཆེན་པོ) erhebt — und das Königreich Mâlava im Süden bekehrt haben; im letzteren regierte, jedoch ohne gekrönt zu sein, der Brâhmana Adarpa (? དྲགས་མེད), welcher Menschenopfer und 43
Rinderopfer (gobadha), unter Vorsitz des Rischi Bhriguràkschasa, aus dem Geschlechte des Bhrigu, schlachten liess; hier ward ebenfalls ein Tempel erbaut. Grade diese Meldung von Tempelbauten macht mich gegen die Annahme einer solchen Verbreitung des Buddhismus in so entlegener Zeit bedenklich. In der Biographie des Nâgârdschuna, welcher bei weitem später lebte, finden wir, dass das südliche Indien den Buddhismus noch nicht kannte. Die Legende ist also in einem Tempel entstanden, welcher vielen Vortheil dabei fand, seine Gründung einer so berühmten Person zuzuschreiben. Dhîtika's Geburtsland, das Königreich Udschdschajant, welches zu Mâlava gehört, rühmt sich, dass dieser Patriarch, nachdem er das Lehramt dem Kâla (? ནག་པོ) übergeben, in ihm auch gestorben sei.

Von Kâla wissen wir, nach Târanâtha's Bericht, weiter nichts, als dass er sich bei der Bekehrung Ceylons betheiligte; andere Nachrichten schreiben diese dem Mahendra, dem Bruder des Açoka, zu. Auf Kâla folgt angeblich Sudarçana.

Sudarçana war im westlichen Indien im Königreich Bharukatschtsch'ha geboren und stammte aus dem Geschlechte der Pândava's (སྐྱ་སེང). Er bekehrte das Land Sindhu zum Buddhismus, wo man angeblich dem Râkschasa Hingalatscha sogar Menschenopfer brachte. Er besuchte alle Orte im südlichen Indien und stattete sie mit Tempeln und Geistlichen aus, und bald darauf ward der Buddhismus auch in Orissa

eingeführt. So wird uns begreiflich warum Dhîtika, Kâla und Sudarçana, gleichwie früher Madhjântika, der Bekehrer von Kaschmir, in die Reihe der Patriarchen gestellt sind. Sollen wir aber glauben, dass sie in dieser Folge und in einer dem
40 Buddha so nahen Zeit gelebt haben?[1]) Ist nicht bei weitem

---

1) Wir haben schon oben bemerkt, dass der ersten Periode — bis zum Anfang der Streitigkeiten zwischen den Buddhisten — ein äusserst kurzer
46 Zeitraum gegeben wird. Der Grund davon ist in der Vermengung der beiden Açoka's zu suchen. Wenn Açoka hundert Jahre nach dem Tode des Buddha regierte, so musste man auch sämmtliche Begebenheiten, welche sich bis zu der Zeit des andern ereigneten, als schon zu seiner Zeit vollendet betrachten. — Târanâtha überliefert die Reihenfolge der herrschenden Linie folgendermassen:

Nach Adschâtaçatru herrschte Subâhu (?ལག་པ་བཟང) 10 Jahr; diesem folgte sein Sohn Sudhanu (? ནོར་བཟང — Dhanubhadra und Udajibhadra bei Lassen); nach diesem herrschte, gleichzeitig mit Upagupta, 9 Jahr sein Sohn Mahendra, dann 22 Jahr der Sohn des letzteren Tschamasa. Dieser hinterliess zwölf Söhne; einige von diesen wurden zwar auf den Thron gesetzt, konnten sich aber nicht lange darauf behaupten. Die Herrschaft war in den Händen eines Brahmanen Gambhîraçîla (?ངང་ཚུལ་ཟབ་པ). Zu dieser Zeit war (nach Târanâtha, Cap. VI) im Königreich Tschamparna, welches dem Kuru-Geschlechte gehörte, ein König Nemita aus dem Sonnengeschlecht. Dieser hatte, ausser sechs Söhnen von seiner legitimen Gemahlin, noch einen Sohn Açoka von einer Kaufmannstochter, welchem er, zum Lohn für seine Siege über die Nepalesen, die Einwohner des Königreichs Kâçja und andre Bergvölker, die Stadt Pâtaliputra als Apanage gegeben hatte. Nemita entsandte seine sechs Söhne gegen Magadha, um gegen den erwähnten magadhischen Brâhmana Krieg zu führen, und es fielen mehrere Schlachten an den Ufern des Ganges vor. Plötzlich starb Nemita und die Grossen erhoben Açoka auf den Thron; die Brüder, welche sich sechs Städte Magadha's unterworfen hatten, fingen an in diesen zu regieren. Doch Açoka fing bald an sie zu bekriegen, tödtete sie und bemächtigte sich ausser dieser Städte noch vieler Länder, so dass sich seine Herrschaft vom Himâlaja bis zum Vindhja erstreckte. Da er vorher mehrere Jahre in Lüsten gelebt hatte, nannte man ihn Kâmâçoka. Dann wurde er, nach den Erzählungen der Buddhisten, ein Wütherich und erhielt deshalb den Namen Tschandâçoka; zuletzt bekehrte er sich zum Buddhismus, und von da an gaben ihm die Legenden den Namen Dharmâçoka und erzählen viele Wunderdinge von ihm; unter andern, dass

eher anzunehmen, dass sie erst zu der Zeit lebten, wo sich der Buddhismus in Schulen spaltete und dass die Bewahrung 47

---

er die ganze Erde mit Denkmälern und Tempeln zu Ehren des Buddha bedeckt habe; seine Besitzungen hätten damals bereits über Tibet im Norden und bis zum Ocean im Süden gereicht. Den Geistlichen erwies er solche Ehrfurcht, dass er alle seine Schätze unter ihnen vertheilte; endlich verpfändete er ihnen sogar sich selbst, um seine Grossen zu nöthigen, ihn auszulösen; diese aber, wahrscheinlich unzufrieden damit, stürzten ihn vielleicht vom Thron; denn der Geschichtschreiber deutet — obgleich nicht ganz bestimmt — ein klägliches Ende desselben an.

Cap. VIII. Nach dem Tode Açoka's wurde dessen Enkel Vigatâçoka (? མྱ་ངན་བྲལ།) der Sohn des Kunâla — dessen Blendung durch seine Stief-
mutter eine bei allen Buddhisten bekannte Legende erzählt — auf den 47
Thron gesetzt. Etwa um diese Zeit wird ein König Vîrasena (? དཔའ་བོའི་སྡེ) als Verehrer des Buddhismus erwähnt; doch ist ungewiss, ob ein Nachfolger des Vigatâçoka oder mit ihm identisch. Dessen Sohn Nanda (དགའ་བ) regierte 20 Jahre. Unter ihm lebte Pâṇinî, der erste indische Grammatiker und vielleicht auch der erste, welcher die Schrift einführte (Cap. X).

Dem König Nanda folgte sein Sohn Mahâpadma (? པདྨ་ཆེན་པོ), welcher in Kusumapura (གྲོང་ཁྱེར་མེ་ཏོག) residirte. Er sammt seinen Räthen Bhadra (བཟང་པོ) und Vararutschi (མཆོག་སྲེད) beschützte den Buddhismus. Unter ihm finden wir die erste Erwähnung einer schriftlich niedergelegten Literatur. Vararutschi lässt nämlich eine Menge von Exemplaren der Vibhâschâ (བྱེ་བྲག་བཤད་པ) anfertigen und vertheilt sie unter die Lehrer. Wie stimmt aber diese Erzählung mit einer andern, an einem andern Ort mitgetheilten (vgl. S. 64), wonach die Vibhâschâ in Kaschmir und in weit späterer Zeit abgefasst ward? Nach dem vorliegenden Bericht ist die Vibhâschâ schon zu der Zeit des Upagupta oder des Arhant Jaças verfertigt. Am wahrscheinlichsten ist, dass man hier Werke zu verstehen hat, welche älter sind als die Abfassung der Vibhâschâ. Wäre es möglich, dass Kâtjâjana selbst, der Verfasser von einem der Abhidarma's, einen Commentar der Vibhâschâ abgefasst hätte, während noch sechs andre Abhidharma's übrig waren, die zu dem Kreis jenes Buches gehörten? Daraus, dass die Geschichte es werth fand das Opfer des Vararutschi im Gedächtniss zu erhalten, lässt sich mit Leich-

ihrer Namen den Schulen verdankt wird, welche sich aus den Sthavira's hervorbildeten, die sich aus ihrer ursprüngli-

---

tigkeit erkennen, dass der Schriftgebrauch, wie wir vermuthet, erst kurz vorher von Pâṇini eingeführt, damals noch eine Seltenheit war. — Wie es sich aber auch hiermit verhalten möge, die Erwähnung der Vibhâschâ beruht darauf, dass kurz nach dieser Zeit im Königreich Kaschmir oder Dschalandhara — in dieser Beziehung herrscht keine Uebereinstimmung, aber auf jeden Fall — unter dem damals in diesen Ländern herrschenden König Kanischka, welcher 400 Jahre nach dem Tode des Buddha lebte, die dritte *) Sammlung der buddhistischen Lehre veranstaltet ward. Obgleich man aus den chinesischen Quellen schliessen müsste, dass Kâtjâjana, der Verfasser des ersten Abhidarma, bei dieser Versammlung den Vorsitz führte, und zu
48 derselben Zeit den Açvaghoscha berief, um die Vibhâschâ schriftlich auszuarbeiten, so überzeugt uns doch alles, dass Kâtjâjana lange vor dieser Zeit gelebt hat, und dass sein Name hier nur eingeführt ist, um ihn als ersten Stifter der Abhidarmisten in Erinnerung zu bringen, welche sich später in die Vaibhâschika's verwandelten. In der auf uns gekommenen Liste der Nachfolger im Lehramt, wie sie in China aufgezählt werden, wird Kâtjâjana in der 5ten oder 7ten Generation nach Buddha aufgeführt, Açvaghoscha aber in der 9ten oder 11ten. Demgemäss muss man am wahrscheinlichsten Târanâtha's Bericht annehmen, nach welchem der König Kanischka die Geistlichen unter Pârçva (རྩིབས Chines. Hie ts'un) versammelte, welcher ein Sûtra über den prophetischen Traum des Königs Kṛikin herausgab, und sowohl nach den chinesischen als tibetischen Quellen durch Açvaghoscha aus einem Feind des Buddhismus zu einem eifrigen Anhänger desselben bekehrt ward; zugleich auch der erste lyrische Dichter war, und durch seine Hymnen den Buddhismus von seinem scholastisch-pedantischen System befreite, und unter dem Volk, welches seine Oden zu Ehren des Buddha sang, bekannt machte. Schenken wir demselben Târanâtha (Cap. XII) Glauben, so traten in eben dieser selben Zeit die Namen Vaibhâschika's und Sautrântika's auf; als Repräsentant der erstern erscheint damals Dharmatrâta (ཆོས་སྐྱོབས) und als erster Sautrântika der grosse Sthavira (བཙུན་པ་ཆེན་པོ་གནས་བརྟན), ein Eigenname, wie wir sehen, welcher sich in der Schule, die sich nach ihm benannte und aus der sich die der Sautrântika's wirklich entwickelte, vielleicht seit dieser Zeit in ein Appellativ verwandelt hat. Damals erscheinen angeblich auch die ersten canonischen Bücher jener Schule, wie

*) Die erste fand, wie angenommen wird, unmittelbar nach dem Tode des Buddha Statt; die zweite bei Gelegenheit des Streites in Vaiçâlî; als dritte müsste man die Versammlung unter Açoka dem 2ten nehmen; allein diese ist bei den nördlichen Buddhisten unbekannt.

chen Heimath entfernt hatten, und deren Namen schon durch sich selbst — (er bedeutet eigentlich «alt», wird aber

---

«der Kranz der Beispiele (? ཕྲེང་དཔེའི་བརྗོད་པ)» und «Sammlung von Beispielen des Korbhaltenden» (སྨེ་སྒྲོད་འཛིན་པའི་དཔེ་འབྱུད). Wenn diese Bücher nicht unter anderen Namen in den uns bekannten Sammlungen stehen, so sind sie uns ganz unbekannt. Auffallend ist nur, dass beide eben erwähnte Personen in Kaschmir vorkommen.

Târanâtha sagt (Cap. XII) klar und bestimmt, «dass zur Zeit der dritten Sammlung alle achtzehn Schulen als reine Lehre anerkannt wurden, der Vinaja schriftliche Gestalt erhielt, eben so auch diejenigen Sûtra's und Abhidharma's, welche bis dahin nicht in Schriftgestalt existirt hatten, während die, welche schon so vorhanden waren, verbessert seien! Der letzte Punkt ist eigentlich nur eine Erfindung, um der für seine Religion demüthigenden Annahme entgegenzutreten, dass vorher nichts Schriftliches in ihr existirt habe.

Nach dem Tode des Kanischka und nach dem dritten Concil werden 49 zwei berühmte Vaibhâschika's erwähnt: Vasumitra, welcher aus Maru stammt, und Udgrantha (? དབྱངས་སྒྲོགས); letzteres Wort ist im tibetisch-sanskritischen Lexikon durch Udgratri wiedergegeben; sollte es aber nicht Girisena sein, welcher in der chinesischen Patriarchenliste hinter Vasumitra erscheint? Beide lebten in Açmaparânta, welches westlich von Kaschmir nicht weit von Tukhâra gelegen war.

In Pâṭaliputra lebten Açvagupta und sein Schüler Nandamitra (? དགའ་བའི་བཤེས་གཉེན). Zu derselben Zeit erscheinen in Magadha zwei Upâsaka's (Laien), die Brüder Mudgaragomin (ཐོ་བ་རྩེན) und Çamkara (? བདེ་བྱེད), welche den Buddhismus in Hymnen, die noch im Tandjur erhalten sind, verherrlichten, und das Kloster Nâlanda gründeten, welches in der Folge der Centralpunkt des Buddhismus in Mittelindien ward. Zuerst wurde die Abhidharma-Lehre darin vorgetragen (Târan. Cap. XV), in der Folge aber ward es der Hauptsitz des Mahâjâna-Systems.

Târanâtha bricht den Faden der Erzählung von den Magadhisch-Indischen Königen, den wir oben verfolgt haben, ab. Er erwähnt jetzt einen König Tschandanapâla (? ཙན་དན་སྐྱོང), unter welchem Indradhruva, der Verfasser der Grammatik Indravjâkaraṇa, lebte —; er macht ihn zum König der gan-

in den tibetischen Uebersetzungen durch «Stellvertreter» übertragen (vgl. Burnouf, Introduction à l'histoire du Bud-

---

sen Erde (ཉི་འོག), erklärt sich aber nicht mit Bestimmtheit darüber, ob er direkter Nachfolger des Mahâpadma und aus demselben Geschlecht des Açoka war. Nach der Reihenfolge der Erzählung zu urtheilen, muss er jedoch unmittelbar nach ihm regiert haben. Seinen Worten zufolge hätte er etwa 120 Jahr geherrscht und 140 Jahr gelebt. Da Târanâtha aber an einer andern Stelle (Cap. XV) sagt, dass König Çaṁkara (བདེ་བྱེད) 150 Jahr gelebt habe und unter diesem von neuem des Vararutschi als seines Ministers und Verfassers der Grammatik erwähnt, so darf man schliessen, dass er im Süden regierte und Zeitgenosse des Mahâpadma und nach ihm des Bhîmaçukla war, welcher als König von Benares erwähnt wird; unter diesem lebte Kâlidâsa, bei dessen Geschichte Vararutschi betheiligt ist. Damals müssen im Westen Çântivahana (Çâlivahana?) und Saptavarman, der Verfasser der Kalâpa-Grammatik, gelebt haben.

50 Unter dem König Tschandanapâla lebten in der Stadt Sâketana (གནས་བཅས) der Bhikschu Mahâvîrja (བརྩོན་འགྲུས་ཆེན་པོ), in Vârâṇasî Buddhadeva (? སངས་རྒྱས་ལྷ), ein Anhänger der Vaibhâschika, und in Kaschmir der Sautântrika Çrîlabha (དཔལ་ལེན), welche die Lehre der Çrâvaka's verbreiteten.

Dharmatrâta, Udgrantha (oder Girisena), Vasumitra und Buddhadeva gelten für die vier grossen Lehrer der Vaibhâschika; in deren Schule sind die canonischen Hauptwerke «der Kranz der drei Mischungen» (བྲེལ་མ་གསུམ་གྱི་ཕྲེང་བ), und «die hundert Upadâna's,» welche uns gleich unbekannt sind. Um diese Zeit baute ein Brahmane in Hâstinâpura hundert und acht Tempel, in denen er hundert und acht Lehrer des Vinaja anstellte.

Nach diesem erzählt Taranâtha nur noch die specielle Geschichte von Magadha unter den Dynastien Tschandra, Pâla und Sena, welche unmittelbar auf einander folgten. In Bangâla trat ein König Haritschandra auf, welcher die Tschandra-Dynastie gründete. Aus diesem Geschlecht erwiesen sich sieben Könige dem Buddhismus günstig und sind deshalb unter dem gemeinsamen Namen «der sieben Tschandra's» bekannt. Dem Haritschandra folgte sein Neffe Akschatschandra, und diesem sein Sohn Dschajatschandra; auf

dhisme, I, 288) — zeigt, dass sie die (stellvertretende) Nachfolge im Lehramt anerkannten? Nach chinesischen Quellen

diesen sein Sohn Nematschandra, Paṇitschandra, Bhîmatschandra, Salatschandra (? s. Index), von denen es heisst, dass sie nicht sehr mächtig waren. Nematschandra hatte kaum den Thron bestiegen, als er desselben durch seinen Minister Puschjamitra (ཀྲུལ་བ་བཤེས) beraubt ward. In dieser Zeit fand, wie es scheint, der erste Einfall von fremden Völkern in Indien statt; sie werden hier Tirthika's, oder Ketzer, genannt. Sie fingen Krieg mit Puschjamitra an, verbrannten eine Menge Tempel von Dschalandhara (in der Nähe von Kaschmir) an bis Magadha, und tödteten viele Bhikschu's, von denen jedoch ein grosser Theil nach andern Gegenden entkam. Puschjamitra selbst starb fünf Jahr danach im Norden. Wenige Jahre vorher erschien, wie Târanâtha sagt, die Lehre der Mletschtsch'ha's (ཀླ་ཀློའི་ཆོས). Unter diesem Namen versteht die tibetische Uebersetzung desselben jetzt den Islam; es ist aber sehr natürlich, dass er als Bezeichnung der Religionen des Nordwestens — (der Barbaren, denn dies ist die eigentliche Bedeutung von Mletschtsch'ha) — diente und dann auf die aller Völker übertragen wurde, welche Einfälle in 51 Indien machten. Die Erzählung von dem Ursprung dieser Religion ist dadurch merkwürdig, dass ihn die Buddhisten einem Bhikschu zuschreiben, welcher, aus der Gemeinde gestossen, in das Königreich Schulik (s. Index), jenseits Tukhâra kam, den Namen Mâṭhara annahm, und sein Werk irgendwo verbarg. Zu dieser Zeit gebar eine Jungfrau einen Knaben, welcher herangewachsen, alle zu bedrängen anfing, indem er sagte, dass er gar keiner Kaste angehöre. Er fand das von Mâṭhara verborgene Werk, traf später mit ihm selbst zusammen, gelangte alsdann in die Nähe von Makha (Mekka), fing an seine Lehre zu predigen und nahm selbst den Namen Paichamba und Ardo (Ardeschir) an. *)

Nach Salatschandra tritt Tschandragupta auf, welcher sich eine ausserordentliche Macht erwarb. Auf diesen folgt sein Sohn Bindusâra (སྙིང་པོའི་ཐིག་ལེ); dieser regierte anfangs im Königreich Gaura, aber sein Minister Tschâṇakja tödtete die Grossen und Könige in sechszehn Städten und der König ward Oberherr über die Länder zwischen dem östlichen und westlichen Meer (Cap. XVIII). Dieser König regierte 35 Jahr und sein Nachfolger war Çritschandra. Diesem folgte sein Sohn Dharmatschandra, welcher nur im Osten — und wie es scheint in Bangâla — als König auftritt; sein Minister ist

*) Der erste Verfall des Buddhismus trat nach Târanâtha's Annahme etwa 300 Jahre nach dem Tode des Buddha ein.

beginnt die erste Spaltung des Buddhismus unter Upagupta. Als der Streit ausbrach, versammelte der König Açoka, auf

---

Vasubandhu. Mit Dharmatschandra gleichzeitig (Cap. XIX) ist in Kaschmir der Turuschka-König, in Multan und Lahore der persische König Hunimanta; dieser letztere geräth mit Dharmatschandra in Zwist — der Grund ist derselbe wie bei Kanischka und dem König von Kânjakubdscha (Lassen IA. I, 853) — erobert das Reich Magadha und zerstört die Tempel, worauf die Geistlichen sich zerstreuten. Dharmatchandra starb und sein Neffe, Kanakatschandra, welcher ihm folgte, war von dem Turuschka-König abhängig. Um diese Zeit zog Buddhapakscha (? སངས་རྒྱས་ཕྱོགས), der Vetter Dharmatschandra's, welcher in Vârâṇasî und sogar mit dem Kaiser von China in Verbindung getreten war, die Könige und Fürsten im Westen und in Central-Indien auf seine Seite, entzweite sich mit Hunimanta, tödtete ihn und brachte die angeblich zum zweiten Mal in Verfall gerathene buddhistische Religion wieder empor. Unter diesem König fand, wie es heisst, auch der dritte Verfall des Buddhismus statt, in Folge des Tempelbrandes in Nâlanda. Dies bezieht sich aber bereits auf die Mahâjâṇa-Lehre; denn dort existirte diese schon, wie es scheint, und verlor bei dieser Gelegenheit angeblich den grössten Theil ihrer Bücher. Bei der Wiederherstellung des Buddhismus halfen dem König die beiden Brahmanen Çanku und Kilaka (? ཤུར་ཀུ).

52 Darauf kommt der König Karmatschandra zu der Zeit, als Gambhirapakscha (? ཟབ་མོའི་ཕྱོགས), der Sohn des Königs Buddhapakscha, seine Residenz in Pantschâla (? ཕུ་ལེན) gründete und daselbst 40 Jahre regierte. Zu dieser Zeit herrschte in Kaschmir — angeblich 100 Jahre lang — der Sohn Turuschka's, der Turuschka Mahâsammata (མང་པོས་བཀུར་བ). Dieser eroberte Kaschmir (?), Tukhârestan, Gadschana (Gazna), so wie andere Länder und verehrte die drei Kostbarkeiten. Nach dem Tode Karmatschandra's bestieg zwar sein Sohn Vrikschatschandra den Thron, doch sank seine Macht und der König von Odivischa (Orissa) Namens Dschaleruha begann über den grössten Theil des Ostens zu herrschen (Târan. Cap. XXII). Da Vasubandhu und Ârjâsanga in dieser Zeit auftreten, so waren etwa 900 Jahre seit dem Tode des Buddha verflossen. Der König Gambhirapakscha (? ཟབ་མོའི་ཕྱོགས) war Beschützer des Ârjâsanga und versammelte die Geistlichen; unter diesen war eben auch Ârjâsanga, welcher Lehrer im Königreich Javana (? ཙས),

den Rath des Upagupta, alle Geistlichen und befahl ihnen, den Vorschriften des Vinaja gemäss, nach der Mehrheit der

---

nicht weit vom Westen, in der Stadt Sâgara im Tempel Uschmapura war (Cap. XXII).

Nach dem Tode des Königs Gambhirapakscha tritt im Westen ein mächtiger König Çriharscha auf, welcher im Königreich Maru geboren war und sich zum Oberherrn über alle westlichen Provinzen machte. Im Osten regieren die Nachkommen des Vrikschatschandra; Vigamatschandra und dessen Sohn Kâmatschandra, die den Buddhismus nicht begünstigten und die Nirgrantha's besonders hoch hielten. Der letzte König unterwarf sich, wie es scheint, dem König von Odivisha Namens Nâgeça, Sohn des Dschamruta (s. Index), welcher sieben Jahr regierte. Als Minister dieses Königs wird Nâgakeça erwähnt. Çriharscha rottete die Lehre der Mletschtsch'ha's aus durch Vertilgung derselben in Multan (aber ein Weber in Chorasan verbreitete sie von Neuem) und gründete je einen grossen buddhistischen Tempel in den ihm wahrscheinlich unterworfenen Königreichen Maru, Mâlava, Mevar, Pituva und Tschitavara (s. Index). Dem Çriharscha folgte sein Sohn Çila (? དད་ཀྱུལ), welcher angeblich gegen hundert Jahr regierte. Obgleich im Osten das Geschlecht Tschandra noch in der Person des Simhatschandra erscheint, so hat dieser doch eine geringe Macht und steht unter der Oberhoheit des Königs Harscha oder Simha (? སེང་གེ), aus dem Geschlecht der Litschtschhavi, und dessen Sohnes Bharscha (? s. Index); — in dieser Zeit lebte auch Tschandragomin (Cap. XXIV). — Als Zeitgenosse des Çila wird in Westen im Königreich Ma-rukha (Mekka?) ein sehr mächtiger König 53
Vjâkula (? གཡུ་བ) erwähnt, welcher den Çila an Macht überragte und 36 Jahr regierte.

Dem Bharscha folgte sein Sohn, der fünfte Simha, Pantschamasimha (? སེང་གེ་ལྔ་པ), welcher die Länder beherrschte, die sich nördlich bis Tibet, südlich bis Trilinga, westlich bis Vârâṇasi, östlich bis zum Meere erstrecken. Von diesem König wurde zu dieser Zeit Balatschandra, der Sohn des Simhatschandra, aus Bangâla vertrieben und regierte in Tirahut (Tirabhukti). Der jüngere Bruder des fünften Simha, Namens Prasanna (? གསང་བ), herrschte in Magadha in einem kleinen Umkreis. Im Süden, in der Nähe des Vindhja-Gebirges wird zu derselben Zeit ein König Kusuma (? མེ་ཏོག་རྒྱལ་པོ) erwähnt und, als Zeitgenosse des Dharmakirti, der Sohn des Kusuma: Kusu-

Stimmen, welche durch Zettel oder Kugeln ausgedrückt wurden, zu entscheiden. Die Mehrheit gründete die Schule

---

madschaja. Alle diese Könige erscheinen als Verehrer des Buddha (Cap. XXV).

Nach dem Tode des Vjâkula regierte 20 Jahr lang dessen jüngerer Bruder Vjâkuladhruva (? གཡོ་བ་བརྟན་པ) und besass den grössten Theil des Westens, war folglich an die Stelle des Çrîharscha und Çîla getreten. Ihm folgte sein Sohn Vischnurâdscha, welcher im Königreich Hali in der Stadt Balanagara 500 Rischi's ermordete und deshalb sammt seinem Schloss versank. In dieser Zeit wurde der grösste Theil des Ostens und Magadha vom Sohn des Prasanna Prâditja (? རབ་གསལ) beherrscht und nach ihm von seinem Sohne Mahâsjanî (s. Index). Im Norden in der Stadt Haridvâra residirte der König Çâkjamahâbala (? སྟོབས་ཆེན), Bundesgenosse des Prâditja; ihm gehorchten alle Länder von Kaschmir an. Vimalatschandra, der Sohn des Balatschandra und Beschützer des Amarasiṁha, herrschte über Bangâla, Kâmarûpa und Tirahut (Tirabhukti). (Cap. XXVI).

In dieser Zeit traten, der Annahme gemäss, die beiden schrecklichen Feinde des Buddhismus: Çaṁkarâtschârja und sein Sohn Bhaṭṭâtschârja auf; welche, jener in Bangâla, dieser in Orissa, den Buddhismus vernichteten. Kurz danach wurden die Buddhisten auch im Süden von Kumâralila und Kaṇâdaruru verfolgt; hier wird der buddhistische König Çâlivahana erwähnt. — Obgleich die Buddhisten erzählen, dass Dharmakîrti in der Folge den
54 Kumâralila, Çaṁkarâtschârja und Bhaṭṭatschârja in einer Disputation überwunden habe, so gesteht doch Târanâtha (Cap. XXVII), dass in Bangâla alle Geistlichen vor einer Herausforderung der Tîrthika's zu Disputationen zitterten und es wird sogar anerkannt, dass die Sonne des Buddhismus seit dieser Zeit anfing sich zu verfinstern. Da Dharmakîrti für einen Zeitgenossen des tibetischen Königs Srongtsan Gambo gilt, so lässt sich daraus schliessen, dass dieses im siebenten Jahrhundert nach Chr. vorging.

Cap. XXVII. Nach dem Tode des Vischnurâdscha tritt ein König Bhartṛihari auf aus dem Geschlecht der alten Könige von Mâlava. Seine Schwester war an Vimalatschandra verheirathet und hatte einen Sohn Govitschandra, welcher nach seinem Vater den Thron bestieg. Nach Govitschandra wird Lalitatschandra als letzter König aus dem Geschlecht der Tschandra aufgeführt. Nach buddhistischen Sagen wurde er ein Zauberer. Obgleich die dynastische Linie der Tschandra's noch angesehen war, so gelangte doch keiner aus ihr wieder zur Herrschaft; jeder Kschatrija (རྒྱལ་རིགས), Brâh-

der Mahâsâmghika's (dieses bedeutet «zahlreiche Geistlichkeit» *, während die Minderheit, welche aus den besten oder

mana und Kaufmann (Vaiçja) machte sich in Odivischa, Bangâla und den fünf übrigen Provinzen des Ostens zum Gebieter in seiner nächsten Umgebung, aber einen Oberherrn des Landes gab es nicht (Cap. XXVIII). Der Geschichtschreiber erzählt, wie eine Frau jede Nacht denjenigen, welcher zum König gewählt war, umbrachte, Gopâla aber, welcher nach Verlauf mehrerer Jahre zum König gewählt ward, wusste sich ihrer zu entledigen und regierte alsdann ununterbrochen †). Zuerst herrschte er in Bangâla, später aber eroberte er auch Magadha. Er gründete den Tempel Nâlandara nicht weit von Otantapura und regierte 45 Jahr. In Kaschmir herrschte um diese Zeit Çrîharschadeva (Cap. XXIX). Dem Gopâla folgte sein Sohn Devapâla. Er dehnte seine Macht noch weiter aus, eroberte zuerst das Königreich Varendra im Osten und alsdann die Provinz Odivischa (Orissa); auch stellte er, wie es scheint, den Buddhismus wieder her; wenigstens baute er den Tempel Somapura. Er regierte 48 Jahr. Nach ihm herrschte sein Sohn Rasapâla 12 Jahre; dessen Mutter war die Tochter des Vibharata (s. Index), des Königs von Gadschna im Westen. Dann (Cap. XXX) bestieg Dharmapâla den Thron und regierte 64 Jahr lang. Dieser unterwarf sich Kâmarûpa, Tirahut (Tirabhukti), Gauḍa und andre Provinzen, so dass sich seine Herrschaft im Osten bis zum Meer, im Westen bis Ṭili, im Norden bis Dschalandhara und im Süden bis zum Vindhja-Gebirge erstreckte. Mit diesem König gleichzeitig herrschte in Westen der König Tschakrâjodha und nach Târanâtha's Meinung der tibetische König Tisrong deutsang (Cap. XXXI). Nach Dharmapâla bestieg sein Schwiegersohn Masurakschita (s. Index) den Thron, 8 Jahre darauf aber der Sohn des Dharmapâla, Vanapâla. Diesem folgte Mahîpâla, dessen Regierung 52 Jahr dauerte; er war Zeitgenosse des tibetischen Kö- 55
nigs Khriral. Zur selben Zeit wird in Orissa ein König Verâtschârja erwähnt, doch war er ein Vasall des Mahîpâla. Dem Mahîpâla folgte sein Sohn Mahâpâla, welcher 41 Jahr regierte; nach ihm sein Schwiegersohn Çâmupâla (s. Index) zwölf Jahr lang (Cap. XXXIII). Nach diesem wurde Çreschṭha, der älteste Sohn des Mahâpâla, auf den Thron gesetzt, starb aber nach drei Jahren. Da sein Sohn erst 7 Jahr alt war, so führte sein Onkel von mütterlicher Seite Tschâṇakja 29 Jahr lang die Regierung; er führte Krieg mit dem Turuschka-König und blieb zuletzt Sieger. Auch empörten sich die Einwohner von Bangâla gegen ihn und machten einen Einfall in Magadha, doch bezwang er sie wieder. Nachdem er in der Folge seinen Neffen Bhejapâla (?) auf den Thron gesetzt hatte, liess er sich in dem Königreich Bali (?) — auf einer In-

* Nach richtiger Etymologie wohl eher «die zum Mahâsaṁgha «der grossen Geistlichkeit» = Majorität der Geistlichen» gehörigen. Anm. des Übers.

†) S. bei Lassen Th. II, 806, die Sagen von Vikramâditja.

den tadellosen Arhant's bestand, sich aber doch nicht mit der Mehrheit verständigen konnte, den Namen Sthavira's annahm — d. h. die geehrten, oder standhaften — und sich in die Berge des Himâlaja entfernte. Was aber der eigentli-

sel an der Mündung des Ganges nieder und starb nach fünf Jahren (Cap. XXXIV). Bhejapâla regierte 32 Jahr und behauptete seine Herrschaft in dem überkommenen Zustand; Dscho Atischa, der eigentliche Verbreiter des Buddhismus in Tibet war sein Zeitgenosse. Sein Sohn und Nachfolger war Nejapâla, der 35 Jahr lang regierte; das Jahr seiner Thronbesteigung ist auch das der Ankunft des Dscho Atischa in Tibet (Cap. XXXV). Der Sohn des Nejapâla; Âmrapâla regierte 13 Jahr. Sein hinterlassener Sohn Hastipâla war erst wenig Jahre alt; daher führten vier Grosswürdenträger 8 Jahr lang die Regierung; dann übernahm sie Hastipâla selbst und herrschte 15 Jahr. Nach ihm regierte sein von gleicher Mutter geborener Bruder Kschântipâla 17 Jahr lang (Cap. XXXVI). Darauf wurde, noch sehr jung, Râmapâla, der Sohn des Hastipâla, König, regierte mit grosser Weisheit und erweiterte seine Herrschaft; die Dauer derselben betrug 46 Jahr. Drei Jahr vor seinem Tode wurde sein Sohn Jakschapâla auf den Thron gesetzt, regierte aber nur ein Jahr. Nach seinem Tode bemächtigte sich einer der Grossen Lavasena des Throns und die Dynastie Pâla, welche sich von Sûrjavamça (dem Sonnengeschlecht) ableitete, ging in den Stand von Privatleuten über, und existirte in diesem noch während Târanâtha's Lebenszeit. Das an ihre Stelle getretene Geschlecht Sena leitete sich vom Stamm Tschandra (dem Mondgeschlecht) ab (Cap. XXXII). Lavasena, sein Sohn Jakschasena, sein Enkel Mânitasena und sein Urenkel Rathikasena — vier Könige aus der Dynastie Sena — herrschten etwa 80 Jahr. Alsdann, zur Zeit des Lavasena (?), verband sich der Turuschka-König Tschandra (? ཟླ), aus dem Königreich Antarabida (?), zwischen dem Ganges und der Jamuna mit einer Menge Turuschka-Königen in Bangâla und andern Orten, eroberte das Königreich Magadha, rottete die Geistlichen aus und zerstörte die berühmten Klöster Otantapura und Vikramaçila. Die Dynastie Sena fuhr übrigens, wie es scheint, jedoch in Abhängigkeit von Turuschka-Königen, fort zu regieren; nach Lavasena kam Buddhasena; auf diesen folgte sein Sohn Haritasena, dann dessen Sohn Pratîtasena.
56 Diese fuhren fort sich zum Buddhismus zu bekennen. Mit dem Tode des Pratîtasena starb sein Geschlecht aus. Hundert Jahre nach ihm trat in Bangâla ein mächtiger König Dschagalarâdscha auf, dessen Gewalt sich bis Tili erstreckte. Dieser wurde von seiner Frau zum Buddhismus bekehrt und liess die zerstörten Tempel wieder herstellen. Von seinem Tode bis zum Jahre 1608 nach Chr., in welchem Târanâtha sein Werk abfasste, sind 160 Jahre verflossen; folglich erstreckt sich diese Geschichte bis zum Jahre 1448 nach Christi Geburt.

che Gegenstand des Streits war, wird noch nicht gesagt. Doch stellt Târanâtha nur bei dieser Gelegenheit den Zwist dar, welcher wegen zehn Punkte oder Abweichungen ausbrach, die sich die Çrâvaka's der Stadt Vaiçâlî erlaubt hatten. Aus der Geringfügigkeit dieser Abweichungen können wir uns einen Begriff von den kindischen Vorschriften des Vinaja machen. Erinnern wir uns der dunkeln Berichte über Devadatta und dessen Schule, welche den Gebrauch des Salzes verbot, so mögen wir fast vermuthen, dass in der Legende von ihm ein Echo des Streites nachklingt, an dessen Entscheidung Jaças Antheil nahm. Von Dhîtika indessen wird angenommen, dass er diesem Streit auswich, weil er in Kauçâmbî, einem Bezirk in demselben Mâlava, lebte, und dabei wird direkt gesagt, dass die Buddhisten von Vaiçâlî seine Lehre nicht als wahr anerkennen wollten. (Târanâtha, Cap. VII). Dennoch ist der Name Kauçâmbî im Buddhismus von Bedeutung; denn der Theil des Vinaja, in welchem von den Mitteln Streitigkeiten zu beendigen die Rede ist, steht mit einem wirklichen Faktum wahrscheinlich in Verbindung. In Folge dieses Streites, welcher, den Berichten gemäss, mit der vollständigen Verdammung der Vaiçâlischen Bhikschu's, die sich Abweichungen erlaubt hatten, endigte, fand, angeblich, die zweite Sammlung der buddhistischen Lehre, im Tempel Kusumapura, unter Vorstandschaft des Jaças, in einem Concil von 700 Arhant's Statt; beachtet man aber die Geringfügigkeit der Veranlassung, so muss man auch das Resultat auf wenige unbedeutende Punkte des Vinaja beschränken, obgleich die Buddhisten annehmen, dass in ihr eine Prüfung des Vinaja-Sûtra und Abhidharma Statt gefunden habe. Dieses muss sich 110 Jahre nach dem Tode des 57
Buddha begeben haben. — Wir sehen aber bei jedem Schritt, dass die Streitigkeiten im Buddhismus kein Ende nehmen,

dass sich bei jeder Gelegenheit Veranlassung dazu bot, zuerst aus Mangel an Regeln für das Benehmen, alsdann in Folge des erwachten Bedürfnisses philosophischer Bewegung. Gegen Dhîtika's Ende sehen wir die Geistlichen an einem andern Ende der buddhistischen Welt, im Königreich Maru, im Tempel Puschkarinî sich versammeln, um die Lehre eines gewissen Vatsa (? གནས) [1]) zu verdammen; dieser gab auch die Veranlassung zur Bestimmung des Ausgangspunkts der buddhistischen Meinungen, nämlich der Anerkennung oder Nichtanerkennung des Ich (âtman). Obgleich die Legende erzählt, dass die Meinung des Sthavira Vatsa, welcher das Ich anerkannte, nicht blos verdammt wurde, sondern dass dieser sogar selbst sammt seinen Anhängern seine Meinungen widerrufen habe, so ist dies doch augenscheinlich nur der Bericht der entgegengesetzten Parthei, gerade wie bei dem Streit in Vaiçâlî, denn die Schule der Vatsîputrîja nahm eine bestimmte Stelle unter den übrigen ein und bildet eine Abtheilung der Schule der Sthavira's. Die Buddhisten wollen aber nicht sehen, dass die Gründe des Streits und der Zwietracht in der Eigenthümlichkeit ihrer Religion selbst liegen; die aufgekommenen Schulen ziehen es vielmehr vor, einander anzuklagen und betrachten deshalb die von ihnen abweichenden als Eingebung des Dämons. So schiebt eine ihrer Schulen, welche uns am meisten bekannt ist, die der Sarvâstivâdin, die bedeutendste Schuld an der Spaltung auf
58 den Mahâdeva, welcher 200 Jahr nach dem Tode des Bud-

1) Wir stellen diesen Namen so her, weil die Schule der Vatsîputrîja im Tibetischen གནས་མ་བུ་པ übersetzt wird und angenommener Massen mit der im Text erwähnten Person übereinstimmt. Merkwürdig ist, dass an einer andern Stelle, gerade umgekehrt, gesagt wird, dass Vatsîputra selbst jenes Concil zusammengerufen habe.

dha lebte[1]); obgleich ihm aber die Legende alle möglichen Verbrechen zuschiebt, Vatermord, Muttermord, Arhantmord, so kann sie ihm doch die Fähigkeit seines Standes so wenig absprechen, dass sie ihn sogar zu den Arhants rechnet, wobei sie denn freilich annimmt, dass er es nur mit Hülfe des Dämon geworden sei; als er nach Mathurâ kam und im Tempel der Çarâvatî (? གདམ་སྦུ་ཅན), welcher nicht lange zuvor erbaut war, ihn die Reihe traf die Cäremonie Poschadha zu vollziehen, oder den Pratimokscha zu lesen[2]), trug er am Schluss eine gâthâ eigner Abfassung vor, in welcher er aussprach, dass Jeglicher und selbst die Götter durch Unwissenheit verblendet, die Wege oder Mittel zur Erreichung des von der Lehre gezeigten Ziels vom Worte bedingt, und die Arhant's dem Zweifel unterworfen seien. Da sagten die übrigen allsammt, dass dies nicht des Buddha Worte seien; da erhob sich ein Streit, in welchem — nach der Angabe einer, wahrscheinlich feindlichen, Schule — der grössere Theil der jüngeren Bhikschu's auf Mahâdeva's Seite trat; dies erinnert an die oben erwähnte Legende über den Ursprung der Schulen der Mahâsâm̃ghika's und Sthavira's. Mahâdeva soll auch viele andre falsche Erklärungen aufgestellt haben; wir können daraus entnehmen, dass es in der Folge Werke gab, welche ihm zugeschrieben wurden. Als Fortsetzer des Streits erscheint nach Mahâdeva's Tod Bhadra (? བཟང་པོ), wie die Legenden sich ausdrücken: eine Verkörperung des Dämon.

1) S. Vasumitra's Werk über die Schulen. Mit diesem stimmt auch Târanâtha überein, welcher den Mahâdeva zum Zeitgenossen des zweiten Kâçjapa macht; dieser letztere lebte erst nach Sudarçana, dem Nachfolger des Kâla, und schon nach Açoka's Tod.

2) Vgl. Burnouf, Introd. I, 300 ff.

Dieser fasste fünf Sätze (གཞི་ལྔ) (s. Târanâtha Cap. IX)[1]) ab, welche die Hauptgrundlage des Streites bilden und nach ihm
89 vom Bhikschu Nâga (? ཀླུ) aufrecht gehalten wurden. Dies veranlasste die Spaltung des Buddhismus in vier Schulen (Târan. Cap. X); um nicht an dem Streit Antheil zu nehmen, entfernte sich der Arhant Dharmaçreshṭin (? ཆོས་ཀྱི་ཚོང་དཔོན), mit einer Schaar friedlich gesinnter Arhant's nach Norden in das Königreich Vanasthâna (? ནགས་ཀྱི་ས), wo Agnidatta (? མེ་བྱིན) König war. Wahrscheinlich aber wiederholt sich in dieser Erzählung der Bericht von der frühern Entscheidung des Streites vermittelst Abstimmung. Nâga's Nachfolger, der Bhikschu Sthiramati (? ཡིད་བརྟན), vergrösserte den Zwiespalt noch mehr, indem er die fünf Sätze verkündigte und daraus ging allmählich die weitere Spaltung der vier Schulen in achtzehn hervor. Nach Târanâtha (Cap. XII) dauerte der ganze Streit jedoch nicht länger als achtzig Jahr. Allein dies bezieht sich wahrscheinlich nur auf die Spaltung zwischen den beiden Hauptschulen; denn Vasumitra in seiner Abhandlung über die Schulen sagt bestimmt, dass die Spaltung der Schulen auch im vierten Jahrhunderte Statt fand.

Dies ist fast alles, was wir über die Spaltungen im alten Buddhismus wissen. Doch dürfen wir aus der Angabe, dass sich aus der entstandenen Gährung achtzehn Schulen bildeten, so wie aus den Widersprüchen bei deren Aufzählung folgern, dass neue Schulen auch nach den bisher angedeute-

1) Diese fünf Sätze sind von Palladius erläutert in den Arbeiten der Pekinger Mission, B. II, S. 722 der Originalausgabe.

ten aufkamen. — Man sieht, wie mangelhaft unsre Data zur Geschichte der Bildung der verschiedenen Schulen sind, und wie viel noch nöthig sein würde, um sie klar zu erkennen. Glauben wir doch überhaupt nicht, dass die Spaltung des Buddhismus speciell aus diesem oder jenem Streit hervorging. Wesentlich war sie Folge der Ausbreitung dieser Religion nach verschieduen Ländern, welche unter sich so wenig enge Verbindung haben konnten, dass nicht einmal die Annahme möglich ist, dass Streitigkeiten, die an einem Ort ausgebrochen waren, an dem andern einen Wiederhall finden konn- 60
ten; völlig dasselbe muss man in Betreff der Versammlungen oder buddhistischen Concile sagen, welche in Folge der Streitigkeiten, entweder zur Versöhnung oder zur Regelung der Lehre, gehalten wurden. Aus den Nachrichten, denen gemäss die Hauptschulen sich durch Abzeichen, Namen und durch die Sprache, in denen ihre Bücher abgefasst waren, unterschieden, ausserdem ihre Anhänger sich als Schüler verschiedner Lehrer bekannten — was für sie schon sehr wichtig war und was noch viel wichtiger — nach den Orten bezeichneten, wo sie lebten — aus allem diesen müssen wir die Ueberzeugung schöpfen, dass ächte und heisse Streitfragen, aus denen sich etwas für den Buddhismus Gemeinsames hätte gestalten können, ganz und gar nicht existirten und dass selbst die Verschiedenheit in den Meinungen, welche von den Verfassern der Siddhânta's den Schulen zugeschrieben wird, erst in der Folge hervortrat, als sich eine Reihe von Fragen geltend machte, die an verschiedenen Orten auf verschiedene Weise beantwortet wurden; wir glauben sogar, dass die Erwähnung verschiedener Sprachen, in denen die Bücher abgefasst gewesen seien, sich nicht auf die Sûtra's, sondern auf die Vinaja's bezog. Spricht doch auch Târanâtha's Angabe (Cap. IX), dass manche Lehrer die Ordnung

und Verbindung der Sätze etwas geändert hätten, für unsere Ansicht, nach welcher in dieser ganzen Zeit Schriftliches in der buddhistischen Literatur noch nicht existirte, sondern alle Bücher mündlich gelehrt und auswendig gelernt wurden. Bei diesem Verfahren konnte es leicht geschehen, dass sich Verschiedenheiten der Quantität der Vokale geltend machten (ebds.) und es ist bekannt, dass im Sanskrit durch Aenderung der Quantität eines Vokals in einem Wort die ganze Bedeutung desselben eine andre wird.

61 Auf uns sind nur die Meinungen einer jeden Schule gekommen, aber keine Erwähnung, dass sie, wie man doch erwarten müsste, über die Aechtheit dieses oder jenes Sûtra stritten. Im ganzen Buddhismus finden wir wenig Spuren eines Zweifels in Bezug auf die Sûtra's; erst die Mahâjâna-Lehre, welche übrigens selbst die des Hînajâna nicht unverholen verwarf, veranlasste Misstrauen in letzterer, doch auch dies nicht auf lange Zeit. So lässt sich annehmen, dass sie trotz der oft vollständig entgegengesetzten Meinungen, welche die Schulen schieden, dennoch ein und dieselben Bücher anerkannten, und ihnen nur eine verschiedne Erklärung gaben, oder nur in Bezug auf Ausdrücke von einander abwichen. Als endlich die Schulen ihre vollständige Entwicklung erreicht und jede wahrscheinlich ihre Oertlichkeit eingenommen hatte [1]), da kamen sie zu der friedlicheren Einsicht, dass sie alle Bekenner des Buddha seien und fassten bei dieser Gelegenheit sogar ein Sûtra ab [2]). Da die Lehre des Buddha,

1) Bei den chinesischen Reisenden kommt fast nie vor, dass in einer Provinz mehrere Schulen bestehen.

2) Nach dem Bericht der nördlichen Buddhisten fand dies einerseits in einem Concil im nördlichen Indien Statt, welches von Vatsîputra zusammengerufen war, andrerseits in dem, an welchem sich Vasumitra betheiligte; es ist jedoch unzweifelhaft, dass die Hauptveranlassung der Versöhnung Açoka der zweite war.

unsrer schon ausgesprochenen Ansicht gemäss, nichts Positives bezüglich der Meinungen enthielt, die ursprüngliche Brüderschaft vielmehr nur die Vorschriften für die Lebensweise ihrer Mitglieder im Auge hatte, welche eine Resignation auf das Leben zum Ziele hatten, und diese Vorschriften in ihren Hauptpunkten bei allen Schulen, selbst den jüngsten, bewahrt wurden, so ist man in der That berechtigt, alle Systeme als Entwickelung eines und desselben Keimes zu betrachten; denn der Eklekticismus, welchem wir heutigen 62
Tags im lamaïschen oder tibetischen Buddhismus begegnen, ist nur eine Wiederholung derselben Thatsache, nur in vergrössertem Maassstabe. — Sicherlich aber blieben nicht alle Schulen bei denselben Terminis stehen, begnügten sich nicht alle mit ein und denselben Sûtra's. Neue Ideen — mochten sie nun bei der Bearbeitung der alten entstanden, oder durch andre indische Lehren erweckt sein — machten eine Erweiterung der buddhistischen Literatur, und bereits nach einem neuen Plan, nöthig. Auf diese Weise entstand und entwickelte sich die Lehre des Mahâjâna; diese verbreitete sich immer mehr, stiess zuerst auf eine feindselige Begegnung bei den alten Buddhisten, vertrug sich aber dann mit ihnen und veranlasste sie sogar eine Menge Mahâjânistischer Anschauungen in ihren Codex aufzunehmen und verschlang sie darauf vollständig.

Ehe wir uns mit dieser neuen Lehre bekannt machen, ist es erforderlich über den Inhalt des alten Buddhismus und die Hauptsûtra's seiner Literatur Rechenschaft abzulegen. Bevor wir jedoch zu dieser Aufgabe übergehen, müssen wir eine Bemerkung machen. Da wir uns über die achtzehn Schulen des alten Buddhismus nicht weiter verbreiten wollen — indem wir was uns bei den indischen Schriftstellern über ihre Lehre hinterlassen ist, in einer Beilage vereinigt haben

— so müssen wir bekennen, dass die Schriften und Lehren, welche wir besprechen werden, fast ohne Ausnahme, viel spätere Produkte sind; als allen Schulen gemeinsam betrachten wir nur den Vinaja; was aber das Uebrige betrifft, die Sûtra's und Abhidharma's [1]), so ist eher anzunehmen, dass von diesen nur die Produkte zweier Schulen, der Vai-
63 bhâschika's und Sautrântika's, in denen sich alle ihnen vorausgegangenen achtzehn mit einander verschmolzen haben, bis auf uns gekommen sind. Unrichtig ist die bei den Tibetern herrschende Meinung, dass der Name Vaibhâschika eine generelle Benennung aller achtzehn Schulen oder des alten Buddhismus sei. — Obgleich die Vaibhâschika's behaupteten, dass die Abhidharma's, welche sie zu ihrer Richtschnur genommen haben, schon während des Lebens des Buddha abgefasst seien, so finden wir doch in chinesischen Quellen die Andeutung, dass sogar der älteste von ihnen, welcher dem Kâtjâjana zugeschrieben wird, erst 500 Jahr nach dem Buddha erschien [2]), folglich lange Zeit nach der Spaltung in Schulen. Auch hat keine der alten Schulen den Namen Vaibhâschika geführt und deshalb schon müssen wir sie als die letzte Schule des Hînajâna ansehen. Auch können wir nicht umhin hier zu bemerken, dass, wenn wir uns des Namens Hînajâna bedienen, wir nur der allgemein angenommenen Ausdrucksweise der neueren Buddhisten folgen. Es ist augenscheinlich, dass dieser Name, welcher von den Mahâjânisten, die den Ausdruck jâna zuerst einführten, schon den ältesten Buddhisten gegeben ward, vorher weder bekannt war, noch von irgend wem für sich angenommen werden konnte.

---

1) Unter den ersteren versteht man die Bücher, in denen die dem Buddha selbst zugeschriebene Lehre enthalten ist, unter den letzteren Werke, welche sie erläutern.

2) S. die Lebensbeschreibung des Vasubandhu in chinesischer Sprache.

Alle Umstände führen vielmehr zu dem Schluss, dass die allgemeine Benennung der alten Buddhisten Çramaṇa's «die rein handelnden» [nach der sanskritischen Etymologie: «die sich kasteienden»] war, und dieses bezog sich auf ihre Lebensweise sowohl als ihre Moral. Die alten Sûtra's dagegen nennen die Schüler des Buddha und folglich auch die späteren Anhänger Çrâvaka's (Hörer), was sich bereits auf eine geistige Ausbildung bezieht. Die Benennung Vaibhâschika zeigt sich bereits zu der Zeit, als die Vibhâschâ erschien: eine umfangreiche Zusammenstellung aller Abhidharma's, welche, wenn man der uns zu Gebote stehenden chinesischen Biographie des Vasubandhu Glauben schenken darf, in Kaschmir verfasst ward, wo, allen Anzeichen gemäss, die Haupt- 64 o
pflanzstätte dieser Schule war, die folglich von den Sthavira's ausging. Solch ein Werk — glauben wir den Berichten — konnte nicht das Produkt einer Person sein, sondern wurde in der Versammlung der Geistlichen zusammengestellt, und nur das Bestreben die zwischen den Schulen entstandenen Disharmonien zu versöhnen, konnte es nöthig machen. Aber diese Versöhnung fand nicht bei allen Buddhisten Eingang; von der Kaschmirschen Versammlung und ihrer Thätigkeit wusste man im übrigen Indien nichts und nur Vasubhadra, welcher sich in Kaschmir durchgeschlichen und hier die Vibhâschâ durchstudirt hat, machte sie dort bekannt. Folglich ist der Name Sautrântika, welcher der andern Schule bereits aus dem Grunde gegeben ward, weil sie die Vibhâschâ als sichres Beweismittel verwarf und die Stützen ihrer Meinungen in den Sûtra's selbst suchte, welche auch den Vaibhâschika's als Autorität dienen mussten, eine noch viel spätere Benennung, wie denn auch als Hauptrepräsentant dieser Schule Vasubandhu hervortritt, welcher 900 Jahr nach dem Buddha lebte; dieser unternahm es die Vibhâschâ zu revidi-

ren, oder, um mich noch besser auszudrücken, ebenfalls ein System des Buddhismus nach dem Muster der Vaibhâschika's aufzustellen, trennte sich aber von ihnen, wo sie mit den Sûtra's in Zwiespalt waren, deren Anzahl in Verlauf der 400 Jahre, welche Vasubandhu von Kâtjâjana trennen und Zeugen einer grossen Thätigkeit auf dem geistigen Gebiet gewesen waren, augenscheinlich sich in Indien vergrössert hatte. So finden wir denn, während sich die Abhidharma's der Vaibhâschika's durch Feinheit der psychologischen und ontologischen Untersuchungen auszeichnen, auch bei Prüfung der Âgama's, welche das unzweifelhafte Eigenthum der Sautrântika's bilden und, da sie nicht in das Tibetische übersetzt sind, den Buddhisten Kaschmir's wahrscheinlich unbekannt
63 waren, in der Erwägung sämmtlicher Punkte der buddhistischen Lehre nicht weniger Complicirtheit. Einer dieser dem Buddha zugeschriebenen Âgama's (Tseng i a han) ist nichts anders, als ein, nach einer numerischen Ordnung mitgetheiltes umfangreiches Lexikon aller buddhistischen Termini. — Während der alte Buddhismus nur die vier Wahrheiten als das lebendige Wort der Lehre des Buddha kannte, betrachten die Sûtra's diese schon als ungenügend und setzen die zwölf Nidâna's (Gründe) an ihre Stelle; während der alte Buddhist den höchsten Zustand der Seele in die Losreissung (འགོག་པ) von allem Denken verlegt, preisen die Sûtra's die Beschaulichkeit oder die Richtung des Geistes auf ein einziges Object; während der höchste Titel für die, welche die Lehre ergründet haben, Arhant oder Çrâvaka ist, stellen die Sûtra's die Pratjekabuddha's, Männer, welche sich der Beschaulichkeit weihen, über sie, und wenn die Schule der Sautrântika's nicht so spät wäre, dass sie sich schon Mahâjânistische Ideen aneignen konnte (wie denn Vasubandhu ein

Zeitgenosse und angeblich Bruder des Ârjâsanga war), würden wir überzeugt sein, dass die Mahâjânistische Lehre eine Entwickelung der Sautrântika-Schule sei, was sogar in der Legende ausgedrückt sein konnte, die den Vasubandhu zum Verwandten des Ârjâsanga macht; denn dieser ist der Gründer der Jogâtschârja's, d. i. der der Beschaulichkeit Beflissenen, im Mahâjâna.

Seit der Zeit der Spaltung des Buddhismus wird die Geschichte des Hînajâna nur fragmentarisch dargestellt und wir können die Geschichte keiner einzigen Schule und in keinem einzigen Königreich verfolgen. Dieses ist insbesondere Folge davon, dass die neuesten Buddhisten, als Anhänger der Mahâjâna-Lehre, sich mehr bemühten die Geschichte ihrer eigenen Schule aufzubewahren und sich um ihre Mitbrüder nicht bekümmerten; überdies verschmolzen sich diese letzteren nach und nach mit jenen, indem sie ihrer Uebermacht nicht zu widerstehen vermochten. Selbst die Lehrer des Hînajâna verwandeln sich unter der Feder der späteren Mahâjânisten 66
in eifrige Anhänger der letzteren, und lesen wir ihre Werke in beiden Gattungen, dann sind wir zweifelhaft, ob ihnen wirklich alles angehört. So ist es zum Beispiel mit Açvaghoscha und Vasubandhu der Fall. Es ist aber zweifelhaft, dass in der Folge ein und dieselben Schriftsteller in verschiednen Jâna's auftreten konnten, in der Art wie auch heute noch der Vinaja und die Abhidarma's den Gegenstand des Unterrichts bei den Mahâjânisten bilden. Allein wir sehen noch lange Zeit in ein und demselben berühmten Kloster getrennte Schulen, sowohl für das kleine als das grosse Jâna. Dies ist nicht identisch mit Fakultäten für verschiedene Gegenstände, z. B. Vinaja, Abhidharma, Sûtra u. s. w., denen wir ebenfalls an einigen Orten begegnen; denn in letzterm Fall konnten keine Disharmonien aus der Mannigfaltigkeit der Beschäfti-

gung entstehen; sondern das Bestehen zweier Jâna's dicht
neben einander, nicht blos in einem und demselben Königreich, sondern sogar in einem und demselben Kloster, muss
der Haltung der Könige und Grossen zugeschrieben werden,
welche, obgleich sie sich als Anhänger des Buddha überhaupt erwiesen und seinen Priestern Spenden darbrachten,
doch entweder gleichgültig dagegen waren, ob sie diesem
oder jenem Jâna angehörten, oder gegen keines von ihnen
Gewalt anwenden wollten. Indessen lässt sich mit Bestimmtheit behaupten, dass trotz eines gewissen Masses von Ver-
söhnlichkeit, welches die Mahâjânisten, obgleich sie das Uebergewicht hatten, gelten liessen, diese Berührung nicht ohne
Streitigkeiten ablaufen konnte; während dieser gingen die
Hînajânisten allmählich zu der Lehre des Mahâjâna über, welche dann mit ihnen vereint in den Mysticismus ausartete, so
dass die letzten Zeiten des Bestands des Buddhismus in Indien
durch Legenden charakterisirt sind, welche nur von solchen
erzählen, die sich auf dem Felde der Zauberei auszeichneten.
Indien zeigt bezüglich seiner religiösen Richtung eine Eigenthümlichkeit, die sich in dem Mass in keinem andern Theile
67 der Welt findet. Im Westen bestanden zwar ebenfalls theologische Streitigkeiten; allein sie dienten fast nur dazu, den Anhängern einer bestimmten Schule Gelegenheit zu geben, sich
in ihre Meinungen zu vertiefen und die nicht mit ihnen übereinstimmenden bekämpfen zu lernen; das Uebergewicht einer
Religion über die andre, einiger Sekten über die andern dagegen hing nichts destoweniger von der Macht der Waffen
und von politischem Einfluss ab. In Tibet und in der Mongolei erwerben die Lama's ihre Grade jetzt gleichfalls auf der
Arena der Disputation, jedoch nur im Kreise ihrer Glaubens-
genossen; doch ist selbst dies ein Ueberrest des Einflusses
indischer Sitten; denn in diesen Ländern hatte die buddhisti-

sche Religion keinen wirklichen Nebenbuhler zu bekämpfen.
In Indien dagegen war es ganz anders. Hier sehen wir nicht,
dass Volk und Regierung standhaft bei ihren religiösen Zu-
neigungen ausharren; als herrschend wird nur diejenige Religion anerkannt, deren höheren Werth ihre Priester zu beweisen vermochten. Wenn irgend jemand auftritt und Ideen
predigt, die bis dahin völlig unbekannt waren, so verwun-
dert man sich weder darüber, noch verfolgt man sie ohne
weiteres Urtheil; man ist im Gegentheil bereit sie anzuerkennen, wenn der, welcher sie verkündigt, allen Einwürfen
zu begegnen und die alten Theorien zu widerlegen vermag;
man richtete einen Kampfplatz für die Disputation ein, wählte
Richter und bei dem Streit waren stets Könige, Grosse und
Volk zugegen; man bestimmte im Voraus, was, abgesehen
von der königlichen Belohnung, das Resultat des Wettkam-
pfes sein sollte. Wenn nur zwei Personen mit einander dis-
putirten, dann musste der Besiegte sich bisweilen das Leben
nehmen — sich in einen Fluss oder von einem Felsen herab
stürzen — oder Sklave des Siegers werden, oder zu dessen
Glauben übertreten. War der eine eine Person von hohem
Ansehn, z. B. etwa ein königlicher Lehrer und demgemäss
Besitzer eines grossen Vermögens, dann wurde häufig sein 68
Hab und Gut dem elenden, zerlumpten Menschen gegeben;
welcher ihn in der Disputation zum Schweigen zu bringen
verstanden hatte. Solche Vortheile mussten natürlich den indischen Ehrgeiz anreizen, sich dieser Richtung zuzuwenden.
Am häufigsten sehen wir aber, insbesondre in der Folge,
dass diese Art des Kampfes sich nicht auf einzelne Personen
beschränkte; ganze Klöster nahmen daran Antheil und konnten in Folge einer Niederlage, nachdem sie vorher lange bestanden hatten, plötzlich verschwinden. Augenscheinlich war
das Recht der Beredsamkeit und der logischen Beweise in In-

dien bis zu einem solchen Grade unbestritten, dass niemand einer Herausforderung zu einem derartigen Wettkampf auszuweichen wagte. Aus Târanâtha's Erzählung ersehen wir, dass, als Âtschârja (Çamkarâtschârja) erschien, die buddhistischen Klöster in Schrecken geriethen und die Geistlichen auseinander liefen, nicht aus Furcht vor physischer Macht, sondern vor dem einfachen Menschenworte. Sie wagten es nicht, diese Herausforderung zu einem geistigen Zweikampf abzulehnen, während im Westen das Geschick der Völker von der physischen Ueberlegenheit eines unter den übrigen Erwählten abhängig war. Die Buddhisten bereiteten ihren Fall selbst vor und zwar durch Ursachen, die in ihnen selbst lagen. So ist die allererste That des Concils oder des Samgha, welcher in Vaiçâlî versammelt war, um in Folge von Zwistigkeiten eine Entscheidung zu fällen, die Aufstellung des folgereichen Satzes, dass nur dasjenige die wahre Lehre des Buddha sei, was nicht mit der gesunden Vernunft in Widerspruch steht. Dieser gab ihnen das Recht, die Ideen im Verhältniss zu der Entwicklung des logischen und kritischen Denkens umzugestalten, gab die Veranlassung zur Entstehung verschiedener Schulen, und entwickelte sogar die anfangs nicht beargwohnten Keime der Mahâjâna-Lehre und des Mysticismus — zugleich aber schuf er auch diesen weiten Spielraum für die Ideen, dieses Uebergewicht des philosophischen Geistes über die religiösen Ueberzeugungen, welche nicht so
69 leicht aus dem Herzen, als jene aus dem Kopf vertilgt werden — und war die Ursache der Niederlage des Buddhismus. Aus diesen Gründen musste rasch Eifersucht entstehen und man darf annehmen, dass man sich schon früh nach Kräften bestrebte, diejenigen zu stürzen, welche Ruhm oder gar Reichthümer besassen. Wir sehen, wie sich die Häupter der Religion mit ihrer Fülle von Kenntnissen brüsten; sie

haben die drei Körbe der buddhistischen Lehre (Tripiṭaka) verschlungen, sie verstehen die weltlichen, in den Veda's gestalteten, Wissenschaften; in Folge davon geniessen sie Ansehen, stehen den Königen zunächst; ganz ebenso sammeln die Klöster, welche entweder durch Begebenheiten aus der Geschichte des Buddha berühmt, oder durch die Celebritäten ihrer Hierarchie gegründet sind, von allen Seiten Geschenke ein, herrschen über Land und Leute — und alles dies muss in die Hand des Siegers übergehen! Er durfte so arm sein, als er nur konnte, brauchte nichts weiter als Einsatz aufzustellen als seine Ehre, und durfte demnach von dem Kloster verlangen, dass es, im Fall es unterläge, mit all seiner Habe in die Hände der Verfolger seiner Meinung überging .... und darin sah Niemand etwas Auffallendes. So wie die Klöster zu einiger Berühmtheit und Vermögen gelangt waren, wurden sie, wie auch jetzt noch in Tibet, Schulen, in denen die heiligen Wissenschaften gelehrt wurden, und wagten es demzufolge nicht eine Disputation abzulehnen.

Zugleich mit dem Mysticismus und der transcendentalen Richtung trat im Buddhismus auch die Dialektik oder Logik auf, welche auch jetzt noch von den Lama's aufs höchste geschätzt wird; diese beginnen schon als Kinder sie zu lernen und, in Uebereinstimmung damit, werden bis auf den heutigen Tag alle Gegenstände der buddhistischen Theologie nicht anders als in der Form des Einwurfs und der Widerlegung gelehrt. — Die berühmtesten buddhistischen Schriftsteller über Logik und Dialektik, welche in Indien gelebt 70
haben, sind Dignâga und Dharmakîrti.

Die Buddhisten haben uns weder die Autoritäten aufbewahrt, deren ihre Gegner sich bedienten, noch die Einwürfe, mit denen sie ihre Principien bekämpften, doch ist es augenscheinlich, dass beide Partheien die Systeme, welche sie be-

streiten wollten, vorher studiren mussten, und so Angriffe
aussannen, auf welche die Gegner nicht vorbereitet waren;
wir finden eine Reihe von Legenden, in denen ein buddhistischer Lehrer verkleidet in das Haus eines Tîrthika dringt,
und diese umgekehrt dasselbe mit Buddhisten thun. Wenn
wir ausserdem sehen, wie berühmte Inder, welche sich durch
die Kenntniss von, in den Augen der Buddhisten, ketzerischen Meinungen auszeichneten, aus verschiedenen Gründen
zu unserer Religion übertreten und dann ihren neuen Brüdern ihre Kenntnisse mittheilen, so liegt die Annahme nahe,
dass Aehnliches auch bezüglich der Buddhisten geschehen sei.
Hier ist es, wo der Buddhismus sich ebenfalls kein geringes
Verdienst um uns erwirbt, indem er für die Zeit, wo er in
Indien existirte, unsre Kenntniss von den indischen Schulen
befestigt; denn trotz des sichtlichen Bestrebens aller Sekten
ihre Bücher vor andern zu verbergen, welches sich bei den
Buddhisten bis auf den heutigen Tag in der Sitte sie nicht
vor Empfang des Segens oder der Weihe lesen zu lassen,
erhalten hat, — konnte es schon bei den wechselseitigen Be-
rührungen nicht fehlen, dass man mit fremden Ideen bekannt
wurde, und in Folge davon wurden sogar die, welche besser
schienen, entweder unversehrt oder nur wenig umgestaltet
in den Buddhismus aufgenommen. So geschah es, dass die
Principien der Mahâjânisten den alten Buddhisten nicht ohne
Grund für übereinstimmend mit den Meinungen der Lokâjatika's und Nirgrantha's galten. Doch wie dem auch sein
71 möge, die Tibeter haben aus den verschiedenen buddhistischen Werken die Meinungen der mannigfaltigen indischen
Lehrgebäude zusammengestellt und setzen sie in ihren grossen Werken über die eignen Schulen stets als Einleitung zu
den buddhistischen Systemen aus einander.

Doch müssen wir in Betreff der sich bekämpfenden Schulen noch eine Bemerkung machen. Augenscheinlich hing das Schicksal nicht blos des Kämpfers, sondern auch der Religion von einem guten Gedächtniss ab; in der Mitte der versammelten Richter, Zeugen und Neugierigen wurde entschieden, wer von den beiden Streitenden das erste Wort haben sollte; bisweilen ward dem älteren der Vorzug eingeräumt, bisweilen dem, welcher zuerst seinen Platz eingenommen hatte. Nun musste der, welcher Fragen vorlegte, sich nach allen seinen Kräften bestreben, seinen Gegner durch die Erhabenheit der Ausdrücke ausser Fassung zu bringen und, wenn seine Rede lang war, wenn der Entgegnende sich nicht der Reihenfolge der Sätze erinnerte, welche er aufgestellt hatte, mit einem Worte, wenn er sich verwirrte — dann war er verloren. Jedermann weiss, dass die Meinung des grossen Haufens sich stets dem Schwätzer zuneigt, und ihm, selbst wenn seine Gedanken trivial sind, eher Beifall klatschen wird, als einer tiefen, aber minder gefügen Rede. Dürfen wir nach der Erzählung von Açvaghoscha's Bekehrung, S. 211, urtheilen, so war es nicht einmal nöthig, philosophische Ideen aufzustellen; es genügte sogar schon, wenn der Gegner der aufgestellten These beistimmte, selbst wenn sie ein Axiom war.

Auf diese Weise hing das Schicksal des Buddhismus in Centralindien oder Magadha und selbst im Dekhan oft von religiösen Disputationen, ab und der Verfall dieser Religion ist hier, nach Târanâtha's Geschichte zu urtheilen, nicht so sehr dem vertilgenden Schwerte der Mahomedaner zuzuschreiben, welche er unter dem Namen Turuschka versteht, als der Verfolgung der Dialektik, welche von Âtschârja und seinen Nachfolgern ausging.

Centralindien war, wie wir gesehen haben, das Vater- 72
land des Buddhismus; dieser herrschte daselbst wenigstens

anderthalb tausend Jahr und verstattete keiner andern Lehre ein Uebergewicht, während jetzt Benares als Pflanzstätte und Mittelpunkt aller Glaubensformen gilt. Von dort kam der Buddhismus nach Tibet, welches von indischen, aus ihrer Heimath vertriebenen, Geistlichen überschwemmt ward, und dorthin wandten sich in den früheren Zeiten auch Tibeter selbst, um sich zu unterrichten. Daher besitzen wir auch eine, im Vergleich mit den übrigen, viel ausführlichere Geschichte des Buddhismus in Magadha zugleich mit einer Liste der Könige, welche hier geherrscht haben, und einer Beschreibung seiner berühmteren Tempel. Aber — ganz abgesehen von dem sogenannten transgangetischen Indien, wo der Buddhismus, nach seiner Vertreibung aus Magadha, eine sichere Zuflucht fand — glauben wir auch nicht, dass er im Westen von Magadha bis Kaschmir eine ununterbrochene Verehrung genoss. Die chinesischen Reisenden des IVten und VIIten Jahrhunderts, zu welcher Zeit diese Religion noch in voller Blüthe stand, finden in diesen Landstrichen überall ketzerische Tempel neben den buddhistischen, und von letzteren berichten sie an vielen Stellen, dass sie in Trümmern lagen. Schon der Mangel an Legenden über diese Orte beweist hinlänglich, dass der Buddhismus sich hier nur temporär und sporadisch verbreitet hatte. Dies war wahrscheinlich vorwaltend zu der Zeit geschehen, als es den Königen von Magadha gelungen war, ihre Herrschaft über diese Länder auszudehnen, und die hier und dort erscheinenden Klöster bilden gleichsam Oasen, welche sich als Zeugnisse der einstigen politischen Ueberschwemmung erhalten haben. Aus diesem Grunde haben wir auch keine ausführlichen und zusammenhängenden Nachrichten über das Schicksal des Buddhismus in diesen Ländern, keine Successionsliste der dortigen Hierarchie. Da sich aber diese Länder um die mittlere Periode

der Existenz des Buddhismus in Indien häufiger erwähnt finden, als in den späteren Zeiten, so dürfen wir auch daraus 73
schliessen, dass er dort allmählich verschwand und vor dem Auftreten des Âtschârja Bodhisattva in Magadha.

Anders verhält es sich mit dem nordwestlichen Indien. Hier fiel er unmittelbar unter den Schlägen der Mahomedaner; diese verfolgten ihn aller Orten: sowohl in den Mauern Gazna's — wo alle mystischen Bücher niedergelegt waren, so dass alle berühmten buddhistischen Zauberer hieher, in Heimath der Ḍâkinî, wanderten, um geheime Zauberkünste zu erlernen — als in den Bergen Kaschmir's, an den Ufern des Attok und im Tempel des Somanâtha. Es scheint, dass der Islam hier ausschliesslich mit dem Buddhismus zu schaffen hatte. Die riesenhaften Bildsäulen, welche Al. Burnes in neuester Zeit in der Gegend von Bamian sah, sind die Statuen des Buddha, deren bereits Hiuen-Thsang gedenkt. So sind auch die von demselben englischen Reisenden auf dem Wege von Lahore nach Kabul gesehenen Topen buddhistische Stûpa's, Kuppelbauten, Pyramiden, welche zu Ehren eines Verstorbenen oder zum Gedächtniss einer religiösen Begebenheit errichtet wurden. Die Verfolgung des Buddhismus durch die Mohamedaner erstreckte sich von den Ufern des Oxus bis Lob-nor, den westlichen Gränzen des chinesischen Reiches und dauerte eine lange Reihe von Jahrhunderten. Noch unter den ersten Nachkommen von Tchingis-Khan und Kublai sehen wir den Buddhismus unerschüttert in Kaschgar und noch weiter östlich, und er erlischt erst nach dem Fall der Juen-Dynastie. Allein die Verfolgung der Mahomedaner war verheerender, als die durch die Tîrthika's hervorgebrachte Umwälzung. Jene vertilgten alles, was den Typus des Heidenthums trug: Ueberlieferungen sowohl als Schriften, und so auch die reiche Literatur, welche man bei den

uigurischen Buddhisten voraussetzen darf, da Gelehrte aus deren Kreise unter der Dynastie Juen nach Peking gerufen wurden, um an dem Gelehrten-Ausschuss Theil zu nehmen, welcher mit der Vergleichung der tibetischen und chinesischen Bücher des Buddhismus beauftragt war. Aus diesem Grunde haben wir, trotz der langen und festeren Herrschaft
74 des Buddhismus in Nordwesten als in Magadha, viel weniger specielle Nachrichten über seine dortigen Schicksale. Die Priester dieser Gegenden konnten sich nicht, wie die von Magadha, in andern Ländern verbergen und dort die Ueberlieferungen über die Begebenheiten des vaterländischen Bodens aufbewahren; sie sind in ihrem Vaterlande umgekommen: auch die Mahomedaner des Ostens hatten ihre Omar's.

Wie dem auch sein möge, wir wollen versuchen, alle Berichte über die alten Buddhisten nach Unterbrechung der Patriarchen-Succession zusammenzustellen.

In Mathurâ wird nach Sudarçana ein zweiter Kâtjâjana, aus Kandahar gebürtig, erwähnt, nach diesem Mahâloma oder Mahâroma (སྤྲ་ཆེན་པོ) und Nandin (དགའ་བ་ཅན). Nach diesen wird Mahâtjâga (? གཏོང་བ་ཆེན་པོ) als Religionshaupt in Magadha genannt. Von Vararutschi sprechend erwähnt Târanâtha zum ersten Mal Schrift. Als Zeitgenosse Kâlidâsa's und der Regierung Haritschandra's (Cap. XV) wird im Königreich Li[1]) ein Arhant Kaljâṇavardhana (དགེ་འདུན་འཕེལ), in Tukhâra ein Lehrer Miuthung (མི་ཉུ་ཐུང), in Kaschmir Ku-

1) Unter dem Königreich Li versteht man die buddhistischen Landstriche im Norden von Tibet und insbesondre Khotan. Târanâtha erwähnt noch Muditabhadra (? ཀུན་དགའ་བཟང) im Königreich Li (Cap. XX).

nâla, in Magadha Kschemakara (? དགེ་བྱེད) und im Osten nochmals Kaljâṇavardhana erwähnt. Diese waren Vaibhâschika's. Unter den Sautrântika's ist Kumâradhara (? གཞོན་ནུ་ལེན) bekannt. Jeder von ihnen hatte eine unzählige Menge von Schülern.

Unter Pâṇitschandra (Cap. XVI) erwarb sich der Sthavira Samâptatschinta (? བསམ་རྫོགས) grosse Verdienste um den Buddhismus durch Verbreitung der Bücher der Çrâvaka's und durch die Stiftung von sechzig Schulen (des Hînajâna?) in Magadha. 75

Um die Zeit der Könige Bindusâra (སྙིང་པོའ་ཐིག་ལེ) und Çrîtschandra wird མ་ཁོལ erwähnt, welcher mit Açvaghoscha, der nach Târanâtha's Worten (Cap. XVIII) sehr viele Namen führte, für eine und dieselbe Person gehalten wird. Wenn die chinesische Lebensbeschreibung des Vasubandhu Glauben verdient, so wurde Açvaghoscha durch Kâtjâjana von Çrâvastî nach Kaschmir gerufen, um die Vibhâschâ zu schreiben. Nach einer besonderen Lebensbeschreibung des Açvaghoscha, ebenfalls in chinesischer Sprache, war er zuerst ein Verfolger des Buddhismus, wurde aber dann von Pârçva bekehrt; er blieb in Magadha, doch der König der kleinen Jue tschi oder des heutigen Kabulistan überfiel mit einem Heer Magadha und entführte ihn nach dem nördlichen Indien, wo er berühmt ward und die Lehre verbreitete. Doch stimmen sowohl die chinesischen als tibetischen Berichte darin überein, dass ihm der Name Açvaghoscha erst später gegeben ward. Târanâtha sagt einfach, dass sein früherer Namen Kâla war; dieser erinnert uns an eine gleichnamige Person, welche bei der Spaltung der Schulen betheiligt war; vielleicht war diese

in der einen Schule berühmte Person der andern verhasst, und um dies zu verbergen, ward sein Name später geändert, seine andern Namen waren: «Sklav der Mutter», «Sklav des Vaters» (མ་ཁོལ, ཕ་ཁོལ), Matitschitra *) u. aa. Wahrscheinlich muss man aber diese Namen für die von verschiedenen Personen nehmen, ohne jedoch die Legenden über sie von einander scheiden zu können. Die wichtigste Mittheilung bei Târanâtha ist, dass Kanischka den Açvaghoscha zu sich eingeladen, dieser aber die Einladung wegen seines hohen Al-
76 ters abgelehnt und seinen Schüler Dschnânakîrti (? ཡེ་ཤེས་སྙན་པ) zu ihm gesandt habe. Demgemäss fällt die Zeit des Açvaghoscha — trotz aller Verschiedenheit der Legenden über ihn — nicht später als das fünfte Jahrhundert nach dem Buddha, und, da die tibetischen Legenden seine Bekehrung nicht dem Pârçva, sondern dem Ârjadeva zuschreiben, so erkennen wir nun, dass die Mahâjâna-Lehre, deren Gründer Nâgârdschuna, der Lehrer dieses Ârjadeva, ist, ebenfalls unmittelbar mit der Spaltung des Buddhismus in Schulen ihren Anfang genommen hat. Diese Zusammenstellung führt uns zu einem andern noch wichtigeren Resultat, welches in allen buddhistischen Erzählungen hervortritt; eine berühmte Persönlichkeit bewahrt nicht blos ihren Ruhm bei der Nachkommenschaft, sondern absorbirt auch andere Persönlichkeiten: Kaschmir wollte sich nicht mit einem Schüler des Açvaghoscha begnügen; es sah eine grössere Ehre darin, ihn selbst zu rufen; auch die durch ihre Schreibweise hervorragenden buddhistischen Werke konnten keines andern Produkt sein, gleichwie

*) Wahrscheinlich nur der Name Mâtritscheta, über den meine Bemerkung im Bullet. histor. phil. T. XI p. 67. (= Mél. asiat. T. II, p. 168) nachzusehen ist. Schiefner.

ein berühmtes architektonisches Werk nur eine Schöpfung des Viçvakarman (des himmlischen Architekten) sein kann. Ganz auf dieselbe Weise muss der berühmte Nâgârdschuna nach allen Plätzen gewandert sein; er hat so viel Bücher geschrieben, so viel Dinge gewusst, dass er dazu Jahrhunderte gelebt haben müsste; das ist aber auch wirklich der Fall gewesen; denn einige schreiben ihm sogar eine Lebensdauer von 600 Jahren zu!!!

Beim ersten Blick auf das Leben dieses Nâgârdschuna überzeugen wir uns, dass alle Widersprüche, welche in der Bestimmung der Lebensepoche des Buddha hervortreten, einzig aus der Erweiterung der Lebensdauer, mit welcher man jenen bedacht hat, hervorgegangen sind. Hier klafft ein entsetzliches Intervall, aber nur scheinbar; denn wenn wir das Leben des Nâgârdschuna auf die gewöhnlichen Gränzen eines
einfachen Menschen beschränken, so ist die Kluft geschlos- 77
sen und es zeigt sich, dass wir noch nicht weit von der Periode, wo der Buddha selbst lebte, entfernt sind, und schon nah an den Zeiten des Vasubandhu und Ârjâsanga[1]).

Zu welcher besonderen Schule Açvaghoscha gehörte, wird nicht mit Bestimmtheit überliefert; aus der Legende, nach

---

1) Gewöhnlich wird angenommen, dass Nâgârdschuna 400 Jahr nach dem Nirvâṇa des Buddha lebte. Aber im Tandjur finden wir im Commentar des Dschnânavadschra zum Lankâvâtâra (s. Band ཟི 318), dass nach Einigen Nâga zweihundert Jahr danach erschien. Dadurch überzeugen wir uns noch entschiedener, dass Nâgârdschuna, «welcher den Geist der Zwietracht unter den Çrâvaka's aussäete, nach ihrer Meinung für Lehre des Buddha ausgab, was dieser nicht gepredigt hatte u. s. w.,» der erste war, welcher den Weg zum Mahâjâna bahnte; natürlich konnte diese Lehre nicht sogleich ihre volle Entwicklung erlangen, so dass nach 400 Jahren wiederum ein berühmter Mann (Mandschukula) in ihr auftreten konnte, nach welchem alsdann das Mahâjâna seine Gränzen bereits überschritt. Auf diese Weise drücken die 400 und 600 Jahr der Lebensdauer des Nâgârdschuna, nach unsrer Meinung, die Zeit der Entwicklung der Mahâjâna-Lehre aus.

welcher er sich bei der Abfassung der Vibhâschâ betheiligte, dürfen wir jedoch den Schluss ziehen, dass er zu den Repräsentanten der Vaibhâschika's gerechnet ward. Eine unter den Hînajânisten berühmte Persönlichkeit ist, und zwar unbestritten, Vasubandhu, der Verfasser des Abhidharmakoscha, welcher alle, die andre Hauptschule, die Hînajâna-Sautrântika's, charakterisirenden Ideen in seinem Werke zusammenstellte; die Legenden machen ihn in den chinesischen Berichten zu einem Zeitgenossen des Vikramâditja, in den tibetischen zu dem des Gambhîrapakscha (? ཟབ་མོའི་ཕྱོགས). Er war in Puruschapura geboren, studirte den Abhidharma der Vaibhâschika's in Kaschmir, kam alsdann nach Magadha, wo er ihn nach eigener Weise vortrug, und wurde Vorsteher im Tempel Nâlanda. Dies ist Alles, was sich mit Sicherheit über ihn sagen lässt. Die Mahâjânisten stellen ihn aber ebenfalls in die Reihe ihrer Berühmtheiten, lassen ihn, gleichwie Açvaghoscha, durch Ârjâsanga, den sie als seinen Bruder betrachten (s. S. 65), bekehren und schreiben ihm eine Menge, auf die Mahâjâna-Lehre bezügliche, Schriften zu (Târanâtha, Cap. XXII).

78 Aus dieser Verbindung zwischen Vasubandhu und Ârjâsanga sehen wir wenigstens deutlich die damaligen Verhältnisse der beiden Jâna's, und zugleich ist es seit dieser Zeit schwer, reine Hînajânisten auszuscheiden, die mit den Ideen der Mahâjâna-Lehre unbekannt sind.

Schüler des Vasubandhu sind: 1) Guṇaprabha; dieser lebte zu Mathurâ im Kloster Agrapura, war berühmt durch seine Kenntnisse im Vinaja und wurde später Guru (Hauspriester) bei dem König Çrîharscha (?); 2) Sthiramati (? བློ་གྲོས་བརྟན་པ), Sthavira und Kenner der Abhidharma's, zeichnete sich durch Abfassung eines Commentars zu allen Schriften des Vasubandhu aus; 3) Dignâga, berühmt durch dialektische Schriften; 4) Kaljânavardhana (དགེ་འདུན་འཕེལ), aus der Schule der Sarvâstivâdin, gründete in Bodhimaṇḍala vier und zwanzig Schulen für den Unterricht im Vinaja und in den Abhidharma's. Diesem wird die erste Verbreitung der Mahâjâna-Lehre in Kaschmir zugeschrieben; von da rückte sie erst nach Turkestan vor, so dass sie zur Zeit der ersten chinesischen Reisenden hier fast noch unbekannt war.

Unter dem König Mahâbalaçâkja (ཤཱཀྱ་སྟོབས་ཆེན) lebte einer von den letzten berühmten Hînajânisten, nämlich Vasumitra; dieser fasste eine Erläuterung zu dem Commentar zum Abhidharmakoscha ab, und hinterliess, was für uns am wichtigsten, einen Bericht über die achtzehn Schulen des Hînajâna. Dabei sagt Târanâtha Folgendes (Cap. XXVI):

«Während Vasubandhu's Leben bestanden die achtzehn Schulen noch vollständig; aber um diese Zeit (die des Vasumitra) waren viele bereits verschwunden; so schon drei aus der Abtheilung der Mahâsâṁghika's; (die Pûrvaçaila), Avaraçaila und Hemavatî; zwei aus der der Sarvâstivâdin (die Kâçjapîja und Vibhadschjavâdin), eine aus der der Sthavira (die Mahâvihâravâsin) und aus der der Sammatîja die Schule 79
Avantaka. Was aber die übrigen betrifft, so waren sie weit verbreitet und man darf durchaus nicht den Worten einiger Geschichtswerke beitreten, wonach die Schulen der Çrâvaka's kurz nach Verbreitung der Mahâjâna-Lehre untergegangen wären. Es ist zwar richtig, dass mit der Zunahme der letzteren die Macht der Çrâvaka's geringer ward; dass aber ihre Zahl unbedeutend war, darf man nicht annehmen.»

Die Abnahme der Macht der Çrâvaka's ist so zu verstehen, dass seit dieser Zeit Berühmtheit in der Gesammtheit des Buddhismus, Einfluss und Gunst der Könige vorwaltend berühmten Männern aus der Mitte der Mahâjânisten zu Theil wurden. Ueberdies haben wir schon bemerkt, dass zu letzteren in der Folge häufig auch Lehrer des Hînajâna gerechnet wurden, sobald sie Berühmtheit erlangt hatten; denn Legenden sind leicht zu erfinden und das Unterschieben von Schriften dauert im Buddhismus beständig fort. Dass jedoch das Hînajâna wirklich und zwar, getrennt für sich, bestand, und nicht blos in dieser Zeit, sondern auch noch später, das ersehen wir durch die chinesischen Reisenden, unter denen Hiuen Thsang noch im VIIten Jahrhundert nach Chr. viele Hînajânisten auf seiner Reise von China nach Indien nachweist; und da kurz nach dieser Zeit der Islam auftritt, so ist es wahrscheinlich, dass dieser es war, der das Uebergewicht der Mahâjâna-Lehre in diesen Ländern verhinderte.

Um die Zeit, wo das Königsgeschlecht der Tschandra's erlosch, werden erwähnt: der Sautrântika Çubhamitra, welcher, wie es scheint, in Nâlanda lebte, der Vinajist Dharmamitra (ཆོས་ཀྱི་བཤེས་གཉེན) in Tukhâra, welcher zu der Schule der Vaibhâschika gehörte, Puṇjakîrti (? བསོད་ནམས་གྲགས), welcher im Königreich Maru lebte, der Vinajist Çântiprabha
80 (? ཞི་བ་འོད) im Königreich Çântiprabha und der Vinajist Pitritscheṭa (? ཕ་ཁོལ) [1]) in Kaschmir (Cap. XXVII); etwas später (unter Gopâla) wird auch Çâkjaprabha, Schüler des Puṇjakîrti, und der Vinajist Vîra (དཔའ་བོ) genannt (Cap. XXVIII). Uebrigens darf man aus der Benennung «Vinajist» oder

1) Dieser Name wird auch dem Açvaghoscha gegeben s. S. 75.

«Sautrântika» noch nicht unbedingt schliessen, dass die so Bezeichneten vollständig dem Hînajâna angehörten. Wir haben schon bemerkt, dass in der neueren Zeit der Vinaja und die Sûtra's nicht blos bei den Mahâjânisten sondern auch bei den Mystikern Gegenstand des Unterrichts sind.

Obgleich wir aus dieser kurzen Uebersicht erkennen, dass wir die allerausführlichsten Nachrichten über die Geschichte des Buddhismus nur in tibetischen Quellen finden, so ist doch keinem Zweifel unterworfen, dass sich Vieles auch in den südlichen Ländern wird antreffen lassen, in denen der Buddhismus noch jetzt besteht. Vielleicht findet sich schon in Ceylon, ausser dem von Upham bereits in englischer Sprache Veröffentlichten, noch andres Historisches; noch mehr aber darf man von Siam oder Birma erwarten. Ist aber unser Sinn nicht einzig auf Namen oder Zahlen gerichtet, dann kann die reiche buddhistische Literatur an und für sich besser als alles andre ihre Geschichte verkündigen; die Vergleichung der Schrifen erweist ihr relatives Alter am bestimmtesten und damit zugleich enthüllt eine jede von ihnen die Aufgabe, welche in einer bestimmten Zeit durch bestimmte Fragen sich gebieterisch geltend gemacht hatte, den Kampf der einen Principien mit den andern, so wie die Resultate des Kampfes und der Versöhnung. — Und dieses sind auch unzweifelhaft wenigstens die wesentlichsten Momente der Geschichte des Buddhismus!

Aus dem eben Gesagten ist es begreiflich, dass, indem 81
wir jetzt zu der Auseinandersetzung der Hauptpunkte der Hînajâna-Lehre schreiten, wir uns vor Allem zu dem Vinaja wenden müssen; denn dieser ist das Centrum, in welchem all die mannigfachen buddhistischen Schulen ihren gemeinschaftlichen Vereinigungspunkt finden. Wir haben bereits

oben gesagt, dass gerade dieses das hohe Alterthum dieser Abtheilung oder, wie man sich ausdrückt, dieses Korbes (piṭaka) der buddhistischen Literatur bezeugt. Doch müssen wir auch hier stets im Auge behalten, dass die in dieser Abtheilung enthaltenen Verordnungen auf keinen Fall zu ein und derselben Zeit entstanden sein konnten. Diejenigen, welche ein besonderes Interesse daran nehmen, werden sich leicht davon überzeugen, wenn wir später in der Abtheilung «Dogmatik»[1]) eine Uebersicht der Hauptpunkte des Vinaja geben, und eben so bei der Skizze der Literatur desselben; aus diesem Grunde beschränken wir uns hier auf eine Auseinandersetzung des wesentlichen Inhalts.

Der Vinaja ist keine Darstellung der buddhistischen Lehre, sondern eine Sammlung von Vorschriften für diejenigen, welche sich ihr geweiht haben; da jedoch, wie bereits gesagt, nur derjenige sich Buddhist im vollsten Sinne nennen konnte, welcher die Bedingungen der neugegründeteu Gemeinde über sich nahm, so ist begreiflich, dass der Vinaja schon für sich allein denjenigen Mitgliedern, welche sich nicht auch zu allem Uebrigen verpflichten konnten, hinlängliche Nahrung ihres inneren und äusseren Lebens zu gewähren im Stande war. Sein Ziel war (s. Dogmatik CCLII), die Geistlichen zu vereinigen, sie zu vervollkommnen, ihnen Zufriedenheit zu verschaffen, den Sündern Einhalt zu thun, Frömmigkeit zu
82 erwecken und zu vermehren, die Gläubigen von den Fesseln des gegenwärtigen und zukünftigen Lebens zu befreien und dadurch Festigkeit und Dauerhaftigkeit des

1) Meinem Plan gemäss sollte auf diese Abhandlung eine Darstellung der buddhistischen Dogmen, in Form eines terminologischen Lexikons folgen; vielleicht aber wird sich diese Publikation aus Mangel an Mitteln und insbesondre an chinesischen Charakteren verzögern. Dennoch erlaube ich mir auf diese Handschrift zu verweisen und bezeichne deren Paragraphe durch römische Zahlzeichen.

sittlichen Lebens zu gewähren. Obgleich diese Definition des Vinaja sogar schon die später ausgearbeitete Lehre ist, so zeigt sich doch ganz bestimmt, dass selbst noch zur Zeit ihrer Ausarbeitung der Vinaja keine Nothwendigkeit der beiden andern Körbe, welche wir im Buddhismus finden, voraussetzt. Er ist eben so sehr das Mittel als das Ziel, sich von den Banden des Lebens oder des sogenannten Saṁsâra zu befreien.

Worin bestehen nun seine Vorschriften?

Da das Ziel des ursprünglichen Buddhismus negativ ist, d. h., dass sein Bekenner irgend etwas von sich aus thue, sondern auf welche Weise er es vermeide irgend etwas zu thun, so ist es demgemäss ganz natürlich, dass der Vinaja nicht vorschreibt dieses oder jenes zu thun, sondern im Gegentheil spricht er nur davon, dass es dem Stande eines Buddhisten entgegen sein wird, wenn er dies oder jenes thut. Das sittliche Ziel ist nicht: den Handlungen ein möglichst freies Feld zu gewähren, die Mittel der Befreiung zu erleichtern, sondern sich jeder irgend möglichen Thätigkeit zu enthalten; denn diese bringt eine ununterbrochene Reihe von Folgen hervor, von denen man sich ebenfalls befreien muss. Der in die neue Brüderschaft Eintretende verpflichtet sich nicht irgend etwas Gutes zu thun, sondern er entsagt jedem Bösen; er spricht nicht «ich werde geben» — und zwar sehr natürlich, da er nichts besitzen darf, — sondern er gelobt nichts zu nehmen. Demgemäss beschränkt sich der Vinaja auf die Auseinandersetzung der Sünden, deren sich der Buddhist zu enthalten hat oder der von ihm zu übernehmenden Gelübde: dies und Jenes nicht zu thun. Dass diese Vorschriften sich erst allmählich vermehrt haben, tritt so klar hervor, dass wir uns nicht weiter darauf einzulassen brauchen; wir bemerken nur, dass die Zahl der Gelübde sich auf

250 ausdehnt (nach einigen Sekten giebt es bezüglich derselben einige Differenzen, CCLIV). Es giebt Todsünden (parâdschita), welche ein Mitglied seines Standes und aller Privilegien berauben; der Art sind Unkeuschheit, Diebstahl, Mord u. s. w. Es giebt verzeihliche Fehler (Samghâvaçescha
83 CCLV), wie Onanie, Berührung des Körpers einer Frau, unanständige Unterhaltung, Halsstarrigkeit u. s. w. Es giebt ferner abwerfbare[1]), d. h. solche, bei denen man Eigennutz, Begierde verleugnen muss, z. B. man darf nicht mehr als eine bestimmte Anzahl Kleider besitzen, sein Kleid bei Nacht nicht an einem andern Ort lassen, kein Gold und Silber berühren, keinen Handel treiben, keine Vorräthe aufhäufen u. s. w. Endlich giebt es Vergehen (prâjaçtschittika, CCLVII), wie Lüge, Zank, Verläumdung, Bedrückung. — Ausserdem giebt es eine Menge unbedeutender Vorschriften in Bezug auf Tragen der Kleidung, Anstand in den Bewegungen, in der Unterhaltung, wobei die allerunbedeutendsten Kleinigkeiten berücksichtigt sind. In diesen Vorschriften, welche von den allercasuistischsten Subtilitäten und von der Voraussetzung verschiedener erleichternder oder erschwerender Umstände begleitet werden und mit einer Menge Legenden verknüpft sind, welche die Veranlassung zu ihrer Aufstellung gaben, enthüllt sich nicht nur das neue Leben der buddhistischen Gemeinde, sondern mittelbar zugleich eine Seite des Lebens, der Einrichtungen, Begriffe und Gesetze, welche in Indien herrschten, überhaupt, so dass der Vinaja in dieser Beziehung eine unschätzbare Quelle für indische Alterthumskunde darbietet.

Vier Haupteigenschaften zeichnen die Schulen des Buddha oder den Çramana aus: er schilt den nicht, welcher ihn

1) Vgl. Burnouf Introd. I, 302.

schilt, erwidert nicht Zorn mit Zorn, Beschuldigung mit Beschuldigung, Schläge mit Schlägen. In der That ist in dieser Vorschrift, gleichwie in den Gelübden selbst, die Idee einer Sittlichkeit enthalten, welche in den ersten Zeiten der Existenz des Buddhismus, wie wir sehen, allein für genügend 84
gehalten wurde, das allen Systemen gemeinschaftliche Ziel: die Befreiung oder das Nirvâṇa, d. h. das Ende oder die Lossagung von allem Irdischen zu erreichen; dieser Charakter wird auch in der späteren Entwicklung dieser Religion nicht verläugnet, als vielseitigere Forderungen sich in ihr geltend gemacht hatten. Auch da steht Sittlichkeit an der Spitze der Entwickelung der philosophischen und beschaulichen Fähigkeiten, so jedoch, dass nur alles drei vereinigt zu dem gewünschten Ziel führt. Wenn wir aber daran gehen, diese Gelübde mit der Lehre der Sûtra's von der Tugend zu vergleichen, und in diesen die Eintheilung der zehn guten und zehn schlechten Thaten in drei Categorien nach ihrer Entstehung aus der Seele (oder den Gedanken), dem Körper und dem Worte finden, dann erhebt sich unwillkürlich die Frage, weshalb die Grundlage der buddhistischen Gelübde mit dieser Lehre über die guten Werke nicht eng verbunden ist; warum nirgends vom Almosen gesprochen wird; warum z. B. die fünf Todsünden und was sich darauf bezieht (CXXVI und CXLVII) in den Vinaja's nicht in ihrer Vollständigkeit erwähnt werden. Betrachtet man den Inhalt dieser Sünden, so muss man sich nothwendig überzeugen, dass ihre classischere und gelehrtere Classificirung unmöglich mit den vorigen zu ein und derselben Zeit auftreten konnte. Die ersten Buddhisten kannten keine Streitigkeiten, konnten keine Bodhisattwa's ermorden, keine Denkmäler zerstören — denn alles dies hätte zu der Zeit, wo die Einrichtungen festgesetzt wurden, welche einzig nur die Lossagung von der Welt im

Auge hatten, noch gar keinen Bestand. Schon dies allein beweist den späten Ursprung der Sûtra's im Verhältniss zu den Vinaja's, wie ja der Buddhismus überhaupt von speciellen Gesetzen zu allgemeinen übergeht, sich von trivialen und beschränkten Ideen nach und nach zur Abstraction erhebt.

In Verbindung mit der Uebernahme der Gelübde durch die Mitglieder der Gemeinde finden sich **Statuten**, welche
88 bei den Buddhisten Abtheilungen (vastu [eigentlich: Substanz]) genannt werden, und auch in diesen bemerken wir eine gewisse Allmählichkeit der Entwicklung. Die tibetischen Vinaja's zählen ihrer siebenzehn. Prüft man sie näher, so überzeugt man sich, dass sie sich in drei Hauptgruppen vertheilen; die eine bezieht sich auf die Gelübde selbst, die Form ihrer Uebernahme (die Cäremonien der Einweihung), ihre Erneuerung zu einer bestimmten Zeit, damit man nicht vergisst, auch Busse (poschadha) zu thun; die zweite betrifft die Lebensweise, wie das Zubringen der Regenzeit an einem bestimmten Ort (varschika) und das Verlassen desselben (pravaraṇa), die Bestimmungen bezüglich der Kleidung (kaṭhina 5, tschivara 5), des Leders oder der Stiefel, der Sitze (çajanâsana [Liegen und Sitzen] 17) und der Nahrung oder der Arzneien (bhaischadscha); die dritte endlich begreift die Verhältnisse der Mitglieder oder die innere Disciplin, die sich nur auf Abweichungen von den Vorschriften, denen sie sich unterworfen hatten, beziehen konnten, und schliesslich die Beilegung von Streitigkeiten unter ihnen, was, wie sich von selbst versteht, erst noch später hinzugekommen sein kann, und an die Gründe der Spaltung in Schulen erinnert. An der Spitze von allen, als allen gemeinsam, steht die Abtheilung: Cäremonien (Karman), in welcher die Form auseinandergesetzt wird, wie die Einweihung zu vollziehen, der Kaṭhina

auszubreiten, ein Schuldiger zu bestrafen und ein Streit zu beenden ist.

Prüfen wir diese Statuten, so begegnen wir beständig einer Reihe von Milderungen und Abweichungen von den älteren strengen und deshalb nicht zahlreichen Vorschriften, und diese Abweichungen waren bei der grossen Entwicklung der Gemeinde unvermeidlich. In allen alten Legenden sehen wir noch, dass ein vom Schicksal Verfolgter oder von Frömmigkeit Erweckter sich nur dem Buddha vorzustellen braucht; dieser empfängt ihn mit den Worten «der und der sei willkommen,» und hat ihn damit unter die Zahl seiner Bekenner aufgenommen; einer weiteren Cäremonie bedurfte es nicht; jetzt aber ist es durchaus anders. Um Bhikschu, d. i. 80
Bettler, oder Mitglied der Brüderschaft, zu werden, muss man sich vorher einer Reihe von Prüfungen unterziehen, seine Befähigung durch ein Noviziat, oder die Uebernahme leichterer Gelübde erweisen, und es werden nicht blos physische, sondern auch moralische und bürgerliche Bedingungen erfordert. Man muss frei sein von gewissen körperlichen Mängeln, wobei selbst die Farbe der Haare untersucht wird, obgleich diese nachher abrasirt werden müssen; man kann der Welt nicht entsagen, wenn man gewisse Verbrechen begangen hat und in jedem Fall wird der Aufzunehmende insgeheim untersucht und muss vor der Aufnahme beichten. Schliesslich muss er freies Mitglied der bürgerlichen Gesellschaft sein, darf nicht von Eltern abhängen, muss die Beistimmung der Obrigkeit haben — und kann nur, wenn alle diese Bedingungen statt finden, aufgenommen werden. In allem diesen erkennt man auch den Einfluss äusserer Momente auf den Buddhismus; obgleich er sich von der Welt lossagt, nimmt er doch Rücksicht auf sie, muss seine Vorschriften mit den Einrichtungen der Gesellschaft, in welcher er lebt,

in Uebereinstimmung bringen (s. Dogmat. im Paragraph über Diebstahl); auch giebt es andere Einflüsse, denen er sich nicht entziehen konnte, wie Natur und Klima. Als der Buddhismus in Mittelindien bestand, konnte er in der That seine rigorösen Vorschriften erfüllen; seine Mitglieder konnten hier unter freiem Himmel leben, sich mit drei Gewändern begnügen, bedurften keiner Vorräthe, keiner Kopf- und Fussbedeckung. Als er sich aber weiter, — zumal nach Norden, verbreitete, konnte man der Natur in solchem Zustand nicht Trotz bieten; man musste ihr nachgeben. Die Geistlichen waren vernünftig genug, sich für diesen Fall mit der Erlaubniss des Buddha, Stiefel zu tragen u. s. w. zu versorgen. Die Regenzeit ist nicht in allen Ländern dieselbe — daher gleichfalls ein neues Zugeständniss. Ueberdiess aber war die Brü-
87 derschaft mächtig geworden, wünschte auf den Lorbeeren, die die ersten Mitglieder durch ihre Entbehrungen geerntet hatten, auszuruhen, sich in Wohnungen niederzulassen, deren Umfang zu erweitern; wollte sich mit neuen Dingen umgeben, kein aus Kehrichtgruben zusammengesuchtes Kleid tragen, ausser Almosen bestimmte Speisen und insbesondere Getränke geniessen. Für alles dies finden sich neue Indulte und nun sehen wir die früheren zerlumpten Bettler in reich geschmückten geräumigen Wohnungen — obgleich man um dies zu erreichen des Buddha Körper verstümmeln musste (s. den Artikel Mahallaka); er trägt ein prächtiges Gewand, besitzt Eigenthum, trinkt berauschende Getränke in der Form von Arznei, betheiligt sich nicht blos am Handel, sondern auch an der Regierung. In Verbindung damit mussten auch verschiedene Stufen im Stande der Mitglieder selbst eintreten, welche früher nur die Anciennität, von der Uebernahme der Gelübde an gerechnet, als Rangunterschied kannten; jetzt bilden sich in der Hierarchie verschiedene Stufen und Ränge,

welche sich zuletzt bis zu den Dalai-Lama's erhoben haben. — Ferner finden wir eine neue Reihe von Einrichtungen bezüglich der Zulassung von Nonnen in der Gemeinde.

Prüfen wir die Einrichtung des Poschadha, so überzeugen wir uns, dass der ganze alte buddhistische Cultus einzig in der Versammlung bei Gelegenheit dieses Poschadha, oder zur Erneuerung der Gelübde nach Anweisung des Buches Pratimokscha, bestand. Wenn wirklich seit ältester Zeit andere Sûtrâ's existirt hätten, so würden sie sicherlich irgendwo in den Vinaja's erwähnt sein und der Cultus eine andere Form gehabt haben. Völlig dasselbe ist auch bezüglich der Cäremonien zu bemerken; in den ältesten Zeiten war die Anzahl derselben sehr gering und kaum eine von ihnen trägt einen speciell buddhistischen Charakter; selbst das Fest Pravaraṇa, welches nach der Sommerzeit gefeiert ward, ist augenscheinlich in Nachahmung der Tîrthika's eingesetzt, die sich für eine bestimmte Zeit Schweigen auflegten. Die Cä- 88
remonie Kaṭhina beweist gleichfalls ihren fremden Ursprung schon dadurch, dass die Bestimmungen derselben bei den Buddhisten sehr verworren sind. Für mehr buddhistisch dürfen die Versammlungen gelten, bei denen über Schuldige Gericht gehalten, Streitigkeiten geschlichtet wurden, doch derartige Einrichtungen müssen bei allen Religionen vorkommen. — Anders steht es, wenn wir uns zu dem heutigen Buddhismus wenden; bei diesem folgt Fest auf Fest, Cäremonie auf Cäremonie. Bei bestimmten Veranlassungen werden Sûtra's des Buddha vorgelesen, Hymnen von späten Dichtern abgesungen (Mig-tse-ma དམིགས་བརྩེ་མ s. Index, tibetisches Gebet, verfasst von Tsonkhapa). Der Buddhismus, welcher sich ursprünglich vollständig von dem weltlichen Leben entfernt hatte, drängt sich in jetziger Zeit allenthalben in

dasselbe ein. Der Lama (oder Hoschang) erscheint bei Begräbnissen sowohl als Geburten; er ist Arzt und Astrolog, und in erster Eigenschaft bewaffnet er sich nicht blos mit Arzneien, sondern auch mit Religion: der Vollziehung gewisser Cäremonien oder Beschwörungsformeln.

Für uns ist das Wichtigste, dass die Abhandlung über die Tempel (vihâra) im Vinaja noch keine Stelle hat, sondern als Zugabe oder Beilage in dem Abschnitt über die Sitze enthalten ist. Die Geistlichen bedienten sich bei ihren Versammlungen, welche, wie wir wissen, unter freiem Himmel Statt fanden, Fussschemel oder einer Streu, und später erst gingen sie von da in Tempel über. Wir haben auch schon angeführt, dass der erste von Buddhisten erbaute Tempel erst lange Zeit nach Buddha's Tod erwähnt wird, und selbst da muss man noch bemerken, dass man diesen Erwähnungen keinen vollen Glauben schenken darf; denn die Legenden haben durchweg die Neigung, allem ein möglichst hohes Alter zu geben.

Hiermit wäre denn eine allgemeine Uebersicht der Anordnungen des Vinaja vorgelegt; ausführlicher hoffen wir sie
89 in der Folge bei Betrachtung der buddhistischen Dogmen auseinander zu setzen.

Die Literatur des Vinaja ist ausserordentlich umfangreich. Im Tibetischen nimmt sie, abgesehen von den Commentaren, welche sich im Tandjur finden, den achten Theil des Kandjur (13 Bände) ein. Doch die chinesische Sprache liefert in diesem Fall noch mehr Schätze. In tibetischer Sprache haben wir nur den Vinaja einer einzigen Schule, den der Mâhâsarvâstivâdin, und da deren Redaction eine viel spätere ist, so sind die Abtheilungen derselben weit umfangreicher und enthalten eine Menge Sûtra's in sich, die sich in chinesischer Sprache separirt vorfinden. Diese Sûtra's muss man von denen, die der Sautrântika-Schule angehören, als dem Geist nach verschieden betrachten. Was die chinesischen Vinaja's betrifft, so finden wir in ihnen den tibetischen Vinaja [1]) zwar nicht ganz und vollständig, dafür aber die Vinaja's der Schulen der Sarvâstivâdin, Dharmagupta, Mahîçâsaka und Mahâsâmghika's. Die Bücher des Vinaja theilen sich in zwei Hauptabtheilungen: in die des Pratimokscha, zu welchem, sammt den Commentaren (Vibhâga), die Gelübde gehören, und die der Einrichtungen (Vinajavastu), in welcher die Aufnahme, der Sommeraufenthalt und die übrigen erwähnten Gegenstände behandelt werden. In archäologischer Beziehung ist in dieser Abtheilung der merkwürdigste Abschnitt der von den sogenannten Kleinigkeiten (Vinajakschudraka), welcher nach unserer Meinung zu den allerältesten Nachrichten über Indien zu rechnen ist.

Jetzt haben wir über die Religionslehre des Buddhismus 90
selbst zu sprechen, d. h. über ihre Anschauung der Natur und des Verhältnisses des Menschen zu ihr.

Wir haben bereits oben gesagt, dass der Name Vaibhâschika nicht die allgemeine Benennung aller achtzehn Schulen ist, sondern dass man die Vaibhâschika's gleichwie die Sautrântika's als die beiden Hauptgruppen des Hînajâna zu betrachten hat, welche sich aus der durch die Spaltung in Schulen hervorgebrachten Gährung hervorarbeiteten und auch die Schulen in sich absorbirten. Es ist Thatsache, dass die Vaibhâschika's als Autorität für ihre Meinungen weder die

---

1) Es ist zu bemerken, dass unter der Dynastie Juen Uebersetzungen sowohl dieses Vinaja als vieler andrer tibetischen Bücher ins Chinesische gemacht wurden; doch finden wir jetzt keine Erwähnung, dass diese Uebersetzungen noch existiren.

Lehre des Buddha, noch die ihm zugeschriebenen Sûtra's, sondern die von verschiedenen Lehrern verfassten Abhidharma's anerkennen; dies spricht stark für die von uns allenthalben verfolgte Ansicht, dass der Buddha weder Sûtra's hinterliess noch Ideen lehrte, ausser der Nothwendigkeit allem Irdischen zu entsagen; prüfen wir jedoch die Abhidharma's in ihrem jetzigen Zustand, so überzeugen wir uns, dass sie das erste Product der buddhistischen Literatur nicht sein konnten, denn sie stellen die Religion in einem so ausgearbeiteten System dar, analysiren die Gegenstände und technischen Ausdrücke bis zu einer solchen Subtilität, wie man sie nimmermehr für die ersten Zeiten derselben voraussetzen darf; überdies tritt die Darstellung in einer solchen Gestalt auf, dass man annehmen muss, dass schon vor der Erscheinung der Abhidharma's eine Reihe von Meinungen und Fragen an einem andern Ort aufgestellt und mehr als einmal behandelt war. Es lässt sich zwar einerseits annehmen, dass Arbeiten bestimmter Personen, etwa aus dem vierten Jahrhundert nach Buddha, worauf viele Data fast mit Entschiedenheit hinweisen, mehrfachen Veränderungen und Vervollkommnungen nach Massgabe der theologischen Entwicklung im Allgemeinen unterworfen wurden, so dass von dem Alten
91 nur die Benennungen übrig bleiben, andrerseits muss man aber nichts desto weniger zugestehen, dass der Plan, welcher sich in allen Abhidharma's wiederholt, ein ihnen gemeinsamer ist. Bemerkt man doch auch dasselbe in den dem Buddha zugeschriebenen Sûtra's, welche auf uns gekommen sind. Die Âgama's, welche die bedeutendsten unter ihnen sind, zeigen völlig dieselbe gründliche Ausarbeitung; einer von ihnen ist sogar nichts weiter als ein terminologisches Lexikon des Buddhismus, welches nach der Anzahl der Termini angeordnet ist und eine Anfzählung von so minutiösen Ge-

genständen liefert, dass es unzweifelhaft eine sehr späte Vereinigung von Allem, was sich in den Sûtra's fand, bildet. Ganz eben so verhält es sich auch mit den übrigen Sûtra's, deren Ziel nicht Legenden sind, sondern Dogmatik; auch sie gewähren stets das Zeugniss, dass sie nichts Unbekanntes behandeln, sondern einzig zum Zweck haben in den Dogmen eine neue, vielleicht mit den Meinungen einer bestimmten Schule übereinstimmende Seite zu enthüllen, oder irgend etwas Neues hinzuzufügen. Die Abhidharma's müssen freilich, nach einigen Worten zu urtheilen, als Deduction aus Sûtra's des Buddha, welche ihnen vorausgegangen waren, zusammengestellt sein; dies verpflichtet aber keineswegs zu dem Schluss, dass jene Sûtra's mit den auf uns gekommenen identisch sind, auch diese konnten parallel und selbst in Widerspruch mit den Abhidharma's an einem andern Ort und für andre Bedürfnisse gestaltet sein.

Demgemäss dürfen wir mit Bestimmtheit aussprechen, das Alles, was aus der Schule des Hînajâna auf uns gekommen ist, nicht der ältesten Schöpfung angehört, sondern viel spätere Ausarbeitung ist. Dies ist auch ganz natürlich; denn die ersten buddhistischen Werke, da sie nicht schriftlich concipirt waren, konnten nur eine rohe und unausgearbeitete Form darbieten und demgemäss in der Folge, zumal in einem Lande, wo Kampf und Streit herrschte, kein Recht haben, für die Zukunft aufbewahrt zu werden; das Alter konnte
im Verhältniss zu der Entwicklung des Buddhismus und der 92
übrigen religiösen Systeme in Indien keine Autorität haben, und die Roheit und Trivialität der Religion selbst nur Schaden bringen. Da der Buddhismus sich sehr früh in China zu verbreiten anfing und, zwar von Turkistan aus, wo nur das Hînajâna herrschte, so finden wir, dass die früheren, daselbst abgefassten, Uebersetzungen ganz und gar keine solche Voll-

endung und Erhabenheit der Lehre zeigen, wie die späteren, und der grösste Theil derselben ward, wie uns scheint, aus dem Grunde eingebüsst, weil sie wahrscheinlich noch schlechter waren, als die erhaltenen. Man lese nur den Sse sche eul tschang king oder «das Sûtra der zwei und vierzig Artikel», welches in China zuerst übersetzt ward! welch ein ungeheurer Abstand zwischen ihm und den Abhidharma's, oder den später übersetzten Sûtra's! und wir sind der Ansicht, dass dieser Abstand nicht blos auf dem Inhalt, sondern auch auf der Zeit der Abfassung selbst beruht.

Demgemäss halten wir für nöthig, vor Allem einen kurzen Auszug aus denjenigen Sûtra's zu geben, welche später in unserer Uebersicht eine Stelle finden werden, und zugleich in einem kurzen Umriss die Hauptprincipien der buddhistischen Dogmatik darzustellen.

Wir haben schon oben gesehen, dass der Buddhismus auf Principien beruht, welche nicht umhin können durch ihre Seltsamkeit Jeden zu überraschen; sein Ziel ist, jede sowohl geistige als physische Thätigkeit in jeder Existenz zu ersticken; dieses verfolgt er unerschütterlich in jeder weiteren Entwickelung, und es erneuert sich sogar im Mahâjâna, obgleich dieses sich bestrebt, jedem Wesen den möglichst absolutesten Spielraum zu gewähren. Der Grund davon und folglich auch die philosophische Grundlage des umfangreichen religiö-
93 sen Gebäudes liegt in einer noch seltsameren Anschauung der ganzen Welt; diese wird nicht im Verhältniss zu sich selbst und in ihrem innern Zusammenhang angeschaut, sondern im Verhältniss zu den in ihr existirenden Persönlichkeiten, und das Resultat ist: dass alle Existenz Qual ist — dies Wort im allerumfassendsten Masstab genommen — weil Alles sich umgestaltet, nicht ewig ist, altert — und zwar namentlich aus dem Grunde, weil alles das Merkmal

der Zusammensetzung, Verkettung oder Abhängigkeit von einer Ursache an sich trägt. In Folge davon sucht der Buddhismus Mittel sich aus dieser Abhängigkeit und daraus hervorgehenden Qualen zu befreien und findet sie in der Entsagung, oder in der Absperrung von uns gegen alle äusseren Eindrücke; diese bildet das Werkzeug und wird zugleich der Pfad, auf welchem man zu dem angezeigten Ziel gelangen muss. Auf diese Weise ergiebt sich die Lehre von den vier Wahrheiten: Qual, Verkettung, Entsagung und Pfad.

Je näher wir den ursprünglichen und alten Begriffen über diese Wahrheiten treten, desto einfacher und gewöhnlicher erscheinen sie; es ist weder etwas Sublimes noch Abstractes in ihnen; das Ziel ist eben so einfach als die Mittel und die Ursachen.

Der ursprüngliche Begriff des Nirvâṇa oder desjenigen Zustandes, welcher der Endpunkt dieser Richtung ist, ist nichts Anderes als der Begriff der vollständigen Vernichtung oder des Austritts aus der Reihe der Existenzen: der Buddha oder die Arhant's, mit welchem Namen die Çrâvaka's diejenigen, welche den Zustand des Nirvâṇa erreicht hatten, bezeichneten, sind nicht Wesen, welche eine Hülle, die sie zu wirken hinderte, von sich geworfen und irgend etwas Selbstständiges nach dem Uebergang in die neue Welt, welche man, wie es scheint, voraussetzen müsste, bewahrt haben; — nein, sie heissen so nur im Verhältniss zu ihrem früheren Leben, von welchem sie so glücklich waren oder verstanden 94
haben sich endlich zu befreien, so dass sie jetzt nicht mehr existiren, folglich den glücklichsten Zustand erreicht haben, in welchem ihre Persönlichkeit verschwindet, einem verlöschenden Licht gleich; sie werden sich nicht mehr in der Welt der Wiedergeburten oder des Saṁsâra bewegen, in

welcher, sei es im Himmel oder in der Hölle, alles den Charakter der Qual trägt. Uebrigens erscheint auch die Idee der Wiedergeburten wahrscheinlich erst später; denn der ursprüngliche Buddhismus hat nur den Menschen im Auge, betrachtet nur die ihn bildenden Skandha's (s. Dogmatik CI ff.) und bestrebt sich sie vermittelst der Entsagung zu verbrennen.

Dies sind die Begriffe von der Göttlichkeit, wenn es erlaubt ist, einem solchen Zustand diesen Namen zu geben; zum Theil haben sie sich sogar in der späteren Entwicklung der Religion erhalten. Die Mahâjânisten bevölkern die Welt mit einer zahllosen Menge von Buddha's, welche sich einander mit ihren Boten beschicken; so handeln sie jedoch nur in dem sogenannten «Nirvâṇa mit einem Rest», d. h. wo ein Buddha oder Arhant, nachdem er schon jeden äusseren Eindruck in sich erstickt, sich mit seinen Empfindungen schon in das Nirvâṇa versenkt hat, noch für einige Zeit in der Welt bleibt, und während derselben Andre seinem Beispiel folgen lehrt, ihnen die erhabenen Ideen der buddhistischen Lehre enthüllt. Der Buddha der Mahâjânisten in seinem Dharmakâja oder abstracten Dasein ist ebenfalls eine nicht existirende Person, und überhaupt erscheinen die Buddha's nirgends weder als Richter der Welt, noch als deren Schöpfer und Ordner; in der ganzen Welt giebt es keinen andern Gebieter als das Schicksal, wenn man die in der physischen und ethischen Natur herrschende Idee von den Ursa-
93 chen und deren Folgen mit diesem Namen bezeichnen darf; die Vergeltung für Handlungen tritt eben so in die Erscheinung, wie die Entstehung des Keimes aus dem Samen; es giebt keinen Willen, welcher das Schicksal des Menschen zu ändern im Stande wäre, und, wenn wir in der Mahâjâna-Lehre Einmischung der Bodhisattwa's finden, welche erschei-

nen um Unglücklichen Hülfe zu bringen, so gehört — trotz dem, dass die Lehre vom Mitleid bereits eine Schöpfung dieser Schule ist — diese Theilnahme dennoch Wesen an, welche die Welt noch nicht verlassen haben und unter Einfluss ihrer Wünsche handeln, welche, wie die physischen Ursachen, zu den Banden des Samsâra zählen.

Trotz dem, dass die Lehre von den vier Wahrheiten zu den ersten intellectuellen Thaten der buddhistischen Religion gehört, finden wir sie schon bei den Çrâvaka's (in einem besondern Sûtra) in so grosser Entwicklung, dass man eine bestimmte Periode für die Ausarbeitung derselben voraussetzen muss; in der jetzigen Gestalt gehört zu der Idee der Nichtewigkeit die Lehre von allem die Welt Gestaltenden und die von den Skandha's, zu der Idee der Verkettung die Lehre vom Reinen und Unreinen, oder dem Zusammengesetzten und Unzusammengesetzten, und von den ursprünglichen und vermittelnden Ursachen. Die Lehre von der Entsagung, welche ursprünglich eng mit dem Pfade verbunden war, konnte anfänglich sicher keine anderen Vorschriften enthalten als die im Vinaja vorgekommenen; dies konnte aber nicht lange befriedigen, und so treten im Verein und parallel mit der Moral philosophische und beschauliche Vollkommenheiten hervor, welche später, in Rücksicht auf den Vorrang, welcher den letzteren vor den ersteren eingeräumt ward, zu der Bildung der rein-mahâjânistischen Lehre, des beschaulichen Mahâjâna (der Jogâtschârja-Lehre) und des Mysticismus führen.

Im Hinajâna ist dieser Pfad noch nicht so ausgearbeitet:
die sieben und dreissig Artikel, welche ihn bilden und wahrscheinlich nach und nach hervorgetreten sind, tragen keine
besondern Eigenthümlichkeiten an sich; man muss die vier 96
Gegenstände: «Körper, Empfindung, Seele und Aeusserlich-

keit» ins Gedächtniss fassen oder betrachten; andern vier[1]) entsagen, das Gute thun, das Böse lassen; man bedarf fünf Organe oder Kräfte: «Frömmigkeit, Eifer, Gedächtniss, Beschaulichkeit und Vernunft» u. s. w. Dieser aus sieben und dreissig Artikeln bestehende Pfad dient noch lange Zeit bei den Çrâvaka's als einzige Bedingung für die Erreichung des Ziels. Nachher aber theilen sich die Lehren über die Entsagung und den Pfad. Auf die erste bezieht sich die ganze beschauliche Seite, aus verschiedenen von den Schulen hineingetragenen Elementen bestehend; der zweite theilt sich in fünf Wege: den vorsorgenden, befähigenden, den beschaulichen, den ordnenden und den letzten: den Weg der Nicht-Lehre (s. über diese Wege in der Dogmatik im Artikel über die vier Wahrheiten), welche dieselbe Unthätigkeit ist. Der Eintritt in diesen Pfad stellt bereits eine Stufenfolge von Berufen dar, welche von dem Srotaâpanna und Anâgâmin bis zum Arhant reicht und eine Art Mythologie bildet; es entspricht ihm eine bestimmte Anzahl von Welten und die Erreichung der einen oder andern von diesen bezeichnet die Erhebung zu einer bestimmten Stufe. Der Name Arhant bezeichnet bei den früheren Buddhisten den höchsten Beruf; ihn trugen die frühern Patriarchen; alle Personen, welche, den Legenden zufolge, von dem Buddha eingeweiht sind, erreichten diesen Beruf und, augenscheinlich, sehr leicht; demgemäss bedeutete er in den älteren Zeiten wohl nur «Ueberwinder der Leiden», oder «das Gelübde der Armuth würdig erfüllend»[2]), und da er sich unter den Beinamen des Buddha

1) Diese Zählung nach vieren — sicher als Gegenstück zu den vier Wahrheiten — beweist auch, dass diese Termini früher entstanden sind, als die andern.

2) Ich vermuthe, dass die eigentliche Bedeutung die etymologische ist, «verdienend», nämlich in die Brüderschaft, den Saṁgha, aufgenommen zu

erhalten hat, so spricht alles für die Annahme, dass der letztere Titel (Buddha), welcher «der Weise» bedeutet, ihm erst in der Folge gegeben ward, als die intellectuelle Vollkom- 97
menheit im Buddhismus eine Stelle gewann, und dass er anfänglich auch bei den Çrâvaka's nicht anders als Arhant genannt ward.

Prüfen wir die Punkte, welche die Spaltung der Schule der Çrâvaka's herbeiführte, so sehen wir, dass sie darüber stritten, ob der Buddha in der Welt existire oder nicht, und folglich, ob etwas Weltliches in ihm sei. Diese Frage beweist klar, dass die ursprüngliche Idee von der «Vernichtung» die Vernunft über ihr entsetzliches Ziel aufschreien und alle menschlichen Fibern erzittern machte, weshalb denn bereits die Mahâsâmghika's anfingen von der Unendlichkeit, Allmacht und Ewigkeit des Buddha zu sprechen. — Darauf folgte die Frage über den Sinn der Lehre des Buddha; ob jedes seiner Worte fähig sei den Hörer vom Sansâra zu befreien, d. h. ob alles und jedes, was er gesagt, als er bereits kein weltliches Wesen mehr war, aber noch in der Welt verblieb um zu lehren, übernatürliche Kraft haben müsse. In der Folge, als die Menge von Sûtra's sich angesammelt hatte und Widersprüche in ihnen hervortraten, wurde diese Frage in andre Worte gefasst: ob jedes Wort des Buddha eine genaue und bestimmte Bedeutung habe. Die Vaibhâschika's, obgleich auch sie nicht die ältesten Buddhisten sind, kennen diese Frage noch nicht; für alle andren Schulen ist sie der wichtigste Gegenstand; — denn keine wagte die Sûtra's, welche nicht mit ihren Meinungen übereinstimmen, als nicht von Buddha herrührend, zu verwerfen, sondern sie sag-

werden. Natürlich kann alsdann auch dies Epitheton kein alter Beiname des Çâkjamuni sein.

ten nur, dass sie nicht in der Form einer absoluten Wahrheit ausgedrückt seien, und diese Lehre von den «zwei Bedeutungen» entwickelt jede Schule ihrem Systeme gemäss (s. CCXLII 174 — 275).

Eine zweite Frage in Betreff des Buddha war: wie er sich in der Welt manifestirt habe; diese ist aber noch in einer so rohen Form ausgedrückt, dass man sieht, wie weit der
98 Buddhismus von erhabenen Ideen über das Wesen der Gottheit zur damaligen Zeit noch entfernt war. Die Frage ist hier auf weiter nichts gerichtet, als: ob ein Mensch, welcher ein Buddha zu werden bestimmt ist, wenn er geboren werden soll wie die übrigen Menschen, ebenfalls schmutzig und unrein empfangen wird (CLXXXIX), oder auf irgend eine aussergewöhuliche Weise. Demgemäss versicherten auch einige Schulen, dass er sich in Gestalt eines Elephanten in den Schooss seiner Mutter herabgelassen und aus ihrer rechten Seiten geboren sei, eine Legende, welcher wir auch in dem berühmten Lalitavistara begegnen. Bei alle dem setzt die Erscheinung dieser Frage auch die Behandlung vieler andrer voraus; damals müssen sich auch bereits die kosmologischen Begriffe von den drei Welten, von der Welt der Empfindungen, der Formen und der unsichtbaren, gebildet haben, und die Idee, dass ein Buddha auf untadelhafte Weise nur in der Welt der Empfindungen hervortreten könne; überdies zeigt sich ein dunkler Begriff von den Bodhisattwa's, welcher im Mahâjâna bereits entwickelt ist; hier wie auch bei den Çrâvaka's ist dies die Stufe der Existenzen, welche dem Buddha zunächst vorhergeht; aber dort ist ein bestimmter Kreis der Thätigkeit für sie bezeichnet, werden die Verdienste eines Bodhisattwa aufgezählt, während er im Hînajâna nur der Zustand vor der letzten Geburt ist. Da wir aber eben die Reihe der älteren mythologischen Stufenfolge: Srotaâpanna,

Anâgâmin und Arhant gesehen, und keine Erwähnung des Bodhisattwa gefunden haben, so müssen wir daraus schliessen, dass dieser Terminus viel später erscheint und keinen Glaubenssatz bildet.

Viel wichtiger als dieses ist die Frage: gehörte der Buddha zum Samgha, d. h., zur Versammlung der Geistlichen? Die Lehre von den drei Zufluchtsstätten (çaraṇa): «dem Buddha, dessen Lehre und dem Samgha», welche das Symbol dieser Religion bildet, gehört dem Alterthum an, jetzt aber wird aus der Bejahung oder Verneinung jener Frage gefol- 99
gert, ob man die Monumente des Buddha verehren muss, oder nicht, wie wichtig dies fromme Werk, und die Almosenspende an Geistliche sei und andres.

Wie sich aus Allem ergiebt, begann der Riss jedoch nicht eigentlich um dieser Punkte willen. Er nahm seinen Ursprung darin, dass man durch Majorität die Meinung über die Arhant's zuliess: dass sie noch von menschlichen Schwächen abhängig oder ihnen unterworfen sind, dass sie in ihrem Selbstbewusstsein Zweifel oder Bedenken unterliegen können, dass sie subjectivisch sind und der Verbesserung fähig. Diese fünf Sätze — zwar vom Dämon gelehrt, aber von den Mahâsâmghika's, wie wir sehen, angenommen — zeigen, das sich im Buddhismus der Wunsch regte, das Gleis der gewohnten Ideen, die er in sich hegte, zu verlassen und, indem er die Arhant's auf die niedrigste Stufe stellte, hob er ihre Gleichheit mit dem Buddha auf und erhielt nun die Fähigkeit alle mögliche Zwischenstufen zu gestalten. In Verein mit dieser Frage macht sich demgemäss eine andere geltend: hat der Archant die Ansammlung von guten Werken nöthig oder nicht, d. h., was ist für ihn besser: sich noch oder nicht mehr um sie zu bekümmern. Sicherlich erscheint eigentlich auch erst in dieser Zeit die Lehre von den Srotaâpanna's und Anâgâmin's; trotz dem, dass sie unter den Arhant's stehen, werden doch ihre Eigenschaften viel höher gestellt; dies zeigt eher das Bestreben, den alten Begriff von den Arhant's in einzelne Theile zu zerlegen und, in Verbindung mit den neugelehrten fünf Wegen, neue Stufen aufzustellen. Die Frage über die Arhant's wiederholt sich in der Folge in der Frage über die Bodhisattwa's: befreien diese sich von den niedern Wiedergeburten? haben sie Gebrechen, oder nicht?

Eine der allerersten Fragen war wahrscheinlich: kann man sich einzig durch Sittlichkeit von allen Banden (des
100 Saṁsâra) befreien? — Die Erwähnung dieser Frage beweist am schlagendsten, dass die ältesten Buddhisten keine andre Lehre kannten, als den Vinaja und dass die angeführten Punkte, philosophische und beschauliche Vollkommenheiten, nicht nur erst später angenommen, sondern, obgleich eng mit dem Buddhismus verschmolzen, aus fremden Lehren entlehnt sind. Dies wird durch eine andre Frage bestätigt, nämlich: ob die Tîrthika's die fünf Hellsichten oder die sogenannten wunderthätigen (höchsten) Eigenschaften besitzen, wie z. B. zu fliegen, Andrer Gedanken zu kennen u. s. w. (s. XIV). Die Zulassung dieser Frage beweist augenscheinlich, dass eine derartige erhabene Natur nicht ein Schatz des Buddhismus allein ist. Mit dieser Frage fällt auch eine andre zusammen, nämlich: ob die Götter Keuschheit oder reine Sittlichkeit besitzen?

Endlich beschäftigt vorzugsweise nicht nur die alten Çrâvaka's, sondern auch alle übrigen buddhistischen Schulen, indem die Entscheidung derselben einen Ausgangspunkt für ihre philosophischen Anschauungen bildet, eine viel abstractere, wahrscheinlich später als alle übrigen hervorgetretene Frage, nämlich: ob die Existenz der Materie anzunehmen sei?

Diese Frage ist unzweifelhaft eine Entwicklung des buddhistischen Begriffs von der Qual und der Concretheit aller Gegenstände, welche nichts Dauerndes repräsentiren und, indem sie temporär existiren, Umwandlungen unterworfen sind, weshalb der Geist auch bei Nichts Halt machen kann. Diese Gestaltveränderung zeigt auch, dass es nichts wirklich Existirendes giebt und damit erhebt sich zugleich die Frage: ob die Zeit selbst existirt? ob Vergangenheit und Zukunft in der Gegenwart enthalten sind, oder besonders, oder gar nicht existiren? Wie dem auch sein möge: die ersten Buddhisten bekannten sich noch zu der Existenz der Materie oder der äusseren Welt: sie handelten von den Atomen; bald aber 101
wurde diese Meinung vollständig verworfen und aus der Negation der Materie entsprang eine andere veränderte Frage über die Existenz des «Ich.» Wenn der Mensch eine Zusammensetzung von Skandha's ist, was ist denn das, was ihn, ausser diesen Skandha's, zusammensetzt? ist das Individuelle ein und dasselbe mit den Skandha's —, d. h. Körper, Empfindung, Gefühle, geistige Fähigkeiten und Erkenntnisse — oder etwas Anderes, was in ihm zugleich herrscht und wir Seele nennen?

Den Begriff Seele in unserem Sinn hat der Buddhismus nicht. Die Jogâtschârja's haben zwar in der Folge das Dasein der Seele als ein besonderes Reines, aber alsdann durch Eitelkeiten Verdunkeltes und von den Banden der Natur Gefesseltes angenommen, allein sie haben sie trotz alle dem doch nicht aus der Zahl der Skandha's ausgeschlossen, sondern für identisch mit diesen erklärt.

Bei der Frage über das Nicht-Ich wird etwas Abstractes gesucht, als Träger von allem, was in einem bestimmten Individuum enthalten ist — und diese Idee ist bereits vollständig in der Mahâjâna-Lehre entwickelt, welche nament-

lich von dem Punkte ausgeht, dass alles Leerheit ist, dass aber diese Leerheit zugleich das allgemeine absolute Sein von allem sei, was in der Welt existirt, dass sie die Verschmelzung aller Widersprüche enthalte und ausser dem Bereich des Gedankens liege. Zu solcher Subtilität sind die Hînajânisten noch nicht gelangt; bei ihnen ist die Frage über das Nicht-Ich, wie die Mahâjânisten sie nennen, noch roh. Sie stritten nur darüber, ob etwas aus einer Welt in die andere, oder aus einer Wiedergeburt in die andere übergeht, d. h. wieder neu geboren wird, wenn der Mensch stirbt, oder, nach ihrer Annahme, die Verbindung unter den Skandha's aufgehoben wird. Hieraus ist deutlich, dass die Metempsychose nicht aus buddhistischen Principien hervorging, sondern aus der allgemeinen Volksanschauung als etwas anerkannt Gewisses aufgenommen ward, gerade wie auch die kosmologischen Ideen und
102 Ueberzeugungen im Buddhismus entlehnte Elemente sind. Der grösste Theil der Buddhisten nimmt eine Zwischenzeit *), einen mittleren Uebergangszustand aus einer Geburt in die andere an, d. h. während dess, dass der äussere Mensch stirbt, geht der innere, mit denselben Skandha's versehen, jedoch in einer subtilen Form aus ihm heraus, und dieser Verstorbene wird früh oder spät an den Ort versetzt, wo er, in Folge seiner Werke, seine Wiedergeburt zu empfangen hat, und wäre dies auch in einer andern Welt. Diese Wiedergeburt richtet sich nach seiner Natur, d. h. nach seinen früheren Werken. Demgemäss kann die Lehre von der Vergeltung, obgleich sie die moralische Stütze des Buddhismus bildet und eng mit dem Begriff von den Wiedergeburten verbunden ist, doch nicht für ein rein buddhistisches Product gelten. Es ist augenscheinlich, dass sie zum wenigsten vor den philosophischen Anschauungen bestand; denn wir sind überall nicht

*) S. unten S. 242 [266] Anmerk. 4.

verpflichtet, aus der anfänglichen Betrachtung der Welt als Qual zu schliessen, dass der Buddha sogleich von Anfang an eine Reihe von Wiedergeburten im Auge hatte, und sein Gesetz nicht für das gegenwärtige Leben allein gegeben habe.

Viel subtilere Fragen behandelten die Schulen in ihren Streitigkeiten über das, was die Eitelkeiten sind: ob sie die Seele und deren Manifestationen sind, oder nicht? ob die Handlungen der Seele allein angehören, oder zugleich dem Körper und dem Worte? ob die verschiedenen Formen der Erkenntniss, Vidschnâna (s. skandha), Leiden haben? ob sinnliche, oder nicht sinnliche? Als die Beschaulichkeit als unumgänglich nothwendiges Mittel zum Pfade anerkannt war, und verschiedene Formen derselben hervortraten, unter andern die der sichtbaren und unsichtbaren Welt entsprechenden (Dhjâna und Samâpatti, s. weiter unten), da glaubten Einige, dass die letztern auch die äusserste Gränze der Beschaulichkeit seien. Nicht wenig interessirte auch die Frage: ob man zur Zeit der Selbstversenkung (Samâpatti) sprechen 103
könne? Denn einerseits negirt diese Vertiefung des Geistes jede Thätigkeit, während von der andern Seite der Buddha, als er sich seiner absoluten Natur gemäss in ihr befand, nur in dieser Selbstversenkung die grossen Wahrheiten aussprechen konnte, wie dies auch in vielen Sûtra's wiederholt wird.

Mit den Terminologien der buddhistischen Dogmatik können wir uns in dieser kurzen Uebersicht um so weniger aufhalten, da diese Termini je nach den verschiedenen Schulen auf verschiedene Weise erklärt werden; denn wie wir schon mehrfach bemerkt haben, verwarfen diese nichts, sondern nahmen mit dem Buddhismus nur im Sinne ihres Systems Umänderungen und Umbauten vor, wobei sie sich jedoch auch Anbauten und Ueberbauten erlaubten. Deshalb wollen wir hier nur einen Abriss der Systeme oder eine Charakteri-

stik der Schulen geben, alles dagegen, was sich auf die Terminologie bezieht, für eine besondere Abtheilung reserviren; in dieser werden wir, so weit als möglich, alles prüfen, was jede Schule aus dem Ihrigen in einen bestimmten Terminus hineintrug. Die Punkte. welche die Gegenstände des Streits unter den alten Çrâvaka's bilden, sind von viel geringerer Wichtigkeit als die bei den neueren Buddhisten, den Erklärern der Hînajâna-Lehre, fast mit Stillschweigen übergangenen. Wir finden in letztrer ein ganz besondres System, welches sich sicher erst lange nach der Spaltung der Schulen gebildet hat; nämlich die Lehre von den Pratjekabuddha's, oder denen, die nur für sich selbst Buddha's sind. Aus der Erklärung dieses Worts — nämlich, dass so diejenigen Wesen genannt werden, welche zu einer Zeit, wo es keinen Buddha giebt, die höchste Stufe der Vollkommenheit erreichen — können wir entnehmen, dass die erste Frage, welche sich in der Lehre vom Buddha, sobald dieser Titel vom Arhant, mit welchem Namen auch andere benannt wurden, geschieden war, erhob, die war: können auch andre Wesen
| 104 zu eben solchen Buddha's werden? und der Buddhismus antwortet — jedoch noch zagend — dass es möglich sei, aber nicht zu einem Buddha, welcher allgemeinschaftlicher Lehrer und Stifter einer Religion sei, sondern nur zu einem Pratjekabuddha, einem Buddha für sich selbst. Hiernach alsdann, muss man annehmen, — trat schon der Gedanke auf, ganze Welten mit Buddha's zu bevölkern, zu lehren, dass alle Menschen zu diesem Beruf befähigt sind, und endlich alle Buddha's der gegenwärtigen Weltperiode aufzuzählen. Damit in Verbindung wird das ganze System der buddhistischen Dogmatik umgestaltet; statt der vier Wahrheiten tritt die Lehre von den zwölf Nidâna's auf, welche für eine Entwickelung der Idee von den Ursachen und Folgen gilt; es wird der Be-

schaulichkeit ein Uebergewicht über die beiden anderen Arten der Vollkommenheit: die Sittlichkeit und Weisheit, gegeben. Demgemäss wird, wo es in den einen Sûtra's heisst, dass Buddha durch die Lehre von den vier Wahrheiten erleuchtete, in den andern ihm die Lehre von den zwölf Nidâna's in den Mund gelegt (s. diesen Terminus in der Dogmatik). Noch mehr: während in den einen Sûtra's nur zwei Jâna's existiren — das kleine und das grosse — giebt es in andern deren drei — das Jâna der Çrâvaka's, Pratjekabuddha's und Bodhisattva's. In den Büchern der Mahâjânisten finden wir den Buddha beständig von diesen drei Classen seiner Schüler umgeben; daraus muss man auch schliessen, dass die Lehre von den Pratjekabuddha's bis zum Auftreten des Mahâjâna-Systems entwickelt war. Da sie aber rasch verschwindet, so muss man annehmen, dass jene Schule sich mit dem letztern aufs schnellste verschmolz oder gar in dasselbe verwandelte; in der That giebt sich das System der Jogâtschârja's im Mahâjâna als deren direkte Fortsetzung zu erkennen. Allein die Frage ist, was war dies für eine Schule? wo ist deren Literatur? und trug sie vielleicht einen andern Namen? Betrachten wir die Sûtra's, welche in chinesischer Uebersetzung auf uns gekommen sind, namentlich die
Âgama's, so finden wir die Nidâna's in ihnen beständig er- 105
wähnt, in die tibetische Uebersetzung sind sie nicht gerathen, weil hier Kaschmir, die Zufluchtsstätte der Vaibhâschika's, als Autorität für die Lehre des Hînajâna gedient hat. Wenden wir uns indess zum Inhalt der Lehre der Sautrântika's, der andern Hauptschule des Hînajâna, so sehen wir, dass diese zwei Arten von Pratjeka's, welche über die Arhant's gestellt werden, als die untersten Stufen der Vollkommenheit betrachten. Daraus folgt, dass sie Sûtra's als Autorität hatten, welche von den Vaibhâschika's nicht anerkannt waren,

und wir dürfen schliessen, dass unter dem Namen Pratjeka der der Sautrântika-Schule versteckt ist, welche sich in ihrer weiteren Entwicklung vielfach umgewandelt haben muss: denn Vasubandhu, der Bruder des Ârjâsanga, des Gründers der Jogâtschârja-Schule, der Hauptrepräsentant der Ideen dieser Schule für unsere Zeit, mochte vieles geändert haben, da er mit den Abhidharma's der Vaibhâschika's und den sublimen Erklärungen der Mahâjânisten bekannt war.

Ohne uns mit der Darstellung der Hauptmerkmale der Vaibhâschika's und Sautrântika's — deren Meinungen weiterhin in dem Abschnitt über die buddhistischen Schulen in genügender Ausführlichkeit auseinandergesetzt werden sollen — hier lange aufzuhalten, wenden wir uns sogleich zu einem kurzen Abriss der Literatur dieser beiden Schulen.

Wir haben bereits mehrmals gesagt, dass die Abhidharma's für die Grundwerke der Lehre der Vaibhâschika's gelten. Nach der allgemeinen Meinung der übrigen buddhistischen Schulen sind sie Çâstra's, welche bestimmt sind, die Lehre des Buddha zu erläutern, nicht aber als Erklärungen zu irgend einem einzelnen Sûtra, sondern überhaupt zu der gesammten Lehre oder zu irgend einem Theil derselben in dem besondren System. Prüfen wir die Art ihrer Darstellung,
106 so sehen wir, dass sie nichts mit den Sûtra's gemein haben. Diese letztern sind bestimmten Formen unterworfen und entwickeln sich in Gestalt eines Gesprächs, welchem eine Schilderung und Betrachtung vorhergeht. In den Abhidharma's dagegen verschwinden die Persönlichkeiten fast ganz und nur in einem findet sich eine Art Vorrede, nämlich in dem dem Çâriputra zugeschriebenen. Der Gegenstand wird ergriffen und von allen Seiten mit möglichster Tiefe und ausserordentlich trocken analysirt; die analytische Richtung, welche den

Abhidharma's eigenthümlich ist, wird aber auch nirgends in solch hohem Grade gefunden; sie ersetzt die Regeln der Logik, welche den Vaibhâschika's noch nicht bekannt war, und die Tiefe metaphysischer Speculation; der Gegenstand wird von allen möglichen Punkten aus betrachtet, nicht in Bezug auf abstracte Ideen, sondern in einer eigenthümlichen Zählung, so dass der Buddhismus, wenn sich eine ähnliche Darstellungsweise nicht in den übrigen, ihm fremden, indischen Lehren findet, sich rühmen kann, eine eigne Art Literatur geschaffen und dem Gedanken eine Richtung gegeben zu haben, welche in andern Ländern vollständig unbekannt ist. Gewiss — und wir haben darüber schon oben gesprochen — konnten Werke dieser Art nicht plötzlich aufs erste Mal erscheinen, sondern es müssen ihnen vorbereitende Arbeiten vorhergegangen sein, welche in der Folge verschwanden; für uns aber ist das Wichtigste, dass die Vaibhâschika's diese Abhidharma's für die Worte des Buddha nahmen, d. h. dass die dogmatische Lehre nur in diesen Büchern enthalten ist; — und, wenn sie Grund für diese Annahme hatten und sie vor den Augen ihrer Gegner zu behaupten wagten, so ist es klar, dass es anfänglich keine andern Sûtra's, die von den Abhidharma's, oder den allgemeinen Darstellungen der Religion, verschieden gewesen wären, gegeben hat, sondern erst
später Sekten, die mit ihnen nicht übereinstimmten, neue 107
Sûtra's zu veröffentlichen anfingen; da die letztern ferner fast nirgends ein vollständiges System darstellen — die Âgama's, welche hier eine Ausnahme bilden, sind unzweifelhaft spätern Ursprungs — stets nur von einem oder einigen Punkten der Lehre einen Begriff geben, so kann man daraus schliessen, dass ihre Abfassung durch das Aufkommen einer oder der andern Frage, vielleicht sogar unter den Vaibhâschika's selbst, veranlasst ward.

Wie sich dies aber auch verhalten möge, es werden sieben wichtigste und älteste Abhidharma's gezählt: 1) Dschnânaprasthâna, von der Weisheit handelnd und dem Kâtjâjana zugeschrieben; 2) Prakaranapâda, Werk des Vasumitra — Uebersicht der buddhistischen Artikel; 3) Vidschnânakâja, Werk des Devakschema [1], dialektischen Inhalts; 4) Dharmaskandha, dem Maudgaljâjana oder Çâriputra zugeschrieben (letzterem in den tibetischen Quellen [auch in der Abhidharmakoçavjâkhjâ bei Burnouf Introd. I, 448]); Uebersicht der Religion; 5) San̄gîtiparjâja, ein terminologisches Lexikon, nach Zahlen geordnet und dem Çâriputra zugeschrieben, welcher noch bei Lebzeit des Buddha starb, (bei Burnouf a. a. O. dem Mahâ Kauschṭhila); 6) Amṛitaçâstra, Werk des Goschṭha [2], ein kurzer Abriss der Dogmen; 7) Dhâtukâja, gleichfalls dem Vasumitra zugeschrieben (bei Burnouf a. a. O. dem Pûrṇa), weist die Verbindung zwischen den Haupttheilen nach. Diese sieben Abhidharma's sind sämmtlich nur in chinesischer Uebersetzung auf uns gekommen; die Tibeter theilen nur ihre Namen mit. Dasselbe gilt auch von dem umfassenden Commentar zu ihnen, welcher, unter dem Namen Vibhâschâ bekannt, auch den Namen der Vaibhâschika's veranlasste. Die Vibhâschâ ist nicht vor Kanischka verfasst, welcher 400, nach andern 600 Jahr nach dem Tode des Buddha lebte. Dieses beweist am besten, dass man nicht, wie die Tibeter annehmen, den Namen Vaibhâschika's auf alle achtzehn Schulen ausdehnen darf, sondern auf ein besondres, bereits nach der

---

1) [Bei Burnouf Introd. I, 448 heisst der Verfasser, nach der Abhidharmakoçavjâkhjâ: Devasarman (so! wohl Devaçarman zu lesen; dann ist die Devakschema identisch]).

2) Bei Burnouf a. a. O. Pradschnaptiçâstra von Maudgaljâjana; der Name Goschṭha scheint mit Burnouf's Kauschṭhila identisch).

Spaltung gebildetes, System beschränken muss. Zuletzt aber ging die Lehre der Abhidharma's, welche anfänglich einer einzigen Schule angehört hatte, auch zu den andern über; die Sautrântika's haben nun gleichfalls ihre Abhidharma's, und unter diesen finden wir, abgesehen von dem schon mehr- 108
fach erwähnten Abhidharmakoscha des Vasubandhu, zu welchem eine Menge Commentare gehören, im Chinesischen den Tsching schi lun, das berühmte Werk des Harivarman; darin erscheint die Lehre des Hînajâna schon mit der des Mahâjâna gemischt. Es ist keinem Zweifel zu unterwerfen, dass auch die Vaibhâschika's selbst in der Folge vieles aus letzterer entlehnten; dies erklärt uns, warum wir bisweilen auch bei ihnen Gegenständen begegnen, die man nicht als ihr Eigenthum betrachten kann.

Doch es ist keine Möglichkeit, eine vollständige Uebersicht des Inhalts aller Sûtra's zu geben, welche sich in tibetischer und chinesischer Sprache vorfinden. Freilich ginge es nicht über unsre Kräfte; denn wir besitzen — wie wir schon der gelehrten Welt mitgetheilt [1]) — eine besondere Analyse jedes einzelnen; allein die Herausgabe dieser Arbeit würde viel Zeit und noch mehr Kosten in Anspruch nehmen. Dies wird man um so mehr begreifen, wenn wir hinzufügen, dass in einer Sammlung der buddhistischen Werke in chinesischer Sprache, welche den Namen San-Thsang führt, sich gegen anderthalb tausend hieher gehörige Titel finden; ausserdem begegnen wir im tibetischen Kandschur einer Menge Varianten. Danach kann man beurtheilen wie vielen Raum die Titel allein einnehmen würden, denen man den sanskritischen

---

1) Bulletin historico-philologique, Tome XI page 360 = Mélanges asiatiques, Tome II page 379.

Originaltext und die tibetische Uebersetzung beifügen müsste. Demgemäss müssen wir uns hier auf die Nachweisung der allerwichtigsten beschränken.

Einem allgemeinen, von allen Buddhisten angenommenen und beständig in ihren Büchern erscheinenden Ausdruck gemäss, wird die ganze buddhistische Literatur in drei Theile
109 getheilt, welche sie tripiṭaka «drei Körbe», wir «drei Gefässe» zu nennen pflegen; der Grund dieser Benennung liegt darin, dass man sich zur Bewahrung der bekanntlich aus einzelnen, nicht mit einander verbundenen, Palmblättern bestehenden Bücher (so auch jetzt noch bei den Tibetern und Mongolen, obgleich sie bereits Papier gebrauchen) Körbe bediente, welche in der Folge unter dem Geräth der Bhikschu zugelassen wurden. In den Lebensbeschreibungen der buddhistischen Geistlichen begegnen wir beständig dem Ausdruck: «er lernte die drei piṭaka oder Körbe», was weiter nichts bedeutet, als dass er mit der ganzen buddhistischen Lehre bekannt war. Von diesen Abtheilungen haben wir zwei, den Vinaja und die Abhidharma's schon oben kennen gelernt, es bleibt uns nur noch die dritte oder die Sûtra's übrig. Indessen wurden im Lauf der Zeit die Worte des Buddha in zwölf Abtheilungen (dvâdaça dharma pravatschanâni) getheilt, welche aus den in diesen herrschenden Darstellungsformen hervorgingen.[1] Sûtra's werden eigentlich nur abgerissene Darstellungen in Prosa genannt und diese sind sicherlich älter, als alle übrigen, von denen zwei: Lieder (geja)

1) 1. Sûtra; 2. Geja; 3. Vjâkaraṇa; 4. Gâthâ; 5. Udâna; 6. Nidâna; 7. Avadâna; 8. Itivṛittika; 9. Dschâtaka; 10. Vaipulja; 11. Adbhutadharma; 12. Upadeça. Gewöhnlich wird angenommen, dass das Hinajâna, so wie das Mahâjâna je neun von diesen zwölf Arten in sich enthält. Tschantscha Chutuktu sagt, dass die ersten fünf von ihnen die Sûtra's des Hinajâna bilden, die folgenden vier die Abtheilung des Vinaja (des Mahâjâna und Hinajâna) und dass die letzten drei zu den Sûtra's des Mahâjâna gehören.

und Verse (gâthâ), gleichfalls Sûtra's, aber in poetischen Maassen sind; die andern Abtheilungen haben ihren Namen von ihrem Inhalt erhalten; so bilden die Avadâna's eine Art Lebensbeschreibungen, die Itivrittika's sind Sagen aus der Vergangenheit, die Dschâtaka's die Geschichte der Wiedergeburten und die Vjâkarana's Vorhersagungen. Die vier letzten Gattungen sind nichts anderes, als eine Geschichte des Buddhismus, oder historische Materialien (eine Art heilige Geschichte); zwei andere Gattungen — die Udâna's und Nidâna's — unterscheiden sich dadurch, dass in den erstern Buddha von selbst ohne jede Veranlassung spricht, in den 110
andern nur auf irgend Jemandes Frage; folglich können sie allen vorhergehenden Gattungen gemeinsam sein. Der Adbhutadharma endlich enthält Erzählungen von Wunderthaten und die Upadeça's bieten eine analytische Untersuchung der Lehre. Obgleich diese letzteren auch eine gewisse Aehnlichkeit mit den Abhidharma's haben, die Udâna's und Nidâna's aber in den Vinaja hinüber spielen, so beweist doch alles, dass die zwölf Gattungen nichts weiter sind, als eine spätere Entwickelung der einen Hauptabtheilung: Sûtra's; und in der That finden wir jetzt, trotz dieser Eintheilung, nur sehr wenig Bücher unter jenen Namen — und zwar nur in einigen Titeln — während andre, welche durch ihren Inhalt an sie erinnern, unter der einen allgemeinen Benennung Sûtra's begriffen sind; diese lautet in der chinesischen Uebersetzung King, und wird hier oft sogar Werken ertheilt, welche zum Vinaja und den Abhidharma's gehören. So zeigt diese Eintheilung selbst, dass die hauptsächlichste und späteste Erweiterung der buddhistischen Literatur in den Sûtra's vor sich ging. Unter diesen müssen wir anfänglich eigentlich nur kurze Aphorismen verstehen; diese wurden aber in der Folge erweitert (woher wahrscheinlich der Name Vaipulja, vom

sanskr. vipula «gross»), und wir finden sogar einige Abtheilungen mit andern verbunden; so zeigt sich in den Sûtra's sehr häufig die Verbindung von Prosa und Versen, und bildet, wie es scheint, eine beliebte Form der Darstellung. Es darf uns nicht überraschen, dass die Sûtra's ursprünglich kurz waren; denn alle früheren Philosophen des Alterthums drücken sich aphoristisch aus, da eine systematische und regelmässige Darstellung in den ersten Zeiten der Manifestation der menschlichen Vernunft sich nicht mit einem Schlage bil-
111 den konnte. Sicherlich dürfen wir auch nicht erwarten, dass die Buddhisten die ältesten Sûtra's bis auf unsere Zeit bewahrt hätten; denn wir haben schon oben erwähnt, dass sie sich bestrebten, alles umzugestalten, was anfänglich für Buddha's Wort ausgegeben ward. Das Sûtra, welches wir als das allerälteste anzusehen berechtigt sind, das über die vier Wahrheiten (Kandj. B. ཀུ 177—180), erscheint bereits umgewandelt, denn es zeigt die spätere Entwicklung der Lehre von diesem Gegenstand; dasselbe gilt auch von den andern. Nichts desto weniger finden wir im Kandschur und bei den Chinesen Sûtra's, welche oft nicht den Umfang eines Blättchens haben; die Nichtigkeit ihres Inhalts — anstatt auf den Gedanken zu führen, dass sie nur Fragmente aus irgend einem Buch, oder Ergänzungen zu einem Hauptsystem sind — bezeugt vielmehr ihr Alterthum. Der Art ist z. B. das Sûtra über die Nichtewigkeit (K. B. ཀུ 145 — 147). Die Sûtra's über die Nichtvergesslichkeit des Buddha (K. B. ཅ 58), über seine Lehre (ebds. 59), den Samgha (ebds. 59) und andre.

Wir haben schon oben gesagt, dass die Sûtra's je nach dem Ziel, welches sie im Auge hatten, einen verschiedenen Namen führten. Die Klöster bedienten sich derselben, um sich einen grossen Namen zu machen, oder die Berühmtheit von Personen, deren sie bedurften, zu sichern; endlich finden wir in ihnen, wie wir in ihren historischen Abtheilungen sehen, eine lange Reihe von Sagen, welche die Idee von den Vergeltungen bekräftigen, in deren Folge die früheren und späteren Existenzen des Buddha, seiner Schüler und Gegner sich in enger Verbindung darstellen. — Sicherlich aber mussten sich die ersten Sûtra's auf das beziehen, was dem ursprünglichen Buddhismus näher stand. So finden wir denn auch eine Reihe von Sûtra's, welche die Dogmen des Vinaja bekräftigen, z. B. «das für die Bhikschu's kostbare Sûtra» (K. B. [illegible] 131), «das Sûtra von der Moral oder den Gelüb- 112

den» ebds. 132), «das Sûtra von den fünf Sünden» (ebds. 133) und andre (So vergleicht ein Sûtra die guten Bhikschu's mit einer Heerde Hämmel, die schlechten mit einer Heerde Esel; in einem andern wird ein alter Bhikschu gerühmt, welcher junge unterrichtet u. s. w. Auf diese muss nothwendig die Reihe derjenigen Sûtra's folgen, welche die Dogmen erklären; eines (chinesisch: Kien tsching king) beweist durch das Beispiel eines Bären das Dasein eines zukünftigen Lebens; in einem andern wird kurz von der Nothwendigkeit gehandelt, der Welt zu entsagen, das geistige Auge zu reinigen und der Unreinheit ein Ende zu machen; in einem dritten (Kin King) vom Einfluss der Handlungen u. s. w. Das Wichtigste aber finden wir in der Darstellungsform dieser kleinen Sûtra's, nämlich dass alle in ihnen hervortretenden Ideen weder a priori erläutert, noch aus irgend einer abstracten Speculation deducirt — worin es die späteren Buddhisten so weit gebracht haben — sondern einfach durch Vergleichungen und Analogien von physischen Gegenständen oder durch sociale Sitten abgeleitet und bewiesen werden.)

Dieses in der ersten Entwicklung des Denkens sehr natürliche Verfahren beweist auch, dass der Buddhismus in den ersten Zeiten der intellectuellen Entwicklung in Indien seinen Anfang nahm.

Am allerwichtigsten für uns ist aber folgende Combination: einer von den Namen der Sautrântika-Schule — welche wahrscheinlich viel später als die der Vaibhâschika entstand — war «die durch Beispiele beweisende» (དཔེ་སྟོན་པ) und dieser war ihr deshalb gegeben, weil sie sich durch das Bestreben, ihre Meinungen durch Beispiele zu bekräftigen, auszeichnete, (s. die Systeme des Dscham-jang-schadpa, S. 99). Dscham-jang-schadpa trennt sie zwar von einem Nebenschössling der Sekte Tâmraçâṭlja, welcher eben so genannt ward, weil die ersten Buddhisten nichts vom Nicht-Ich
113 lehrten, welches von den Sautrântika's entwickelt ward; da wir aber wissen, dass die Tâmraçâṭlja die Existenz des Pudgala oder des Ich verwarfen, so ist kein Grund vorhanden, ihm bezüglich dieser Trennung beizustimmen. Ueberdies sagt auch das Werk des Vasumitra über die Schulen, dass die Sautrântika's im 4ten Jahrhundert nach dem Tode des Buddha auftraten, sich aus der Schule der Sarvâstivâdin gestalteten, den Namen Saṁkrânti als andern führten und Uttara (oder Uttaradharma) als ihren Lehrer anerkannten: Saṁkrânti und Tâmraçâṭlja sind aber, dem Târanâtha (Cap. XLII) zufolge die Namen einer und derselben Sekte. Da nun alle Sûtra's, welche uns zu Gebote stehen, mit Ausschluss der historischen voll von diesen Beispielen sind, so sind sie nach unserer Ansicht die Sûtra's einer und derselben Schule, und zwar derjenigen, welche von ihnen ihren Namen erhielt. Dennoch frägt sich, warum, wenn Sûtra's wirklich auch in den andern Schulen existirten, von diesen auch nicht ein ein-

ziges irgendwo erwähnt wird? wie kann man dies aber verlangen, wenn zur Zeit als die Spaltung in Schulen Statt fand, noch keine Schrift existirte? Sicherlich müssen in der alten buddhistischen Literatur Verluste eingetreten sein; wir werden sogar sehen, dass viele Uebersetzungen aus dem Hînajâna-Kreise nicht auf unsre Zeit gekommen sind. Ist es aber möglich zuzugestehen, dass die Literatur ganzer Schulen in Vergessenheit gerathen sei? ist es nicht angemessener, die Erzählung der Buddhisten selbst anzunehmen, wonach sich die Schulen nur in Folge ihrer Ausbreitung und zugleich der Corruption der Ueberlieferung einiger Worte trennten, so dass die Sûtra's erst nach dieser Spaltung erschienen? — Die Spaltung unter den Schulen dauerte nur einige Zeit; alsdann versöhnten sie sich und traten wahrscheinlich in Beziehungen zu einander; da wurde dann auch die Literatur eine allen gemeinschaftliche, wobei nur Vorliebe für diese oder jene Abtheilungen derselben eine Ausnahme bildete, aus welcher dann die beiden Hauptgruppen, die der Vaibhâschika's 114
und die der Sautrântika's hervorgingen. Ueberdies haben wir bereits oben bemerkt, das eine Abtheilung der Sûtra's in der Folge verschiedenartige Richtungen einschlug und, wenn die Sûtra's mit Beispielen eigentlich einen charakteristischen Zug der Sautrântika's zeigten, so bleiben doch noch eine Menge, insbesondre historische, Arten übrig, welche ursprünglich andern Schulen angehört haben mochten und später gemeinschaftlich wurden. So finden wir in der chinesischen Uebersetzung des Abhinischkramana-Sûtra unter dem Namen Fo pen hing tsi king («Lebensbeschreibung des Çâkjamuni und seiner Schüler») folgende Bemerkung: «Die Mahâsâṅghika's nennen dieses Buch «die grossen Handlungen» (Ta king), die Schule Sarvâsti «die grosse Herrlichkeit» (Ta tschoang yen), die Kâçjapîja's «die vergangene Geschichte des Buddha» (Fo

wang in yuan), die Dharmagupta's «die Wiedergeburten des Buddha Çâkjamuni», die Mahîçâsaka's aber «die Grundwurzel des Gefässes des Vinaja.» Demgemäss verstanden sie ein und dieselben Werke unter verschiedenen Namen. Vielleicht gab es jedoch auch verschiedene Redactionen, denn im Tibetischen (Abhinischkramaṇa K. ཟ 131), so wie auch in einer chinesischen Uebersetzung (Ko kiu hian in ko king) erscheint eine Biographie dieser Art nur in einem Auszug. Während wir die Formen der Sûtra's sich vervielfältigen, umfassende Maasse annehmen sehen, finden wir, dass diejenigen unter ihnen, welche am meisten von Dogmen handeln, sich in der Folge zu einem Ganzen vereinigen und so, ähnlich den Abhidharma's, eine Concordanz der Lehre darstellen. In dieser Weise treten uns die Âgama's entgegen, welche einzig in chinesischer Uebersetzung auf uns gekommen sind. Das Wort Âgama (ahan) bedeutet, dem Commentar gemäss, «das erhabne Gesetz» (ut-
118 taradharma, zugleich auch der Name einer Person, von welcher man die Sautrântika's ableitet), oder die Grundlehre, in dem Sinne, dass dies ein unerschöpflicher Schatz der gesammten Lehre, ein reicher Garten der gemeinschaftlichen Meinungen ist.» Es giebt vier Arten von Âgama's: 1) Ekottarikâgama (གཅིག་ལས་སྤྲོས་པའི་ལུང, Tseng i ahan) «der nach Zahlen geordnete,» welcher die Dogmen nicht systematisch vertheilt, sondern nach der Anzahl der zu einer Abtheilung gehörenden Gegenstände; so wird z. B. zuerst von den zwei Arten der Mildthätigkeit gesprochen, von den zwei Gattungen des Almosens u. s. w., dann von den drei Kostbarkeiten, den drei Mitteln, sich von der Unreinheit zu befreien, von den drei Merkmalen des Thoren und den drei Merkmalen des Weisen; alsdann von den vier Wahrheiten u. s. w.; als das charakteristische Kennzeichen dieses Âgama

«gilt die Lehre von den Ursachen und den Folgen. 2) «Der lange Âgama» (dirghâgama, ཁྲང་ཨི་ཧན, Tchang ahan), welcher die Widerlegung des Irrthums im Auge hat. 3) «Der mittlere» (madhjama); behandelt die tiefen Ideen. 4) «Der gemischte» (Samjuktâgama); beschäftigt sich mit den Gegenständen der Beschaulichkeit. Ausserdem werden in ihnen Besonderheiten und Allgemeinheiten des Buddhismus betrachtet. Dass die Âgama's nichts weiter als Compilationen verschiedener Schulen sind, ergiebt sich deutlich dadurch, dass viele Stücke derselben in chinesischer Uebersetzung als besondere Artikel bestehen, welche früher und später als besondere Sûtra's übersetzt sind. Ausserdem repräsentirt die Verbindung der in sie aufgenommenen Artikel kein System; bisweilen (Madhj. Âg. XI) wird das, was in einem Artikel gesagt ist, mit nur wenigen Veränderungen, in dem folgenden wiederholt, was beweist, dass die Âgama's schon früher Sûtra's, aber nicht übereinstimmend dargestellte, waren. Dass unter den vier Arten der Âgama's bezüglich des Inhalts eine enge Verbindung besteht, davon haben wir uns gleichfalls durch Vergleichung derselben überzeugt; eine weiter zu 116
verfolgende Frage ist jedoch noch, wie so diese oder eine andre Redaction hervortrat. Gehörte vielleicht jede ihrer vier Arten einst zu einer der vier Hauptschulen der Hinajâna-Lehre und besteht in ihnen eine Differenz in der Darstellung eines und desselben Gegenstandes, die sich an die streitigen Punkte schliesst, welche wir in der Charakteristik der Schulen finden? Dies ist es, was eine besondere Aufmerksamkeit der Schulen verdient. Ueberdies wurde die spätere Redaction der Âgama's vielleicht sogar — nachdem man schon mit der Mahâjâna-Lehre bekannt war — ja selbst unter Einfluss von Lehren der letzteren gestaltet; wenigstens bemerken wir Ein-

schiebungen, welche bisweilen die Erzählung zerstücken, und ausserdem werden die drei Jâna's erwähnt, welche den ursprünglichen Buddhisten sicher nicht bekannt sein konnten.

Wie dem auch sein möge, das ursprüngliche charakteristische Merkmal der Sûtra's, nämlich Vergleiche und Beispiele, zeichnet auch die Âgama's aus; am meisten tritt diese Richtung insbesondre im Madhjamâgama hervor; hier finden sich Vergleiche für jeden Gegenstand. Die Verdienste des Bhikschu werden mit dem Reichthum Râdschagriha's verglichen; seine Vollkommenheit im Pfade mit einem Menschen, welcher aus dem Wasser her[illegible]ht. Die Vorschriften der Moral werden durch einen [illegible]ich mit Bäumen erläutert: «besser einen brennenden Baum zu umarmen als ein Weib: besser das Mark aus den Knochen zu reissen, als dem Leibe zu fröhnen, besser die Leber zerreissen, als sich selbst anzubeten; besser eiserne Pillen verschlingen, als Almosen durch Heuchelei zu suchen u. s. w.» An einer andern Stelle wird die Nichterfüllung der Gelübde mit der verdorbenen Rinde an einem Baum verglichen, das Zusichnehmen der Nahrung mit dem Ocean, in welchen die Flüsse fallen. Die Idee der Nichtewigkeit und der Qual wird
117 durch einen Vergleich mit Rinderkoth entwickelt. Ganz auf dieselbe Weise wird durch Vergleiche das Bestehen eines zukünftigen Lebens bewiesen und werden fremde Theorien widerlegt (Madhjamâgama VI, 14).

In der Zusammensetzung der Âgama's sehen wir bereits fast alle neun Arten der Hînajânistischen Literatur, d. h. Sûtra's, Lieder, Verse, Legenden und Wunder («was nie irgendwo gewesen ist»). Die Âgamas gewähren eine Uebersicht sämmtlicher zu der Hînajâna-Lehre gehörender Gegenstände: Erwägung über Sittlichkeit, die vier Wahrheiten, und die zwölf Nidâna's, über die Vergeltung für Handlungen, die

Rechtfertigung des Pfades u. s, w. Die Legenden bahnen im
Verein damit den Weg zur Gestaltung einer mystischen Geschichte des Buddhismus. Der Buddha der Hînajâna-Lehre
ist ein ganz andrer als der des Mahâjâna; in letzterm wird
erzählt und besprochen, wie der Buddha nach Erreichung
seines Berufs lebt, es werden die Eigenschaften seines Körpers geschildert, seine Kräfte u. s. w. Das Hînajâna dagegen
überschreitet mit ihm die Gränzen seines neuen Lebens noch
nicht; es bleibt bei diesem Gränzstein stehen, beschränkt sich
auf die Aufzählung seiner Epithete und wendet sich zum Bericht, wie man ein Buddha werden könne. Als man zu der
Nothwendigkeit gelangte, zu schliessen, dass jeder ein Buddha werden könne, da fing man an zu verlangen, dass der
Weg dazu ein und derselbe sei. Jeder muss in seiner vorletz-
ten Geburt im Himmel Tuschita sich aufhalten und sich von
da auf die Erde herablassen; jeder muss Feinde und Anhänger haben; alle müssen zwölf Thaten verrichten; mit einem
Worte: alles ist nach einer Schablone gearbeitet. Selbst
nach seiner Ausbildung kannte der Buddhismus, wie es
scheint, zunächst nur sieben Buddha's; später kam die Lehre
von den Kalpa's auf, nach welcher diese Zahl sich nur auf
unsre Weltperiode bezieht; dann wurde die Dauer der Zeit
bestimmt, die zur Erreichung des Buddhaberufs erforderlich
ist. Zugleich mit der Legende über die älteren Buddha's
kommt die Lehre von den Tschakravartin's oder den selbst- 118
herrschenden Königen, den Gebietern des ganzen Erdkreises,
auf, werden die alten Herrscher, welche vor Çâkjamuni lebten, aufgezählt, zuerst in einer Ausdehnung von 84000 Jahren, dann noch höher hinauf. Auf diese Weise werden nach
und nach kosmologische Ideenkreise geschaffen, welche am
ausführlichsten im Dirghâgama betrachtet werden, wo sie zu
einem Ganzen gesammelt sind.

Wir bemerken noch, dass wir auf der ersten Seite des nach Zahlen geordneten Âgama den Uttara erwähnt finden, welchem allein Ânanda diesen Âgama einhändigt. Wir erinnern an das oben Gesagte, wonach Uttara für den Stifter der Sautrântika-Schule gilt und, da Alles dafür spricht, dass der nach Zahlen geordnete der letzte der Âgama's sei, so ist augenscheinlich, dass er eigentlich eine Uebersicht der Lehre dieser Schule bildet. In andern Sûtra's wird Uttara in der That fast gar nicht erwähnt, und an einer andern Stelle — wo jedoch fraglich,, ob derselbe Uttara gemeint sei — wird er sogar unfähig zur Lehre dargestellt.

Mahâjâna-Lehre und Mysticismus.

Endlich ist es Zeit, uns zu der Mahâjâna-Lehre zu wenden, deren wir im Lauf unsrer Darstellung schon mehrfach gedenken mussten. Alle Schulen dieser Lehre schreiben gleichmässig den Keim derselben dem Nâgârdschuna zu;
119 dieser soll die Pâramitâ (nach andern den Avatamsaka) aus dem Schloss der Schlangen (nâga) geholt haben; letztre hatten diese Lehre bei Lebzeit des Çâkjamuni aus dessen Mund gehört und bei sich aufbewahrt, während die Menschen damals, unfähig eine so erhabne Lehre zu begreifen, sie auch nicht behalten konnten und sich mit der Hinajâna-Lehre allein begnügen mussten. Ueber die Bedeutung dieser Legende haben wir nichts zu sagen: es versteht sich von selbst, dass die Mahâjâna-Lehre das letzte Product ist, welches auf ein Werk gegründet ward, das fälschlich dem Buddha zugeschrieben wird, aber sammt der Lehre unzweifelhaft dem Nâgârdschuna angehört. Doch, woher hat er sie genommen? schöpfte er sie aus sich selbst? d. h., ist seine Sekte seine eigne Erfindung, wie man nach der alten Lebensbeschreibung

desselben, welche sich in chinesischer Sprache vorfindet,
glauben möchte? Denn in dieser wird geradezu gesagt, dass
Nâgârdschuna, stolz auf seine umfassenden Kenntnisse, eine
neue Lehre bilden wollte, und es sogar unternahm, den Vinaja umzugestalten, d. h. die allgemeine Ordnung des Sam̃-
gha, diesem neue Einrichtungen zu geben; dieselbe Legende
fährt aber weiter fort, dass er, nachdem er mit den Schlangen zusammengetroffen, sich habe überzeugen müssen, dass
auch diese Lehre bereits dem Buddha bekannt war, und —
Dank diesem Umstand — nicht Gegner der alten Lehre geworden sei, sondern ihr Nachfolger oder Herold noch erhab-
nerer Ideen. Der letztere Umstand deutet die schwankenden
Beziehungen an, in welchen die Mahâjâna-Lehre in den ersten Zeiten ihrer Erscheinung zu dem alten Buddhismus
stand: sie war bereit ihn zu bekämpfen und zu dulden,
gleichwie auch die Altgläubigen selbst, von ihr Hînajânisten
genannt, sie anfänglich mit feindlichen Augen betrachteten
und, wie sich von selbst versteht, nicht als die reine Lehre
anerkennen konnten, bis ihre Ideen sich bei ihnen eindräng-
ten. Für uns jedoch erhält diese Frage eine andere Stellung;
hier lautet sie: ist das Mahâjâna eine allmähliche Fortsetzung 120
von auf der Grundlage des Buddhismus ruhenden Ideen?
entsprang es aus einer, wenn gleich selbstständigen, Prüfung
derselben hînajânistischen Principien, in deren Folge natürlich eine Menge noch unberührter Punkte eingeführt und
neue Dogmen geschaffen werden mussten, oder bestanden
bereits neue Schulen und Lehren ausserhalb des Buddhismus,
deren Ideen Nâgârdschuna ergriff und in den Buddhismus
einführte? Für die letztere Annahme spricht sowohl die Legende selbst über die Entlehnung der Mahâjâna-Lehre von
den Schlangen, als auch die Vorwürfe der Çrâvakisten, dass
sie mit dem System des Lokâjata übereinstimmen. Vielleicht

aber muss man am ehesten beides zugleich annehmen. Wir sehen, dass auch der ursprüngliche Buddhismus vom Einfluss fremder Schulen, dem der sechs Lehrer, welchen wir im Leben des Buddha begegnen, sich nicht zu befreien vermochte, und dass er genöthigt war, zwischen ihren Meinungen zu laviren, damit sein eignes System nicht entlehnt zu sein schien. Die geistige Gährung in Indien muss eine allgemeine gewesen sein und die Ideen, welche in einer Lehre erwachten, theilten sich rasch einer andern mit; diese war bereit, sie entweder zu bekämpfen, oder einem bestimmten Plan gemäss in sich aufzunehmen.

Sicherlich ist der Anfangs- und Hauptpunkt, von welchem aus die Mahâjâna-Lehre sich entwickelte, die Lehre von der Leerheit; aber auf welchem Weg sind die Buddhisten zu ihr gekommen? Ist sie das natürliche Ergebniss der Idee von der Concretheit alles Existirenden, welche wir bereits oben bei den Hînajânisten fanden —, oder erschien sie davon unabhängig und ward erst später der Lehre angefügt? Alle Umstände sprechen für die erste Annahme: allen Zeugnissen zufolge konnte Nâgârdschuna nicht fern von der Zeit der Spaltung in Schulen sein und diese gingen sicherlich in ihren Streitigkeiten von subjectiven zu abstracteren Fragen
121 über. Nâgârdschuna und sein Schüler Ârjadeva gehören dem südlichen Indien an und, da wir die Geschichte des Buddhismus und der übrigen Sekten in diesem Gebiet, welches übrigens am ersten in Verbindung mit dem Westen treten konnte (vgl. die Legende über den Buddha Amitâbha), nicht genau kennen, vermögen wir diese Frage nicht mit Bestimmtheit zu entscheiden. Allein wenn sich die Mahâjâna-Lehre auch rein aus der Verfolgung der Ideen des ursprünglichen Buddhismus entwickelte, so musste sie doch nichts desto weniger, da sie bis zu dem höchsten Punkt gelangte, alles umgestalten.

Die Idee von der Leerheit ist ein subjectiver und zugleich transcendentaler Begriff: auf der einen Seite ist sie das, was wir an jedem Gegenstand besonders als etwas ursprüngliches, selbstständiges, dauerhaftes, von Formen unabhängiges aufsuchen; — in diesem Fall ist sie und ist sie nicht; sie existirt als negatives Wesen oder als jedem sichtbarlich existirenden entgegengesetztes, im Verhältniss zu welchem dieses sichtbarlich existirende unmittelbar zu einem nicht-existirenden wird; — von der andern Seite ist sie das abstracte und wahrhaftige Sein, welches in allem existirt, ohne in etwas eingeschlossen zu sein, und alles in sich schliesst, obgleich es nichts enthält; mit einem Wort: das mit dem Subject identische Object, welches, so wie es in den Kreis unsres Denkens tritt, unmittelbar zu etwas subjectivem wird, folglich das, was nicht vorstellbar, nicht Gegenstand eines Ziels oder Bestrebens sein kann.

Erreicht der Geist eine gewisse Stufe der Abstraction, bis zu welcher ihn die gesunde kritische Vernunft nicht begleiten kann, so überlässt er sich einem gewissen Rausch, in welchem er sich keine Rechenschaft zu geben vermag, der aber einen ungewöhnlichen Zauber für ihn hat; er will sich nicht zurück wenden, lässt sich blindlings in das Chaos der Abstraction tragen und spricht in der unverständlichsten Sprache. So haben wir die Lehre von der Leerheit anzusehen. 122
Als Lehre führt sie den Namen Pradschnâ pâram itâ «die Weisheit, welche zum jenseitigen Ufer (des Samsâra) gelangt ist» und in diesem Sinn verschmilzt sich das Werkzeug mit dem Mittel und dem Ziel. Die Pradschnâ pâram itâ lehrt uns über die abstracte Idee Untersuchungen anzustellen und enthält zugleich diese Lehre in sich. Die Idee von der Leerheit ist zugleich ein Resultat, eine Deduction unsrer Vernunft und dasjenige, was nun ein Ingredienz derselben bilden und sie

führen muss. Daraus geht hervor, dass von der einen Seite sämmtliche Gegenstände, welche dem Jâna der Çrâvaka's angehören (die Skandha's, die Wahrheiten, die sieben und dreissig Artikel der Bodhi, die Çrâvaka's, Srotaâpanna's, Anâgâmin's, Arhant's, Pratjekabuddha's) und die Pradschnâ pâram itâ selbst, nicht existiren, nicht wirklich, leer sind; mit einem Worte: hier vereinigen sich alle Widersprüche mit einander: Affirmation und Negation werden identisch.

Wir wollen hier über die Leerheit nicht viele Betrachtungen anstellen, da dies einen zu grossen Raum in Anspruch nehmen würde und schon viel darüber geschrieben ist[1]). Ausserdem wird dieser Begriff in der Dogmatik in dem Artikel über die vier Wahrheiten und die achtzehn Arten der Leerheit von einem neuen Standpunkt aus analysirt.

Und so verlassen die Buddhisten nun den Weg der Synthese, welche das charakteristische Merkmal der Hinajâna-Lehre bildet, obgleich sie auf ihm zu der höchsten Abstrac-
123 tion gelangt sein mögen, und schlagen im Mahâjâna eine
entgegengesetzte Richtung ein. Jetzt werden alle Gegenstände, welche früher in die Lehre Eingang gefunden hatten, unter einem ganz neuen Gesichtspunkt betrachtet. Die Welt oder der Samsâra muss nicht deshalb ein Gegenstand der Entsagung sein, weil sie qualvoll, alles in ihr qualvoll ist, sondern weil sie leer ist, folglich kein Punkt in ihr, welcher würdig wäre, die Aufmerksamkeit des Geistes auf sich zu ziehen, bei welchem sich dieser beruhigen könnte. Noch

---

1) Im Jahre 1839 habe ich der Universität zu Kasan eine Abhandlung über die Grundlagen der buddhistischen Philosophie überreicht, in welcher das Princip der Mahâjâna-Lehre ausführlich betrachtet ist. Auch die Uebersetzung der Vadschratschtsch'hedikâ durch den verstorbenen I. J. Schmidt: Ueber das Mahâjâna und Pradschnâ-Pâramita der Bauddhen in den Mémoires de l'Académie des sciences de St.-Pétersbourg, VIe série, Sciences politiques T. IV p. 1.5 ff. giebt einen Begriff von diesem Gegenstand.

mehr! die Zulassung irgend eines subjectiven Begriffs in den Geist wird zu einer Verfinsterung desselben, ein Hinderniss seiner Vollkommenheit und vollständigen Reinheit, welche gleichfalls leer ist. Demgemäss fordert die höchste Weisheit, dass man an gar nichts denkt und sich an gar nichts heftet, dennoch aber muss man auf diesem Wege der Unwahrheit subjectivisch und bedingt handeln, so lange man sich nicht bis zu dem reinsten Gebiet des Gedankens erhoben hat. Demgemäss liessen die Mahâjânisten die Nothwendigkeit zu, den Ausgang [aus der Welt: das Nirvâṇa,] den Stufen der Çrâvaka's gemäss, zu erreichen; allein sie machten nochmals einen Umbau: die vier Wahrheiten oder zwölf Nidâna's verwandelten sich bei ihnen in das Dogma von den sechs Pâramitâ's: wer nach dem wahrhaften Ausgang strebt, muss sich mit Almosenspende, Moral, Geduld, Fleiss, Beschaulichkeit und Weisheit waffnen; während im Hînajâna nur verlangt wird, dass der Mensch alles von sich werfe, um wahrhaft sittlich zu sein, wird hier im Gegentheil gefordert, dass er sich mit allen moralischen und intellectuellen Vollkommenheiten schmücke. Aber ausser dieser Vervollkommnung der Persönlichkeit wird eine andre Seite der Thätigkeit eingeführt; dies ist die Pâramitâ der Mildthätigkeit; der frühere Buddhismus hatte nichts, was er einem andern hätte geben können; er bemühte sich sogar nach Kräften von andern nicht mehr als das unentbehrliche Almosen zu nehmen. Jetzt zum ersten Mal werden seine Verhältnisse nicht nur zur Brüderschaft, sondern auch zu allen lebenden Wesen der Welt aufgeklärt; nichts schont er, was ihnen dienen kann; er ist bereit ihnen nicht blos sein Hab und Gut, sondern auch sein Leben zu opfern. Und sieh da! Nun erzählen die Legenden, wie sich der Buddha in seinen früheren Existenzen verkaufte, um seinen Nächsten zu helfen, wie er sich selbst wilden

Thieren zur Nahrung vorwarf, um ihr Leben zu erhalten. Andre Legenden erzählen sogar von späteren Personen, wie sie sich die Augen ausrissen, um eines andern Bitte zu erfüllen, wie sie sich Stücke aus ihrem Körper schnitten, um Würmer zu füttern. Die früheren Bhikschu's verpflichteten sich nur keine Thiere zu tödten — und auch hier ist noch zweifelhaft, bis wie weit sich diese Vorschrift erstreckte — jetzt sind sie verpflichtet in ihnen ihre Brüder und Eltern zu sehen. Der Buddhismus brüstet sich nicht mehr blos mit der Menschenliebe; nein! er schafft im Mahâjâna eine Lehre von der Liebe und der Barmherzigkeit und stellt sie als das charakteristische Merkmal seiner Religion auf; er spricht sie allen andern Religionen ab und dabei verunstaltet er sowohl Liebe als Barmherzigkeit — diese höchsten Schwingen der Seele — in abergläubischen und rohen Kleinlichkeiten.

Wir haben bereits oben gesagt, dass die Hînajâna-Lehre den Begriff des Bodhisattva hatte, aber der Kreis der Thätigkeit der so genannten Wesen war sehr beschränkt; ein völlig anderes Wesen ist der Bodhisattva der Mahâjâna-Lehre. Von der einen Seite ist er, wie es scheint, der Stellvertreter des alten Bhikschu — denn jeder, welcher sich der Beschäftigung mit den Pâramitâ's widmet, ist ein Bodhisattva; wir sehen sogar, dass man sich in den ersten Zeiten bemühte, eine Einweihung für diesen Beruf einzuführen, da wir Mahâjânistische Vinaja's haben; von der andern Seite aber sind es erhabne Wesen, die sich von einer Welt in die andre begeben, die ihre Unterabtheilungen haben, ähnlich den Abstufungen bei den Çrâvaka's (die zehn Welten der Bodhisattva's: Daçabhûmi), oder mit andern Worten: es
125 giebt lernende und nicht lernende Bodhisattva's; sie begleiten den Buddha, hören die Lehren von ihm, werden von den Buddha's zu andern Buddha's in andern Welten gesandt, um

Aufträge auszurichten, oder Anweisungen zu empfangen. Die höchsten Bodhisattva's sind fast den Buddha's gleich — und einige wollte man sogar, wie es scheint, über sie stellen; sie können Emanationen des Buddha sein und könnten sogar auf der Stelle zu Buddha's werden, wenn nicht das Gefühl einer gränzenlosen Liebe und einer eben so grossen Barmherzigkeit gegen die lebendigen Geschöpfe sie zurückhielte. Der Art ist Avalokiteçvara, welcher eben so sehr in Tibet als in China geehrt wird; alle rufen ihn um Hülfe an; er nimmt alle möglichen Arten von Existenzen auf sich (unter andern wird er auch Vischnu); erscheint in der Hölle und unter Löwen, nimmt die Gestalt eines Wirbelwindes an, eines Pferdes — wodurch ein Begriff von der Schnelligkeit seines Beistandes gegeben wird — im Nothfall wird er tausend Hände und tausend Augen haben, damit er alles sehen und allen helfen kann; auch hat er elf Köpfe [1]). Die grösete Fülle von Legenden über ihn finden wir im tibetischen Manikambum. Eben so eifrig im Bestreben zu retten, zeigt sich auch Târâ, eine weibliche Gottheit. Mandschuçrî, ein andrer Bodhisattva, welcher auf dem U thai schan in China wohnt, zeichnet sich eben so sehr durch Barmherzigkeit aus; doch hat er ausserdem noch eine andre Pflicht, nämlich die Lehre des Buddha auszubreiten — denn zu der Pâram itâ der Mildthätigkeit gehört nicht so sehr materielles als geistiges Opfer; sein Anhängsel bildet die weibliche Gottheit Sarasvatî (དབྱངས་ཅན་མ). Vadschradhara (རྡོ་རྗེ་འཆང) ist Guhjapati «Gebie- 126
ter der Geheimnisse» oder Bewahrer der mystischen Lehre; unter den weiblichen Gottheiten entspricht ihm die Dâkinî

1) Avalokiteçvara schwor einst, alle Creaturen zu retten, und da er diesen Schwur nicht erfüllte, zerplatzte ihm der Kopf.

(མང་ར་འགྲོ་ས). Maitreja, der zukünftige Buddha und Stellvertreter des Çâkjamuni (Viceregent im Himmel Tuschita) gehört jetzt gleichfalls zu der Classe der Bodhisattva's, er wartet, bis die Reihe an ihn kommt und hat schon mehrere mal den Schülern seines Vorgängers bei Erklärung seiner Lehre Beistand geleistet.

So haben wir eine Reihe von neuen mythologischen Persönlichkeiten vor uns, welche weit entfernt sind, sämmtlich hier aufgezählt zu sein; aber auch das Mitgetheilte genügt schon, uns einen Begriff von dem Bau und den Dimensionen der neuen Lehre zu geben. Bis jetzt war die Mythologie der Hînajâna-Lehre mehr kosmologisch und ganz Indien gemeinsam; Stockwerk über Stockwerk waren da die Himmel übereinandergebaut, in denen, ausser dem Indra und Brahman, die sich im Buddhismus nur sehr wenig zeigen, die Götter wohnten; jetzt verhält sich die Sache durchaus anders. Doch bemerken wir auch hier einen Ueberrest des Einflusses des ursprünglichen Buddhismus; obgleich der neuere Buddhismus eine enge Verbindung mit dem menschlichen Herzen einging, obgleich das Gebet, in Form des Wunsches, als ein die unsichtbare Welt mit uns verbindendes Mittel, zugestanden wird, und dadurch von der kalten Stellung befreit, in welcher sich der ursprüngliche Buddhist befand, indem er seine Zuflucht zu einem nicht existirenden Buddha, zu einer alles zerstörenden Lehre, und einem alles verachtenden Saṁgha nehmen musste — so ist es trotz alle dem doch noch weit hin bis zu den Begriffen, welche wir mit der Vorsehung eines Schöpfers — eines allmächtigen, allwissenden und allerbarmenden Auges — verbinden. (Die Bodhisattva's sind Existenzen zweiter Ordnung; sie kreisen noch im Saṁsâra und sind keineswegs höchste Wesen. Was thut nun der

Buddha? Auch jetzt ist er weder Schöpfer noch Gebieter der
Welt; auch ist er derselbe kalte, sich um gar nichts bekümmernde Egoist, versunken im Schooss der Vernichtung. Die
Lehre von den drei Körpern (s. diesen Terminus in der Dog- 127
matik) überrascht, so zu sagen, nur beim ersten Anblick
durch die Aehnlichkeit mit der christlichen Idee von den drei
Hypostasen der Gottheit; prüfen wir sie aber sorgfältiger, so
überzeugen wir uns bald, dass sie völlig verschieden sind.
Die Lehre vom Nirmâṇakâja (einer magischen Verkörperung)
ist identisch mit dem «Nirvâṇa mit einem Rest» bei den
Hînajânisten; es ist der Körper, in welchem der Bodhisattva
verbleibt, nachdem er in Folge der Erfüllung aller sechs Pâram itâ's den Beruf eines Buddha erworben hat; in ihm unterrichtet er eine kurze Zeit lang die Welt und trägt die Jâna's vor, und eben dieser ist es, welcher stirbt. In der Folge
wollte man diesen Körper schon in mehrere mal sich wieder-
holenden Erscheinungen sehen; doch trat dieser Gedanke nur
vorübergehend hervor und wurde, da er in den Pâram itâ's
keine Bestätigung für sich fand, wieder aufgegeben. Der Begriff des Sambhogakâja, d. i. des Körpers der Seligkeit, ist
eher der Lehre der Mystiker und ihrer Vorgänger, der Jogâtschârja's, zuzuschreiben, welche die Existenz einer Seele
anerkannten; dies ist der Körper einer Persönlichkeit, welcher ihr in Folge der Erfüllung aller drei Bedingungen der
Vollkommenheit zu Theil geworden ist. — Die Lehre von
den Zeichen und Merkmalen eines Buddha, welche hier hinzugefügt ist, ist bereits eine Concession an die Çrâvaka's,
welche sie eingeführt haben. Doch ist der Buddha als thäti-
ger, selbstständiger und ewiger Buddha eigentlich nichts anders, als der Dharmakâja oder Svabhâvakâja: ein abstracter,
absoluter Körper. Aber worin besteht dieser Körper, wenn
nicht in derselben Leerheit, welche im Subject hervortrat

und jetzt daraus abstrahirt ist? Was ist dieser Geist anderes, als die nichts in sich enthaltende, an nichts denkende, um nichts sich bekümmernde Idee? Worin besteht diese Allwissenheit des Buddha, als in dem unmittelbaren Zusammentreffen mit derselben Leerheit, welche sowohl Alles als Nichts
128 ist? Was thut der Buddha der Mahâjânisten, seitdem er seine irdische Lehre vollendet und nur den Körper Dharmakâja oder Sambhogakâja bewahrt hat? Ist er nun die Stütze und der Helfer der Gläubigen? kann er für irgend Jemand zugänglich sein? Nein! von dem Augenblick an, wo er die Welt verlassen, hat er alle Rechnung mit ihr abgeschlossen; nichts erweckt ihn aus dem entsetzlichen Schlaf, in welchen ihn der Buddhismus versenkt hat. Anders ist es mit seiner Lehre: diese hat er als Führerin der Menschen hinterlassen; er selbst aber hat nichts mehr mit ihnen zu thun. Doch, wie sich dies auch verhalten möge, die Lehre des Mahâjâna vernichtet die Persönlichkeit des Buddha nicht in dem Grade, wie dies bei den Hînajânisten der Fall war, und, obgleich sie ihn mit dem Sein verschmilzt, ihn auf ewig stumm macht, so ist ihr Buddha bei alle dem dennoch eine Persönlichkeit, und nun werden seine Eigenschaften beschrieben und ihm Kräfte verliehen. Er hat sogar etwas nach Art der Skandha, oder, was ganz dasselbe, einen Körper (s. die besondern Paragraphen über diesen Terminus in dem Capitel über den Buddha in der Dogmatik). Ausserdem hatten die Çravaka's zwar auch bereits mehrere Buddha's bei sich eingeführt, sie stellten sie aber in einer successiven Ordnung, einen hinter dem andern auf; ferner haben wir bereits oben gesagt, dass sie zwar auch die Möglichkeit zuliessen, das Nirvâṇa zu erlangen, aber nicht jeden, welcher es erreichte, mit dem Namen «Buddha» bezeichneten — jetzt ist es durchaus anders. Die Zahl von tausend Buddha's im gegenwärtigen Kalpa

schien noch eine sehr geringe: so viel Kalpa's, als vorher verlaufen sind, eben so viele werden auch nachfolgen und die Reihe der Buddha's ist endlos. Ganz eben so ist auch die Zahl der Welten, welche gleichzeitig mit der unsrigen existiren, unendlich, und jede von ihnen hat ihre Buddha's und Bodhisattva's. Eben dieselbe — um mich so auszudrücken — materielle Multiplication der Ideen, Personen und Worte bildet auch den Charakter der Vaipuljasûtra's, wie die Mahâjânistischen Bücher in Rücksicht auf ihre literarische Gestaltung genannt werden. Sie sind nicht blos voll von Erweiterung und Vervielfältigung der Legenden, deren Keim wir 129
auch bei den Çrâvaka's finden, sondern sie zeichnen sich auch durch Anhäufung in den Worten aus; denn die Pâram itâ's kennen fast gar keine Pronomina und anstatt, zum Beispiel, bei Aufzählung der hundert Gegenstände, zu deren jedem sie den Beisatz «nicht ewig» gefügt haben, am Ende zu sagen «diese sind leer,» wiederholen sie die ganze Zählung nochmals und fügen wie früher «nicht ewig,» so nun zu jedem Gegenstand das Wort «leer.» Ganz eben so sind die Mahâjânisten nicht in der geringsten Verlegenheit um Namen für die Welten der Buddha's oder Bodhisattva's; in jedem bedeutenden Buch begegnet man beständig neuen Namen. Und wie sonderbar! zu derselben Zeit, wo die Buddhisten ihr Prototyp, den Buddha Çakjamuni, vollständig begraben haben, ihn nicht anzurufen wagen, beten sie zu den Buddha's andrer Welten, die sicherlich erst eine spätere Entwicklung der Mahâjâna-Lehre sind. Jetzt spielen im Buddhismus die grösste Rolle Amitâbha, Vairotschana, Akschobhja und andre. Beweist dies aber nicht ein allgemeines Bestreben der Menschheit überhaupt nach denjenigen Begriffen, welche wir mit der Gottheit verbinden?

In dieser kurzen Skizze der Mahâjâna-Lehre müssen wir

die anfänglichen Ideen dieser Schule erblicken, welche zu
der Zeit herrschten, als sie noch nicht aus einander gefallen
oder noch nicht Gegenstand systematischer Erklärungen von
Seiten bestimmter Personen geworden war, welche ihre besondern Meinungen in sie hineintrugen und sie in entgegengesetzte Partheien zerrissen. Von Nâgârdschuna's Zeit bis zu
der des Ârjâsanga bewahrt die Mâhâjana-Lehre keine Erinnerungen über ihre Entwicklung. Alles spricht für die Annahme, dass die verschiedenartigen und zahlreichen Werke,
welche dem Nâgârdschuna zugeschrieben werden (und eben
130 so auch die des Ârjadeva), späteren Ursprungs sind. Und in
der That finden wir, dass die Werke, welche von den Tibetern dem Nâgârdschuna zugeschrieben werden, in den chinesischen Uebersetzungen unter andern Namen bekannt sind.
Und ist denn die Annahme möglich, dass Nâgârdschuna,
welcher noch unter einem fremden Namen zu schreiben genöthigt war, zu seinen eignen Werken Erklärungen abfassen
mochte? Es ist dies nicht wie mit dem Abhidharmakoscha
des Vasubandhu, wo von demjenigen, was in Prosa nach Art
eines Commentars erläutert ist, in Versen eine kurze Uebersicht gegeben wird; sondern die Pâramitâ's und die andern
Schriften sind schon ohnedies weitläuftig. Sicherlich muss
man auch hier dasselbe sagen, was wir oben von den Sûtra's
des Hînajâna bemerkt haben: vieles stellt sich als bereits Bekanntes, als stillschweigend Angenommenes dar; aber grade
diese stillschweigende Annahme ist sehr begreiflich. Es ist
die Lücke, in welcher der allmähliche Uebergang einer
Schule der Hînajâna-Lehre zu den Vorstellungen der Mahâjâna-Lehre fällt: eine Reihe von Fragen, die durch die alten
Dogmen erweckt wurden und andre hervorriefen, auf welche
die Antwort sich in der neuen Lehre findet. Es ist sehr begreiflich, dass die Mahâjâna-Lehre diesen ganzen Vorgang

verbergen musste, weil sie sich ebenfalls als die Lehre des schon längst verstorbenen Çâkjamuni geltend machte. Wie sich dies auch verhalten möge, die Redaction der Mahâjânistischen Sûtra's konnte auf keine Weise unter einer Person vollendet werden; denn ausser den Pâramitâ's und dem Avataṁsaka haben wir eine Reihe von umfangreichen und zahlreichen Werken, von denen die Zeit ihrer Erscheinung unbekannt ist, und dabei war die ganze Reihe der Mahâjânistischen Schriften bereits zu Ârjâsanga's Zeit vollendet, denn, unbefriedigt von den Ideen der Mahâjâna-Lehre und deshalb begierig sie zu ändern, konnte dieser seine Schriften nicht mehr dem Buddha zuschreiben, sondern war genöthigt, sich in den Himmel Tuschita zu Maitreja zu begeben, um von ihm den Abhisamaja zu hören oder überhaupt die fünf kur- 131
zen Uebersichten in Versen, welche in Tibet unter dem Namen «Bücher des Maitreja» (བྱམས་པའི་ཆོས་ལྔ) bekannt sind; zu diesen verfasste er nach seiner Rückkehr seine Erklärungen. Erst seit der Zeit des Ârjâsanga wird die Geschichte der Mahâjâna-Lehre genau bekannt, das heisst: wir wissen, welche Lehrer in dieser Schule aufgetreten sind, welche Thaten sie gethan und welche Werke sie hinterlassen haben. Der ganze Zeitraum bis auf Ârjâsanga dagegen ist für uns mit Finsterniss bedeckt und gewiss nicht ohne Absicht. Aus der ganzen Dauer desselben wird bei Târanâtha einzig und allein das Leben des Nâgârdschuna und seines Schülers Ârjadeva erzählt. Dem ersten wird ein Lebensalter von 300 bis 600 Jahren zugeschrieben und darin verbirgt sich sicherlich das Geheimniss, welchem die Verwirrung in der buddhistischen Chronologie ihren Ursprung verdankt.

Ârjâsanga wird 900 (nach andern 600) Jahr nach dem Tode des Buddha angesetzt; Nâgârdschuna's Leben beginnt

schon 500 Jahr nach demselben. Uebrigens ist nach der Zählung der Nachfolger, welche im Tschu san tsang king (XIV, 25) vorkommt, zwischen diesen beiden Personen ein Zwischenraum von zehn Nachfolgern (Nâgârdschuna ist der 34-ste und Vasubandhu, der Zeitgenosse des Ârjâsanga, der 44ste); giebt man jedem Nachfolger in runder Zahl 15 Jahr, was sogar für sehr viel gelten kann, da man nothwendig sehr betagte, verdiente und ausgezeichnete Männer zu Patriarchen erwählen musste, so wird der Zwischenraum 150 Jahre betragen, eine Annahme, die nicht mehr zu hoch ist. Merken wir noch einen chronologischen Bericht nach einem chinesischen Sûtra an, «das Nirvâṇa des Mandschuçrî (Ven dschu schi li Pan ni huan king)!» «Mandschuçrî kam 450 «Jahr nach dem Tode des Buddha in die Schneeberge (Himâ-«laja) und lehrte dort vor fünf hundert Rischi's (sien jin) 12 «Arten Sûtra's.» Aus dieser Erzählung können wir schliessen, dass Mandschuçrî eine Person ist, welche wirklich gelebt
132 hat und später erst in einen Bodhisattva verwandelt ward. Indessen machen ihn alle Legenden zum Theilnehmer an der Verbreitung der Mahâjâna-Lehre, und überhaupt nahmen der Süden und der Norden an der Gestaltung dieser Schule, wie aus allem ersichtlich, gleichzeitig Antheil [1]). Der erste war der Hauptschauplatz des Nâgârdschuna, obgleich die Legenden diesen auch nach dem Norden kommen lassen, um da zeitweilig zu leben, indem sie wahrscheinlich dadurch die Personen des Nâgârdschuna und Mandschuçrî zu einer verschmolzen. Ausserdem sehen wir bei Târanâtha eine Menge von Personen, in deren Namen man dem Worte Nâga be-

---

1) Den Chinesen ist die Scheidung der Mahâjânisten in Jogâtschârja's und Madhjamika's unbekannt; sie nennen jedoch diese beiden Abtheilungen «die nördliche und die südliche.»

gegnet und es ist in der Literaturgeschichte bemerkbar, dass diese Namen häufig vermischt werden, grade wie man auch unter der Menge von Benennungen des Açvaghoscha nur eine einzige Person erkennt. Daraus müssen wir schliessen, dass der Name Nâgârdschuna sich von einem speciellen, von einer Person getragenen, abgelöst hat und schon zu einem generellen für alle diejenigen Personen geworden ist, welche sich bei der Redaction der Bücher des Mahâjâna betheiligt haben.

Prüfen wir den Inhalt der Bücher der Mahâjânisten, welche nach der gemeinsamen Versicherung der Buddhisten, mit welcher auch wir übereinstimmen, bis auf Ârjâsanga's Zeit erschienen sind, so können wir nicht umhin zwei verschiedne Theorien zu bemerken, welche, obgleich sie sich theilweise unter allgemeinen Ausdrücken verbergen und in einen und denselben Dogmen (über den Körper des Buddha, dessen Weisheit, die Pâram itâ's und so weiter) übereinstimmen, dennoch zu vollkommen entgegengesetzten Resultaten führen. Wir haben oben den Begriff von der Leerheit kennen gelernt; obgleich sie alle mögliche Existenz leugnet, so kleidet sie dennoch in die Form des Nichts sogar die allerabsoluteste Idee vom Buddha, indem sie sagt, dass dessen Kräfte und Weisheit ebenfalls nur beziehungsweise existiren. Wenn man 133
will, scheidet sich demgemäss der Buddhismus der Mahâjânisten nicht im geringsten von dem Plan, welcher im Hînajâna entworfen ist, oder mit andern Worten: er entwickelt noch in grösserm Maassstab diejenigen Ideen der Entsagung, welche sich in letzterem mehr auf die umgebende materielle Welt bezogen. In der neuen Lehre darf man nicht nur keine Anhänglichkeit an die irdische Welt, an die Gegenstände des Besitzes haben, sondern auch nicht einmal der Vorstellung von äusseren oder inneren Gegenständen in den Geist Ein-

gang verstatten; man darf nicht denken, dass dieses dieses und jenes jenes sei, oder, wie die Buddhisten sich ausdrücken, man darf keinen Begriff von Verschiedenheit haben, weil absolut nichts weder gleich noch verschieden ist. Der Idee jeglichen Philosophirens zu entsagen, dies eben ist die erhabne und allerreinste Weisheit, welche durch alle subjectiven Erwägungen und Betrachtungen nur verdunkelt wird. In eben dieser geistigen Entsagung wird auch die höchste Weisheit sichtbar werden, welche den Körper des Buddha bildet, nämlich die Bodhi (die Heiligkeit — durch welche die Mahâjânisten das Nirvâṇa oder das Ziel der Lehre ersetzen). Allen Begriffen den Eingang versperren, das ist sowohl Mittel als Ziel. Aber was wird auf diese Weise gewonnen? Platterdings nichts! eine reine absolute Leerheit — ganz eben so wie in der innern Welt — so auch in allen Gegenständen. Der Art ist die Lehre der einen Seite des Mahâjâna-Systems, und, betrachten wir die Pradschnâ pâramitâ's, so überzeugen wir uns, dass sie als Repräsentanten dieser Ideen zu den allerältesten Sûtra's der Mahâjâna-Lehre gehören. Konnte aber eine solche entsetzliche Lehre, welche jedes geistige Streben erstickte, lange bestehen und sich in Aufnahme erhalten? Um diesen Zweck zu erreichen, war es nöthig die Leerheit zu personificiren, sie zu irgend etwas Existirendem zu machen, und so tritt zum ersten Mal im Buddhismus ein Begriff von
134 einer Seele (âlaja) auf, welche seit unvordenklichen Zeiten existirt; verdunkelt jedoch durch Unwissenheit, kreist sie in der Welt der Wiedergeburten umher; das Ziel der Lehre ist, sie zu ihrer ursprünglichen Reinheit zurückzuführen; die Mittel dieselben: dasselbe Nachdenken, dasselbe Nichtzulassen von irgend etwas in die Vorstellung, dasselbe Betrachten aller Dinge als leer; aber diese Mittel werden jetzt erklärlich, da wir ihren Grund sehen. Jede Vorstellung, jede Er-

wägung, welche sich worauf es immer sei wendet und es als existirend anerkennt, ist Unwissenheit; jeder Gedanke gehört dem Samsâra an — «alle Welten sind nur durch den Gedanken geschaffen» (wei schi, སེམས་ཙམ), oder existiren nur in der Vorstellung, wie sich jetzt das Mahâjâna-System ausdrückt. Demgemäss werden wir dem Samsâra nicht angehören, befreien wir uns von der Unwissenheit und werden zu der ursprünglichen Natur zurückkehren, wenn wir dem Denken entsagen. Freilich ist diese Natur ebenfalls Leerheit; denn was ist in ihr, da nichts was zu der Welt gehört, eine Existenz in ihr hat, da ihr keine Vorstellung zugänglich ist, und eben so wenig sie einer Vorstellung? Jetzt konnte man mit grösserm Grunde von der Existenz des Buddha, von der Personification des All in der Gottheit sprechen und in allem die Gottheit sehen. Von da ist ein sehr natürlicher Uebergang zu dem Mysticismus, nach welchem der Buddha, — wie auch Çâkjamuni selbst — nicht erst zum ersten Mal ein Buddha geworden ist, ein Âdibuddha oder Buddha der Buddha's u. s. w. angenommen wird, reine Gebiete andrer Welten existiren, welche nun ebenfalls von Buddha's bewohnt sind, von denen sie nicht sagen wollen, dass sie dort nur zeitweilig lehrten. Dass diese zwei Theorien, welche sich beide den Namen Madhjamika aneignen, nicht zu derselben Zeit entstanden, ist dadurch erwiesen, dass in der Lehre von den
drei Perioden, in welchen der Buddha das Rad der Lehre dreht 133
(welche wir in dem Sûtra Sandhinirmotschana sehen), die erstere auf die zweite Periode bezogen wird. Dass diese beiden Theorien mit einander stritten, ist daraus klar, dass Ârjâsanga, der Anhänger der zweiten Theorie, mit welcher wir den historischen Bericht über die Schicksale des Mahâjâna beginnen, nach Aussage der Legende, sich an Maitreja wen-

den musste, damit er seine Bedenken löse. Demgemäss ist der Anfang der beiden Hauptschulen des Mahâjâna: der Jogâtschârja's, der Anhänger des Ârjâsanga, und der Mādhjamika's, welche viel später (nach Buddhapâlita) auftraten, sich aber auf die ersten Schriften Nâgârdschuna's gründeten — in der Composition der zahlreichen Sûtra's des Mahâjâna-Systems enthalten.[1])

Ausserdem aber sind fast alle Werke des Mahâjâna-Systems bereits bis zu einem solchen Grade von Mysticismus durchdrungen, dass wir, obgleich wir diesen als eine vollkommen selbstgestaltete Lehre betrachten, welche erst später als alle Zweige des Mahâjâna zum Vorschein kam, dennoch nicht umhin können, von diesem neuen System hier einen Begriff zu geben, um bei der Betrachtung der Bücher des Mahâjâna verstanden werden zu können.

136 Unter dem Namen Mysticismus verstehen wir im Buddhismus nichts anderes als eine geistliche oder religiöse Physik. Es ist dies der Vorgang, durch welchen die theoretischen Anschauungen ins Dasein gerufen werden, die praktische Anwendung und Befolgung der Principien, die in der philosophischen Entscheidung der gegebenen Probleme aufgestellt sind. Die Mahâjânisten bezeichnen ihn mit den Namen «Kunst»

---

1) Die doppelte Lehre derselben, nach welcher sie jeder Schule für sich besonders zugeschrieben werden, beweist, dass das Mahâjâna-System noch vor seinem historischen Auftreten aus zwei Quellen floss, und in diesem Fall zeigt der chinesische Bericht über die nördliche und südliche Schule vielleicht am allerbesten, von wo es ausging. Ausserdem aber erwähnt Târanâtha (Cap. XV), dass noch vor Ârjâsanga drei Lehrer lebten: Nanda (? དགའ་བོ) Uttarasena (དམ་པའི་སྡེ) und Samjaksatja (ཡང་དག་བདེན), welche schon die Lehre der Jogâtschârja's bekannten. Demgemäss darf man annehmen, dass diesen auch die zweite Hälfte der Sûtra's des Mahâjâna angehört, während Nâgârdschuna mit seinen Nachfolgern sich mit der ersten beschäftigte.

(ཐབས, pian), doch nahm diese Kunst ihren Anfang im Hînajâna. Im Vinaja wird, wie wir oben gesehen haben, einzig die Moral entwickelt; als Ausgangspunkt der Sûtra's, Abhidharma's und des Mahâjâna dienen theoretische Anschauungen — d. h. Philosophie; aber kaum fanden diese philosophischen Anfänge Eingang in das Gebiet der Religion, als man der Vernunft das Recht aneignete, das Werkzeug zum Ausgang aus der Welt zu werden; so erscheint nicht mehr die Moral als Mittel zu diesem Ausgang, sondern das Streben der Vernunft, sich zu den hohen und abstracten Ideen umzugestalten, welche sie geschaffen hatte. Eben diese Aneignung jener hohen Ideen, mit einem andern Worte Beschaulichkeit genannt, wird, nachdem sie zu Anfang etwas Adhärirendes, Vermittelndes gebildet hatte, — indem sie sich in der Folge immer mehr und mehr entwickelt, zuerst mit der Philosophie gleichberechtigt und zuletzt — in den Tantra's — sogar über sie gestellt, das heisst, in der letzteren wird der List oder der Praktik sogar der Vorrang vor der Vernunft eingeräumt.

Wir haben oben bei Betrachtung des Hînajâna gesehen, welche philosophischen Anschauungen sich auf dessen Grund erhoben haben. Wir haben bereits gesagt, dass die Aneignung dieser Ideen oder das Durchdrungensein von ihnen zur Erreichung des in ihnen ausgesprochenen Zieles ebenfalls für genügend galt. In der That finden wir mehrfach in den Sûtren erwähnt, dass die und die Person, nachdem sie die Lehre von den vier Wahrheiten oder zwölf Nidâna's vom Buddha gehört hatte, gereinigt ward und einen bestimmten
Grad erreichte. Bald aber wurden — im Verhältniss zu der 137
Entwicklung — auch die Gränzen der Aneignung selbst erweitert; sie ist bereits die Frucht lang fortgesetzter Anstren-

gung, der Erfüllung der allerumfassendsten Vorschriften. Wenden wir uns zu der Bedeutung der Wahrheit: Nirodha oder der Entsagung, so finden wir, dass es zu ihrer vollständigen Existenz eines gewissen Zustandes unsres Geistes bedarf; während die Entsagung der Çrâvaka's darin besteht, dass man nach keinerlei Gegenstand begehrt, die der Bodhisattva's, dass man weder Begriffen noch Eindrücken Eingang verstattet, — sagt die beschauliche Lehre, dass in eben diesem Zustand in unserm Geiste neue Fähigkeiten und Kräfte erzeugt werden, welche ihm zugleich die Macht verleihen, uns höher und höher zu den äussersten Gränzen der Reinheit zu tragen. Zu keiner Zeit können die Kräfte unsres Geistes so mächtig sein, als wenn sie sich auf ein einziges Ziel concentriren und im Verhältniss zu der Stufe der Heiligkeit, welche das Wesen besitzt, das diese Gedanken concentrirt, pflegen auch seine Kräfte höher zu sein. Die Beschäftigung mit dieser Concentration oder die Vertiefung in dieselbe wird Samâdhi, Versenkung in die Samâdhi genannt. Ein Buddha oder Bodhisattva, welcher in diese Samâdhi versenkt ist, bringt wunderbare Worte hervor; es giebt nichts, was er nicht mit Hülfe eines so concentrirten Geistes zu bewirken vermöchte. Wie wir unten (bei der Analyse der Sûtra's) sehen werden, vermag er alle Welten zu erleuchten, sie in sich selbst zurückzustrahlen, Buddha's einzuladen und dem Aehnliches. In Rücksicht auf das, was der Buddha hervorbringen will, führt auch die Samâdhi ihren besondern Namen (in dem terminologischen Lexikon zählen wir mehrere auf, bemerken aber, dass in jedem Sûtra ihr Name verschieden ist); ganz eben so zeichnen sich auch die Bodhisattva's und im Hînajâna die Çrâvakistischen Personen durch die Ver-
138 senkung ihres Geistes aus. So wirft z. B. Maudgaljâjana seinen Gürtel hin und niemand hat die Kraft ihn aufzuheben;

der Bodhisattva versenkt sich in die Samâdhi und niemand vermag ihn zu sehen, oder er macht alles unsichtbar. Wenn gleich aber eine solche Eigenschaft den Geist auf etwas zu richten in Folge der Erfüllung gewisser ethischer und intellectueller Bedingungen erlangt wird, so ist sie doch nichts desto weniger ihrerseits die Frucht einer Unterweisung und Abrichtung des Geistes; in den Sûtra's finden wir mehr als einmal, dass die Bodhisattva's diese oder jene Samâdhi erlernen oder einüben müssen. Daraus muss man, wie es scheint, entnehmen, dass, wenn gleich eine gewisse Stufe der Samâdhi oder der Kraft des Geistes auch als Folge der Reinheit erlangt wird, doch ausserdem noch eine vorgängige specielle Beschäftigung nöthig ist um dieser Geisteskraft Wirklichkeit zu verschaffen.

Uebrigens ist ein solcher Zustand bereits die höchste Gabe; indessen bahnt sich auch der einfache Mensch in niederen Schichten den Weg dazu durch vorbereitende Uebungen, welche zugleich als ein untergeordnetes Hülfsmittel zur Aneignung der theoretischen Ideen dienen. Diese Uebungen sind bereits im Hînajâna bekannt und wurden vollständig in ihm entwickelt. Um das Gefühl des Abscheus gegen die Welt zu erwecken, den Geist für die Ueberzeugung zu stimmen, dass in der That nichts mehr irgend eine Zuneigung verdiene, wird die Anweisung gegeben, stufenweis erst einen Theil des eignen Körpers, dann den ganzen Körper, endlich die ganze Umgebung und die ganze Welt wie eine Eiterbeule, eine Geschwulst, einen Knochen anzusehen. Es wird versichert, dass ein Mensch, welcher sich mehrere Tage hindurch solchen widrigen Vorstellungen hingiebt, sogar Ekel gegen Nahrung fühlt, weil das Bild, welches er sich vorgestellt hat, vor seinen Augen fortlebt. Dieses Hülfsmittel wird angewendet um die Begierde zu zähmen, mit welcher der Mönchs-

stand gewissermaasen zu kämpfen hatte. Eine andre noch einfachere Uebung, welche aber in den Âgama's sehr gerühmt wird, was ihre Einführung durch die Pratjeka's erweist, be-
139 steht im Zählen der Einathmungen und der Ausathmungen: dadurch befreit man sich von der Zerstreuung des Geistes und gelangt dazu sich auf einen Gedanken zu concentriren. Uebrigens sind diese beiden Methoden, welche auf rein specielle Beobachtungen gegründet sind, sicherlich durch den Buddhismus aus fremden Systemen entlehnt, welche, wie aus allen Legenden ersichtlich, sich durch das Princip der Beschaulichkeit auszeichneten. Wenigstens sagen die Buddhisten selbst, dass sie auch den Tirthika's bekannt waren. Ueberhaupt finden wir auch bei allen nachfolgenden Contemplationen dieselbe Erwähnung, woraus wir schliessen müssen, dass die Buddhisten alles von aussen her sich aufpfropften und es nur ihren Haupteinrichtungen accommodirten. So wandten die Buddhisten die Idee der Contemplation, obgleich sie an einem andern Ort entsprungen war, auf ihre philosophischen Anschauungen an, auf die Contemplation der Ideen, welche in den vier Wahrheiten oder den zwölf Nidâna's enthalten sind, auf die Vorstellung des Buddha in seinen drei verschiedenen Körpern und dem Aehnliches. Diese letzte befreit von geistiger Lethargie, von lasterhaften und sündigen Gedanken, von schmerzhaftem Zustand. Die Aufhellung der Ideen bis zu dem Grad, dass man sie sich anzueignen und mit ihnen zu verschmelzen vermag, setzt die Fähigkeit voraus, dass sich mit einem Schlage vor dem in die Contemplation Versenkten alle verborgnen Geheimnisse und Kräfte enthüllen, und dieses bildet, nach dem Ausdruck der Buddhisten, den Eintritt in den Pfad der Gesichtserlangung (མཐོང་ལམ).

Schon die Aneignung der vier Gegenstände der Erinnerung

(der ersten unter den sieben und dreissig Artikeln, welche zu der Bodhi führen,) bewirkt in uns eine Wärme [1]), den Vorboten desjenigen Feuers, aus welchem die Flamme des Pfades der Gesichtserlangung oder des Aufgangs der Geistessonne hervorgehen muss. Das über dieser Wärme stehende 104
Sinnen über die vier Wahrheiten, bringt in unserm Geiste eine stufenweise Erhebung von einem Zustande zu dem andern hervor. Diese Zustände führen die Namen Gipfel (mûrdhan རྩེ་མོ), Geduld (kshânti བཟོད་པ) und das Höchste in der Welt (lokottaradharma). Wir müssen diese Namen kennen, weil in den Legenden von verschiedenen Personen oft gesagt wird, dass sie den Zustand der Geduld oder des Höchsten in der Welt erreicht haben. Unter dem Worte «Geduld» versteht man sowohl die Ueberzeugung von den vier Wahrheiten, als auch Nicht-Umkehr von, oder Nicht-Erschlaffung in dem begonnenen Pfad, d. h. Angehörigkeit zu der heiligen Familie; unter der letzten aber versteht man den allerhöchsten Zustand in der Welt, oder dieselbe Geduld, jedoch vereint mit der Freiheit von Wiedergeburten — die, wie die Buddhisten sich ausdrücken, geburtsfreie Geduld. Indessen sind die eben aufgezählten Zustände nur in Folge der Beschaulichkeit auftretende Erscheinungen, während diese, die Beschaulichkeit selbst, ihrer Seits in verschiednen stufenweisen Uebungen besteht, welche Dhjâna's und Versenkungen (samâpatti) genannt werden; von den einen sowohl als den andern giebt es vier Arten, und diese entsprechen den vier Schichten in der Welt der Formen und in der unsichtbaren Welt, so dass hier ein Mensch (oder ein Wesen), welches sich auf dem Ausgangs-Wege noch auf Erden befindet, oder in der Welt der Empfindungen, seine Natur gewis-

1) Ushmagata, ebendaselbst 23.

sermaassen bis zu der Gestalt der höchsten himmlischen Wesen verfeinert, und, nachdem es die allerhöchsten Wesen des Saṁsâra in sich zum Vorschein gebracht hat, ohne Hinderniss sogar in die Welt des Nirvâṇa übergehen kann. In allen Arten der Dhjâna's fühlt der die Beschaulichkeit Uebende Seligkeit, oder Genuss, welche stufenweis daraus hervorgehen, mag er nun seine Vernunft in eine analytische
141 Prüfung vertiefen, oder seinen Geist auf einen Punkt concentriren, oder in Gleichgültigkeit gegen Freude und Abwesenheit aller Empfindungen versinken. In der Samâpatti wird allen möglichen Vorstellungen der Zugang verschlossen; es offenbart sich eine gränzenlose Erkenntniss, in welcher Vergangenheit, Gegenwart und Zukunft verschmelzen; die Verschmelzung mit dem Nichts und daraus die Production der Negation der beiden einander entgegengesetzten Absolutheiten des Seins und des Nichtseins [1]). So ist der Charakter der buddhistischen Beschaulichkeit. Es ist begreiflich, dass viele Gegenstände und Bedingungen da eintreten, deren Verschiedenartigkeiten wir hier nicht berühren, und dass sie eine lange endlose Uebung für die sich in Beschaulichkeit Versenkenden bilden. Was die Samâdhi betrifft, so ist sie die Fähigkeit des vermittelst der oben auseinander gesetzten Uebungen regelrecht geschulten Geistes verschiedene besondere Formen erscheinen zu lassen auf Grund der vier unbegränzten Empfindungen: der Liebe, der Barmherzigkeit, der Freude und der Entfernung von Hass (Dogmat. LXX) gegen irgend ein lebendiges Wesen, zu deren Nutzen die Samâdhi bestimmt ist. Ueberhaupt gelangt die ganze beschauliche Seite sowohl im Hînajâna, als im Mahâjâna zu zwei Hauptresulta-

---

1) Ueber die Djâna's und Samâpatti's ist ausführlicher gehandelt in dem terminologischen Lexikon.

ten: dem çamatha und dem vipaçjana (ཞི་གནས་ལྷག་མཐོང, tschi-kuan). Unter dem erstern wird der Zustand des Geistes in der Concentration, Unbeweglichkeit und Unerregbarkeit verstanden, welche in beiden Jâna's auf gleiche Weise erfordert werden, um allen innern und äusseren Eindrücken den Eingang zu versperren, wodurch allein auch die Befreiung von der Welt erlangt werden kann. Das zweite ist unumgänglich nöthig, um den Menschen zu dem erhabensten, verständig- 142
sten Wesen zu machen, und besteht in der analytischen Untersuchung aller Ideen, in einer Vertiefung in sie, in einer lebendigen Vorstellung aller der Contemplation angehörigen Gegenstände: sei es das nackte Leere, oder der Buddha in seiner ganzen Majestät mit allen seinen Kennzeichen und Merkmalen. Die Vereinigung dieser beiden Elemente bis zu dem Grade, dass sie sich verschmolzen darstellen, ist auch die schwere Kunst, von welcher die Mystiker sprechen.

Ausserdem aber tritt mit der Erscheinung des Mahâjâna auch die Lehre der Dhâranî's auf, das heisst: derjenigen mystischen Ausdrücke und Formeln, welche die Kraft haben alles hervorzubringen; das Wort «Beschwörung» ist zur Bezeichnung der Begriffe, welche in dem Worte dhâranî liegen, nicht genügend; eine solche Bedeutung konnten sie vielleicht nur damals haben, als sie von aussen in den Buddhismus hineingetragen wurden; denn ihr fremder Ursprung ist keinem Zweifel unterworfen. Jedes Wesen, sogar jeder Begriff, wird in diesen Formeln ausgedrückt und wer sie sich durch eine einfache mehrmalige Wiederholung aneignet (in der Folge auch durch Contemplation der Buchstaben, aus welchen sie bestehen), erwirbt sich eine Herrschaft über dasjenige Wesen, erhält diejenigen Begriffe, welche sie gewissermassen algebraisch ausdrücken; so giebt es Dhâranîs, welche

die Lehre der Pâramitâ's in sich enthalten, während andre Geister und Götter unterwerfen, Bodhisattva's und Buddha's herbeirufen, und Mittel zur raschen Erlangung der Bodhi gewähren [1]). Zwar sehen wir, dass auch die früheren Ârja's, die buddhistischen Patriarchen, Wunder thun, wir sehen aber nicht, dass sie über Götter und Geister des Windes, des Regens Gewalt haben, Krankheiten heilen u. s. w. Dies wurde
143 erst magischen Worten anheimgestellt. Die Idee, auf welcher dieser Glaube ruht, liegt nach der Meinung der Buddhisten in der Anschauung, welche sie sich über das Verhältniss der Namen zu den durch sie bezeichneten Gegenständen gebildet haben. Wenn alle Gegenstände leer sind, und wenn sie nur dem Namen nach existiren, was Wunder alsdann, dass der Name nicht nur den Gegenstand selbst ausdrückt, sondern man diesen auch im Namen — da dieser ja seine Existenz bildet — sich aneignen, festhalten und beherrschen kann? So sehen wir, dass die Dhâraṇî's für das Herz der Tathâgata's, Bodhisattva's u. s. w. gelten. Uns scheint, dass die mystische Seite, welche den Beschwörungsformeln in dieser Weise zugeschrieben wird, auf den ersten philologischen oder auch grammatischen Kundgebungen beruhte; noch mehr konnte sie durch die Schrift auf ungebildete Geisteskräfte wirken. Wenn wir uns erinnern, welche Wirkung die Schrift auf die wilden Amerikaner und Neger hervorbrachte, warum sollten wir alsdann nicht annehmen, dass dieselbe Zaubermacht in den Buchstaben auch den Indern gegenüber sich geltend gemacht habe, denen die Schrift erst in historischer Zeit bekannt wurde? Ausserdem finden wir stets Beispiele, dass der Geist des Menschen in alter Zeit, welcher

---

1) Diejenigen, welche sich dafür interessiren, finden eine umständliche Auseinandersetzung im Lamrim des Tsonkhapa.

noch nicht durch unsre fruchtbare Erfahrung bereichert war, durch die hohen Entdeckungen, an welche wir uns gewöhnt haben, bis zu einem derartigen Grade in Erstaunen gesetzt ward. Endlich übertrug man die Idee der Dhâranî's oder das Verhältniss des Wortes zu seinem Gegenstand auch auf Symbole oder Mudrâ's (conventionelle Zeichen, welche mit dem Finger gemacht werden). Es ist gut Sachen zu haben, um sie als Opfer darzubringen; hat man sie aber nicht, so kann man sich auch mit einer gewissen Stellung der Finger begnügen, weil ja alle Gegenstände unter sich gleich sind. Ganz auf dieselbe Weise drücken die Mudrâ's auch die Attribute der Gottheit aus. Die Dhâranî's wurden, wie alles was in den Buddhismus Eingang fand, einer Entwicklung unterworfen, aus welcher sich die Tantra-Lehre gestaltete. 141
Dies ist die Schlussperiode nicht nur der contemplativen Seite, sondern auch der ganzen buddhistischen Lehre. In der That musste man sich bald überzeugen, dass die Dhâranî's unfähig sind die erhabnen Kräfte, welche man ihnen zuschrieb, zu bethätigen — und siehe da! zu ihrem Beistand erschienen Moral, Contemplation und Metaphysik, drei den Buddhismus charakterisirende Principien, welche von uns in einer kurzen Skizze verfolgt sind und sich jetzt in eins verschmelzen, um freundschaftlich auf dem gesuchten Pfade zusammen zu wandeln. Es ist unumgänglich nothwendig, dass der, welcher sich mit den Zaubereien beschäftigt, eine gewisse Reinheit besitze, oder ein für den Empfang der Mysterien befähigtes Gefäss sei; nothwendig, dass er klare Begriffe über die Existenz der Gegenstände habe und sich vermittelst der Contemplation Seligkeit zu verschaffen wisse. In den Tantra's erscheint derselbe Çamatha und dasselbe Vipaçjana unter dem Namen der Einheit der Vernunft und der Kunst, oder der Seligkeit und der Leerheit; der Mensch aber be-

steht aus drei Theilen: Körper, Seele und Wort; nur eine freundschaftliche Zusammenstimmung dieser drei Elemente kann dazu führen, aus einem Menschen ein höchstes Wesen zu gestalten, welches begabt ist mit der erhabensten Intelligenz, dem reinsten oder seligsten Körper, mit dem alldurchdringenden und beherrschenden Wort. Und auf diese Weise drückt zu der Zeit, wo die Seele auf die Contemplation oder Betrachtung irgend eines Buddha gerichtet ist, der Körper dessen Attribute vermittelst der Mudrâ's aus und die Sprache ist mit der Wiederholung der mystischen Formeln, das heisst des Wesens des Buddha beschäftigt. Indem man sich in solcher Art nach und nach daran gewöhnt, sich dem Buddha gleich zu setzen, wird man endlich gewissermaassen in ihm wiedergeboren, verwandelt sich selbst in eine Gottheit und erlangt dadurch die höchste Siddhi, das heisst: die Vollendung des beabsichtigten Endzwecks. Siehe da! wohin der Buddhismus zuletzt gelangte! Daran glaubt er von Herzen
145 und sagt, dass diese Kunst viel fördersamer sei, als alle Mittel, welche das Hînajâna und Mahâjâna gelehrt haben, (obschon der Mysticismus sich ebenfalls mit dem Namen des letzteren bekleidet). Die Vollendung der Bodhi kann sich, den Regeln der Theorie gemäss, durch drei Asaṁkhja's (ungeheure Perioden, etymologisch: unzählbare) von Jahren hinziehen, während man sie vermittelst der Zauber in drei, bisweilen in einer Wiedergeburt zu erreichen vermag. Und der tibetische Buddhismus ist in der That von dieser Idee vollständig durchdrungen, während der chinesische noch nicht so weit gegangen ist, weil er viel früher aus Indien abgeleitet ward [1]), und der Mysticismus in der damaligen Zeit augen-

1) Die allerwichtigsten Tantra's sind schon unter der nördlichen Song-Dynastie 960—1127 in das Chinesische übersetzt.

scheinlich nicht in dem Grade herrschte, in welchem ihn die Tibeter herrschend fanden.

Dies genügt, um sich mit dem Inhalt des Mysticismus, über welchen wir ausführlicher bei den Dogmen handeln werden, im Allgemeinen bekannt zu machen. Jetzt erst können wir zu der Betrachtung der mahâjânistischen Sûtra's übergehen. Es bedarf keiner Bemerkung, dass sie die allerumfassendsten Dimensionen haben und wir uns hier nur auf eine Aufzählung einiger und zwar der wichtigsten beschränken müssen:

1. Pradschnâpâramitâ (Pan-jo-po-lo-mi-to-king ཕར་ཕྱིན).

Unter diesem Namen begegnen uns im tibetischen Kandschur eine Menge Werke von ungleichmässigem Umfang. Es giebt Pâramitâ's von 100,000, von 25,000, von 18,000, von 10,000, von 8,000 und 700 Çloka's, und andrerseits Pâramitâ's von einigen Blättchen (die Vadschratschtsch'hedikâ und das Pâramitâbridaja). Die Buddhisten versichern sogar, dass die allerumfassendste Pâramitâ von 100,000 Çloken nur die allerkleinste der drei ausführlichen Pâramitâ's sei. Es ist augenscheinlich, dass alles dieses von verschiedenen Redactionen abhängt, bei denen namentlich das Verlangen das Sûtra in einem grossen Umfang darzustellen, mehr oder weniger 146
wirkte; und als Mittel dazu dient die Ausdehnung des Anfangs, in welchem das Gefolge des Buddha, so wie verschiedene Wunder und die Erscheinung von Bodhisattva's aus andern Welten geschildert werden, welches allsammt nur das Vorspiel zu dem Buche bildet; auf gleiche Weise kann eine Erzählung, sowohl in der Mitte als am Ende der Auseinandersetzung eines religiösen Punktes, von verschiedenen Episoden begleitet werden — wie z. B. von der Beschreibung eines Erdbebens, des Entzückens der Zuhörer, des Blumen-

regens, der Entsendung ihrer Bodhisattva's zu Çâkjamuni
durch die Buddha's andrer Welten um ihn zu becomplimen-
tiren, endlich von der Verherrlichung des eben besprochenen
Punktes der Lehre, oder überhaupt der ganzen Pradschnâ
pâramitâ, wobei jeder der Preisenden fast Wort für Wort alles, was vorher gesagt ist, wiederholen mag —; keinen geringen Raum nimmt ferner die Beschreibung aller der Seg-
nungen ein, welche durch die Befolgung, Bewahrung und
Verbreitung dieser Lehre erlangt werden; weiter treten die
Zuhörer der Reihe nach auf, preisen den Buddha in Versen,
beginnen eine Unterhaltung unter sich, in welcher die ausgesprochene Idee nochmals wiederholt wird; auch die höchsten Wesen versprechen jeder besonders die von dem Buddha
gepredigte Lehre zu bewahren, denjenigen, welcher sie erlernen wird, zu beschützen und so weiter. Wir haben bereits
gesagt, dass man bei jedem Schritt der Wiederholung und
Aufzählung ein und derselben Ausdrücke begegnet, so dass
ein mit der buddhistischen Terminologie Bekannter, wenn es
nöthig wäre, mit Leichtigkeit manchmal einen ganzen Abschnitt aus der Pradschnâ pâramitâ hersagen könnte, ohne
ihn je gelesen zu haben. Diese natürlich absichtliche Frucht-
barkeit wurde augenscheinlich erstrebt, um sich mit dem
Umfang des schriftlich Abgefassten zu brüsten. Und alles dieses bildet die Charakteristik fast aller Hauptsûtra's des Mahâjâna, welche genau und buchstäblich ihrem allgemeinen
Namen Vaipulja, d. h. «die erweiterten» entsprechen. Dann
kann man nicht umhin zu bemerken, dass einige der Pâramitâ's — abgesehen vom Umfang — von einem andern Geist
147 erfüllt waren, und in der That Einschiebungen hatten, welche den Jogâtschârja's eine Stütze für ihre Meinungen ge-
währten. Dieses sehen wir aus der Legende über die achttausendçlokige Pâramitâ, deren unfehlbarer Text angeblich

erst in der Folge gefunden ward; jetzt dient diese Pâramitâ den tibetischen Buddhisten als ihre Hauptstütze. Was die Redaction der Pâramitâ's in chinesischer Sprache betrifft, so enthält die unter der Dynastie der Thang abgefasste Uebersetzung des Hiuan-Thsang, welche 600 Capitel begreift, nicht nur vollständig die aus 100,000 (1stes bis 400tes Capitel), 25,000 (401—478 Cap.), 18,000 (479—537 Cap.), 10,000 und 8000 Çloken bestehenden Pâramitâ's, sondern auch andre, welche im tibetischen Tandschur nicht mehr nach der Zahl der Çloken benannt sind, wie die Suvikrânta-vikramaṇaparipṛitschtsch'hâ (ཅི 22—113), die Vadschratsch-tsch'hedikâ; ausserdem sind in Hiuan-Thsangs Uebersetzung besondere Pâramitâ's der Mildthätigkeit, der Moral, der Geduld und so weiter, welche wir im tibetischen Kandschur nicht mehr finden. Auf diese Weise besteht die chinesische Pâramitâ aus 16 Hauptabtheilungen, von denen eine jede in eine Menge Capitel zerfällt, die 1ste in 79, die 2te in 85, die 3te in 31, die 4te in 29, die 5te in 24. Dass eine solche Compilation erst viel später zusammengetragen ward, davon kann man sich dadurch überzeugen, dass der grösste Theil der Abtheilungen schon früher besondre Uebersetzungen hatte.

Wir können hier nur einige Ideen hervorheben, welche in der Pràdschnâ pàramitâ auseinander gesetzt werden (die Zahlen bezeichnen die Capitel der 1sten Abtheilung der grossen chinesischen Pâramitâ). 3) Kein Gegenstand hat Existenz oder Nicht-Existenz; nichts gehört der Ewigkeit, oder Nicht-Ewigkeit, den Qualen oder Freuden, dem Ich oder Nicht-Ich, der Leerheit oder Nicht-Leerheit an. Alle Gegenstände sind ohne Attribute und mit Attributen, sind ohne Bezeich- 148
nung und mit Bezeichnung. (7) Bodhisattva's und Pradschnâ sind nichts als Ausdrücke eines Namens; solch ein trügeri-

scher Name entsteht weder noch vergeht er, findet sich weder inwendig noch auswendig, weil er nicht erfassbar ist; ganz eben so ist es auch mit allen Gegenständen. Allein der Bodhisattva muss in diesem trügerischen Namen den Pfad seiner Thätigkeit vollenden; er darf weder Form noch sonst etwas als etwas Ewiges oder Nicht-Ewiges, Reines oder Nicht-Reines betrachten u. s. w. Nur indem er sich in Bezug auf alle Gegenstände in einem indifferenten Zustande (sic!) befindet, ist er fähig die sechs Pâramitâ's und alle Artikel der Bodhi zu vollenden. Erkennt man das Trügerische der Gegenstände vollständig und richtig, dann fällt jede Abhängigkeit von Form oder sonst irgend etwas, was es auch sei, weg, weil alle Gegenstände nichts in sich enthalten, nicht zur Abhängigkeit führen können, und in ihnen selbst weder Ort noch Zeit für Abhängigkeit existirt. Wenn der Bodhisattva sich überzeugt, dass in sämmtlichen Gegenständen nichts ist, dann wird sein Herz weder Zittern und Furcht, noch Reue kennen. (9) Dies bedeutet: er lebt durch die Kunst, sich in gar nichts aufzuhalten: er lebt weder in der Form, noch in der Vorstellung, noch in der Empfindung, noch in sonst etwas. Alles, was es auch immer sei, hat keine Wirklichkeit, Form ist nicht Leerheit; Leerheit der Form ist nicht Form, aber Form ist nicht getrennt von Leerheit, und Leerheit nicht getrennt von Form, und ist Form Leerheit und Leerheit ist Form, und ganz eben so ist es mit allen Gegenständen. Wenn ein Bodhisattva der Kunst ermangelt, dann wird sein Ich gebunden; sein Herz wird in der Subjectivität wohnen, und weil er seine Erkenntniss an diese kettet, wird er auch nicht im Stande sein vollständig nach den Vorschriften der Pradschnâ pâramitâ zu
149 handeln. (10) Der Mangel der Natur (chinesisch wu-sing) ist die eigentliche Natur von Jeglichem; alle Gegenstände sind

getrennt von ihren eigenen Merkmalen. Sämmtliche Gegenstände erscheinen nicht, werden nicht geboren, verschwinden nicht, hören nicht auf zu existiren, werden weder unrein noch rein, können weder erworben noch geschaffen werden. Unverstand ist, wenn einer die Nichtexistenz der Gegenstände nicht zu begreifen vermag. Aus dem Unverstand gehen die verschiedenen (subjectiven) Ideen hervor; in Folge davon vermag man sich nicht von den drei Welten zu trennen, kann man die Lehre der drei Jâna's nicht erfüllen, ist es einem unmöglich die Stufen des Pfades zu betreten, welcher zu der Bodhi führt. (14) Alles ist gleich dem Echo, dem Schatten, der Fatamorgana und Aehnlichem, weil es nichts Substantielles hat. Derartig sind alle vergangenen, gegenwärtigen und zukünftigen Formen, alles Sündige und Nicht-Sündige, alles Beschmutzte und Nicht-Beschmutzte u. s. w. (19) Welcher Art auch ein Gegenstand (eine Form u. s. w.) sei, er ist nicht in Bezug auf ein Nicht-Geborenes (d. h. Nicht-Existirendes) etwas Zwiefaches, denn ein nicht geborener Gegenstand ist weder eines noch zwei, noch vielfach; wenn eine Form u. s. w. nicht getrennt ist von Nichtgeborenem, so ist sie nicht Form.

Die ganze Pradschnâ pâramitâ ist voll von Aussprüchen dieser Art, die wir uns bemüht haben buchstäblich zu übertragen, um eine Idee von der buddhistischen Metaphysik zu geben.

2. Nirvâṇaçâstra (Nie-pan-lun (མྱན་འདས།). Unter diesem Namen begegnet man mehreren Sûtra's in tibetischer und chinesischer Sprache, in welchen die Lehre des Buddha auseinandergesetzt wird, die er vor seinem Tode oder vor seinem Eintritt in das Nirvâṇa verkündete. Ihr Inhalt ist ungleich. Das allergrösste und in Tibet aus dem chinesischen

Text übersetzte (Kandschur ཏུ་ཇུ) besteht aus 40 Capiteln. Es lehrt, «dass Mildthätigkeit, d. h. Darbringung für einen lebenden oder in das Nirvâṇa eingegangenen Buddha von glei-
130 cher Bedeutung ist; dass der Buddha ein Recht auf langes Leben hat und alle Geschöpfe wie seine Kinder ansieht, dass alle drei Hoffnungen oder Zufluchtsstätten (Buddha, seine Lehre und saṅgha, die Geistlichkeit) gleich wirksam sind; dass der Körper des Tathâgata ewig lebt und nicht zu Grunde geht und deshalb der diamantene genannt wird. Dieses bezieht sich bereits auf die mystische Lehre, unter deren Einfluss das Sûtra auch geschrieben ist. Hier erscheinen auch nicht wenig Allegorien und Vergleiche, welche an die Âgama's erinnern. Dass diese den Verfassern dieses Sûtra bekannt waren, ist daraus klar, dass im 3ten Artikel von den sieben Gegenständen gehandelt wird, welche die Merkmale der Reinheit bilden, was vollständig mit dem Anfang des Madhjamâgama übereinstimmt, und überhaupt begegnet man hier nicht selten der Erwähnung der Nidâna's, als der gemeinschaftlichen Grundlage für die Çrâvaka's, Pratjeka's und Bodhisattva's (Cap. IX). Der Buddha wird mit einem Kinde verglichen, welches weder kommen noch weggehen kann; dieses ist ein technischer Ausdruck, welcher bedeutet, dass alle Gegenstände nicht existiren. (Cap. X). Es werden zehn Verdienste aufgezählt, welche durch das Studium dieses Sûtra erworben werden. «Alle Geschöpfe haben die Natur des Buddha; da man diese aber nicht mit einer verworfenen Seele erreichen kann, so sagt man auch, dass es keine Natur des Buddha giebt.» Dieser Gedanke weicht bereits vollständig von den Pâramitâ's ab und stimmt mit den Jogâtschârja's überein. (Cap. XII) Es wird über den Sinn der Sûtra's und der Jâna's gehandelt, (Cap. XIII). Es werden

Erzählungen über die Bekehrung ketzerischer Lehrer mitgetheilt.

Von derselben Gattung ist das bei den Chinesen existirende Sûtra «der erhabenen Barmherzigkeit» (Ta pei king). — Folgendes ist eine Uebersicht desselben: Der König der Dämonen erhält die Weissagung, dass er ein Pratjeka werden wird. Der Buddha lehrt den Indra seine Füsse kreuzförmig zusammenzulegen, er weissagt, dass Kâçjapa die Lehre verbreiten wird, dass grosse Männer des Gesetzes, Bhikschu's, kommen werden: Bitime (?), Dhîtika, Upagupta, 151
Açvagupta und so weiter. Es wird die Reliquienverehrung vorgeschrieben, von der Verehrung des Buddha gehandelt. Alles zeigt, dass dieses Sûtra vor dem vorigen erschienen ist.

3. Saddharmapuṇḍarîkasûtra (Miao fa lien hoa king པདྨ་དཀར་པོ), der weisse Lotus. Dieses Sûtra wird in China eben so hoch geschätzt, als die Pâramitâ Jum (ཡུམ) oder die hunderttausendçlokige in Tibet, so dass man es in den chinesischen Tempeln stets auf dem Altar vor den Götzenbildern findet, gerade wie den kleinen Jum (oder die achttausendçlokige) in den lamaischen. Dies ist ein Buch, welches die ganze dem Buddha zugeschriebene Lehre unter sich versöhnt; es ist bereits in Europa übersetzt. *)

Der Inhalt ist: «Alle müssen Buddha's werden; eigentlich giebt es keine drei Jâna's.» Eine Reihe alter Legenden und Weissagungen über die Zukunft. «Der Buddha hat schon vor langer Zeit den Weg erreicht.» Dieses fällt mit der mystischen Lehre über den Âdibuddha zusammen. Das ganze

---

*) Le lotus de la bonne loi, traduit du sanscrit, accompagné d'un commentaire et de vingt et un mémoires relatifs au Buddhisme, par M. E. Burnouf. Paris 1852. 4°.

Buch ist voll von Allegorien; übrigens gewährt es keine besondern Resultate. Der Gedanke, dass es keine drei Jâna's giebt, sondern nur eines, findet sich auch in andern Sûtra's: dem Ta fa kou king, Ta tsche ni kian tse so schue king und andern.

4. Lankâvatâra (Dschu leng yan king, ལང་ཀ་གཤེགས) «die Ankunft in Lankâ» oder «Ceylon;» diese Benennung führt auf die Annahme, dass dieses Buch, welches die Ideen der südlichen Mahâjânisten repräsentirt, auf dieser Insel abgefasst sei, auf welcher Ârjadeva geboren sein soll. Es berührt die allerabstractesten und wichtigsten Fragen der buddhistischen Philosophie, und geht zugleich auf die Bekämpfung der ketzerischen Theorien aus, welche, wie wir aus diesem Buch erfahren, ebenfalls über die Nidâna's, das Nirvâṇa und die
132 Nicht-Ewigkeit lehren. Es wird darin gesagt, dass alle Namen keine Namen sind, dass es sieben Arten selbstständig existirender Natur giebt; es werden Betrachtungen angestellt über die drei Merkmale der höchsten und weisen Vernunft, über das Selbsterwachen, über die Falschheit und Eitelkeit der Vorstellungen. Der Tathâgata ist geschaffen und nicht geschaffen, nicht-ewig und nicht nicht-ewig, sein Herz (Tsang, âlaja) ist die Grundlage des Guten und des Nicht-Guten. Alle Gegenstände existiren in der Augenblicklichkeit (momentan). Es giebt zwei Arten des Nicht-Ich.

5. Vimalakirti. Vimalakirti war ein Oberhaupt zur Lebenszeit des Buddha; hier erscheint er aber höher gestellt als selbst viele Bodhisattva's, was jedoch in den mahâjânistischen Sûtra's eine nicht seltne Erscheinung ist. Vimalakirti sendet sogar einen zaubergewaltigen Bodhisattva zu einem Buddha in einer andern Welt.

Die dogmatische Betrachtung berührt: die reine Sphäre

des Buddha, ferner, dass man die beseelten Wesen anzusehen hat wie Phantome, wie den Wiederschein des Mondes im Wasser, oder wie Bilder im Spiegel u. s. w., mit einem Worte, dass nichts eine Wirklichkeit hat. Der Bodhisattva, thätig in dem, was kein Pfad ist, gelangt zu dem Pfade des Buddha; alle Eitelkeiten sind Keim (Saat) des Buddha (d. h. dass alle Handlungen in der Folge zu dem Berufe eines Buddha führen). Das allerbeste der Opfer ist das geistige.

6. Saṁdhinirmotschana (Kie to mi king དགོངས་འགྲེལ་) «Erläuterung des Willens [wörtlich: Lösung der Verbindung].» Auch dies ist eines von den Büchern, welche ein Urtheil aussprechen über die ganze mannichfaltige Lehre, die dem Buddha zugeschrieben wird, der sich jetzt jenseits der Gränzen der Welt befindet. Es wird gleichfalls den Jogâtschârja's zugeschrieben, aber die Madhjamika's haben es sich zu Gute gemacht.

«Alles Zusammengesetzte ist weder zusammengesetzt noch unzusammengesetzt; auf gleiche Weise ist auch das Unzusammengesetzte nicht unzusammengesetzt, sondern alles dieses ist nur eine Voraussetzung, eine angenommene Ausdrucksweise, einem Phantome gleich u. s. w. Der absolute Begriff (und das, was in dem absoluten Begriff existirt) über- 153
steigt alle subjective Vorstellung und jeden Begriff von der Einheit oder Mannichfaltigkeit des Sein's. Alles hat allgemeine Merkmale.» Die Lehre vom Âtman und dem Âlaja, von den drei Merkmalen. In der Seele des Tathâgata giebt es keine neuen Ueberzeugungen; das wahre Erwachen (d. h. die Erlangung der Bodhi), das Drehen des Rades der Lehre, die Versenkung in das Nirvâna, alles dieses hat keine zwei Abzeichen (d. h. es ist ein und dasselbe).» Die allerwichtig-

ste Stelle des ganzen Sûtra ist jedoch folgende, welche den Jogâtschârja's als Rechtfertigung ihres Systems dient:

Cap. V. «Zu der Zeit, als der Buddha in dem Hirschgarten das Rad der Lehre von den vier Wahrheiten drehte, war diese, obgleich sehr wunderbar, doch nicht begreiflich (d. h. unwahr). Ein andres Mal, als er das Rad der Lehre über die geheimen und verborgenen Merkmale drehte, sich darauf stützend, dass alle Gegenstände unselbstständig sind, war diese (Lehre der Pradschnâ pâramitâ) gleichfalls unbegreiflich. Jetzt dreht er zum dritten Mal das Rad des wahren Gesetzes über die offenbaren und begreiflichen Merkmale und es ist wahrhaft begreiflich.»

7. Suvarṇaprabhâsa (Kin kouang ming king). Dieses Werk ist durch einige von J. I. Schmidt übersetzte Fragmente als ein bei den Mongolen sehr geschätztes bekannt. Es ist reich an verschiedenen Legenden und Episoden, in welchen das Bestreben hervortritt, das Verdienst dieses Sûtra geltend zu machen. Die religiöse Lehre berührt die Begriffe vom Nirvâṇa, von den drei Körpern des Buddha, über Reue, Ermahnung, Theilnahme an Freude und über das Gebet (སྨོན་ལམ). Die vier letzten sind Mittel zur Vernichtung der vier Arten von Hindernissen: der Verletzung der Satzungen der Bodhisattva's, der Schmähung der Sûtra's des grossen Jâna, des Unverstandes die Tugenden zu vermehren und des Haftens am Saṁsâra. Weiter folgt die Lehre von der Bodhi, der absoluten Wahrheit, von den zehn Pâramitâ's und den zehn Reichen.

184 8. Angulimâlija sûtra (སོར་མོའི་འཕྲེང་བ, Ing kio mo lo king) Angulimâlin, welcher nach der Lehre eines Ketzers jedem die Finger abhieb, um sich die Befreiung (Seligkeit) zu er-

werben, wurde vom Buddha bekehrt. Entscheidung darüber, dass es nicht drei, sondern nur eine Zuflucht giebt. Das grosse Jâna unterscheidet sich von der Lehre der Çrâvaka's. Die Buddha's der zehn Reiche erklären dem Mandschuçrî, dass Çâkjamuni ihr Körper ist, wie Angulimâlin und Mandschuçrî ebenfalls die Verkörperungen andrer Buddha's sind.

9. Ratnakaraṇḍakavyûha (དཀོན་མཆོག་ཟ་མ་ཏོག, Ta fu kouang p'ao kie king) «das kostbare Kästchen» [1]). In diesem wird Mandschuçrî gerühmt, welcher in den ersten mahâjânistischen Sûtras keine kleine Rolle spielt; hier bringt er den Subhûti zum Verstummen, gegen welchen das Buch offenbar gerichtet ist, während dieser Subhûti eine nicht minder angesehene Rolle in den Pâramitâ's spielt.

10. Karuṇapuṇḍarîka. Hier wird viel von den mystischen Formeln gehandelt; es werden Legenden erzählt, die sich auf die 1000 Buddha's beziehen und darüber gesprochen, wie man ein Buddha werden kann. Im 6ten Capitel werden alle Buddha's der zehn Reiche als eine Zauberschöpfung des Çâkjamuni dargestellt und senden Bodhisattva's zu ihm.

11. Ratnakûṭa (དཀོན་མཆོག་བརྩེགས་པ, Ta p'ao tsi king) «die kostbare Sammlung.» Wir haben bereits gesagt, dass die Buddhisten es liebten sich mit dem Umfang ihrer Literatur zu brüsten; dieses sehen wir in der Pradschnâ pâramitâ und in der Ueberlieferung, dass der Buddha 84,000 Predigten gehalten habe. Von dem erwähnten Werke sagen sie, dass es ursprünglich aus 100,000 Capiteln bestand, welche angeblich zur Zeit des Brandes von Gaṇḍola, der berühmten 133
Bibliothek in Nâlanda, zu Grunde gingen. Wenn daran etwas etwas Wahres ist, so ist es sicher, dass man unter dem Worte

1) Wörtlich wohl: die einem Juwelenkästchen gleiche logische Anordnung.

Ratnakûṭa eine Sammlung aller Werke zu verstehen hat, welche sich auf den Buddhismus bezogen, nicht aber irgend ein besonderes Werk, und man muss annehmen, dass sich in dieser Sammlung nur 49 (jetzt in dieser Zusammenstellung eingeschlossene) Abhandlungen erhalten haben, welche wir an keinem andern Orte finden konnten. Prüfen wir diese Schriften, so finden wir, dass sie, obgleich sie einige Verbindung unter sich zeigen, dennoch für besondre Sûtra's gelten können, welche auch in der That besondre Namen führen; und dieses ist um so wahrscheinlicher, weil selbst der Ort, wo sie gelehrt sind, nicht ein und derselbe ist und wir hinter jeder Abhandlung die bekannte Schlussform der Sûtra's sehen. Es ist eine Mischung jogâtschârjischer Meinungen mit dem Mysticismus. Die Abhandlungen, deren Titel wir in der kurzen Uebersicht des Buches geben, gehören den Ideen der Jogâtschârja's, die übrigen denen der Madhjamika's an. Dies spricht am allerentschiedensten dafür, dass der Ratnakûṭa eine Compilation ist; da wir ausserdem nahezu die Zeit seiner Abfassung kennen, so können wir uns nach ihm ein Urtheil über den Umfang bilden, welchen die mahâjânistische Lehre in dieser Zeit hatte. Fast jede Abhandlung ist voll von Legenden (unter welchen auch die Weissagungen mit begriffen werden), die zum Beleg beigebracht werden; ausserdem sind viele Gâthâ's darin.

Cap. I. «Ueber die drei Gelübde» (Trisaṁvaranirdeça). Die Bodhi besteht aus der Vernunft, welche nichts erwirbt und sich auf nichts stützt (d. h. nach gar nichts strebt). Die Förderung und Vollendung des Weges aller Tathâgata's, die Erwerbung aller Verdienste, der Eingang in die Höhe der Bodhi, ohne einer Rückkehr unterworfen zu sein, — alles dieses muss durch die Macht der Vernunft erworben werden, und deshalb ist es überhaupt nicht nöthig irgend etwas

zu erwerben; die Saat guter Wurzeln darf sich auf nichts stützen, denn in jeglicher Erwartung liegt Ansteckung oder 156
Verdunkelung; ausserdem ist jede Annahme mit Unruhe verbunden. II. Wenn man sich mit dieser Reinheit, kraft eines abgelegten Eides (denn auch ein solcher nur vermag den Bodhisattva zu veranlassen, sich um andre zn bekümmern), zu den belebten Wesen wendet, dann ist es möglich sich vor jeglicher Verdunkelung durch Dhâranî's zu bewahren. III. Mysterien des Worts, des Körpers und des Gedankens. V. Welt Sukhavati. VI. Reich des Akschobhja. VII. Vom Panzer (oder vom Fleiss); vom Aufenthalt im Nicht-Aufenthalt, von der Unerschrockenheit. VIII. Vom grossen Jâna. XI. Von dem Lichte, welches dem Buddha entströmt. XII. Warum es nothwendig ist der Welt zu entsagen. — Zehn nicht vorstellbare Eigenschaften des Tathâgata (bezüglich des Körpers, der Stimme, der Vernunft, des Lichts, der Moral, des Scharfsinns u. s. w.); von den sechs Pâramitâ's. XIII. Ueber die Bildung des Kindes im Mutterleib. XV. Weissagung über die Zeit, wo Mandschuçrî zum Buddha werden wird. XVI. Eine Menge Weissagungen für verschiedene Götter und Geister. XVII. Ueber die Fülle des von den Bodhisattva's Gehörten, welche dennoch, wie man zugestehen muss, auch auf Abwege gerathen können. XVIII. Aufzählung der verschiedenen, zu den vier Artikeln gehörigen, Gegenstände. Diese Aufzählung erscheint auch in andern Capiteln (35, 34 u. s. w.). XIX. «Es giebt zwei Arten von Bodhisattva's; einige, welche zu Hause leben, und andre, welche der Welt entsagt haben.» Namentlich scheint das Mahâjâna sich dadurch zu unterscheiden, dass es den Zutritt zu der Religion auch Weltlichen eröffnet, und die ursprüngliche Benennung Bodhisattva bezeichnete in ihm jeden, welcher im Besitz des heiligen Geistes, sich bestrebt, nach den Vorschriften des Buddhismus das höchste

Ziel zu erreichen. Weltliche Bodhisattva's sind diejenigen, welche ihre Zuflucht zu den drei Schutzmitteln genommen, sich den fünf Gelübden der Upâsaka's unterworfen haben, freigebig sind in der Almosenspende, des weltlichen Lebens überdrüssig, ihre Sünden bereuen, und Ermahnungen zugänglich sind. Die Bodhisattva's, welche der Welt entsagt
187 haben, unterscheiden sich durch dhûta (Moral), durch Bewahrung der Gelübde in Reinheit, durch Beschaulichkeit und Intelligenz. Der Bodhisattva kann auch im weltlichen Beruf solche Verdienste besitzen, wie sie nicht von Tausenden erreicht werden können, die der Welt entsagen. XX. Es giebt fünf Sklavereien, welche eine rasche Erreichung der Bodhi verhindern: Begierde, Zorn, Unverstand, Annahme von Verschiedenheit und die äussere Welt (tchou fa). XXII. Die wortlose und zugleich wortversehene Predigt. Dies ist ein grosses Wunder, denn alles was gepredigt wird, ist unausdrückbar. XXIII. Mahâkâçjapa: Der, welcher der Welt entsagt hat, muss die Gelübde halten und über den Buddha nachdenken; man entsagt aus zwei Ursachen: die Bodhi zu erwerben und um mit den Buddha's zusammenzukommen. Mahâkâçjapa weigerte sich nach dem Buddha Bewahrer seiner Lehre zu werden, und dieser übergab sie dem Maitreja, welchem alle Götter ihre Hülfe versprachen. Fünfhundert Bhikschu kommen zu der Erkenntniss, dass es ihnen schwer sei, fromm zu sein und die Almosenspende zu vollbringen; sie entsagen daher ihrem Beruf. XXIV. Der Vinaja [die Disciplin] der Bodhisattva's ist verschieden von dem der Çrâvaka's; Reue und Sündenvernichtung in Gegenwart der fünf und dreissig Buddha's. — Die übrigen Artikel scheinen in Betreff der Dogmatik nichts Eigenthümliches zu gewähren; statt dessen sind sie voll von Legenden. XLVIII. Dass der entscheidende Sinn nur in dem einen grossen Jâna enthalten

ist, nicht aber in den beiden andern, welche weder aus dem Samsâra führen, noch den Unverstand abzuschneiden vermögen. Es giebt nur ein Jâna, wie es nur eine Zuflucht und eine Wahrheit giebt. XLIX. Ṛischi Vjâsa.

12. Avatamsaka (Hoa yen king ཕལ་པོ་ཆེ). Dies ist einer der Hauptrepräsentanten der Vaipulja-Bücher. Bis dahin heisst es in dem grössten Theil der Schriften, dass der Buddha auf der Erde predigt, obgleich sie ihn mit immer mehr zunehmenden Glanz umgeben, und die Anzahl seines Gefolges vergrössern (in einigen Sûtra's finden wir nur je acht 158
vornehmste Bhikschu's und Bodhisattva's, in andern je achttausend). — Hier wird seine Thätigkeit, wie auch in vielen andren Werken viel späteren Ursprungs, in verschiedne Reiche übertragen, und der Buddha manifestirt sich sogar in demselben Augenblick sowohl auf der Erde als im Himmel der Trajastrimçat (Palast Pou kouang ming), auf dem Gipfel des Sumeru und im Palast des Jama, im Himmel Tuschita und im Himmel Nirmaṇarati. Hier wird gerade die allererste Zeit dargestellt, als der Buddha unter dem Bodhi-Baum sitzend seinen gegenwärtigen Beruf erreichte. Wir bemerken, dass viele Sûtra's sich Mühe geben, die Zeit anzuzeigen, wann sie vorgetragen wurden: einige wollen zur Zeit des Nirvaṇa oder nicht lange darnach, andre sechzehn Jahr nach der Erlangung der Bodhi durch den Buddha, noch andre, wie wir sehen, sogleich nach der Erlangung vorgetragen sein. Diese Bemühung, welche in andern nicht bemerkt wird, zeigt am allermeisten ihren späteren Ursprung. Der Avatamsaka ist gewissermaassen ein Gedicht über die Verklärung der Sterblichen; alles findet sich darin: sowohl wunderbare Erscheinungen als Gâthâ's und Predigten.

Die Herrscher der Welten, die Gebieter der beseelten

Wesen und der Länder, in welchen die wahre Bodhi weilt,
versammeln sich schaarenweis vor dem vom Neuen erschie-
nenen Buddha; jeder von ihnen gebietet über die geistigen
Thore des Heiles, jeder zeichnet sich durch irgend etwas
aus, und jetzt verkündet jeglicher von ihnen zu einer und
derselben Zeit in zehn Gâthâ's Lobsprüche und Glückwün-
sche dem Buddha. In seiner ganzen Majestät auf einem Löwenthron sitzend, bringt jeder eine zahllose Menge von Bodhisattva's hervor, deren jeder gleichfalls Hymnen vorträgt;
Berge von Opfern erheben sich zu Ehren des Buddha; —
Dies ist das erste Gemälde! Der Buddha lässt aus seinen
Zähnen ein Licht ausgehen, welches ein Meer von Millionen Welten in allen zehn Weltgegenden erleuchtet; ein an-
139 dres Licht geht von seinen Schläfen aus und alsdann in seine
Füsse, und augenblicklich erscheint vor dem Buddha ein
prächtiger Lotus, auf welchen sich ein Bodhisattva setzt (Sar-
vadharmottaraghoscha), der aus dem Haar zwischen den Augenbrauen des Buddha hervortritt. Im Verein mit den übrigen Bodhisattva's der zehn Weltgegenden recitirt er Gâthâ's;
dies ist das zweite Gemälde! Der Bodhisattva Samantabhadra versenkt sich in Beschaulichkeit, die Buddha's der zehn
Weltgegenden erscheinen vor ihm, legen ihre Hand auf die
Krone seines Haupts zum Zeichen des Segens, der Tathâgata
(Çâkjamuni) selbst lässt aus seinen Poren ein Licht entströ-
men und stimmt zum Preis desselben einen Hymnus an. Samantabhadra beginnt die Ordnung der Welten zu beschrei-
ben, ihre Charakteristik, füllt seine Erzählung an mit den
unzähligen Namen sowohl der Welten als auch der darin
herrschenden Buddha's (wir haben aber gesehen, dass die
Buddha's nichts mit der Welt zu thun haben); endlich erzählt er eine Legende von dem Buddha Vairotschana; damit
schliesst auch die erste Sitzung. Indessen ruft zu derselben

Zeit der Buddha an einem andern Orte durch seine magische Gewalt den Mandschuçrî mit andern Bodhisattva's aus dem Aufenthaltsort des Buddha der Intelligenz zu sich, und dieser besingt die verschiednen Eigenschaften des Buddha, setzt die Epithete der vier Wahrheiten aus einander, recitirt Hymnen, lässt sich in Gespräche über religiöse Gegenstände ein, und so weiter; in jeder Versammlung erscheint ein neuer Bodhisattva, der sich in die Samâdhi versenkt und alsdann über religiöse Gegenstände handelt, welche, abgesehen davon, dass in ihnen die Zahl zehn vorherrscht, keine besondere Wichtigkrit darbieten; alles dieses ist mit Licht übergossen und von mancherlei Verschwindungen und Erscheinungen belebt. Wir wissen eigentlich nicht, was der Zweck dieses Buches ist; ob den Buddha in seiner ganzen Majestät darzustellen, oder die Bodhisattva's hervorzuheben, oder irgend welche neue Ideen zu schaffen. Wie es scheint: nichts von allem dem, sondern einfach eine Anhäufung von Wörtern, wenn man es nicht eben nur von dem Gesichtspunkt aus ansehen muss, dass der Verfasser die wunderbaren Werke schildern wollte, welche dem Buddha zugeschrieben werden. 160

In einem andern Sûtra derselben Gattung (Dschnânâvalokâlaṁkâra) nahmen, als Çâkjamuni Buddha ward, zehn andere Buddha's die Gestalt von Bodhisattva's an, die Bodhisattva's Ârjabala (d. h. Ârjâvalokiteçvara) Samantabhadra und andre verwandelten sich in Çrâvaka's (nämlich in Çâriputra und andere), in Bhikshunî's u. s. w. Der Buddha versenkt sich in die Samâdhi — (in den Büchern finden sich immer die Namen dieser Samâdhi, welche jedoch, wenn ich nicht irre, noch an keinem andern Orte angetroffen wurden; wir lassen sie unberücksichtigt nicht blos der Kürze wegen, sondern auch weil sie sich gewöhnlich auf ein Wunder beziehen), — und in seinen Merkmalen manifestiren sich die Welten der Buddha's der zehn Weltgegenden, und in seinen Kennzeichen die früheren Handlungen. Ferner lässt Buddha ein Licht ausströmen und in jedem kleinsten Atom erscheinen unzählige Welten der Buddha's, aber in jeder ist es nur der Buddha, welcher sich in seinem neuen Beruf manifestirt hat. Diese mystische Richtung bestrebt sich nicht nur die ganze Natur in der Gestalt einer Gottheit zu personificiren — sich den abstracten Ideen des Mahâjâna anpassend, nach welchen alles Grosse und Kleine identisch und der Begriff des Buddha nur ein bedingter ist — sondern will zugleich damit die Eigenthümlichkeit der Samâdhi und die wunderbare Gewalt der Buddha's aussprechen, welche diese Fähigkeit erlangt haben.

13. Ghanavjûha*) (Mi yen king འཕགས་པ་རྒྱན་སྟུག་པོ་བཀོད་པ) Name eines Reiches ausserhalb der Gränzen der drei existirenden Welten (etwas nach Art eines reinen Gebietes). Hier ist die Hauptlehre die vom Âlaja; sie ist dargestellt in Gesprächen der Bodhisattva's: worin besteht die Substanz oder höchste Idee der Lehre (paramârtha)? — da das Herz (die Substanz) des Tathâgata nicht geboren wird und nicht zu Grunde geht, so spiegelt es sich in allem wieder, wie der Mond im Wasser. — Wer hat die Welt geschaffen? Das
161 Âlaja kann alles hervorbringen; der Tathâgata ist im Stande alles gut zu erklären; die fünf Skandha's sind unwahr; alles existirt nur in dem Gedanken (སེམས་ཙམ); um in dem reinen Gebiet des Buddha geboren zu werden, ist es unumgänglich nöthig, sich den wahren Begriff zu bilden. Der Âlaja findet sich in Verbindung mit den reinen und den verdunkelten Gegenständen, aber nur die Ketzer nehmen an, dass der Âlaja das Ich sei; der Name beruht auf Merkmalen und bildet

*) Burnouf, Introduction p. 64 und sonst hat dafür Gaṇḍavjûha.

nichts Substantielles; danach urtheilend irrt oder begreift man richtig, wird man ein gewöhnliches oder heiliges Wesen.

14. Sarvabuddhavischajâvatâra (སངས་རྒྱས་ཐམས་ཅད་ཀྱི་ཡུལ་ལ་འཇུག་པ Kandsch. ཅ 309, Jou tchou fo king kiai). Hier wird erklärt, dass der Ausdruck: das Nicht-Verschwinden und das Wiedergeborenwerden nur ein ergänzender (oder angenommener) Ausdruck sei, und dieses wird durch verschiedne Allegorien erklärt.

15. Tathâgatagunadschnânâtschintjavishajâvatâranirdeça (ཆ 116—153), Einführung in das unerfassbare Gebiet der Verdienste und der Intelligenz des Buddha. Der Buddha besteht eigentlich aus einem **geistigen** Körper, welcher nicht geboren, aus nichts hervorgekommen und durch nichts begränzt ist; aber er stellt sich den belebten Wesen unter verschiednen Formen, in verschiednen Handlungen, lehrend u. s. w. dar. Alles dieses ist eigentlich dem Buddha unbekannt; man darf nicht annehmen, dass er gedacht habe, dieses oder jenes sein zu wollen; so nimmt das kostbare vaidûrja [Krystall], legt man es auf ein grünes Zeug, auch grüne Farbe an, auf ein rothes — rothe u. s. w.; so vollführt ein Magier verschiedne Verwandlungen, in denen er selbst nichts Wirkliches sieht; so auch die Sonne: den einen scheint es, dass sie aufgegangen, den andern, dass sie untergegangen, den dritten, dass es Mittag sei. Die einen sagen, dass die Lehre 102
des Buddha wächst, die andren, dass sie abnimmt; aber der Mond selbst weiss weder von der Abnahme noch der Zunahme, welche ihm zugeschrieben wird.

16. Mandschuçrivikrîdita (Kandsch. ཏ Ta tschoang yen fa ming king). Mandschûçrî nahm die Gestalt eines schönen Jünglings an, hüllte sich in ein prächtiges Gewand und bekehrte ein

wollüstiges Frauenzimmer; nachdem diese die Geduld erlangt hatte, nahm sie die Gestalt eines Kranken und Sterbenden an und bekehrte einen Häuptling.

17. Mahâbherihârakaparivarta (ཆོས་ང་བོ་ཆེ་ནི་ལེའུ K. ཚུ' 88 bis 134 Ta fa kou king). « Die grosse Trommel. » Die Sammlung erklärt, was der Satz bedeutet: es ist und ist nicht; in dieser Zeit erscheint der König Prasena unter dem Schall von Trommeln und Trompeten. — Der Buddha sagt: ich muss heute das Sûtra der grossen Trommel der Lehre vortragen; er befiehlt dem Kâçjapa diejenigen zu entfernen, die nicht im Stande sind ihn zu hören und es entfernen sich alsdann eine zahllose Menge von Çrâvaka's, Pratjeka's und Bodhisattva's, welche noch in den Anfängen ihrer Beschäftigung waren. Es beginnt eine Betrachtung darüber, dass der Tathâgata eine beständige Seligkeit besitzt, ein reines Ich, nicht das Nirvâṇa hat; dass alle beseelten Wesen die Natur der Buddha haben, dass es nicht drei Jâna's giebt, sondern nur eines; dass in den Sûtra's, welche von der Leerheit handeln, Uebermaass enthalten ist und dass nur dieses Sûtra allein die unvergleichliche Lehre darbietet. Dieses Sûtra ist eines von den den Jogâtscharja's angehörigen.

18. Mahâsamaja oder Mahâsamadscha? (Ta fang teng ta tsi king ཤིན་ཏུ་རྒྱས་པའི་མདོ་སྡེ་འདུས་པ་ཆེན་པོ). Obgleich sich auch im tibetischen Kandschur ein Buch unter diesem Namen fin-
163 det, so ist es doch nicht ein und dasselbe Sûtra mit dem in chinesischer Sprache; in letzterem haben wir eine neue Probe der Vaipulja, oder entwickelter Bücher und ausserdem sehen wir dieses Werk noch in Verbindung mit vielen andren Sûtra's, welche nur dessen Fortsetzung bilden. Im Tibetischen sind die Artikel aus diesem Sûtra getrennt und zerstreut: —

Der Buddha versenkt sich, sechzehn Jahr nach Erlangung der Bodhi, auf dem Berge Gṛidhrakûṭa in die Samâdhi und alsdann erscheint zwischen den Welten der Empfindungen und der Formen ein Gebäude so hoch wie tausend Welten. Der Buddha erhebt sich dahin mit seinem ganzen Gefolge, in welchem von Einigen 68,000 Bhikschu aufgeführt werden (aber später bereits deren 6,000,000); es ertönen Hymnen der Geister. Der Buddha setzt sich auf einen Löwenthron, und versinkt von neuem in Samâdhi; aus jeder Pore seines Körpers dringt ein Licht hervor, welches zahllose Welten erleuchtet; in der Mitte dieses Lichts erschallen Verse, welche eine Ermahnung an die erschlafften Bodhisattva's enthalten; durch die Krone des Hauptes kehrt das Licht in den Körper des Buddha zurück — es erscheinen Bodhisattva's, soviel als Sandkörner am Ufer der Gangâ; sie umwandeln den Buddha zehntausendmal (während die früheren Sûtra's sich mit «dreimal» begnügen). Als der Buddha aus seiner Beschaulichkeit sich erhebend hustete, erschallte dieser Ton in allen Weltgegenden und diente als Vorladungszeichen zur Versammlung der Menschen und Geister; einige Bodhisattva's versenken sich in die Samâdhi, was von neuen Wundern begleitet ist. Der König der Dämonen wird gerufen und veranlasst, den Buddha zu bitten, dass er predige. Dies darf uns nicht in Erstaunen setzen: während in den älteren Legenden des Buddhismus der Dämon der Feind der Lehre ist, sieht der Mysticismus überhaupt keine Feinde und erachtet diesen Gedanken sogar für seiner unwürdig; er lässt den Dämon stets vor dem Buddha erscheinen und ihn mit Willen oder wider Willen der Lehre desselben seine Ehrfurcht bezeugen.
An einer Stelle erhält er sogar die Weissagung, dass er mit 164
der Zeit ein Pratjeka und folglich auch ein Buddha werden werde — und warum auch nicht, da er ja auch ein Wesen

ist. Auch diese Idee hatte viel einfachere Anfänge: verschiedene böse Wesen hausen beständig auf der Erde. Râkschasa's, Drachen, Jakscha's fressen bald Menschen, bald bringen sie ansteckende Krankheiten hervor, bald überschwemmen sie das Land; nicht blos der Buddha, sondern auch die ihm nachfolgenden Patriarchen und andre Geistliche verstehen sie zu fangen, sie mit mystischen Beschwörungen zu binden und bald zu ihrem Glauben zu bekehren, bald wenigstens zu zwingen, dass sie schwören, niemand zu verletzen; eben darauf gründen sich auch noch die heutigen Geisterbeschwörungen, Gebete um Regen, Heilungen von Krankheiten u. s. w. Hier lobt der Buddha den Dämon, indem er ihn mit einem Gemach vergleicht, welches hundert Jahr in Finsterniss gelassen plötzlich durch ein Licht erleuchtet wird. Weiter erblickte der Dämon innerhalb des Nabels des Buddha die gesammte Welt, in welcher sich ein Buddha, die Lehre predigend, befand; der Dämon bezeigte ihm seine Ehrfurcht und schwor, nicht vom Glauben abzufallen. Dieses hindert jedoch nicht, später wiederum einen Einfall des dämonischen Heeres zu erwähnen und den Dämon noch mehreremal auf den Schauplatz zu führen. Und überhaupt ist in Uebereinstimmung mit der mystischen Richtung das Hauptziel, welches dieses Sûtra im Auge hat —: die Unterwerfung des Dämons unter die Religion zu zeigen. Wir bemerken, dass hier, so wie auch in andern Büchern, nicht blos ein einziger Dämon existirt; die Dämonen leben nämlich in Familien, haben verschiedene Gebieter, und während einer aus ihrer Mitte sich zum Buddhismus bekehrt, hindert dies die andern nicht, Feinde der Religion zu bleiben. Die Behausung, in welcher der Buddha sass, und die Opfer, welche ihm gebracht wurden, wurden einem Bodhisattva zur Aufbewahrung übergeben, damit er in ihr den zukünftigen Buddha Maitreja em-

pfange und mit ihnen bewirthe. Wenn wir jetzt zu wissen wünschen, in welcher Beziehung derartige Erzählungen zur Gesammtheit der buddhistischen Lehre stehen, dann müssten wir in der That vielleicht annehmen, dass ein solches Ge- 185
bäude in der Cosmologie erscheint, und dass in den Legenden von dem zukünftigen Buddha gesagt wird, dass er dahin kommen würde; nichts von alle dem! solchartige Geschichten sind zwar fast in jedem Sûtra eingeschoben, aber jede Einschiebung findet sich nur in diesem allein; der Bodhisattva, welcher die Behausung aufbewahrt, kommt an weiter keiner Stelle vor. Völlig dasselbe müssen wir auch in Bezug auf die dogmatische Lehre anmerken; hier, zum Beispiel, wird von acht Arten Lichts gesprochen — dem der Betrachtung, dem des Scharfsinns, dem der Handlung u. s. w. — und jedes derselben hat acht Unterabtheilungen; weiter wird gesagt, dass das grosse Erbarmen in den sechzehn Gegenständen enthalten ist, dass durch die Uebung in den zwei und dreissig guten Werken die zwei und dreissig schlechten vernichtet werden. Man meint, dass alles dieses zu den wichtigsten Punkten der Dogmatik gehört: nichts von alle dem! an einer andern Stelle begegnet man besonderen Aufzählungen, und wie dies so kann auch anderes nicht wieder vorkommen: alles dieses sind nichts weiter als Betrachtungen des Gegenstandes von einem gewissen Standpunkt aus, Ausdruck einer analytischen Erwägung, nicht aber einer strengen, sondern einer willkürlichen. Wir sehen diese Richtung schon früher in dem Hînajâna und den Âgama's; der Gegenstand wird bald in fünf, bald in sechs Formen u. s. w. betrachtet; eine von diesen Formen kann an einer andern Stelle als Hauptprincip aufgestellt werden u. s. w. Aus diesem Grunde ist es auch nutzlos, derartigen Besonderheiten, welche zu Nichts führen, nachzugehen, zumal da die allgemeine Haupt-

Terminologie, welche alle angenommen haben, nicht so verschiedenartig ist. Das Mahâsamaja, als eines der mystischen Bücher, verbreitet sich über die Dhâraṇî's; wir sehen hier, dass diese Dhâraṇî's gewissermaassen in Verbindung mit dem Menschen aus einer Welt in die andre, aus einer Wiedergeburt in die andre übergehen; es ist nur nöthig, dass sie in die Wurzel der Weisheit gepflanzt waren. Die dogmatische Seite dieses Buchs ist in Bezug auf fast alle Hauptgegen-
100 stände in der Lehre des Mahâjâna enthalten, so in Betreff der Eigenschaften des Buddha, seiner Intelligenzen, in Betreff der sechs Pâramitâ's, der Bedeutung der Leerheit u. s. w., aber alles dieses wird ohne System und Ordnung auseinandergesetzt, mit einer Fülle von Legenden vermischt, von denen wir oben eine Probe kennen gelernt haben. Berücksichtigen wir dies, so vermögen wir nicht zu entscheiden, welche von diesen beiden Seiten als eigentliche Grundlage für die andre dient, ob die Dogmen hier das Hauptobject bilden, oder die Einrahmung. Dogmen sehen wir beständig in einer Menge von Sûtra's und sie werden hier nicht als etwas Unbekanntes auseinandergesetzt; eben so wenig setzt das Wunderbare einen besondern Zweck voraus: eher ist alles dieses eine Umschreibung ein und desselben Thema's durch verschiedne Schüler. Was die Legenden betrifft, so verstehen wir unter diesem Worte Erzählungen, welche bei jeder Gelegenheit zur Erklärung von Dogmen und Wundern beigebracht werden. Nachdem eine Lehre erklärt ist, die Dhâraṇî's und die Samâdhi erwähnt sind, wird plötzlich zu Erzählungen von früheren Handlungen übergegangen; — der Buddha, oder eine andre Person, erwies in einer gewissen Lage, bei der Vollziehung dieser oder jener That einem der Buddha's Verehrung, hörte mit Aufmerksamkeit die Lehre, opferte sein Leben, ertrug Leiden: das ist

Legende: — der und der Bodhisattva, nachdem er eine gewisse Samâdhi studirt, verharrte in ihr eine unzählige Menge von Jahrhunderten hindurch, dann, plötzlich sich aus ihr erhebend, ward er ein Buddha; — dies ist ebenfalls Legende. Irgend ein Thier ist beim Vortrag irgend einer Lehre zugegen gewesen, nachher wird es als Geist wiedergeboren, oder wird ein Bodhisattva, ein Heiliger — dies ist eine Erzählung andrer Art. Ein Bodhisattva erscheint und thut irgend ein Wunder, macht zum Beispiel sich selbst oder andre unsichtbar. Bisweilen begnügt man sich nur zu zeigen, dass dies das Werk der Samâdhi sei, ein andermal wendet man sich zu der früheren Existenz des Bodhisattva,
um zu zeigen, dass es die Vergeltung für irgend eine frühere 167
Handlung ist; bisweilen geht man über in eine andre Welt, ruft den dortigen Buddha bei Namen, verbreitet sich in der Beschreibung seines Reiches — dies ist wieder eine Legende eigner Art. Ist andrerseits von einer Person gesprochen, welche sich durch irgend etwas ausgezeichnet hat, so lässt man sich nicht blos in Betrachtung ihrer früheren Handlungen ein, sondern wendet sich auch zu ihrer Zukunft: es wird erzählt, dass sie zu der und der Zeit das und das thun werde, mehrentheils, dass sie in der oder einer andern Welt Buddha werden würde; es wird die Beschreibung verschiedner näherer Umstände in Bezug auf diese Thatsache begonnen; diese Legenden werden zum grössten Theil durch den besonderen Ausdruck: eine Weissagung empfangen charakterisirt. Die letzten sind in der mystischen Lehre von grosser Bedeutung: während im Buddhismus anfänglich alles nur eignen Bestrebungen zugetheilt wird, unterwirft der Mysticismus die Kraft der Bestrebung selbst dem Segenswunsch; denn mit der Weissagung steht auch dieser Begriff in enger Verbindung. Dies ist der Grund, weshalb die späteren tibeti-

schen Lama's den Ursprung ihrer Apostel (zum Beispiel des Tsonkhapa) in der Geschichte des Buddha und in Legenden suchen, welche, dem gegenwärtig besprochenen Buch ähnlich, allenthalben verbreitet sind.

Eben dieses Sûtra ist für das Hînajâna nicht günstig gestimmt. Es spricht ihm die Möglichkeit ab, die Bodhi zu erlangen; es tadelt dessen Halsstarrigkeit, indem es sagt, dass die Çrâvaka's und Pratjeka's als Unverbesserliche sterben.

Ausser der mystischen Lehre über die Samâdhi begegnet man hier einer andern Seite dieses Systems; das sind die Dhâranî's oder die mystischen Formeln, welche sich hier in verschiednen Bedeutungen darstellen: die Buddha's senden sich einander Bodhisattva's mit einigen Dhâranî's; es giebt Formeln, welche die Lehre der Çrâvaka's und Pratjeka's in sich enthalten, die in Beschaulichkeit versenken, die aus ihr herausführen; es giebt Dhâraṇî's, welche bewirken, dass
168 man zugleich mit seinem Mann geboren wird und stirbt; es giebt Dhâraṇî's um solche Bodhisattva's zu werden, die, nachdem sie die Gestalt von Thieren angenommen haben, die Geschöpfe ausserhalb Dschambudvîpa's erleuchten. Die Namen dieser Thier-Bodhisattva's sind dieselben mit denen, welche in Mittelasien dem zwölfjährigen Cyclus gegeben werden. Wir erinnern uns nicht eine Erwähnung dieser Bodhisattva's und, was der Buddhismus damit sagen wollte, an irgend einer andern Stelle gefunden zu haben.

Wir wollen noch einen andern Umstand hervorheben, welcher sich auch in einigen andern Sûtra's wiederholt: unter den verschiedenen Personen, welche sich um den Buddha bewegen, werden Jünglinge erwähnt. Es ist keinem Zweifel unterworfen, dass hier einfach Bodhisattva's gemeint sind, wie dies daraus klar ist, dass Mandschuçrî unter ihnen genannt wird (11te Abth. über die Leerheit, S. 9), aber die

Bodhisattva's, welche in Bezug auf ihre Beschäftigungen und ihre Geburt jung sind, werden allenthalben in der Blüthe der Schönheit und in weiblicher Gestalt dargestellt. Wir sehen häufig, dass da, wo die Buddha's Bodhisattva's senden, an einer andern Stelle Jünglinge dazu gebraucht werden. Ganz eben so bedienen sich die Buddhisten der Bezeichnung «Sohn der Götter» (Devaputra), und nicht «Gott,» weil diese ebenfalls, gerade wie wir oben über den Dämon bemerkt haben, nach Familien und Geschlechtern gezählt werden. Sonderbar! in der chinesischen Sprache bedeutet Tseu eigentlich «Sohn» und wurde trotzdem vor alter Zeit als Ehrentitel gebraucht.

Ueberhaupt muss das Mahâsamajasûtra als Repräsentant des mahâjânistischen Mysticismus angesehen werden. Mit diesem ist eine Menge andrer besondrer Sûtra's eng verbunden, mit denen vereint es, dem Ratnakûta ähnlich, eine vollständige Sammlung von Werken bildet, welche jedoch sich weder stets durch denselben Geist auszeichnen, noch gleichzeitig geschrieben sind; denn in den Sûtra's selbst zeigt sich, dass sie in einer Reihenfolge, eines nach dem andern, erschienen sind. Der Art sind die Sûtra's: Sûrjagarbha, Herz der Sonne (Sûrjagarbhanâmamahâvaipuljasûtra K. § 18 — 169
250) — Tschandragarbha, Herz des Mondes — und die übrigen, in denen irgend ein besondrer Bodhisattva die Hauptrolle spielt.

a. Im Tschandragarbha verläuft die Handlung gerade gemäss der Verkündigung des Sûtra Sûrjagarbha, und dennoch, wohlgemerkt, gehört nach der Meinung der buddhistischen Literatur der ganze schriftstellerische Charakter des Buches ebenfalls dem Buddha selbst an. Diese Abgeschmacktheit bezweifelt keine Seele, und dasselbe wiederholt sich fast bei jedem Buche. Sogar der Gedanke, dass die Erzählung höchstens von einem Augenzeugen, zum Beispiel irgend einem Bodhisattva, überliefert sei, ist unzulässig.

Folgendes ist der Inhalt des Buches: Im Westen erscheint eine gewaltige aus Blumen bestehende Wolke, in deren Mitte ein Halbmond leuchtet; auf diesem ist, aus zwei Stockwerken bestehend, von reinem Gold, der Tempel der Predigt, in welchem ebenfalls ein Halbmond sichtbar war, und auf diesem war ein schwarzer Lotus mit tausend Blättern. Der Buddha setzt sich auf diesen Lotus, ein Licht nach Art eines Vollmonds beleuchtet die Häupter der vor ihm Stehenden. Dieses dient als Zeichen der Ankunft des Bodhisattva Tschandragarbha, welcher vom Buddha wegen seiner Fähigkeit sich in Beschaulichkeit zu versenken und wegen seiner Vollkommenheit in den sechs Pâramitâ's gelobt wird. Mittlerweile nehmen alle Dinge im Palast des Dämon die Gestalt eines Vollmondes an; alles ist daselbst von einem mächtigen Licht erleuchtet und allenthalben hört man religiöse Gâthâ's. Der Dämon ruft unter Trommelschlag seine Untergebenen zusammen; aber selbst im Schall der Vorladung ertönen ebenfalls Gâthâ's und wider seinen Willen muss er mit sammt seinem ganzen Gefolge, als Bekehrter, vor dem Buddha erscheinen, bringt Opfer dar und ist gegenwärtig bei dessen Predigt. Der Buddha handelt von dem Geist des Mitleids, als dem allerwichtigsten Gegenstande, und da dieses Mitleid mehrmals den Gegenstand der Erwähnungen im Mahâsamaja bildet, so ist es sicher einer der fundamentalen Punkte des Mysticismus, welcher sich bemühte die tödtliche
170 und alles vernichtende Lehre der Pradschnâ pâramitâ wieder zu Leben und Wärme zu bringen. Nach dem Dämon dreht sich das Thema darum, dass die Welt und die Bewahrung der Lehre (ohne noch von dem Sûtra selbst zu sprechen) vier Mahârâdschâ's übergeben wird, eben so auch den Göt-

tern, Schlangen und Asuren, welche, nachdem sie des Buddha Predigt gehört, Reue fühlen und sich vor dem Buddha entschuldigen; alsdann vertheilt dieser unter ihnen alle Königreiche und Länder von Dschambudvîpa und empfiehlt einem jeden besonders die Wahrung der Sache der drei Kostbarkeiten. Aber ausserdem werden auch den 28 Mondstationen, den sieben Planeten, und den zwölf Zodiakalzeichen Königreiche anvertraut. Augenscheinlich ist das Hauptziel des Sûtra: dem Buddhismus eine äussere Stütze zu geben, die er früher so gleichgültig verwarf, namentlich auszusprechen, dass er ausser dem unthätigen Buddha in den verschiednen mythologischen Personen thätige Beschützer habe.

Doch wie sich dies auch verhalten möge, diese letzten Sûtra's scheinen, abgesehen von ihrer mystischen Richtung, ziemlich alt; denn sie erwähnen nur erst die sechs Pâramitâ's und, obgleich sie das Hînajâna sogar verwerfen, halten sie es dennoch für ihre Pflicht von den Punkten dieser Lehre als etwas Unersetzlichem zu handeln. Dieses bezeugt die allerinnigste Verbindung des Mysticismus mit dem Mahâjâna.

b. Unmittelbar nach dem Sûtra Tschandragarbha wird verkündigt, das heisst: erscheint das Sûtra über die zehn Räder (Chi lun king), oder von dem Bodhisattva Kshitigarbha (— «Herz der Erde» Ti ts'ang; Daçakshitigarbha Kandsch. མདོ 104 — 357, སའི་སྙིང་པོའི་འཁོར་ལོ་བཅུ་པ), welcher hier eine bedeutende Rolle spielt. Den ersten Namen führt es deshalb, weil die zehn Kräfte des Buddha mit dem Rad eines Tschakravartin [souveränen Königs] verglichen werden. Die Handlung wird nach dem Süden übertragen; die Einrahmung ist zwar von neuer Art, aber nach dem vorhergegangenen Muster. Diesem Sûtra gemäss darf derjenige, welcher der Welt entsagt, selbst wenn er seine Gelübde bräche, sobald er nur 171 die beschauliche Fähigkeit besitzt, nicht verschmähet werden. Dadurch wird der Beschaulichkeit ein offenbarer Vorzug vor der Moral gegeben, was wir jetzt vollständig bei den Tibetern angenommen finden. Hier wird ein Gedanke ausgesprochen, welcher der Idee des vorigen Sûtra entgegengesetzt ist, nämlich dass, obgleich das grosse Jâna auch der Pfad des Buddha ist, es dennoch nicht nöthig sei auch die beiden niedern zu verwerfen.

c. In dem folgenden Sûtra Hiu mi king (Ratnagarbha 2tes Cap.) wird die Fortsetzung der Handlung des vorigen Sûtra auseinandergesetzt.

d. Das Sûtra von Âkâçagarbha[1]) (Hiu k'ong tsang; eine Variante davon lautet im Chinesischen Kouang hiu k'ong ts'ang) alsdann spricht davon, wie man Busse thun muss; dazu ist nöthig nach Verehrung der 35 Buddha's (welche von dem mahâjânistischen Vinaja angenommen werden) den kostbaren Tschintâmani[2]) auf dem Haupte des Bodhisattva Âkâçagarbha darzustellen.

e. Das Sûtra vom Bodhisattva Akshajamati (Wou tsin i pou sa king བློ་གྲོས་མི་ཟད་པ) hat folgenden Inhalt: Als der Buddha das Sûtra Mahâsamaja (Samadschâ) verkündete, erleuchtete ein goldner Strahl die östliche Welt, erschien ein ungeheuerer Lotus und der Bodhisattva Akshajamati stand vor dem Buddha in Begleitung eines Gefolges von 60 Millionen. Çâriputra frägt, woher sie gekommen seien, und der Bodhisattva antwortet, dass es weder Ankunft noch Entfernung gebe. In den reinen Reichen der Buddha's der andern Wel-

---

1) Âkâçagarbha ནམ་མཁའི་སྙིང་པོ Kandsch. ཞ 278—298.

2) [Einen fabelhaften Stein, dessen Besitz alles gewähren soll, was man sich denkt.]

ten beschäftigen sich die Bodhisattva's nur mit Beschaulichkeit (Samâdhi), oder Meditation über den Buddha und erreichen dadurch die Stufe der «Geduld ohne Wiedergeburt.» Der Bodhisattva Akshajamati zeigt der ganzen Versammlung das reine Reich, aus welchem er gekommen ist, und verbeugt sich aus der Ferne vor dem dortigen Tathâgata; zur selbigen Zeit sahen sie vom dortigen Reich her das hiesige und begannen aus der Ferne sich zu verbeugen und dem Buddha (Çâkjamuni) Opfer zu bringen. Çâriputra frägt, warum dieser 172
Bodhisattva Akshajamati (was «unvergänglicher Geist» oder «Verstand» bedeutet) heisst, und darauf wird gesagt, dass alle Gegenstände unvergänglich sind; alsdann wird, je einzeln, die Unvergänglichkeit der achtzig religiösen Gegenstände entwickelt (der Besitz des Gedankens der Reinheit des Herzens, der sechs Pâramitâ's, der grossen Barmherzigkeit u. s. w.).

f. Das Sûtra Bodhisattvabuddhânusmṛitisamâdhi (Pou sa nien fo san mei king) «Erinnerungen der Bodhisattva's über den Buddha,» geheiligt dem Bodhisattva Amoghadarça (Pou k'ong oder Pou hiu nien.)

g. Das Sûtra von Bhadrapâla enthält, wie es scheint, eine Reihe Bücher der Mahâsamadschâ.

In den letzten beiden Sûtra's werden mit der grössten Umständlichkeit die Regeln der Beschaulichkeit in Betreff der Samâdhi auseinandergesetzt. Hier folgen die Vorschriften des Sûtra Buddhânusmṛiti (wir bemerken, dass bereits die Hînajânisten ein Buch unter diesem Namen hatten und dass das Vaipulja es nach seinem Charakter umänderte, jedoch denselben Namen bewahrte): Zuerst betrachte, dass die fünf Verdunkelungen (oder Fesseln: Zorn, Leidenschaft, Unwissenheit, Begierde u. s. w.) unwahr sind! übe dich in dem Çamatha und Vipaçjana, im Nachdenken über die drei Arten der Leerheit, die vier Stufen, die zwölf Dhûta's, sieben und dreissig Artikel, die zehn Güter, die zehn Kräfte des Buddha, die zehn Epitheta, seine Kennzeichen und Merkmale, ferner in den sechs Einsichten und den fünf Kräften! gelange zu der Ueberzeugung, dass die Skandha's, obgleich verschieden gestaltet, doch nichts weiter sind als der Tathâgata; dass die unvergleichliche Bodhi weder durch den Körper noch die Seele erlangt wird, aber auch nicht von ihnen getrennt ist! es ist nothwendig die Annahme des Ich zu entfernen. Cap. XII. Erschaue in jeglichem Gegenstand dessen Nicht-Ewigkeit, das Nicht-Ich, das Leiden! verehre den Buddha und ermahne andre ihn zu verehren! sprich Gebete! preise die Verdienste des Buddha, seine Kennzeichen und Merkmale! Cap. XV. Die gehörige Betrachtung der eigentlichen Kennzeichen aller Gegenstände wird Betrachtung des Buddha genannt. —

Das Sûtra Bhadrapâla ist gewissermaassen eine Entwick-
173 lung des vorigen Buchs, und bildet im Verein mit diesem den Uebergang zu der zahlreichen Reihe der Tantra's, welcher wir im tibetischen Kandschur begegnen.

Bis jetzt haben wir Buddha's und Bodhisattva's ex machina gesehen, existirend nur als Personification einer Idee, ohne dass man weiss, wozu; jetzt tritt ein andres Ziel hervor. Diese Buddha's können sich uns nähern, trotz dem, dass wir noch nicht so weit gekommen sind das himmlische Auge und Ohr, dieses Zubehör eines Buddha, zu erlangen; man kann sie gewissermaassen leibhaftig erschauen, sich an der Anhörung ihrer Lehren erfreuen, aber nicht mehr. Das gegenwärtige Extrem der Entwicklung der Tantra's beruht unzweifelhaft darauf, dass man sich selbst auf mystischem Weg in einen Buddha verwandeln soll; so weit ist man hier noch nicht gegangen. Das Sûtra von Bhadrapâla stellt einzig

den Buddha Abida oder Amitâbha als Muster auf und passt diesem seine Theorien an, welche auch auf andre Buddha's oder Götter, mythologische Buddha's, angewendet werden. Im Ratnakûṭa und andern besondern Sûtra's finden wir eine Schilderung des Amitâbha und des Reiches, in welchem er lebt; das Sûtra des Bhadrapâla schreibt vor, sich diese Schilderung in seinem Geiste oder vielmehr in seiner Einbildungskraft klar und bestimmt vorzustellen, sich in diese Vorstellung bis zu dem Grade zu versetzen, dass man endlich alles leibhaftig sieht. Die Idee, dass dieses möglich sei, wird durch Vergleichung mit dem Traum bekräftigt, in welchem nichts hindert, zu sehen, was einem beliebt, zu essen und sich zu freuen; natürlich! alle Gegenstände sind ja so leer wie ein Traum. Wenn ein Hungriger im Traum zu sehen vermag, dass er sich gesättigt, warum sollte man denn nicht — wenn man seinen Geist auf das Reich des Buddha richtet, betet und sich dessen Kennzeichen und Merkmale vorstellt — ihn hell strahlend und glänzend erblicken können? Man kann auch durch andre Mittel ein wahrhaftes Erschauen des Buddha erreichen — nämlich, wenn man seinen Lehrer wie einen Buddha ehrt — und auf diese hier niedergelegte Idee ist in der That die Lehre vom Guru gegründet, welche in Tibet die grösste Achtung geniesst, wo sehr viel von der Verehrung gegen die Lehrer gehandelt wird. Bei Gelegenheit 174
der Anpassung an diese Zwecke gewährt das Sûtra noch viele moralische Anweisungen.

h. Eine noch grössere Entwicklung der Ideen dieses Sûtra's treffen wir in der chinesischen Uebersetzung: Kouan fo san meï haï king «Betrachtung des Buddha» an. Hier wird die Vorstellung des Buddha im Einzelnen erwogen, beginnend mit der Krone des Hauptes, dem Haar, der Stirn, den Augenbrauen, bis zum Nabel; alsdann folgt die Vorstellung des Lichts, welches einzeln aus allen diesen Theilen hervorgeht u. s. w.; im Ganzen acht und zwanzig Vorstellungen; durch die Beschauung des Herzens ergiebt sich das Nachdenken über die grosse Barmherzigkeit und über die Qual in der Unterwelt.

i. Ein besonderes Sûtra, das Tathâgatagarbhasûtra [1]), entwickelt dies noch ausführlicher; in allen Schöpfungen ist die Natur des Tathâgata verborgen: wie im Innern der armen Mutter das theure Kind bewahrt wird, so liegt das Gold an einem unreinen Orte u. s. w. (im Ganzen neun Vergleiche).

19. Wir wollen nicht die Menge der Sûtra's prüfen, welche speciell für die Aufzeichnung der verschiednen Namen der Buddha's bestimmt sind. Wir bemerken nur, dass diese Aufzählungen verschiedenartig sind und von einander abweichen, so dass aus allem sichtbar, dass auch die Sûtra's dieser Art nicht nach einem System abgefasst sind. Hier zeichnen sich auch die chinesischen Uebersetzungen durch eine Menge von Namen aus. In dem Sûtra Fo ming king (die Namen des Buddha, 12 Hefte) werden 11,073 Benennungen der Buddha's, Bodhisattva's und Pratjekabuddha's aufgezählt; im Sûtra Wou tsien wou pe fo ming king (5500 Namen des Buddha) werden 4704 (im Tibetischen 5453) aufgezählt; in einem andern Sûtra, dem Bhadrakalpa, sind in drei Kalpa's 3000 Buddha's aufgezählt. Andre Sûtra's beschäftigen sich mit einer vergleichsweise geringeren Menge, oder mit der Benennung von Buddha's in nur einer Seite der Welt. Einige Sûtra's beschäftigen sich sogar mit der Erzählung der früheren Begebenheiten bezüglich derjenigen Bud-
175 dha's, welche in Zukunft erscheinen werden (Tsien fo in

---

1) དེ་བཞིན་གཤེགས་པའི་སྙིང་པོ. K. ཁུ 259—277.

youan king); andre schildern deren zukünftiges Gefolge, die Dauer ihres Lebens und ihrer Lehre u. s. w. Bisweilen verbinden sie mit den Namen der Buddha's auch Dhâranî's, die ihr Herz bilden. Endlich sind einige Sûtra's irgend einer Person ausschliesslich gewidmet, zum Beispiel dem Maitreja; ein Sûtra erzählt, dass, um sich eine Geburt neben diesem zu verdienen es nöthig ist, zeitig, wie oben gesagt ist, den Abida (Amitâbha) zu betrachten und den Mandschuçrî, Vidjârâdschâ (Yao wang) und Kshitigarbha, welcher, wie es scheint, ursprünglich bei der Rettung der beseelten Wesen dieselbe Rolle spielte, welche später dem Avalokiteçvara zugeschrieben wird. Es ist begreiflich, dass in vielen Büchern dieser Art die mystische Richtung hervorzubrechen beginnt, und dass der Bodhisattva, welcher in den älteren Sûtra's noch keine bedeutende Persönlichkeit ist, hier in gleicher Linie mit den Buddha's oder über sie gestellt wird. So wird im Çuranîgama (? དཔའ་བར་འགྲོ་བ, Chin. Cheou ling yen san meï king) gesagt, dass Mandschuçrî, welchem dieses die Bezeichnung Samâdhi führende Sûtra, in welchem eine Menge magischer Buddha's sich als wirkliche bekennen, vorzugsweise gewidmet ist, lange schon den Beruf eines Buddha erreicht hat. Ueberhaupt sind diesem Bodhisattva viele Sûtra's gewidmet.

20. Viele Sûtra's beschäftigen sich ausschliesslich mit der Erläuterung der Vergeltung für Thaten. Diese Lehre finden wir auch nicht selten in andern Sûtra's, welche in besondrer Absicht abgefasst sind. Derselbe Gedanke wird auch stets in den Legenden über verschiedne Personen ausgesprochen. Folgende sind einige von der Mahâjâna-Lehre ausgesprochene Ideen. Nach dem Sûtra Yeu tee niu so wen king, welches einzig im Chinesischen angetroffen wird («die Fra-

gen der standhaften Frau»), sagt der Buddha, dass es in der
176 absoluten Idee weder irgend Handlungen giebt, noch irgend etwas entsteht, folglich auch keine eitlen Handlungen; dass alles einer Schöpfung von Magiern ähnlich sei, welche der Reihe nach verschiedne Dinge hervorbringen, in denen keine Wirklichkeit ist. In einem andern Sûtra (Tchouan ieou king སྲིད་འཕོ་བའི་མདོ), in einer Antwort auf die Frage: wie eine Vergeltung für Handlungen existiren könne, da alle Gegenstände leer sind, nicht existiren und nicht zergehen, — vergleicht der Buddha dieses mit einer in einem Traum gesehenen Gestalt eines schönen Weibes, welche auch beim Erwachen in der Vorstellung haftet. In einem dritten Sûtra (Sumagadhi མ་ག་དྷ་བཟང་མོ) wird gesagt, dass das Nichtgeborenwerden Geburt ist; in einem vierten, dass nichts eine Verminderung oder Vermehrung hat; in der Mahâjâna-Lehre ist alles unterschiedlos; die Reiche der Tathâgata's und der belebten Wesen bilden nur ein Reich, nicht aber zwei.

21. Lalitavistara (རྒྱ་ཆེར་རོལ་པ, im Chinesischen existiren zwei Uebersetzungen Pou sa king und Ta tschoang yen king). Dieses Werk ist in Europa bereits übersetzt und wir werden deshalb nicht darüber sprechen. Obgleich es auch zu den Sûtra's des Mahâjâna-Systems gezählt wird, so zeigt doch alles, dass es schon zur Zeit der ersten Anfänge der Legenden abgefasst ward. Wir bemerken nur, dass die Lebensbeschreibungen des Buddha sich nicht auf dieses Werk beschränken; abgesehen von den vollständigen Geschichten und abgerissenen Legenden, welche sich bei den Hînajânisten finden, stellt sich auch überhaupt die ganze buddhistische Literatur als eine Frucht seiner Thätigkeit dar. Im Anfange eines jeden Sûtra's wird der Ort der Handlung angegeben,

dann folgt die Unterhaltung des Buddha. Auf eben dieser Grundlage haben auch die Tibeter später ihre Lebensbeschreibung des Çâkjamuni gestaltet; wir bemerken nur, dass sich in der chinesischen Sprache eine noch grössre Ausführlichkeit im Einzelnen finden möchte.

22. Dhâranî (གཟུངས, To lo ni). Unter diesem Namen fin- 177
det man sowohl in der chinesischen als tibetischen Sprache eine Menge von kleinen Artikeln, in denen weitläufig vom Nutzen einer darin angeführten Formel gesprochen wird, welche man jedesmal als die einzige und allerwirksamste betrachtet; aber auf dem folgenden Blatt findet man eine andre Beschwörung, über welche in denselben Ausdrücken geredet wird. In dem ersten Theil des Kandschur ist eine Sammlung aller Dhâranî's enthalten, welche, ausser in den ausschliesslich für sie bestimmten Artikeln, auch noch allenthalben in den Sûtra's zerstreut sind. In China hat die jetzige Regierung sie aus chinesischen Quellen ausgezogen und in vier Sprachen herausgegeben. Unter den Sûtra's sind bemerkenswerth: Ta wei te to lo ni king (nur in chinesischer Sprache) 20 Hefte.

Wir haben nicht die Absicht hier diese Artikel aufzuzählen, zumal da sie Namen führen, die nicht selten so lang sind, wie ihr ganzer Inhalt; aber sicherlich gingen diejenigen, welche kurz sind, den umfassenderen Sammlungen voraus, gleichwie nach unserer Meinung die Dhâranî's selbst vor den Tantra's erschienen sind, obgleich einige von ihnen auch als aus den letzteren gezogen dargestellt werden. Ohne uns auf eine kritische Untersuchung darüber einzulassen, wie sich die Lehre von den Dhâranî's allmählich entwickelt hat, sagen wir nur, dass ihre ursprüngliche Bestimmung, wie aus zahlreichen Anzeichen ersichtlich, zum Zweck hatte,

die abergläubische Menschheit vor Furcht und Gefahren zu bewahren; wir finden eine Menge von kleinen Legenden darüber, wie sich Râhula oder Ânanda, oder ein anderer Bhikschu fürchtete; sie werden mit einigen Varianten berichtet, was ebenfalls dazu dient, die Annahme zu beseitigen, dass die Dhâraṇî's nicht Stücke aus irgend einem grössern Tantra sind, sondern selbstständige Producte. Und so finden wir Beschwörungsformeln, welche bestimmt sind zum Schutz gegen
178 Furcht, gegen Epidemie, gegen den Einfluss böser Gestirne, gegen Gift; es giebt Formeln, welche Götter, Schlangen, Jakschas u. s. w. besänftigen und unterwerfen, welche den Biss der Schlangen («die Beschwörung des Pfauen-Königs [1]), des Feindes der Schlangen») und Insekten heilen; endlich giebt es Dhâraṇî's, welche alle Wünsche erfüllen, Dhâraṇi's, welche das Leben verlängern (die Beschwörungsformel des Amitâbha), die Asura's überwinden — die Feinde des Indra, welcher diese Dhâraṇî's auf seine Fahnen schreibt —; es giebt Dhâraṇî's, um Wind und Regen zu hemmen, um in Sukhavatî geboren zu werden, Armuth, Leiden und alles Unglück abzuwenden; endlich erscheinen Dhâraṇî's, welche von schlechten Wiedergeburten befreien, zu einer schnellen Erlangung der Bodhi verhelfen, Sünden abwaschen, das frühere Leben enthüllen, die Bodhisattva's (Avalokiteçvara, Amitâbha, Maitreja) herbeirufen, vor Unglauben schützen. Ausserdem ist alles und jedes mit mystischen Formeln verbunden: die Abwaschung der Götzenbilder, das Räuchern mit Aromen, die Darbringung von Blumen u. s. w. Es giebt deren sogar, welche, wenn man sie während der Schwangerschaft liest, die Geburt eines Knaben oder einer Tochter bewirken. Diese Aufzählung — in welcher mehrere besondere Artikel

1) [Es ist der Vogel Garuḍa gemeint].

oft auf ein Wort kommen — zeigt uns den Umfang der Namen dieses Theils der Literatur. Wir sprechen noch nicht
von der in den Sûtra's vorkommenden Idee, wonach eine
Dhâranî der Repräsentant der ganzen Lehre irgend eines Sûtra oder überhaupt eines religiösen Dogma's zu sein vermag;
diese neue Seite erscheint in den besondern Artikeln noch
nicht und dient zum Beweis, dass diese Ideen später und rein
buddhistisch sind.

Wir haben bereits oben gesehen, dass die Buddha's Bodhisattva's an Çâkjamuni senden; in den einfachen Sûtra's
mit Geschenken, wie zum Beispiel Blumen, in den mystischen aber mit Dhâranîs. In der That können die verschiedenen Namen oder Epitheta der verschiedenen Buddha's und 179
Bodhisattva's ebenfalls als Dhâranî's angesehen werden, in-
sofern sie beim Gebet und Segen angewendet, wie angenommen wird, gleichfalls eine mystische Wirkung haben, da sie die
Unterstützung und Hülfe desjenigen herbeirufen, zu welchem
gebetet wird. In diesem Sinn erhalten jetzt auch die Monumente Bedeutung; ihre Wiederherstellung oder die Um-
schreitung derselben im Kreise ruft, gleichwie die Dhâranî's,
den höchsten Schutz herbei. Die Monumente (jetzt auch die
Götzenbilder) werden zugleich auch mit gewissen Dhâranî's
angefüllt. Endlich erscheinen versöhnende Opfergaben (Bali),
welche unter Begleitung abgelesener mystischer Formeln
den bösen Geistern (Preta) hingeworfen werden, damit sie
sich entfernen. Darauf gründet sich hauptsächlich das Be-
gräbnisscäremonial: mit Hülfe von Beschwörungen und Mudrâ's wird die Unterwelt zerstört, welche des Todten vielleicht harrt, ruft man die Preta's herbei und versöhnt sie,
fordert seine guten Werke hervor, bereitet einen Nectar,
welcher in die auf eine mystische Weise (durch Mudrâ's und
Dhâranî's) geöffnete Kehle des Verstorbenen gegossen wird,

giebt ihm die Weihe der drei Kostbarkeiten, lässt ihn die Gelübde übernehmen und führt ihn auf diese Weise nicht blos zu einer besseren Wiedergeburt, sondern macht schon im Voraus aus ihm einen in seinem zukünftigen Leben frommen Menschen.

Bisweilen werden diese Dhâraṇî's von dem Buddha selbst auf irgend Jemandes Bitte, zum Beispiel des Vadschradhara, verkündet, oder in dessen Gegenwart hervorgebracht; bisweilen dagegen theilen diejenigen selbst sie mit, auf welche sie Einfluss haben. Alles dieses ist wahrscheinlich bereits fertig aus dem Volksglauben in den Buddhismus übertragen, aber dieser fügte noch die Dhâraṇî's hinzu, welche über die Buddha's und Bodhisattva's Gewalt haben, wenn er nicht auch von diesen einige von aussen entnahm. Es versteht sich, dass man alle diese Dhâraṇî's mehrfach, in einer vorgeschriebenen Zahl, wiederholen muss; dieses wird jetzt in Tibet
180 und in der Mongolei durch das Rad (Kurdä, འཁོར་ལོ) ersetzt.

Anfänglich finden wir keine Vorschriften über das Lesen der Dhâraṇî's, alsdann aber werden die Anforderungen allmählich so sehr vermehrt, dass sie zuletzt ein ganzes System bilden, von welchem der Erfolg der Beschwörungen abhängt; in diesem System stehen an der Spitze vorbereitende Formeln, dann gehen ihnen religiöse Forderungen voraus, wie der Glaube an die drei Kostbarkeiten, das Räuchern mit Aromen, u. s. w.; es ist nothwendig die Buddha's und Bodhisattva's in sein Herz aufzunehmen; endlich erscheinen Altäre rings um die Dhâraṇî's und weiter wird bereits die mahâjânistische Lehre damit verbunden. Der Buddha spricht zu Mandschuçrî: Da alle Gegenstände in Buchstaben begriffen werden, so ist auch darauf die Bedeutung der Dhâraṇî's gegründet. Demnach ist ihr Ursprung namentlich in den ersten Problemen der philosophischen Analyse zu suchen, welche, sobald der Verstand durch das Verhältniss der Laute zu den Gegenständen und Begriffen, so wie die Verbindung derselben mit der Schrift betroffen ward, mit Leichtigkeit die mystische Richtung einschlug. Der Gebrauch des Rosenkranzes, welcher zur Zählung der Wiederholungen der Formeln, oder der Aussprechung der Namen und Epitheta der Buddha's und Bodhisattva's ebenfalls nöthig ist, und dessen man sich auch in mystischer Bedeutung bedient, trägt nach unserer Ansicht das Gepräge der ersten arithmetischen Kenntnisse.

Als Vorboten der Tantra's muss man diejenigen Cäremonien betrachten, in denen eine Beschauung der Dhâraṇî's
oder der Buchstaben vorgeschrieben wird, welche die Substanz eines gewissen Buddha oder Bodhisattva darstellen;
eine solche Beschauung der Buchstaben besteht darin, dass man sie sich an seinem eignen Körper vorstellt, oder im
Herzen oder auf verschiednen Theilen (Hals, Nabel u. s. w.), und zwar so, dass jeder Buchstab eine verschiedene Farbe
hat; dabei wird vorgeschrieben, dass man sich den Gedan- 181
ken aneigne, dass unser Körper im Verhältniss zu diesen Buchstaben dasselbe ist, was der Reflex in einem Spiegel:
weder gleich noch verschieden. Wir haben bereits oben erwähnt, dass man in Verbindung mit den Dhâraṇî's Mudrâ's
oder Siegel, ཕྱག་རྒྱ, chin. ing) findet.

Die vollständige Entwicklung des Verhältnisses der Dhâraṇî's zu dem Mahâjâna-System können wir aus der Analyse des Inhalts der folgenden Dhâraṇî erkennen, nämlich der Cheou hou ko kie to lo ni (རྒྱལ་ཁམས་སྐྱོང་བ་ཞེས་བྱ་བའི་གཟུངས), der «Dhâraṇî, welche die Königreiche beschützt.»

Der Buddha sitzt unter dem Bodhi-Baum; Mandschuçri preist ihn in Gâthâ's. Der Buddha versenkt sich in die Samâdhi und stellt sich allen belebten Wesen, jedem unter einer besonderen Form, dar. Dann geht ein schwarzer Strahl aus seinem Munde, ein goldner aus seiner rechten Schulter, ein fünffarbiger aus der linken, und aus dem Rücken ein rother; jeder Strahl erleuchtet eine der Welten; es folgt ein Erdbeben und Gespräche. Der Buddha sagt, dass als Grundlage dieser Samâdhi (genannt: die Samâdhi der Welten-Gränzen) die Bodhi dient, als Wurzel die Barmherzigkeit und das Mitleid; in unserm Geiste muss man das Element (im Original: den Körper) der Allwissenheit suchen und die allwissende Vernunft entspringt gleichfalls aus dem Geiste; dieser Geist ist ein und dasselbe mit der Leerheit und die Natur der Leerheit ist die Natur des Geistes; wie die Eigenschaft des Geistes (der Natur), so ist auch die Eigenschaft der Bodhi, und diese letztere ist ganz eben so, wie auch die Natur der Dhâraṇî's; aus diesem Grunde ist die Natur des Geistes und der Leerheit, der Bodhi und der Dhâraṇî's weder eine zwiefache noch eine verschiedne; diese Idee ist tief und schwer zu begreifen; sie ist nützlich für einen vollendeten Bodhisattva, wer aber nur erst die Bodhi erreichen will, der muss zuerst den Geist des Mitleids gegen alle Wesen besitzen, seine Zu-
182 flucht zu den drei Kostbarkeiten nehmen, sich die Gelübde eines Bodhisattva auflegen, aufrichtige Reue fühlen, geistig Opfer darbringen, beten und zugleich (die und die) Dhâraṇî aussprechen; für die Unvollkommenen ist das Wichtigste die Kunst und Anbequemung an weltliche Begriffe; für sie auch sind die drei Jâna's gelehrt, indem man sich nach ihren Fähigkeiten richtet: die Uebung in der Samâdhi ist allen zugänglich, sogar den Ungeheuern, welche die fünf unverzeih-

lichen Sünden begangen haben und den Tschaṇḍâla's[1]) (welche alle von den Hînâjânisten ausgeschlossen werden).

Die Leiden, welche die belebten Wesen erdulden müssen, dienen zur Erweckung des Mitleids; die Grundlage der Leiden ruht in der Eitelkeit, und die von dieser in verkehrten und irrigen Anschauungen; der Grund der letzteren liegt in dem Streben der Gedanken (buchstäblich: in dem Finden des Unterschieds) nach dem Eitlen und Leeren, im Aufsuchen des Unterschieds in der Nichtigkeit; dies gewährt keine Erweckung; es ist schwer sie zu erlangen und schwer sich von ihr zu trennen. Das Mitleid der Anhänger der beiden niederen Jâna's, kann man sagen, ist fähig sich die Haut vom Körper zu ziehen; die Barmherzigkeit der Bodhisattva's sich Fett und Fleisch abzuschneiden; aber das Mitleid der Tathâgata's dringt bis zu dem Mark in den Knochen. Der Bodhisattva hat vier Arten von Schmuck: die Gelübde, die Beschauung, die Vernunft und die Dhâraṇî's; in den Dhâraṇî's sind die sechs Pâramitâ's vollständig enthalten. Der Buddha konnte nach einer sechsjährigen Anstrengung die Bodhi nicht erlangen, so wie er aber den Buchstaben oṁ[2]) in der Mondscheibe schaute, wurde er auf der Stelle zu einem Buddha. Gleichwie ein Stück Eisen im Wasser untersinkt, aber eine daraus bereitete Schale mit Leichtigkeit oben schwimmt, so versinkt auch der verständige Mensch, der sich zu einem (des Empfangs der Dhâraṇî's) würdigen Gefäss gemacht hat, nicht in das Meer der Leiden.

Gegen das Ende dieses Sûtra wird eine Erwägung darüber angestellt, was für ein Name ihm zu geben sei; es werden verschiedene Meinungen vorgelegt, bis man zu dem oben 183

1) [Den Kastenlosen, welche die tiefste Schicht der indischen Gesellschaft bilden].

2) [Also ओं geschrieben, nicht ओम्].

genannten Namen gelangt. Aber dies darf uns nicht in Erstaunen setzen; wir haben bereits von diesen Wunderlichkeiten der buddhistischen Literatur gesprochen. Wir wollen noch ein Sûtra als Probe vorführen.

Man tchou tchi li ts'ien k'ien tsien p'o ta kiao wang king «über den tausendhändigen und mit tausend Pâtra's (Gefässen) versehenen Maudschuçrî.»

Mandschuçrî manifestirt sich in einem goldnen Körper mit 1000 Schultern, 1000 Händen und 1000 Pâtra's oder Gefässen (ein Gefäss für jede Hand); in jedem Gefässe waren 1000 Çâkjamuni's sichtbar, aus welchen wiederum 1000 andre hervorgingen. Vairotschana bekennt, dass sein Lehrer in der diamantenen Bodhi Mandschuçrî war, dessen innere Dhâraṇî: Arapatschana (अ र प च न) das Symbol sämmtlicher Buddha's ist, indem jeder Buchstabe derselben einen der fünf Buddha's (A [अ] den Vairotschana, Ra [र] den Akshobhja u. s. w.) und dessen abstracten Begriff (Stille, Absonderung, Reinheit, Wahrheit und Leerheit) enthält. Später aber, nachdem der Buddha zur Erde zurückgekehrt ist, lehrt er eben dieses den Mandschuçrî und befiehlt ihm Führer aller Bodhisattva's und Geschöpfe zu sein. Mandschuçrî sagt, dass alle Gegenstände der Geist der Wesen sind, dass aber die verschiedenen Naturen der Eitelkeiten in dem Geist der Wesen die Natur der Bodhi sind. Weiter folgt die Lehre von den grossen Bodhisattva's und Helden. Ein Hinderniss der wahren Lehre (der Dhâraṇî's) können Stolz, Neid gegen die Tugendhaften und Begierde, Trägheit und Verletzung der Gelübde bilden. Die Lehre des Tathâgata durchläuft drei Stadien: im ersten erweist sie, dass alles existirt, im zweiten, dass alles leer ist, im dritten, dass es weder leer ist, noch existirt. Ueberhaupt tritt hier die Einführung in die allgemeine Theorie der Tantra's hervor.

23. Tantra's, (རྒྱུད, Ta kiao wang king). Der die chinesi- 184
schen Uebersetzungen überragende Reichthum der tibetischen Literatur in dieser Gattung beweist, dass die schliessliche Entwicklung der mystischen Seite später eintrat. Wenn die Chinesen zu der Zeit, als ihre Geistlichen nach Indien pilgerten, diese Werke vorgefunden hätten, so würde es ihnen früher gelungen sein, sie in ihr Vaterland zu überbringen und in ihre Sprache zu übersetzen; denn in allen übrigen Zweigen der buddhistischen Literatur erkennen wir ihren Vorrang vor den tibetischen Quellen. Auch bestätigt Târanâtha's Geschichte des Buddhismus, dass alle berühmten Zauberer oder Tantristen in späterer Zeit in Indien lebten.

Wie bei den Dhâraṇî's, sind wir auch hier nicht im Stande die ganze Reihe der Ernennungen zu verfolgen, zumal mit den Erklärungen, denen wir im Tandschur begegnen und welche fast dessen Hälfte anfüllen (ungefähr neunzig Theile).

Wie sich dies auch verhalten haben möge, wir sehen die Tantra's an, wie Vaipulja's unter den Dhâraṇî's. Die Dhâraṇî's sind sehr speciell und abgerissen; zum grössten Theil wird bei ihnen nichts verlangt, als eine einfache Wiederholung und man erreicht, der Voraussetzung gemäss, das gewünschte Ziel; hier dagegen ist es ganz anders: dies ist ein umfangreiches System, in welchem — um die Beschaulichkeit, Wiederholung und die Mudrâ's mit Erfolg wirksam zu machen — auch hohe geistige Betrachtungen, eine gewisse Sittlichkeit und die Fähigkeit ein würdiges Gefäss zu sein erfordert werden. Von da wird zu einer Auseinandersetzung über die Wichtigkeit der Lehren übergegangen und über die Nothwendigkeit der Weihe, ohne welche kein Erfolg eintreten kann. Die Weihe erfordert zunächst eine Prüfung des

Beziehungen zwischen dem Lehrer und dem Schüler; alsdann
beginnt die Errichtung des Kreises oder Maṇḍala, damit
185 keine Veranlassung ein Hinderniss zu bilden vermöge, es
wird ein Altar aufgeführt um Opfer zu bringen, und endlich
folgt die Cäremonie der Weihe selbst. Danach schreitet der
Geweihte zu der Beschaulichkeit; hier kommen dann besondere Maṇḍala's, Altäre u. s. w. vor. Die Zeit der Vollziehung nähert sich ihrem Ende; er erreicht das gewünschte Ziel; da sind wieder neue Cäremonien nöthig. Dies ist ein allgemeiner Umriss des Inhalts der Tantra's, welcher jedoch nicht vollständig in einem Buche angetroffen wird, sondern abtheilungsweis den Gegenstand besonderer Werke oder Artikel bildet. Die Verschiedenheit der Tantra's nimmt zu sowohl im Verhältniss zu den Bodhisattva's, denen sie gewidmet sind, als auch nach den Zwecken, für welche sie bestimmt sind gebraucht zu werden; bisweilen ist es nur nöthig sich irgend eine gewöhnliche oder weltliche Zauberkraft zu verschaffen (deren werden acht aufgezählt: die Fähigkeit schnell zu gehen, das Elixir der Unsterblichkeit oder der langen Lebensdauer, die Verwandlung in Gold, Unsichtbarkeit, Unverwundbarkeit gegen Säbelhiebe u. s. w.); bisweilen hat man die Erreichung einer Ueberlegenheit in der Welt im Auge (über die Geister zu herrschen, seine Feinde zu überwinden, über die Elemente zu verfügen — was alles sicher von aussen entlehnt ist —), oder ein religiöses Ziel, welches darin besteht, irgend einen Bodhisattva oder Buddha herbeizurufen, um von ihm die Erklärung irgend eines Zweifels zu erfahren. Endlich ist (wie in den Anuttarajoga) der Hauptzweck, vermittelst Zauberei dasselbe Ziel zu erreichen, auf welches auch die Sûtra's der Hînajâna- und Mahâjâna-Lehre hinweisen — jedoch auf einem ganz andern und dabei viel rascheren Wege; dies ist der Weg der Praxis oder des Zaubers,

und wir sehen zum ersten Mal in der Welt, dass die Praxis der Theorie zuvorkommt. Im Hînajâna- und Mahâjâna-System wird der Weg des Gläubigen in einer endlosen Folge von Wiedergeburten vollendet, hier dagegen kann der Mensch, wie wir oben gesagt haben, bei erfolgreichem Zauber, wenn er allen Bedingungen genügt, schon in seinem gegenwärti- 186
gen Leben sich mit einer Gottheit vereinigen; er hat nur irgend eine von den Gottheiten (nach dem Loose, während der Weihe), zu seinem Führer zu wählen, sich in deren Gestalt zu beschauen, umgeben von allen Personen, welche sie umgeben, und seinen Körper, seine Rede und seinen Geist zu ihrem Körper, ihrer Rede und ihrem Geist zu machen; dadurch kann man die Beschauung sich bis zu dem Grade aneignen, dass man zuletzt selbst zu der Gottheit wird und sich zu ihrem Wohnort erhebt, auf immer frei von einer späteren weltlichen Wiedergeburt. Dies ist der Kreis der Gegenstände, mit welchen sich die Tantra's abgeben.

Wenn die Tantra's sich bezüglich der Hülfsmittel und Ziele unterscheiden, so finden sich nicht weniger Verschiedenheiten in ihnen in Betreff der Personen, auf welche die Aufmerksamkeit oder Beschauung gewendet wird. Wir sehen in den Sûtra's Mandschuçrî, Avalokiteçvara, Vadschrapâṇi und andre Personen, welche vor dem Buddha ihren Wunsch aussprechen, seine Religion zu beschützen, den ihn Anrufenden Hülfe zu gewähren u. s. w. An einen jeden von diesen muss man sich auf eine besondre Weise wenden, d. h. für jeden giebt es seine Maṇḍala, seine Weihe, seine Beschauung; denn jeder hat auch seine Eigenschaften, seine Zeichen, sein Gefolge; und überdies erscheinen Mandschuçrî, Avalokiteçvara und andre, wie sie schon in den Sûtra's nicht auf ein und dieselbe Weise dargestellt werden, so in den Tantra's in noch viel verschiedneren Gestalten. Da kommt ein Avalo-

kiteçvara mit elf Köpfen vor, einer mit tausend Händen, mit tausend Augen; da erscheint ein Hajagriva oder eine Verkörperung des Zorns, ein Jamântaka und andre. Alle diese Formen haben wieder ihre Besonderheiten in der Weihe und der Praxis (Vollziehung). Ausserdem sind die Tantra's, welche dem Buddha zugeschrieben werden, nicht immer vollständig und noch viel dunkler. Gewisse Ergänzungen und Erklärungen, welche von berühmten Zauberern abgefasst
187 sind, stimmen nicht immer überein; aus diesem Grunde hat ein und dasselbe Tantra eine Menge von Methoden (im Tibetischen: ཐབས). Alles dieses giebt uns genügende Veranlassung, für diesmal nicht in Einzelheiten einzugehen. Wir wollen uns nur bemühen, den Inhalt einiger Tantra's zu skizziren und da wir, der Kürze wegen, jetzt unsre Zuflucht zu den tibetischen Quellen nicht nehmen können, so wollen wir uns indess bei einigen chinesischen aufhalten, welche den natürlichen Uebergang zu ihnen bilden.

a. Tantra: I tsie Jou laï tchin chi che ta tching sanmei ta kiao wang king.

Der Tathâgata Vairotschana, welcher an den Gränzen der Welt der Formen lebt, erscheint, umringt von zahllosen Haufen von Bodhisattva's, in den Formen des Körpers der Glückseligkeit vor dem im Bodhimaṇḍala sitzenden Bodhisattva Arthasiddha (d. i. Çâkjamuni[1]), lehrt ihn die Samâdhi, spricht über die vier grossen Intelligenzen, giebt ihm endlich den diamantnen Segen, oder die Weihe, und da erlangt dieser sogleich die wahre Bodhi (d. h. nur dadurch wird er zum wirklichen Buddha); er geht zu dem Gipfel des Sumeru, in ein Schloss, welches auf einem diamantenen Felsen liegt,

1) [Umstellung seines eigentlichen Namens Siddhârtha?]

hier versenkt er sich stufenweis in die Samâdhi's und erzeugt aus sich selbst sechzehn grosse diamantene Bodhisattva's (Vadschrapâṇi u. s. w.). Die Buddha's Akshobbja, Ratnasambhava, Vipaçjin und Amogbasiddhi (welche mit Vairotschana zusammen die fünf mystischen Bodhisattva's sind) geben ihm ebenfalls den diamantenen Segen. Vairotschana, nachdem er sich von neuem in den Samâdhi versenkt, bringt vier Göttinnen der Intelligenz hervor und alsdann vier diamantene Bodhisattva's, nämlich: des Hakens, Strickes, Schlosses und der Glocke (welche bestimmt sind, den Dämon zu ergreifen, ihn zu binden, einzusperren, und die Götter und Geister zusammenzurufen); darauf ruft er mit einem Schnalzlaut alle Tathâgatha's zusammen, und die 108 Namen des Vadshradhara 188
aussprechend, des ersten Ministers aller Tathâgata, des anfangslosen, des endlosen, welcher eine diamantene Seele hat (vadschrasattva), preist er ihn und bittet ihn, ihm seine Kenntnisse mitzutheilen. Vadschradhara lehrt ihn verschiedene Maṇḍala's zu vollenden, der diamantenen Welt, der diamantnen Mysterien, der Intelligenz, der Handlung u. s. w. (im Ganzen 22 Maṇḍala's), verbreitet sich über die Geheimlehren; weiterhin kommen verschiedene Hymnen und Çâkjamuni kehrt von neuem zur Erde zurück.

b. In dem Tantra: Tsoui chang ken pen ta lo kin kang pou khoung san mei ta kiao wang king werden die Sylben der Dharaṇî ôm, â hûm, hrî trâje â ôm an he, ôm, uar wieu-so so kun analysirt. Jeder Sylbe entspricht ein besonderes Capitel, welches nach irgend einer Samâdhi benannt ist; darin wird der Sinn erklärt und werden zugleich die Regeln für besondre Maṇḍala's auseinander gesetzt. Gegen Ende desselben werden Hymnen zu Ehren des Vadschrapâṇi, des Hüters der Mysterien, gesungen; alsdann folgt wiederum eine Beschreibung der Cäremonie bei den verschiedenen Maṇḍala's, Kreisen, Mudrâ's und Diamanten.

c. Miao ki hiang ping teng kouan men ta kiao wang king «Beschauung der Identität durch Mandschuçrî.» Der Tathâgata befindet sich in der Stadt Çrâvastî; Maitreja fragt ihn: «giebt es noch eine Lehre ausser der der drei Jâna's?» Der Buddha spricht, dass es ein Mahâsamaja (ob identisch mit dem obigen unter No. 18 S. 176) giebt, eine esoterische Geheimlehre, vermittelst welcher man in kurzer Zeit zu einem Buddha werden kann. Dabei versenkt er sich in die diamantene Samâdhi, lässt aus dem Raum zwischen den Augenbrauen einen fünffarbigen Strahl fahren, in welchem aus dem schwarzen Strahl Akshobhja hervortrat, aus dem weissen Vairotschana, aus dem gelben Ratnasambhava, aus dem rothen Amitâbha und aus dem grünen Amoghasiddhi; ausserdem wurden die fünf Bodhisattva's der fünf Arten von Augen hervorgebracht: der Augen des Buddha, der Götter, der Lehre, der Vernunft und der Beschaulichkeit; acht diamantene Bodhisattva's des Auges, des Ohrs, der Nase,
189 Zunge, des Körper, der Seele, Vernunft und des Geistes; zwölf Bodhisattva's des Opfers: nämlich der Lampe, der Musik, des Weihrauchs, des Nectars, der Kleidung, der Vorhänge, des Tanzes, der wohlriechenden Einreibungen, der Bestreuung mit Blumen, des Flechtens von Kränzen, des Sonnenschirms oder Baldachins und der Empfehlung (chan tsai, im Sanskrit svâhâ). Weiter dann ersheinen vier diamantene Bodhisattva's: des Hakens, Stricks, der Kette und Glocke; zehn grosse Könige der Erkenntniss (vidjârâdscha), nämlich: Barmherzigkeit, Mitleid, Liebe, Furcht u. s. w. Alsdann wird erzählt, wie man die Weihe fordern und geben muss; es werden verschiedene zum Opfer gehörige Dinge aufgezählt, oder die Gegenstände, welche beim Zauber dienen; von diesen werden hier genannt:

fünf Pokale, vier kostbare Pulver, Wasser aus fünf Flüssen, fünf wohlriechende Pulver, fünf Arten von Getreidekörnern, fünf farbige Stoffe, fünf Blätter des Bodhibaums, Blumen von fünf Jahreszeiten, fünf glückbringende Kräuter, fünf Baldachine (die Zahl «fünf» bezieht sich auf die fünf Buddha's), drei Arten von Speisen. Es muss bemerkt werden, dass sehr viele Dinge für das Geheimniss der Zauberei nöthig sind, und augenscheinlich war diese bisweilen eben so verderblich, wie die Alchymie.

d. Kouang ting king (དབང་སྐུར), «Das Sûtra der Weihe.»

Zu Anfang wird von den drei Zufluchtsstätten gesprochen, von den fünf Gelübden, und von Talismanen mit Dhâranî's, welche auf dem Körper getragen werden. 72,000 Geister beschützen die Bhikschu's (von diesen werden 172 aufgezählt), die Bhikshunî's aber (da sie mehr Gefahren ausgesetzt sind) 120,000; 100 Geister bewachen unsern Körper, ausserdem giebt es in verschiedenen Gegenden der Welt einige Tausende von Geistern, welche diese Oertlichkeiten behüten (einige werden aufgezählt). Ueber die Begräbnisse: Ist die Seele innerhalb des Grabes? wenn der Mensch weder gut noch schlecht war, so dass er nirgends wieder geboren werden kann, dann verbleibt die Seele im Grabe oder in dem Denkmal; im entgegengesetzten Fall — mag der Verstorbene nun im Himmel oder in der Unterwelt wieder geboren werden — verbleibt die Seele nicht darin (übrigens scheint dies 190
ein in China, welches hier sogar mit seinem Namen erwähnt wird, gebildeter Zusatz). Es wird von den Reliquien gehandelt; ihr kleinstes Theilchen besitzt eine wunderthätige Kraft. Eine Mudrâ, welche den Dämon bezwingt: man muss sich den eignen Körper als Körper des Buddha vorstellen im Licht seiner Zeichen und Merkmale, alsdann muss man sich

seine 1250 Schüler vorstellen, weiter alle Bodhisattva's, die grossen Geister von fünf Weltgegenden. Wenn eine Gefahr droht, muss man fasten, an die Buddha's der zehn Weltgegenden denken, an die Bodhisattva's u. s. w., ohne sich durch andre Dinge zerstreuen zu lassen. Die Beschwörung der fünf Drachen zur Vernichtung einer Epidemie, welche diese hervorzubringen vermögen; eine Epidemie wird durch Mordthaten und Wollust herbeigeführt. Unsre Welt ist sehr verdorben und deshalb muss man wünschen, in andern Welten geboren zu werden, insbesondere im Reiche des Amitâbha. Darüber, dass Wünsche und Gebete eine Geburt in den reinen Reichen der Welt des Buddha verschaffen; dass Almosen für einen Verstorbenen dem Todten Hülfe gewährt und selbst der Geber zu einem Siebentel daran Theil hat; wenn man aber das eigne Hab und Gut des Verstorbnen giebt, so kann man ihn auf diese Weise der Unterwelt entreissen, u. s. w. Im Allgemeinen repräsentirt dieses Sûtra noch eine Entwicklung der Lehre der Dhâraṇî's.

e. Subâhuparipritschtschhâ — Miao kien pou-sa so weng king (auch im Ratnakûṭa ist ein Capitel unter diesem Namen).

Um uns nicht lange bei den Tantra's aufzuhalten, deren ausführliche Analyse hier nicht am Ort und unmöglich ist, wollen wir den Inhalt des eben erwähnten Buches genauer betrachten, welches eine Uebersicht aller Hauptheile der Magie darbietet. In dem dogmatischen Lexikon werden wir eine ausführliche Auseinandersetzung der Lehre der Tantra's finden, welche von Tsonkhapa abgefasst ist; da begegnen wir viel theoretischeren Anschauungen und Regeln für die gesammte Mystik, als Frucht ihrer langjährigen Entwicklung;
101 hier dagegen finden wir sie noch auf einer gewissen Stufe der Subjectivität, auf welcher jedoch vieles bereits als bekannt vorausgesetzt wird. In dem besprochenen Buch er-

scheint der gewöhnliche Anfang der andern Sûtra's nicht; wenn es nicht etwa nur ein Fragment ist, so wird weder Ort noch Zeit seiner Verkündigung angegeben. Der Bodhisattva Vadschrapâṇi, welcher bekannt ist als Beschützer der mystischen Lehre, erzählt dem Bodhisattva Subâhu, auf welche Weise man rasch die Siddhi oder übernatürliche Macht erlangen kann, welche in Folge von Zauberworten gespendet wird; er zeigt an, welchen Hindernissen man auf dem Wege zur Vollendung begegnen kann; welche Zeichen die Annäherung der Siddhi anzeigen, endlich, worin sie besteht.

Um die Siddhi zu erlangen, ist es nöthig, von allen Eitelkeiten abzulassen, Frömmigkeit, Streben nach der Bodhi, Ehrfurcht vor den drei Kostbarkeiten zu besitzen; muss man die zehn Sünden, falsche Theorien vermeiden, muss man gut und mannhaft (d. h. unermüdlich) in den Uebungen sein, darf weder den Ketzern noch den Dämonen, Geistern u. s. w. Glauben schenken. Zuerst muss man die Gelübde der Moral über sich nehmen, dann einen vorzüglichen Führer (âtschârja) suchen, gleichwie man zum Acker gute Erde nöthig hat. Wenn die Sünden des gegenwärtigen oder vergangenen Lebens ein Hinderniss für die Beschäftigung mit der Magie bilden, dann muss man Denkmäler errichten, Götzenbilder machen, Busse thun und gewisse Beschwörungen lesen. Bei der Vollendung des Zaubers ist ein Helfer nöthig, gleichwie Räder zu einem Wagen (überhaupt ist das Buch bei jeder Gelegenheit voll von Vergleichen, was an die Schreibart der Âgama's erinnert); Beschreibung der Eigenschaften, welche der Helfer besitzen muss; die Wahl des Orts, wo der Zauber vollbracht werden soll, bildet die Hauptsache, da man nicht allenthalben mit Erfolg thätig sein kann; am besten 192
sind diejenigen Orte, an welchen sich, wie in den Sûtra's gezeigt wird, Buddha's, Bodhisattva's und Çrâvaka's befun-

den haben; in Ermangelung von solchen ist es gut, sich am Ufer eines Flusses aufzustellen, oder auf Bergen, nur aber so dass kein Hinderniss durch wilde Thiere, Geräusch u. s. w. eintritt; gleicherweise wird die Nachbarschaft untersucht: an dem gewählten Ort muss die Erde eine Elle tief aufgewühlt, von allem Schmutz, Steinen, Knochen, Haar u. s. w. gereinigt werden, dann muss man reine Erde an diesem Orte aufschütten und eine Hütte errichten, um das Zauberwort zu vollenden; Beschreibung, wie man die Idole darin aufstellen müsse. Bevor man die Ausführung beginnt, muss man sich rasiren und reinigen; überhaupt muss man sich jeden Tag waschen und dreimal nach seinem Vermögen Opfer bringen. Es wird untersucht, wo und wie man um Almosen bitten, wie man essen muss.

Da die Zauberworte hauptsächlich im Lesen von Zaubersprüchen bestehen, und ein Rosenkranz erforderlich ist, welcher aus hundert und acht Kügelchen besteht, so wird vor allem hier davon gehandelt, aus welchem Material diese gemacht werden dürfen. Die Dhâraṇî's bestehen gewöhnlich nur aus einigen Worten, aber damit sie Kraft haben, kommt es darauf an, dass sie eine gewisse Anzahl von Malen wiederholt werden, zum Beispiel hunderttausend Mal des Tages; dabei muss jedesmal, wenn man die Zaubersprüche wiederholt, der Geist vorzugsweise mit der Vorstellung der Hauptgottheit (chinesisch: pen tsuen, tibetisch yidam ཡི་དམ) beschäftigt sein, welche zu der Beschützerin des Zaubers auserwählt ist, und zu gleicher Zeit muss man seine Aufmerksamkeit auf die Mudrâ's richten, damit man sich nicht zerstreuen lasse. Wenn Begierde, Thorheit, Zorn u. s. w. siegen, dann muss man die Unreinheit, die Barmherzigkeit, die Nidâna's u.s.w. betrachten. Alle guten Werke muss man auf

die Bodhi richten, gleichwie alle Flüsse zum Ocean streben. 193
Zum Opfer darf man keine verdorbnen Speisen und Getränke gebrauchen.

Bei der Zauberhandlung muss man während der Zeit, wo man die Zauberformeln spricht, ein Scepter (vadschra) in den Händen halten; das Material, aus welchem es gemacht zu werden pflegt, ist je nach dem Ziel, welches man im Auge hat, verschiedenartig, d. h. je nachdem man die Lehre erstrebt, oder den Himmel und die Erde, die Gestirne, Drachen, Feinde, Dämonen sich unterwerfen, oder sich Reichthum und Berühmtheit, langes Leben, Gesundheit und Vergnügen verschaffen will, oder Schätze sucht, oder die Kunst sich unsichtbar zu machen, ein Heilmittel und dergleichen mehr. Die Bestimmung des Vadschra ist: Hindernisse zu entfernen, nämlich die Vinâjaka's (Hindernisse) von Seiten der Dämonen, welche nur eine Gelegenheit suchen, in den Körper des sich mit Zauberei Beschäftigenden zu fahren, ihn mit Wahnsinn zu schlagen, in Krankheit zu stürzen u. s. w. und auf diese Weise einen glücklichen Ausgang des Zaubers zu verhindern. Wenn die Wiederholung der Zaubersprüche, die Darbringung der Opfer, das Brandopfer (homa) nicht nach den Regeln vollzogen werden, wenn sich Zweifel deiner bemächtigt, wenn du über weltliche Angelegenheiten sprichst u. s. w., dann erlangen die feindlichen Vinâjaka's augenblicklich Zugang zu dir; sie zerfallen in eine Menge von Abtheilungen.

Sowohl bei den Zaubersprüchen als bei der Anordnung des Maṇḍala darf man bezüglich dessen, was vorgeschrieben ist, weder etwas zusetzen noch auslassen; eben so wenig ist es zulässig, die für die Vollziehung vorgeschriebene Reihenfolge umzustellen. Damit die Siddhi erlangt werde, ist es erforderlich, dass der Strebende Moral besitze und die nöthigen

Bedingungen, dass er fleissig sei und weder neidisch noch geizig, und dass die Worte der Zaubersprüche deutlich ausgesprochen werden, d. h. weder schnell noch langsam; die Stimme darf weder erhöht noch gesenkt werden; es ist nicht gestattet das Lesen der Zaubersprüche zu unterbrechen, indem man seinen Sinn auf andere Gegenstände richtet, oder mit Andern sich über Fremdartiges unterhält.

194 Schilderung, wie bisweilen die Vinâjaka's in den Zauberübenden eindringen und was sie bewirken; Zeichen ihrer Gegenwart: Träume. Um sich vor diesen Störungen zu behüten ist es nöthig einen Âtschârja einzuladen und ein Maṇḍala (einen magischen Kreis) von fünf Farben zu errichten; jede Seite dieses Maṇḍala muss vier Ellen lang sein; es müssen vier Thore darin sein, in der Mitte ein Altar errichtet werden, an dessen Seite sich ein Sessel für den Gebieter der Zauberformeln, (Ming wang, d. h. sanskritisch vidjârâdscha) befindet; ferner müssen mit Brod, wohlriechendem Wasser u. aa. gefüllte Gefässe aufgestellt sein und oben in ihnen verschiedene Blumen stecken; der Hals der Gefässe muss von fünffarbigem Zwirn umwunden sein. Der Âtschârja bringt zuerst den Königen des Zaubers Opfer; diese bestehen aus Blumen, Wohlgerüchen, Speisen; alsdann vollzieht er den Geistern und Vinâjaka's ein Opfer von Wein, Fleisch und eingemachten Früchten, und liest Beschwörungen, um sie zu entfernen. Eine solche Maṇḍala-Cäremonie vermag überdies die Verbrechen zu vernichten und die guten Werke zu erhöhen.

Bei der Opfervollziehung wendet man die Cäremonie des homa (སྲེག་པ), oder des Brandopfers an. Dazu werden Körner von Weizen, oder Sesam, Senf, Lotus u. s. w. genommen, an Zahl von 4 bis 10000, mit Butter geknetet und auf be-

stimmte Holzscheite gepresst (diese werden hier aufgezählt); auch diese Hölzer müssen von einem angegebnen Maass sein: zwölf Daumen lang und so dick wie ein Finger. Der Ofen, in welchem das Brandopfer dargebracht wird, pflegt viererlei Formen zu haben; die eines Lotus, eine dreieckige, eine viereckige, und eine kreisförmige. Dieses hängt von dem Zweck ab, je nachdem man Unglück vernichten, Drachen bezwingen, Feuer herabsenden, oder Krankheit verursachen will. Der Lehm, aus welchem der Ofen gebaut wird, muss 195
eine Mischung von reiner Erde mit kiou-ma-i (Kalk?) sein.

Wenn trotz aller Erfüllung der Vorschriften und Entfernung der Hindernisse die Siddhi dennoch nicht erlangt wird, so bedeutet das, dass unbekannte Ursachen existiren; deshalb muss man Tag und Nacht mit Eifer beten und dann erscheint unfehlbar die Hauptgottheit im Traum und sagt, woher dies kommt.

Die Annäherung des Augenblicks, in welchem die Siddhi erlangt wird, wird durch verschiedene Merkmale angezeigt, wie z. B. durch angenehme Träume: da man sich unter einem Baldachin sieht, in einen schönen Palast eintretend, auf einen Thurm steigen, auf einen Berg, auf einem Löwen reiten, oder auf einem weissen Elephanten, einem weissen Pferde u. s. w. Nachdem man ein solches Vergnügen erlangt hat, muss man voll Freude den Eifer und die Unermüdlichkeit verdoppeln, weil dann die Bodhi binnen einem Monat, binnen einem halben Monat, möglicherweise sogleich erlangt wird. Hat man die Annäherung erkannt, so darf man vier oder zwei Tage keine Speise zu sich nehmen, um nicht unrein zu sein; ausserdem muss man den Buddha's ein Opfer bringen, dem diamantenen Gebieter der Mysterien (mit Beachtung des Abschnitts, in welchem von ihm gehandelt wird) und dem Gebieter der Dhâranî's; alsdann muss man sich von

dem Gefühl der Barmherzigkeit und des Mitleids durchdrin-
gen lassen, und sich mit der Durchlesung gewisser Sûtra's
beschäftigen; zum Schutz errichtet man von neuem ein gewisses Maṇḍala, bei welchem man während der Unterhaltung
0 des Homa, daraus ob er mit Gluth, Rauch oder Flamme
brennt, erkennt, welcher Art die Siddhi sein wird; ob es einem zu Theil wird, in der Welt geehrt zu werden, oder sich
unsichtbar machen zu können, oder ein Ṛischi zu werden,
d. h. eine verfeinerte Gestalt annehmen, fliegen zu können,
und lange Zeit zu leben. Ausserdem giebt es auch andre Zeichen der Vollendung der Siddhi; so bewegt sich z. B. das
Götzenbild, vor welchem man Opfer bringt, sein Gesicht er-
glänzt plötzlich, aus der Luft fallen Blumen, Wohlgeruch
verbreitet sich, man hört Erdbeben, himmlischer Trommel-
196 schall ertönt, u. s. w. Dann muss man die besten reinen Gefässe mit lebendigen Blumen und wohlduftendem Wasser anfüllen, beten und das, was man wünscht, aussprechen.

Es giebt eine Siddhi, welche Vetâlasiddhi (chinesisch Fou to no) heisst; diese wird an einem Leichnam vollzogen, welcher einer Beschreibung gemäss gewählt werden muss: er darf keine Mängel haben und muss frisch sein. Nachdem man einen passenden Ort gewählt hat, werden die Maṇḍala's und Vasen errichtet. Dahin bringt der Gehülfe den Leichnam, welcher vorher gereinigt, gewaschen und in die besten Kleider gehüllt ist; es beginnt das Lesen von Zaubersprüchen, von denen einige die Siddhi verschaffen, die andern die Nachstellung der Drachen und Preta's entfernen. Wenn dann der Leichnam sich zwar aufrichtet, aber schlechte Zeichen sich kund geben, so bedeutet das, dass Hindernisse von Seiten der Dämonen existiren; dann wirft man, unter Lesen von Zaubersprüchen Senfkörner, mit Asche gemischt, in das Gesicht des Leichnams; dadurch wird die Nachstellung entfernt und

der Leichnam legt sich wieder nieder; wenn sich keine
schlechten Zeichen ergeben, so bedeutet es: der Leichnam
hat sich durch die Kraft der Zaubersprüche erhoben und die
Vollbringung des Zaubers ist richtig; dann muss man aussprechen, was man wünscht, d. h. ob man verborgne Schätze
sehen will, oder in die Grotte des Indra gehen, um wunderthätige Heilmittel zu gewinnen, u. s. w.; alles dieses kann
erlangt werden.

Eine andre Art der Siddhi besteht in der Herabsteigung
des Geistes Pâtradeva (po tian) entweder auf den Finger,
oder auf einen kupfernen Spiegel, oder in einen Knaben,
oder in Opferobjecte, Wasser, Lampe und andres; für alles
dieses wird nur erfordert, dass gewisse Vorschriften vorher
beobachtet werden; alsdann werden Zaubersprüche gelesen,
hundert oder drei tausend Mal, und an einem glücklichen
Tage des weissen Mondes (d. h. des wachsenden) wird ein
Altar errichtet, so gross wie eine Rindshaut; der Geist lässt
sich herab (dann spiegeln sich alle weltlichen und nichtwelt- 197
lichen Dinge in einem Spiegel oder in Wasser ab); dann
muss man dem Geist, um ihn zu erfreuen, Opfer bringen,
worauf er im Traum alle guten und schlechten Handlungen
verkünden wird; steigt er in einen Knaben herab, dann
spricht er durch diesen. Dabei darf man nicht vergessen,
dass in gewissen Fällen statt eines Geistes ein Dämon hinein-
fahren kann; alsdann muss man zu den gewohnten Regeln
bezüglich der Austreibung desselben seine Zuflucht nehmen.

Die mystische Abtheilung (tchi ming tsang) wird in Abschnitte nach den Buddha's, Bodhisattva's vertheilt, und in
jedem Abschnitt erscheinen eigne Beschwörungsformeln, Mudrâ's u. s. w. Im Ganzen giebt es fünf Hauptabschnitte:
1) Im Abschnitt der Tathâgata's werden 30,500,000 (drei
koti und fünf laksha) Beschwörungsformeln gezählt und meh-

rere Namen von Gebietern der Dhâranî's (ming tchou) erwähnt. 2) Auch Avalokiteçvara trug 30,500,000 Beschwörungsformeln vor: ihr Gebieter wird Hajagrîva (ma chou) genannt; auf diesen Abschnitt beziehen sich verschiedene eigenthümliche Maṇḍala's. Ueberdies giebt es auch sieben besondre Gebieter von Zaubersprüchen, welche je zwölf, sechs, oder vier Hände haben, in welchen sie einen unerschöpflichen Trank halten, oder sie haben vier Gesichter mit einem kostbaren Diadem, geschmückt mit dem Tschintâmaṇi; alle diese gehören zu dem Maṇḍala des Hajagrîva. Ueberdiess giebt es acht Göttinnen, welche siebenzig Millionen Beschwörungsformeln mit verschiedenen Maṇḍala's und Mudrâ's vorgebracht haben; diese sind dazu bestimmt allen Bedrängten zu helfen und alle Hindernisse zu überwältigen. Alles dieses gehört zu dem Lotus-Abschnitt. 3. In der diamantenen Gattung giebt es siebenzehn Gebieter von Dhâraṇî's mit vier und sechzig Familien und acht Königen des Herzens und des Geistes (Vidjârâdscha), es giebt einen schrecklichen (Foung nou) Vidjârâdscha, einen Wang mou kioung na-li (?) Vidjârâdscha, einen allererhabensten Vidjârâdscha, einen Vidjârâdscha des Glücks und andre. Hierher gehören 800,000 Beschwörungsformeln.
198 4) Es giebt noch einen Geist (Ta chin) Pan tche kia, welcher 20,000 Beschwörungsformeln ausgesprochen hat; bei ihm ist die Göttin Me si kia lo, welche gleichfalls 100,000 Beschwörungsformeln ausgesprochen hat. Dies ist der Abschnitt Pandschika. 5. Es giebt noch einen Geist Maṇibhadra, welcher 100,000 Dhâraṇî's ausgesprochen hat, und einen Gebieter des Reichthums (Tsai tchou), welcher 300,000 Dhâraṇî's ausgesprochen hat; dieses bildet den Abschnitt Maṇi. Ausserdem haben die Götter, Asura's und andre, welche den Buddha verehrten, in dessen Gegenwart eine unzählige Menge von Beschwörungsformeln ausgesprochen, welche sich

bald auf diesen bald auf jenen der oben erwähuten fünf Abschnitte beziehen.

Vadschrapâṇi sagt, dass es einige Bhikschu's und andre giebt, welche diese Lehre von den Zaubersprüchen nicht anerkennen, ihr einen dämonischen Ursprung zuschreiben: diese betrachten den Vadschrapâni selbst als entsprungen aus dem Geschlecht der Jakscha's. Uebrigens erwähnt er, dass auch die Ketzer Dhâraṇî's haben; dass Maheçvara hundert koṭi's verkündete, Nârâjana 30,000, Mahâbrahman 60,000, Sûrja (Gott der Sonne) 60,000, Indra 18,000, Tschaṇḍikâ 8000, der Geist des Feuers (Agni) 3700, Kuvera 3000, die Nâgarâdscha's 5000, die Könige der Dämonen 12,000, die vier Mahârâdscha's 400,000, der König der Asura's 200,000, der König der Trajastriṁçat (folglich wäre dies nicht Indra?) 200,000 Dhâraṇî's und jede Gattung hat ihre Maṇḍala's, Mudrâ's und Zaubersprüche [9]), Was die Menge von Zauberformeln anbetrifft, so ist dies, obgleich der Text sich so ausdrückt, doch wahrscheinlich eher in dem Sinn zu nehmen, dass die Tantra's, welche eine ausführliche Beschreibung der Cäremonien bei Vollziehung des Zaubers mit allen Einzelnheiten enthalten, eine so grosse Menge von Gâthâ's oder vielleicht auch Worten umfassten. Wir glauben, dass, obgleich die Dhâraṇî's nach der Meinung des vorliegenden Buches ab- 199
getrennt sind und als Ausläufer der Tantra's angesehen werden, sie dennoch eigentlich den letztern vorhergingen, und demgemäss ist der Schluss erlaubt, dass sie auch bei den Tîrthika's nicht lange vor der Verschmelzung mit dem Buddhismus hervorgetreten sein mochten.

Es giebt acht Arten von Siddhi's, d. h. durch sie wird

9) Dies beweist am entschiedensten, dass die mystische Lehre keine ächte Ausgeburt des Buddhismus war, sondern ihm später aufgepfropft ward.

erlangt: 1. die beschwörende Gewalt, 2. langes Leben, 3. das Heilmittel (amrita), 4. die Entdeckung von Schätzen, 5. der Eintritt in Indra's Grotte, 6. die Kunst Gold zu machen, 7. die Verwandlung von Erde in Gold, 8. die Erlangung der unschätzbaren Kostbarkeit (des Steins der Weisen?). Diese acht Arten vertheilen sich in drei Stufen. Die 1ste, 3te und 5te bilden die höchste, die 8te, 4te und 7te die mittlere und die 2te und 6te die niedrigste Siddhi. Alle diese werden gemäss dem Charakter des den Zauber Vollbringenden erlangt. Aber ausserdem kann man vermittelst Zauberei seiner Gewalt noch eine Jakschini (Dâkinî?) unterwerfen, welche Genüsse und Reichthum zu verschaffen vermag; obgleich sie übrigens bei einem leben wird, so wird sie sich doch bemühen Gelegenheit zu finden Schaden zuzufügen, und deshalb ist dies ausserordentlich gefährlich. Die erhabenste Siddhi verschafft Einsicht, Unsichtbarkeit, die Fähigkeit verschiedne Veränderungen der Gestalt anzunehmen, sich Dämonen, Gestirne u. s. w. zu unterwerfen; die mittlere Stufe verschafft, ausser langem Leben und Reichthum, auch Achtung und Berühmtheit; die unterste verschafft, vermittelst der Kraft von Zauberformeln und Heilkräften, die Herrschaft über die Götter, Drachen, Jakscha's, Gewalt über ihre Nachstellungen, über die Gifte und giftigen Thiere.

---

200 Wir wollen uns hier nicht über die Lehre der beiden Hauptabtheilungen des Mahâjâna-Systems, die der Schulen der Jogâtschârja's und der Madhjamika's verbreiten, eben so wenig über ihre besonderen Unterabtheilungen; diese werden in einer besondern Uebersicht der philosophischen Systeme des Buddhismus und so auch in den Artikeln über

die Literatur dieser Schulen ihre Stelle finden. Demgemäss werden wir uns hier nur bestreben die berühmten Personen aufzuzählen, welche im Buddhismus erscheinen. Wir wenden uns wieder zu demselben Târanâtha zurück. Dieser setzt den Anfang der Mahâjâna-Lehre (Cap. XIV) etwas früher als Nâgârdschuna, nämlich unter Çrî-Saraha oder Râhulabhadra, einem Zeitgenossen des von Kâla (? ནག་པོ) geweihten Königs Tschandanapâla; die Erscheinung der wichtigsten Sûtra's des Mahâjâna-Systems bezieht sich, nach Târanâtha's Worten, noch auf diese Zeit, während alle andern Berichte darin übereinstimmen, dass das Mahâjâna-System nicht mit Nâgârdschuna begann. Der Grund des Auftretens des Saraha ist in den Sagen des Mysticismus (in den Tantra's) zu suchen, welcher von diesen seinen Ursprung ableitet und bezüglich der Zeit seiner Entstehung mit dem Mahâjâna auf gleicher Stufe zu stehen, ihm gleichzeitig zu sein prätendirt. Deswegen hängt der Mysticismus seine Legenden an alle nachfolgenden Berühmtheiten des Mahâjâna und fügt ausserdem, unabhängig von diesen, Sagen über Personen hinzu, welche sich ausschliesslich blos der Zauberei gewidmet hatten. Es ist bemerkenswerth, dass die Mystiker den mahâjânistischen Persönlichkeiten besondere Namen geben; den Râhulabhadra nennen sie Saraha, den Ârjadeva — Karṇarûpa, den Lavaṇa — Kampila.

Die Sagen übertragen den Nâgârdschuna in alle Länder Indiens und, wie es scheint, ist der Grund davon am ehesten in seiner Berühmtheit zu suchen, wegen deren jeder Ort ihn sich aneignen will, obgleich er vielleicht das südliche Indien nie verlassen hat; oder es sind, wie wir oben gesagt haben, unter dem Namen Nâgârdschuna alle Personen begriffen, 201
welche sich mit der Abfassung der Bücher der Mahâjâna-

Lehre beschäftigt haben; denn wenn wir auch annehmen, dass die Pradschnâ pâramitâ oder der Avatamsaka gleich zuerst unter den Werken dieser Schule erschienen, so bleibt doch noch eine grosse Menge anderer Werke (zum Beispiel der Ratnakûta) übrig, von welchen nirgends gesagt wird, wann sie geschrieben sind.

Nâgârdschuna tritt auf in dem berühmten Kloster Nâlanda, welches nicht lange vorher von zwei Brüdern, Mudgaragomin (? ཐོ་བ་རྩུན) und Çamkara (? བདེ་བྱེད) an dem Orte gegründet ward, wo Çâriputra geboren war, und nicht weit von Bodhimandala, dem Orte, wo der Buddha seine Weihe erlangte. Wenn aber Nâlanda wirklich die Geburtsstätte des Mahâjâna gewesen wäre, wie wäre dann möglich gewesen, dass nach dieser Zeit auch die Systeme der Çrâvaka's hier eine Zuflucht gefunden hätten? Es ist augenscheinlich, dass diese Legende sich erst in der Folge gebildet hat. Von da werden die Thaten des Nâgârdschuna nach dem Osten übertragen: nach Bengalen, Orissa und Râdhâ. Alsdann geht er nach dem Süden in das Königreich des Çamkara, wo er auch stirbt.

Bei dieser Gelegenheit halten wir es nicht für überflüssig, folgende Worte Târanâtha's anzuführen: « In Betreff der Lebensdauer des Nâgârdschuna giebt es einander widersprechende Meinungen; nach einigen fehlten ihm 71 Jahr, nach andern aber 29 an 600 [1]). Nach dem ersten lebte er 200 Jahr in Magadha, 200 im Süden und 129 auf dem Berge Çrîparvata (དཔལ་གྱི་རི). Es ist augenscheinlich, dass dieses

1) Sollte man nicht eher in diesem Satz sehen dürfen, dass Nâgârdschuna nicht voll 600 Jahr nach dem Tode des Buddha lebte? Derartige Corruptionen sind sehr gut möglich.

nur gleichnissartig gesagt ist und überdies sogar meine Lehrer, die Pandita's, dass hier ein halbes Jahr für ein gan- 302
zes gezählt wird. Andre nehmen an, dass Nâgârdschuna auf dem Berg Çrîparvata 171 Jahr gelebt habe.»

Wie sich dies auch verhalten möge, so können wir doch nicht umhin zu bemerken, dass wenn sich die Geschichte des Buddhismus vorzugsweise auf Magadha bezieht, die der Mahâjâna-Lehre sich ausschliesslich um das Kloster Nâlanda dreht. Hier steht nach Nâgârdschuna an der Spitze des Glaubens, dessen Schüler Ârjadeva (dessen Begegnung mit ihm, den Berichten zufolge, im Süden Statt fand) und Tathâgatabhadra oder Nâgâhvaja (? ཀླུ་བོས); der erstre stammte sichtlich aus Ceylon (vielleicht ist der Lankâvatâra von ihm abgefasst), gelangte zu Nâgârdschuna und predigte nach dessen Tod lange Zeit im Süden, bis er in Folge einer Einladung nach Nâlanda kam, wo er den Açvaghosha besiegte (!) und alsdann in den Süden zurückkehrte, wo gleichzeitig mit ihm Tathâgatabhadra lebte; letzterer führt den Beinamen Nâgâhvaja (der von den Drachen herbeigerufene), weil er siebenmal den Drachen besuchte — eine Legende, welche, wie wir sehen, uns Nâgârdschuna ins Gedächtniss zurückruft, woraus man auch schliessen muss, dass er eine und dieselbe Person mit diesem ist, oder dieselben Legenden auf verschiedne Personen bezogen wurden. Bei den Mystikern erscheint als Nachfolger des Ârjadeva Râhulabhadra; ausserdem wird bei denselben auch die Erscheinung der Zauberer Çinkava (ཤིན་ཀ་པ) und Çavaripa (ཤ་ཝ་རི་པ) angenommen. Nâgâhvaja wird gleichfalls als ein Schüler des Nâgârdschuna betrachtet und zu der Zahl der Lehrer in Nâlanda gerechnet, Ausser diesem führen die Mitglieder noch als eine besondre

Person auf den Nâgabodhi oder Nâgabuddha (Schlangenheiligkeit, oder Schlangenweisheit); derartiger Wechsel in Namen zeigt, dass die richtige Leseart in verschiedenen Handschriften verloren war. Die Mahâjânisten betrachten Açvaghosha als ihren Anhänger und legen ihm eine Menge Werke
203 bei; es läge nahe, dieser Annahme Glauben zu schenken, wenn er von Ârjadeva erleuchtet worden wäre, allein die Hînajânisten schreiben seine Bekehrung dem Pârçva zu, und es ist leicht einzusehen, dass die Mahâjânisten hier nur ihrem gewöhnlichen Verfahren folgten, ihre Legenden aller Orten einzuführen, während die Mystiker ihrer Seits die Lebensbeschreibungen der Mahâjânisten mit ihren Sagen anfüllten.

Als Nachfolger des Ârjadeva in Nâlanda erscheint, wie oben gesagt, Râhulabhadra, welcher vielleicht in der That den Anfang machte die mahâjânistische Lehre mit der mystischen zu vermischen. Von diesem wird erzählt, dass der Buddha Amitâbha ihm erschienen und dass er, mit dem Gesicht nach Sukhavatî gewandt, gestorben sei. Wir haben begründete Veranlassung aus Legenden, welche der angeführten ähnlich sind, zu schliessen, dass der Held derselben über einen ähnlichen Gegenstand geschrieben habe; von allen Personen, welche über Zaubereien, die sich auf irgend eine Gottheit beziehen, geschrieben haben, wird nämlich erzählt, dass sie diese Gottheit erblickt haben. Die Lehre von Amitâbha und seinem Königreich Sukhavatî, in welchem jeder Buddhist sich bestreben muss, geboren zu werden, gehört zu den ersten Ideen, welche durch den Mysticismus in das Mahâjâna-System eingeführt wurden. Doch scheint alles dieses nur grundlose Legenden zu sein und das Mahâjâna verbirgt sich im Süden, wo noch ein Lehrer der Pradschnâ pâramitâ erwähnt wird (Cap. XX).

Die Buddhisten rechnen, dass ein dreimaliger Angriff der

Feinde auf die Religion Statt fand, bei welchem jedesmal auch die Tempel von ihnen zerstört wurden; bei diesen Angriffen, welche, nach ihren Worten, sich in dem Zeitraum zwischen Nâgârdschuna und Ârjâsanga ereigneten, hatte jedes Mal auch Nâlanda zu leiden. Zum ersten Mal trat dies unter Pushjamitra ein, als die Tîrthika's gegen diesen König Krieg anfingen und eine Menge Tempel von Dschalandhara an bis Magadha zerstörten, und dies war etwa 500 Jahr nach dem Tode des Buddha. Es scheint, dass zu derselben Zeit auch der Streit des Açvaghoscha mit Pârçva oder Ârja- 204
deva Statt fand[1]). Zum zweiten Mal hatte der Buddhismus zu leiden bei Gelegenheit der Feindschaft zwischen Dharmatschandra und Hunimanta, durch dessen Einfall Nâlanda ebenfalls hart betroffen ward. Dennoch wurden sogleich unter dem König Buddhadiç (?) wiederum vier und achtzig Tempel oder Schulen hier begründet. Aber zum dritten Mal, vierzig Jahr nach der zweiten Verfolgung, unterlagen die Buddhisten einem heimlichen Anschlag der Tîrthika's, welche angeblich anfingen ihre Tempel in Brand zu stecken; auf diese Weise erreichte der Brand Çrî-Nâlanda und diente angeblich zur Vernichtung der buddhistischen Literatur, welche sich in ihrem ganzen Umfang in dem Dharmagandscha, h. i. in der Bibliothek befand, die in drei Tempeln bewahrt war. Aus diesem Grunde ist, wie man sagt, von den funfzehn Theilen des Mahâjâna nur einer auf uns gekommen. Und so will man, anstatt durch den maasslosen Ueberfluss der durch stufenweise Vervielfältigung angehäuften und allsammt dem Buddha zugeschriebenen Werke schon in Verlegenheit zu gerathen, im Gegentheil uns glauben ma-

---

1) Oben ist eine Nachricht über den Einfall des Königs der kleinen Youei-Tschi, zur Zeit des Açvaghosha angeführt.

chen, dass nur der geringste Theil von ihnen auf uns gekommen sei; so sehr liebt der Buddhismus sich colossal zu zeigen! Aber bis zu welchem Grade ist das wahrscheinlich? können wir glauben, dass der auf uns gekommene Ratnakûṭa, Avataṁsaka und Mahâsamaja (འདུས་ཆེན) in Wirklichkeit jeder tausend Theile enthielt, von welchen auf uns nur — (vom ersten 49, vom zweiten 39 und vom dritten 9) — statt 3000* im Ganzen 97 gelangt wären? Sogar der jetzige Lankâvatâra soll nur ein Fragment unter dem Titel eines Werks sein, welches ehemals existirt habe. Warum aber findet sich keine
205 Erwähnung, dass auch die Pradschnâ pâramitâ der Zerstörung unterlag? Wir sind der Ansicht, dass, wenn wirklich ein Brand in Nâlanda Statt fand, zufällig oder in Folge eines Einfalls der Tîrthika's, und bei dieser Gelegenheit irgend eine Bibliothek verbrannte, dieses dann auch einen Vorwand zur Sammlung der buddhistischen Werke in andern Theilen Indiens abgab (was von Târanâtha erzählt wird); bei eben dieser Gelegenheit wurden unter andern Sûtra's auch die mahâjânistischen zuerst nach Nâlanda gebracht. Wahrscheinlicher ist, dass verschiedene Fragmente hier einer besondern Redaction unterworfen und nur unter einem Titel vereinigt wurden, erst später aber angefangen wurde zu erzählen, dass sie die Ueberreste eines umfangreichen Werkes seien. Wie sich dies nun auch verhalten möge, so ist es unter diesen Umständen nothwendig nicht blos in Magadha eine Sammlung der mahâjânistischen Schriften anzunehmen, sondern auch in Orissa und Bengalen (im Tempel Devagiri Cap. XXI), bei welcher Gelegenheit die Brahmanen Çanku und Kîlaka erwähnt werden.

In dieser Art wird die älteste Geschichte des Buddhismus bis auf Ârjâsanga dargestellt. — Alle Legenden versichern

uns gleichmässig, dass Ârjâsanga der älteste Bruder des Vasubandhu war, und demgemäss ist ihre Gleichzeitigkeit keinem Zweifel unterworfen. Lassen wir aber die vom Mysticismus hinzugefügten Legenden — wie er sich bemühte (oder mit Beschaulichkeit beschäftigte) um Maitreja zu erblicken — unberücksichtigt, so sehen wir, wie er sich zuerst im magadhischen Walde Piluvana niederliess, wo er einen Tempel, «der Schössling des Glaubens» (ཆོས་ཀྱི་སྙུ་གུའི་དགོན་པ) erbaute, die Bücher des Maitreja in Schriftform brachte und verschiedene eigne Werke niederschrieb (s. die der Jogâtschârja's). Zu dieser Zeit wurden im Westen im Königreich Javana (? ཉེས) in der Stadt Sâgara im Tempel Ushmapura auf Kosten des Königs Gambhîrapaksha (? ཟབ་མོའི་ཕྱོགས) die Geistlichen 206
versammelt, man weiss nicht genau bei welcher Gelegenheit, aber sicher um, auf Veranlassung von Unglücksfällen, welche die Tîrthika's verursacht hatten, Bücher zu sammeln. Hier zeigt sich auch Ârjâsanga (Cap. XXII), lehrte gleichwie die andern die Körbe der Çrâvaka's und verbreitete zuletzt noch die Sûtra's der Mahâjâna-Lehre. Târanâtha's Geschichte sagt, dass, obgleich die Mahâjâna-Lehre schon vor dieser Zeit sehr ausgebreitet war, sie dennoch alsdann so gesunken sei, dass es bis auf Ârjâsanga wenige gab, welche diese Lehre begriffen hatten, und dass sich erst seit der Zeit, wo Ârjâsanga und dessen acht ausgezeichnete Schüler predigten, der Unterricht in dieser Lehre von neuem verbreitet habe. Da die Buddhisten es lieben, sich mit dem Mantel des Alterthums zu umhüllen, so glauben wir, dass das Auftreten des Mahâjâna-Systems als besondre, allen bekannt gewordne, Schule, in Wirklichkeit erst seit dieser Zeit begann, dass aber schon vorher unbekannte Asketen in verschiedenen

Tempeln durch ihre Werke diese zukünftige Veränderung im Buddhismus vorbereitet hatten. Wie sichtlich ist, wurde Ârjâsanga königlicher Guru bei dem König Gambhîrapaksha (ཟབ་མོ་དི་ཕྱོགས), und das gab seinem System keinen geringen Grad von Glanz und Macht. Erst gegen das Ende seines Lebens führen ihn die Legenden gewöhnlich nach Nâlanda, wo er zwölf Jahr zubrachte und in Râdschagriha starb. — Vasubandhu verhält sich eben so zu Ârjâsanga, wie Açvagoscha zu Ârjadeva; ihm werden sehr viele mahâjânistische Werke zugeschrieben. Als der allerberühmteste von Vasubandhu's Anhängern erscheint Dignâga, welcher durch die Abfassung eines logischen Tractats Pramânasamutschtschaja (ཚད་མ་ཀུན་འདུས) bekannt ist, und in Folge davon schreiben ihm die Legenden zahlreiche Siege über die Tîrthika's zu. Wie
207 sich dies auch verhalten möge, seit dieser Zeit vertritt die Logik im Buddhismus die Stelle der Abhidharma's. Ein andrer Schüler des Vasubandhu, Samghadâsa (དགེ་འདུན་དབངས), verbreitete die Mahâjâna-Lehre zuerst in Kashmir. Die Lehre des Mahâjâna, wie sie von Ârjâsanga vorgetragen und verbreitet ward, gehörte zu dem System der Jogâtschârja's. Es ist augenscheinlich, dass er entweder Veränderungen in der früheren Theorie vornahm, oder ihm Autoren vorhergingen, welche sich in ihren Meinungen von den Ideen des Nâgârdschuna trennten, und nun verbreitete sich im nördlichen und mittlern Indien das System des Ârjâsanga. Indessen waren im Süden die früheren Ideen nicht erloschen; vielleicht kannte man dort sogar die von Ârjâsanga hervorgebrachte Bewegung nicht; hier sehen wir Buddhapâlita (im Königreich Tampala), welcher im Tempel Dantapura lebte und Erklärungen zu den Werken des Nâgârdschuna und Ârjadeva

verfasste. Er gilt auch als Haupt des Prasanga oder desjenigen Systems der Madhjamika's, welches jetzt in Tibet angenommen ist. Nicht lange nach ihm lebte, ebenfalls im Süden, auch Bhavja (ལེགས་ལྡན), im Königreich Maljara(?); doch trennte er sich in seinen Meinungen von Buddhapâlita und begründete ein andres System der Madhjamika's, welches das der Svatantrika oder des Ratikâla genannt wird. Es ist klar, dass einige sogar diese beiden Lehrer als Schüler des Nâgârdschuna betrachten. Zu der Zeit, als sich Sûrjagupta [1]) (ཉི་མ་སྦས་པ) zu zeigen bemühte, dass die Lehre des Ârjâsanga und Nâgârdschuna ähnlich sei (Cap. XXII), erschien im Süden (im Königreich Samanta) Tschandrakîrti, welcher der Ansicht des Buddhapâlita folgte; er wurde später Vorsteher in Nâlanda und führte wahrscheinlich dort zuerst seine Meinungen ein. Als sein Gegner erscheint Tschandragomin, der berühmte Verfasser des Tschandravjâkarana (Cap. XXV), welcher ein An- 208
hänger der Meinungen des Ârjâsanga war. Nach dem Bericht des Târanâtha dauerte der Streit zwischen ihnen sieben Jahr und — urtheilen wir nach der nachgiebigen Weise, wie sich die Tibeter über dessen Resultat ausdrücken, — so können wir schliessen, dass Tschandrakîrti besiegt ward. In der That sehen wir ihn gegen das Ende seines Lebens im südlichen Indien (im Königreich Konkana), während Tschandragomin in Nâlanda bleibt. Dieser letztre zeichnete sich, wie ersichtlich, durch umfassende Kenntnisse aus. Ausser dem Buddhismus waren ihm Künste, Philologie, Dialektik, Medicin, Poesie, Astronomie und aa. bekannt. Seine Werke über alle diese Gegenstände sind zahlreich. Wir wollen bemerken, dass die Benennung Gomin anzeigt, dass er kein Priester der

1) Ob nicht Ravigupta? s. Bull. hist.-philol. T. IV pag. 288 folg. Sch.

Religion (d. h. kein Mönch) war, sondern ein Weltlicher, welcher die Religion studirt hatte. Diese beiden Lehrer waren Zeitgenossen der Könige Siṁha, Varman und Prasanna (གསལ་བ); nach Tschandrakîrti erscheint als Vorsteher in Nâlanda Dharmabala; diesem folgte Dschajadeva (? རྒྱལ་བའི་ལྷ), der Lehrer des Çântideva (ཞི་བའི་ལྷ), welcher berühmt ist durch die Schriften: Çikschâsamutschtschaja (བསླབ་པ་ཀུན་ལས་བཏུས Tandj. B. ཀི), Sûtrasamutschtschaja (མདོ་ཀུན་ལས་བཏུས) und Bodhisattvatscharjâvatâra (སྤྱོད་འཇུག T. B. ལ). Auf diese Weise ist offenbar, dass in Nâlanda die Parthei der Idealisten herrschte. Aber kurz darnach erschienen sowohl in Magadha, als im Osten und im Süden die Tîrthika's unter der Anführung des Çaṁkarâtschârja, Kumâralîla und Kaṇâdaruru. Der Buddhismus brachte seiner Seits den Dharmakîrti hervor, welcher sieben Tractate über Logik (ཚད་མ་སྡེ་བདུན) oder Erklärungen zu dem Pramâṇasamutschtschaja, einem Werke des Dignâga (im Tandschur B. ཅེ), abfasste. Dieses Werk genügte, dass ihn die Legenden fast an allen Enden Indiens
209 zum Besieger der Tîrthika's machten. Aber bis wie weit ist das wahr?

Im Allgemeinen sind Nâgârdschuna, Ârjâsanga und Dignâga, die Urheber von Originalwerken, und Ârjadeva, Vasubandhu und Dharmakîrti, die Verfasser von Commentaren, im Mahâjâna unter dem Namen der sechs Zierden bekannt. Nach diesen begegnen wir keinen besondern Berühmtheiten des Mahâjâna mehr, obgleich die Zählung der Nachfolger und Personen bei Târanâtha noch lange fortgesetzt wird, so sind doch alle diese Personen zum grössten Theil bereits Lehrer des Mysticismus, welcher, wie es scheint, erst seit dieser Zeit sich vollständig zu verbreiten beginnt; denn die Legenden, welche, wie wir oben erwähnt haben, ihn schon vor Nâgârdschuna setzen, verdienen keine Beachtung. Die Lebensbeschreibungen aller der Personen, welche den Mysticismus predigten, sind mit so abgeschmackten Märchen angefüllt, dass wir ihnen keine grössere Aufmerksamkeit widmen wollen.

Lebensbeschreibung des Açvaghoscha, Nâgârdschuna, Ârjadeva und Vasubandhu.

Obgleich wir in der beabsichtigten Ausgabe von Târanâtha's Geschichte des Buddhismus einer grössern Menge von Lebensbeschreibungen bekannter buddhistischer Persönlichkeiten begegnen werden, so halten wir es dennoch, zur Erläuterung einiger Verweisungen, welche wir in dem allgemeinen Umriss der Geschichte des Buddhismus gegeben haben, nicht für überflüssig, schon jetzt diejenigen Biographien mitzutheilen, welche wir in chinesischen Uebersetzungen getrennt finden, und zwar um so mehr, da sie einem hohen Alter angehörig, im Inhalt sich nicht unbedeutend von denen unterscheiden, welchen wir bei Târanâtha begegnen. Die ersten drei Biographien: die des Avaghoscha, Nâgârdschuna und Ârjadeva wurden schon unter der Dynastie Jao Tsin (387 — 417 nach Chr. G.) in China von Kumarosha (Kumâraçila?) übersetzt, die letzte aber, die Lebensbeschreibung des Vasubandhu, unter der Dynastie Tschin (557—588) von dem berühmten Tschin-thi. Ausser den historischen Nachrichten, welche in ihnen enthalten sind, verdient unsere Aufmerksamkeit auch der Ton selbst und die Form der Erzählung, in welcher man sich die wunderbaren Thaten dieser oder jener

Person darzustellen bestrebt. Diese Art Legenden steht noch jener nahe, welcher wir in den Erzählungen von dem Leben der ersten buddhistischen Patriarchen begegnen; in der Folge wurden sie umgewandelt und mit grossen Verschönerungen 211
überliefert. Wir beabsichtigen jedoch nicht, alle diese Biographien vollständig zu übertragen, sondern wollen alles, was wir von ihnen Beachtungswerthes gefunden haben, nur auszugsweise mittheilen.

1. Açvaghoscha (chinesisch Ma-ming «Stimme des Pferdes) war der Schüler des ehrwürdigen Pârçva. Pârçva kam aus dem nördlichen nach dem mittleren Indien und erfuhr, dass die dasigen Geistlichen sich nicht unterstehen durften die Ghaṇṭâ (Glocke) ertönen zu lassen, ein Vorrecht, welches, wie wir sehen, derjenigen Religion angehörte, welche herrschte, oder das Uebergewicht besass; die Ursache dieser Erniedrigung war Açvaghoscha, welcher, zu den geschicktesten Tîrthika's gehörig, verlangte, dass die Buddhisten sich nicht unterstehen sollten die Ghaṇṭâ's zu schlagen, bis sie ihn im Disputiren besiegt hätten. Pârçva befahl zu läuten, liess sich mit Açvaghoscha in einen Streit ein und legte ihm zuerst eine Frage vor, welche nur darin bestand, dass er wünsche, dass die Welt Zufriedenheit, der König langes Leben, das Land Ueberfluss geniesse und keinen Unglücksfällen unterliege. Diese unerwartete Wendung, auf welche nach den Kampfgesetzen erwidert werden musste, brachte Açvaghoscha ausser Fassung und er wurde, der Bedingung gemäss, Pârçva's Schüler. Dieser rieth ihm den Buddhismus zu studiren und kehrte selbst in sein Vaterland zurück. Açvaghoscha blieb im mittleren Indien und machte sich durch seine ausgezeichneten Talente berühmt. Es traf sich, dass der König der kleinen Jue-tschi im nördlichen Indien in Magadha einfiel und die Auslieferung von Buddha's Napf und von

Açvaghoscha forderte. Die Beamten murrten gegen den König, dass er den letzteren zu hoch schätzte; um sein Verdienst zu beweisen, nahm der König sieben Pferde, hielt sie sechs Tage hungrig und stellte sie dann an den Ort, wo Açvaghoscha predigte, um ihnen Futter zu geben; aber die Pferde vergossen Thränen, als sie den Prediger hörten und wollten nicht fressen. Dies machte Açvaghoscha berühmt und
212 weil die Pferde seine Stimme verstanden, erhielt er auch den Namen Açvaghoscha (Stimme des Pferdes).

2. **Nâgârdschuna** wurde im südlichen Indien geboren und stammte aus der Kaste der Brahmanen; er war von Natur mit wunderbaren Fähigkeiten begabt und studirte schon in seiner Kindheit die vier Veden, deren jeder 40,000 Gâthâ's enthielt (jede zu 42 Buchstaben — Sylben — gerechnet); er begab sich auf Reisen in verschiedne Reiche und erlernte alle weltlichen Wissenschaften, wie Astronomie, Geographie, mystische und magische Künste; alsdann befreundete er sich mit drei gleichfalls ausgezeichneten Männern und, nachdem er ein Mittel erkannt, sich unsichtbar zu machen, schlich er sich mit ihnen in den königlichen Palast, wo er anfing die Frauen zu entehren; ihre Gegenwart wurde durch ihre Fussspuren entdeckt und die drei Gefährten des Nâgârdschuna wurden in Stücke gehauen; nur er allein rettete sich, nachdem er vorher das Gelübde abgelegt hatte, in den geistlichen Stand (den buddhistischen) einzutreten; und in der That ging er auf den Berg zu einer Pyramide (stûpa) des Buddha, legte die Gelübde ab, studirte in 90 Tagen alle drei Piṭaka's und begriff ihren tiefen Sinn; alsdann begann er die andern Sûtra's zu suchen, fand sie aber nirgends; erst im Innern der Schneegebirge gab ihm ein hochbetagter Bhikschu das Sûtra des Mahâjâna; er begriff zwar dessen tiefen Sinn, konnte aber keinen ausführlichen Commentar dazu finden;

alle Meinungen der Tîrthika's und Çramaṇa's erschienen ihm
niedrig; in seinem Stolz bildete er sich ein der Gründer einer neuen Religion zu werden, ersann neue Gelübde und ein
neues Kleid für seine Schüler; da erbarmte sich seiner der
Nâgarâdscha (König der Schlangen), nahm ihn zu sich in's
Meer in seinen Palast und zeigte ihm dort sieben kostbare
Behälter mit den Vaipulja-Büchern und den übrigen Sûtra's
von tiefem und verborgenem Sinn; Nâgârdschuna durchlas
sie binnen neunzig Tagen und kehrte mit einer Kiste auf 213
die Erde zurück. In dieser Zeit war in Indien ein König,
welcher für die wahre Lehre keine grosse Verehrung besass;
Nâgârdschuna, welcher dessen Aufmerksamkeit auf sich ziehen wollte, schritt sieben Jahr lang vor ihm her mit einer
rothen Fahne und als der König sich mit ihm in eine Unterhaltung einliess und zum Beweis seiner Allwissenheit verlangte, dass er ihm sage, was im Himmel geschehe, erklärte
Nâgârdschuna, dass ein Krieg zwischen den Asura's und Deva's Statt finde, und zur Bestätigung seiner Worte fielen
Waffen und abgerissene Glieder der Asuren vom Himmel
herab; da glaubte der König und zehn tausend Brahmanen
hörten auf die Haare in einem Schopf zu tragen (d. h.
schoren sich) und legten die Gelübde der Vollkommenheit
(d. h. des geistlichen Standes) ab. Da verbreitete Nâgârdschuna den Buddhismus eifrig im südlichen Indien, demü-
thigte die Tîrthika's und verfasste zur Erläuterung des Mahâjâna den Upadeça, welcher aus 100,000 Gâthâ's bestand;
ausserdem schrieb er auch das Tchuang ian Fo tao lung —
der prächtige Weg des Buddha — in 5000 Gâthâ's, das Ta
tseu fang pian lun — die Kunst der erhabnen Barmherzigkeit
— in 50 (5000?) Gâthâ's); dadurch fand die Lehre des
Mahâjâna im südlichen Indien vielen Eingang. Ausserdem
verfasste er: Wou wei lun — Betrachtung über die Uner-

schrockenheit — in 100,000 Gâthâ's[1]). Ein Brahmane, welcher sich mit ihm in eine Disputation einliess, brachte einen magischen Teich hervor, in dessen Mitte sich ein tausendblättriger Lotus befand, aber Nâgardschuna brachte einen magischen Elephanten hervor, welcher diesen Teich zerstörte. Als endlich ein hînajânistischer Lehrer den Wunsch äusserte, dass Nâgârdschuna sterben möge, verschloss er sich
214 in ein einsames Gemach und verschwand. Hundert Jahre danach errichtete man ihm zu Ehren in allen Reichen des südlichen Indiens Tempel und begann ihn wie einen Buddha hoch zu achten. Da ihn seine Mutter unter einen Ardschuna- (atchou-to-na) Baum geboren hatte, so erhielt er den Namen Ardschuna, und in Folge davon, dass ein Nâga (Drache) bei seiner Bekehrung sich betheiligte, wurde das Wort Nâga damit verbunden, wodurch Nâgârdschuna entstand (chinesisch Loung-chou «Drache — Baum;» die Tibeter übersetzen ཀླུ་སྒྲུབ «der durch einen Drachen Vollendete). Er war der dreizehnte Patriarch und leitete die Religion über drei hundert Jahr.[2])

2. Deva (Ârjadeva) stammte aus einem brahmanischen Geschlecht im südlichen Indien und machte sich durch seine Kenntnisse berühmt; in seinem Königreich war ein aus Gold gegossenes zwei Klafter hohes Idol des Maheçvara; wandte sich jemand an dasselbe mit einer Bitte, so wurde sie noch während des gegenwärtigen Lebens desselben erfüllt; die welche kamen, wurden nicht in die Nähe des Idols gelassen, aber Deva bestand darauf, dass man ihn zuliess, und als der

1) Keines dieser Werke des Nâgârdschuna finden wir jetzt, weder in chinesischer noch tibetischer Uebersetzung während eine Menge von andern unter seinem Namen in diesen Ländern cursirt.

2) Diese Bemerkung findet sich in der Biographie selbst.

erzürnte Geist die Augen zu rollen anfing, riss er ihm ein Auge aus; darauf erschien am folgenden Tage Maheçvara bei ihm zu Gast und versprach ihm, dass man seinen Worten glauben würde. Deva besuchte die Pagode des Nâgârdschuna[1]) und trat in den geistlichen Stand, worauf er das Volk zu erleuchten begann; allein damit begnügte er sich nicht, sondern bekam Lust, den König selbst zu bekehren; zu diesem Zweck trat er in dessen Leibwache und, nachdem er sich seine Beachtung erworben, bat er ihn, ihm zu erlauben, mit den Ketzern eine Disputation halten zu dürfen: diese wurden sämmtlich von ihm überwunden. Deva verfasste Pe lun eul chi phin «die hundertfache Erwägung,» und Sse pe lun 215
(400 Gâthâ's) zur Widerlegung der Irrthümer; aber ein Tîrthika schnitt ihm den Leib auf, so dass er starb. Da er früher, zur Zeit, wo ihn Maheçvara als Gast besuchte, ihm eins seiner Augen gegeben hatte [zum Ersatz für das ausgerissene?] und einäugig blieb, erhielt er auch den Beinamen Kânadeva («der einäugige Deva»).

4. Vasubandhu wurde im Königreich Purushapura[2]) geboren, im nördlichen Indien (purusha bedeutet «Mann» und pura «Stadt»). In der Geschichte des Gottes Vishnu wird Folgendes erzählt: Vishnu war der jüngre Bruder des Indra, welcher ihn nach Dschambudvîpa schickte, um den Asura zu besiegen; er wurde als Sohn des Königs Vasudeva geboren; in dieser Zeit existirte ein Asura, Namens Indradamana («Besieger[3]) des Indra»), welcher diesen Namen in Folge ei-

1) Doch wird nicht gesagt, dass Nâgârdschuna zu dieser Zeit lebte, während die späteren Legenden den Ârjadeva zu einem persönlichen Schüler desselben machen.

2) Fu lou scha fu lo.

3) In to lo to ma na; to ma na bedeutet «Besieger.»

nes Kampfes mit Indra erhalten hatte; im Vjâkarana[1]) wird gesagt, dass Asura bedeutet «der nicht gut sich vergnügende»[2]), im Gegensatz zu den Göttern [sura], welche ihr Vergnügen am Guten finden; dieser Asura hatte eine Schwester mit Namen Prabhâvatî[3]) («die lichtbesitzende») von sehr schönem Aeusseren. Dieser Asura wollte dem Vishnu schaden und setzte zu diesem Zweck seine Schwester an einen sichtbaren Ort, sich selbst versteckend, und sagte ihr, wenn jemand sie heirathen wollte, so sollte sie ihm vorschlagen, mit ihrem Bruder zu kämpfen. Als Vishnu dahin kam, verliebte er sich in Prabhâvatî und da alle Götter sich mit Töchtern der Asura's vermählen, schlug auch er ihr vor sich zu verheirathen; darauf jedoch musste er zum Zweikampf mit dem Asura schreiten; Vishnu war, als Körper des Nârâjana, unverwundbar, aber auch der Asura blieb lebendig, trotz dem,
216 dass ihm Vishnu den Kopf, die Hände und die übrigen Glieder abhieb; diese kehrten nämlich von neuem an ihre Stelle zurück; der Kampf setzte sich fort bis zur Nacht; Vishnu's Kräfte fingen an zu erschlaffen; da ergriff seine Frau, für ihn fürchtend, das Blatt eines Utpala (Lotus), zerriss es in zwei Theile, warf diese nach verschiedenen Seiten und fing an zwischen sie zu treten. Vishnu begriff den Sinn, zerhieb den Körper des Asura in zwei Theile und fing an dazwischen zu treten; da starb der Asura; er hatte nämlich von einem Rischi einst die Vergünstigung erhalten, dass seine Glieder, wenn abgehauen, wieder zusammen wachsen sollten; allein der Rischi hatte nicht gesagt, dass sein Körper wieder zusammen wachsen solle, wenn er gespalten sei. Da Vishnu hier

1) Pi kia lo [Grammatik].

[2) Danach von a (nicht) su (gut) und ram (sich erfreuen, nach Analogie von ga von gam) abgeleitet.]

3) Po lo po po ti.

den Muth eines «Mannes» zeigte, so wurde das Königreich auch Puruscha genannt. In diesem Königreich war der königliche Lehrer ein Brahmane aus der Familie der Kauçika's[1]); dieser hatte drei Söhne, welche einen gemeinschaftlichen Namen Vasubandhu haben, welches «himmlischer Verwandte» bedeutet (Thian tsin). In Indien ist es nämlich Sitte, allen Kindern einen gemeinschaftlichen Namen zu geben und zur Unterscheidung überdies einen besondern hinzuzufügen; der dritte Vasubandhu trat in der Schule der Sarvâstivâda in den geistlichen Stand, ward Arhant und erhielt den Namen Bi-lin-tschi Vatsa (ba po); Bi lin tschi war der Name seiner Mutter und Vatsa bedeutet «Sohn»; aber man nennt so im Allgemeinen Kinder von Menschen und Thieren und insbesondre Kälber. Der älteste Vasubandhu trat ebenfalls in der Schule der Sarvâstivâda in den geistlichen Stand und, obgleich er sich von den Leidenschaften zu befreien vermochte, konnte er doch den Sinn der Leerheit nicht begreifen und wollte sich schon selbst umbringen, aber der Arhant Piṇḍola, welcher im östlichen Dvîpa Videha lebte, sah dies, eilte zu ihm und lehrte ihn die Beschauung der hînajânistischen Leerheit. Vasubandhu, damit nicht befriedigt, machte sich auf zu dem Himmel Tuschita, um Maitreja zu befragen, erhielt von diesem die Erklärung der mahâjânistischen Leer- 216
heit und kehrte nach Dschambudvîpa zurück, wo er sich der Beschaulichkeit ergab und die Anschauung erlangte, weshalb er den Beinamen Asanga erhielt (ou tchoue «der kein Hinderniss habende»). Nach diesem ging er mehrere Mal zum Tuschita, um Maitreja über den Sinn mahâjânistischer Sûtra's zu befragen; wenn er aber das Erlernte Andern auslegen wollte, dann glaubten sie ihm nicht und er musste Maitreja

1) Kiao schi kia ist einer der Namen des Indra selbst.

bitten, sich zur Erde herabzulassen, welche Bitte dieser auch erfüllte. Maitreja befand sich vier Monate hindurch im Tempel der Predigt, trug das Sûtra über die siebenzehn Länder vor und erläuterte dessen Sinn. Dennoch konnte ihn einzig nur Asanga sehen; die übrigen hörten nur seine Predigt und schenkten alle dem Mahâjâna Glauben. Maitreja lehrte den Asanga die Samâdhi des Sonnenstrahles, da wurde ihm alles verständlich und er verfasste in Dschambudvîpa den Upadeça («Unterweisung») zu allen Sûtra's des Mahâjâna.

Der zweite Vasubandhu trat ebenfalls in der Schule der Sarvâstivâda in den geistlichen Stand; an umfassendem Wissen, Fülle des genossenen Unterrichts und Kenntniss sämmtlicher Bücher hatte er nicht seines gleichen. Da seine Brüder andre Namen erhalten hatten, so verblieb sein Name Vasubandhu ihm allein.

Fünfhundert Jahr nach dem Nirvâṇa des Buddha lebt der Arhant Kâtjâjanaputra («Sohn des Kâtjâjana»), welcher in der Schule der Sarvâstivâda in den geistlichen Stand getreten war. Er war eigentlich ein Inder; später aber kam er in das Königreich Kipin (Kophen, Kabul) im nordwestlichen Indien, wo er im Verein mit 500 Archant's und 500 Bodhisattva's die Zusammenstellung der Abhidharma's der Schule der Sarvâstivâda's unternahm, welche aus acht Grantha's besteht [1]). Sie liessen allenthalben öffentlich bekannt machen, dass alle,
218 welche etwas von den Abhidharma's des Buddha wüssten, ihnen ihre Kenntniss mittheilen sollten. Da theilten Menschen, Götter, Drachen, Jakscha's und sogar Bewohner des Himmels Akanishṭha ihnen alles mit, was sie wussten, und

1) Kia lan ta, was Band bedeutet, d. h Sammlung von Gegenständen, welche mit einander in Verbindung stehen, ihre Vereinigung zu einer Einheit; auch bezeichnet es Gränze, weil jede Abtheilung ihre Gränze hat.

Bemerkung des chinesischen Uebersetzers der Biographie.

wenn es auch nur ein Satz oder ein Vers war. Kâtjâjanaputra mit den Arhant's und Bodhisattva's wählte daraus alles das, was nicht mit den Sûtra's und dem Vinaja im Widerspruch war und sie setzten ein Werk zusammen, welches, in acht Abtheilungen getheilt, 50,000 Çloka's enthielt. Alsdann wollten sie ein Vaibhâschja zur Erklärung des Abhidharma abfassen. In dieser Zeit lebte in Indien Açvaghoscha, ein Eingeborner des Landes Po tchi do im Königreich Çrâvastî; er kannte acht Theile des Vjâkarana, die vier Abtheilungen der Veden, die sechs Wissenschaften und die Tripiṭaka's der achtzehn Schulen. Kâtjânaputra schickte einen Gesandten nach Çrâvastî um Açvaghoscha zur Verbesserung des Stils des beabsichtigten Vaibhâschja zu rufen. Açvaghoscha kam in Kipin an und beschäftigte sich zwölf Jahr hindurch mit der Ausarbeitung des ihm von Kâtjâjanaputra und den übrigen Arhant's und Bodhisattva's übertragenen Werkes; das ganze Vaibhâschja enthielt eine Million Gâthâ's. Nach Abfassung derselben liess Kâtjâjanaputra in Stein den Befehl eingraben, dass niemand, der diese Lehre studirt, künftig aus Kipin gelassen werden sollte, so wie dass die Werke selbst nicht über die Gränze gebracht werden dürften; er fürchtete nämlich, dass die übrigen Schulen und das Mahâjâna diese reine Lehre verunreinigen und verstümmeln würden. Dieser Befehl wurde auch von dem König bestätigt. Das Königreich Kipin war von allen Seiten von Bergen umgeben und nur in einer Gegend fanden sich Eingänge; alle Heilige stellten Jakscha's auf um sie zu bewahren, mit dem Auftrag, jeden einzulassen, der studiren wolle, aber nachher nicht hinauszulassen. Im Königreich Ajodha war ein Lehrer Vasasubhadra[1]), 219
begabt mit Verstand und Gedächtniss; begierig das Vaibhâ-

1) Po so so siui ba to lo.

schja zu erlernen, stellte er sich an, als wäre er verrückt, kam nach Kipin und hörte es zwölf Jahre hindurch; eines Tages als es gelehrt ward, fing er an wegen des Râmâjaṇa zu fragen; in Folge davon wurde er von allen verachtet und es gelang ihm, aus Kipin zu entwischen, obgleich die Jakscha's die Geistlichen gewarnt hatten. Nach seiner Rückkehr in sein Vaterland machte Vasasubhadra bekannt, dass alle eilen sollten, das kipinsche Vaibhâschja von ihm zu erlernen und da er alt war, so schrieben seine Schüler eilig auf so schnell als er es vortrug und endlich ward alles zu Ende geführt.

Neun hundert Jahr nach dem Tode des Buddha lebte ein Tîrthika Vindhjakavâsa [1]); dieser erbat sich von einem in einem See am Fuss des Berges Vindhjaka lebenden Drachen das Werk Seng ke lun, änderte es seinen Ansichten gemäss, kam alsdann nach Ajodhja und bat den König Vikramâditja [2]), ihm zu verstatten, eine Disputation mit den buddhistischen Geistlichen zu halten. Zu dieser Zeit befanden sich die grossen Lehrer, wie Maṇirata, Vasubandhu und andre in andern Königreichen; einzig Buddhamitra, der Lehrer des Vasubandhu, war zurückgeblieben, ein Mann von zwar tiefen Kenntnissen, aber bereits ausserordentlich alt und schwach; zur Disputation herausgefordert, konnte er das von dem Tîrthika Gesagte nicht wiederholen und wurde besiegt. Der König belohnte den Tirthika; dieser kehrte zu dem Berg Vindhja zurück und verwandelte sich in eine steinerne Säule. Sein Werk Sseng ke lun ist aber bis auf den heutigen Tag erhalten. Als Vasubandhu nach seiner Rückkehr diesen Vorgang erfuhr, sandte er aus, um den Tîrthika aufzusuchen; da die-

1) Vindhjaka ist der Name eines Berges und vâsa bedeutet «leben» («wohnend»); er ward so genannt, weil er auf dem Berge Vindhjaka lebte.

2) Bi ko lo ma a li to.

ser sich aber in einen Stein verwandelt hatte, so verfasste 220
Vasubandhu das Tsi schi tschang schi lun, in welchem er alle Sätze des Sseng ke lun umstiess; dafür erhielt er vom König drei Lakscha's Gold zum Geschenk, womit er drei Pagoden baute, eine für die Bhikshuni's, die zweite für die Schule der Sarvâstivâda's und die dritte für die Schule (?) des Mahâjâna. Nach diesem wurde die wahre Lehre (d. i. der Buddhismus) wiederum hergestellt. Vasubandhu hatte vorher den Sinn des Vaibhâschja studirt; indem er sich nun in der Folge damit beschäftigte, dasselbe zu lehren, verfasste er jeden Tag je eine Gâthâ, in welcher der Sinn von allem enthalten war, was er an diesem Tag gelehrt hatte; diese Gâthâ schrieb er auf eine Kupferplatte und liess diese auf dem Haupte eines trunknen Elephanten herumtragen, indem er unter dem Schall von Trommeln diejenigen, welche den Sinn der Gâthâ bekämpfen wollten, herausforderte; aber niemand war im Stande ihn zu widerlegen. Auf diese Weise wurden über sechs hundert Gâthâ's abgefasst, welche den ganzen Sinn des Vaibhâschja enthielten; diese bildeten die Koschakârikâ, oder den Koscha in Versen. Vasubandhu sandte sie mit Hinzufügung von funfzig Pfund Gold nach Kipin zu den dortigen Lehrern des Abhidharma; diese freuten sich sehr darüber, dass ihre wahre Lehre verbreitet ward; da aber unverständliche Stellen in den Versen vorkamen, so baten sie den Vasubandhu, indem sie noch funfzig Pfund Gold von ihrer Seite beilegten, eine Erläuterung in Prosa zu schreiben. Da verfasste er den Abhidharmakoscha, in welchem er die Ideen der Sarvâstivâdin einführte und auf Grund der Sûtra's die Abweichungen widerlegte. Als dieses Werk nach Kipin kam, waren die dortigen Lehrer, da sie ihre Ansichten darin widerlegt sahen, erbittert.

Der Sohn des Königs Vikramâditja, mit Namen Prâditja

(«neue Sonne») nahm die Gelübde bei Vasubandhu, und seine Mutter, in den geistlichen Stand tretend, wurde seine Schülerin. Als Prâditja den Thron bestieg, baten Mutter und Sohn
221 den Vasubandhu in Ajodhjâ zu bleiben und den Unterhalt von ihnen anzunehmen, womit er auch einverstanden war; aber der Schwager des Prâditja, welcher dessen Schwester geheirathet hatte, ein Brahmane Vasurata[1]), war ein Lehrer der Tîrthika's und mit dem Vjâkaraṇa bekannt, auf dessen Grund er eine Widerlegung des von Vasubandhu verfassten Koscha schrieb. Vasubandhu aber schrieb zur Vertheidigung das San schi eul phin («zwei und dreissig Artikel)», in welchem er alle Einwürfe widerlegte; das Vjâkaraṇa ist verloren gegangen (?) und nur dieses Werk erhalten worden. Der König gab ihm ein, die Königin aber zwei Lakscha's Goldes zur Belohnung. Vasubandhu erbaute für dieses Geld je eine Pagode in den Königreichen Kipin, Purushapura und Ajodhjâ. Der beschämte Brahmane rief, da er den Vasubandhu zu demüthigen wünschte, den Lehrer Siṁhabhadra aus Indien (?) nach Ajodhjâ; dieser verfasste zur Widerlegung des Koscha zwei Werke; in dem einen (Kuan san ma ie) in 10,000 Gâthâ's wurde der Sinn des Vaibhâschja erklärt, in dem andern (Sui tschi lun) in 12,000 Gâthâ's wurde jenes vertheidigt und die Meinungen des Koscha widerlegt; nachdem er diese Werke beendigt, forderte Siṁhabhadra den Vasubandhu zu einer Disputation heraus, dieser aber lehnte sie unter dem Vorwand seines Alters ab und überliess die Entscheidung zwischen ihnen den Gelehrten.

Früher hatte sich der Lehrer in das Studium der Ideen der achtzehn Schulen vertieft, sich an die Ansichten der Hînajâna gehalten und glaubte nicht an das Mahâjâna, indem

1) Po siu lo to.

er sagte, dass es die Lehre des Buddha nicht sei. Asanga,
welcher fürchtete, dass sein Bruder eine Widerlegung des Mahâjâna schreiben möchte, rief Vasubandhu nach Puruschapura, wo er selbst lebte, und bekehrte ihn zum Mahâjâna.
Vasubandhu bereute seinen früheren Tadel des Mahâjâna und
wollte sich die Zunge abschneiden, aber sein Bruder beredete
ihn lieber eine Erklärung zum Mahâjâna abzufassen, welche 222
Vasubandhu auch wirklich nach dem Tode des Asaṅga schrieb.
Ihm gehören an die Erklärungen zum Avatam̃saka, Nirvâṇa,
Saddharmapuṇḍarîka, Pradschnâpâramitâ, Vimalakîrti und
andern Sûtra's; ausserdem schrieb er das Wei schi lun, in
welchem der Gedanke des ganzen Mahâjâna enthalten ist,
und eben so das Kan lu men und andre Çâstra's (Lehrbü-
cher) des Mahâjâna. Alles, was der Lehrer geschrieben,
zeichnete sich durch die Vortrefflichkeit des Styls und der
Ideen aus. Deshalb haben die Anhänger des Hînajâna und
Mahâjâna nicht blos in Indien, sondern auch in andern Ländern, jenseits der Gränzen, auf gleiche Weise seine Werke
als Grundlage angenommen. Die Ketzer geriethen in Schrek-
ken, wenn sie seinen Namen hörten. Er starb in Ajodhjâ in
einem Alter von achtzig Jahren.

ZWEITE BEILAGE.

«Das die Verschiedenheit der Hauptmeinungen bekräftigende Rad.» [1])

Werk des Vasumitra. [2])

Ich verehre den Allwissenden. [3])

---

1) Die achtzehn Hauptschulen des Hînajâna. Im Sanskrit समयवधोपरचन-चक्र samajavadhoparatschanatschakra [wörtlich: das Rad der Darstellung der Vernichtung der Uebereinstimmung, das heisst: Darstellung der Spaltung (des Buddhismus in verschiedene Schulen)]; im Tibetischen གཞུང་ལུགས་ཀྱི་བྱེ་བྲག་བཀོད་པའི་འཁོར་ལོ — Uebersetzung des Dharmâkara (Tandschur B. ཨུ 137); im Chinesischen giebt es drei Uebersetzungen: a. I pu tsung lun lun — Uebersetzung des Hiuen-thsang. b. Pu tshi i lun, Uebersetzung von Tschen thi unter der Dynastie Tschen yi. c. Schi pha pu lun; die letzte zeichnet sich vor den beiden früheren sehr aus und beginnt mit einem Auszug aus dem Sûtra: Mandschuçriparipritschtschhâ; ihr Uebersetzer ist unbekannt. Wir werden dem tibetischen Text folgen und die in den drei chinesischen Uebersetzungen erscheinenden Abweichungen in den Anmerkungen anführen.

2) དབྱིག་གི་བཤེས་གཉེན; in der chinesischen Uebersetzung des Tschhen thi wird er genannt Thien ieu (Freund des Himmels — Devamitra?), aber in der des Hiuen-Thsang: Chi ieu (Freund der Welt — Lokamitra?).

3) Nicht in den chinesischen Uebersetzungen und wahrscheinlich — nach den uns zugänglichen Manuscripten zu schliessen — auch nicht im sanskri-
224 tischen Original. Aber im Anfang der tibetischen Bücher sind derartige Zusätze von den tibetischen Uebersetzern aufgenommen gewissermaassen, um

Nach Vollendung von hundert Jahren, [1])
Seitdem der Samjaksambuddha geendet hatte,
Geschah seiner Lehre Schaden.
Es kam eine Spaltung
In die Schulen, welche
Annahmen (eine von der andern) verschiedene Meinungen.
Alle diese, kämpfend mit Hartnäckigkeit [2]),
Lehrten, sich auf die Annahme des Ich stützend.
Um diese Zeit der weise Vasumitra [3]),
(chines.: der wahre) Çâkja-Bhikschu, von grossem Geiste
Und von der Weisheit eines Bodhisattva [4]),
Begabt mit einem scharfsinnigen Verstand, 224

---

den himmlischen Beistand zum Gelingen der Uebersetzung anzurufen. Obgleich man bisweilen auch Abweichungen begegnet, so war doch die allgemeine, angeblich durch die Beschlüsse der alten tibetischen Könige festgestellte Regel, dass bei der Uebersetzung der Vinaja's der Allwissende, bei der der Sûtra's die Buddha's und Bodhisattva's, und am Anfang der Abhidharma's Mandschuçri verehrt wurden. Die Verehrung des Allwissenden bei den Vinaja's ist angeblich deshalb eingeführt, weil sie subtile Regeln enthalten, welche man nur mit Hülfe des Allwissenden erläutern kann (s. die Erklärung der Vinaja von bDe-legs-nji-ma 13).

1) Die chinesische Uebersetzung a «mehr als hundert Jahren.» Wir haben es nicht für überflüssig erachtet, die Form der Verse in unsrer wörtlichen, prosaischen Uebersetzung zu bewahren, weil auch in allen chinesischen Uebersetzungen ähnliche Stellen in Versen übersetzt sind.

2) Buchstäblich: zurückstossend, oder unterdrückend — སྐྲོ་བར་བྱེད, chinesisch: Jang.

3) Folglich ist unser versificirter Eingang nicht von ihm geschrieben, doch findet er sich sowohl in den chinesischen Uebersetzungen, als in der tibetischen. Vielleicht gehört ihm auch das ganze Werk nicht an, und ist ihm nur zugeschrieben, weil er an der Versöhnung der Schulen Theil nahm, oder es gab mehrere Vasumitra's.

4) Wir bemerken, dass in beiden chinesischen Uebersetzungen zu den Namen Schi ieu und Thien ieu der Titel Pu sa (Bodhisattva) gefügt ist. Danach kann man nicht dafür bürgen, dass Vasumitra nicht ein Hînajânist war, oder wenigstens die vorliegende Schrift von Hînajânisten abgefasst ist.

Machte sich mit sorgfältiger Untersuchung an die Reinigung
Der verschiednen Theorien (chines.: welche die Welt beunruhigt hatten),
Und verfasste folgende Deduction:
Des Buddha Wort ist in allen Werken enthalten,
Welche die gespaltenen Schulen anerkennen.
Der Gegenstand (der Lehre) des Ârjaçâtlja (der vier Wahrheiten)
Enthält alles in sich, was von dem Buddha gelehrt
(Und dieses findet sich in diesen Werken) wie Gold im Sande.
Deshalb muss es auch dienen als Quelle oder Grundlage (der Versöhnung).

Folgendes erzählt man (bezüglich der Spaltung der Schulen): Es waren hundert Jahr vergangen, seit der Bhagavant (Glückliche) sich in das Parinirvâṇa («höchste Auflösung») versenkt hatte und die siegreiche Sonne (seiner Lehre) ging unter; schon nach Verlauf von kurzer Zeit[1]), in der Stadt Pâṭaliputra[2]) unter dem Könige Açoka, welcher ganz Dschambudvîpa unter einem Scepter vereinigte, fand die Spaltung der Gemeinde der Geistlichen (saṁgha[3]) statt.

224 1) Nach der zweiten chinesischen Uebersetzung. «nach Verlauf von noch ein und sechszig Jahren»; in der dritten «nach Verlauf von 116 Jahren nach dem Tode des Buddha.»

2) In der Uebersetzung des Tschhen thi «im Königreich Pâṭaliputra: in der des Hiuen Thsang «im Königreich Magadha, in der Stadt Kusuma;» in der dritten Uebersetzung heisst die Stadt I ta fei (I ist wahrscheinlich ein Druckfehler statt Pa), im Tibetischen སྐྱ་ནར་གྱི་མེ་ཏོག་གི་གྲོ་བར་གྱི་རྟེན

3) In der Uebersetzung des Hiuen Thsang «in dieser Zeit wurde die Einheit der Lehre des Buddha zum ersten Mal gebrochen; nämlich: auf Veranlassung der Disharmonie von vier Partheien in Betreff der Entscheidung über die fünf Gegenstände des Mahâdeva (Ta thien) entstanden zwei Schulen, die

An der Entscheidung und Verkündigung der (folgenden) fünf 225
Sätze: [1])

« 1. Anleitung Andrer;
2. Unwissenheit;
3. Zweifel;
4. Erwägung nach Andern (durch Nachahmung);
5. Entstehung des Pfades aus Worten:

dieses ist die Lehre des Buddha » [2]), — hatten Antheil [3]) Stha-

---

der Mahâsaṃghika und die der Sthavira. Bei Tschhen thi «vier Partheien urtheilten verschieden (kung schue) über die fünf Arten von Gründen, welche von den Tirthika's vorgebracht wurden.» — Wir halten es nicht für überflüssig hier folgende Bemerkung hinzuzufügen, welche sich im chinesischen Commentar zu dem Vinaja findet. Sse fung phiao I, 4: «Upâli brachte, nach dem Tode des Tathâgata unter dem Baume, (bei der ersten Sammlung der Lehre des Buddha) Worte (d. h. Vorschriften des Lehrers) vor, welche im Ganzen) in achtzig Terminis (Thseu Wort) bestanden, woher auch der Name «Vinaja in achtzig Gâthâ's (sung)» kam. Man bewahrte und überlie- 225
ferte diesen in seiner Ganzheit und Reinheit 110 Jahr hindurch unter den fünf ersten Patriarchen: Kâçjapa, Ânanda, Madhjântika, Çâṇavâsa und Upagupta. In der Folge (?) rief der König Açoka die Geistlichen zusammen, um die zweite Sammlung der drei Piṭaka's zu veranstalten. Bei diesen fingen die Bhikschu's — nachdem sie den Sûtra's und Vinaja's schriftliche Form gegeben hatten — an, jeder, die Worte seiner Lehrer anzuführen und sie, ohne Uebereinstimmung mit andern, zu behaupten, wodurch sich zwei Partheien bildeten, die sich einander gegenseitig anklagten. Sie baten den König eine Entscheidung über sie zu fällen, und er befahl, vermittelst schwarzer und weisser Loose ein Ballottement (?) vorzunehmen, um zu zeigen, wer den alten und wer den neuen Meinungen ergeben wäre. Es waren zu dieser Zeit viele, die sich zu den alten Meinungen bekannten — nur deshalb wurden sie Mahâsâṃghika's genannt; aber die, welche die neuen annahmen, waren zwar an Zahl gering, dafür besassen sie jedoch alle die höchsten Stellen, und wurden deshalb auch Sthavira's genannt.

1) གནས་ལྔ «fünf Orte»; chinesisch a., wu schi «fünf Sachen» b. wu tchung in yuan «fünf Arten von Ursachen.»

2) Chinesisch a. «die Fortreissung durch andre (wörtlich durch die übrigen), Unkunde, Zweifel, Eintritt durch andre, «der Weg entsteht auf der Grundlage der Stimme — dieses wird die wahre Lehre des Buddha genannt.» Chinesisch b. «Die Beschmutzung der Kleidung durch die übrigen Menschen, die Unwissenheit, der Zweifel, die Bekehrung durch andre, der heilige Pfad

vira[4]), Nâga[5]), Prâtschja[6]) und Bahuçrutîja[7]). Aus der Erwägung und Verkündigung dieser fünf Sätze bildeten sich

---

thut sich kund durch Worte — dies ist die wahre Lehre aller Buddha's.» — Es ist nichts schwerer als den wahren Sinn dieser Gâthâ wieder zu geben; in der Folge finden wir sie sowohl bei dem Bericht über die Lehre der verschiedenen Schulen in dieser Schrift, als auch in dem Werke des Bhavja mehrfach wiederholt und häufig mit andern Worten; wahrscheinlich waren auch im sanskritischen Text selbst Varianten. — Nach allem ist jedoch ersichtlich, dass die vier ersten Sätze sich auf die Lehre über die Arhant's bezogen: — sind sie bereits vollständig vollkommene Wesen, oder haben sie Mängel? — der fünfte Terminus bezieht sich auf die Macht der Lehre des Buddha: — genügen seine Worte um den Weg zu erschauen, und ist sie nur im Worte enthalten? — doch wird auch der fünfte Terminus gewöhnlich auf die Arhant's bezogen.

226 3) Eigentlich hätte der tibetische Text folgendermassen übersetzt werden müssen: «Aus der Verkündigung und Entscheidung der fünf Sätze gingen hervor;» aber nach der chinesischen Uebersetzung des Hiuen Thsang gingen sie im Gegentheil nicht hervor aus, sondern betheiligten sich an dem Streit der vier Partheien, aus denen sich bei Auslegung der fünf Sätze zwei Schulen, die Mahâsâmghika's und Sthavira's, bildeten; mit dieser Annahme, welche auch an andern Orten bekräftigt wird, stehen sogar die nachfolgenden Worte des tibetischen Textes selbst in Uebereinstimmung. Parthei (tschun Menge) ist nicht identisch mit Schule; an einem andern Orte finden wir den Bericht, «dass 116 Jahr nach dem Tode des Buddha vier Sthavira's auftraten, welche zu verschiedenen Kasten gehörten und verschiedene Sprachen sprachen: Sanskrit, Prakrit, Apabhrança und Paiçâtschî, wodurch Uneinigkeit unter ihren Schülern entstand und sich vier besondere Gemeinden bildeten, die sich später in achtzehn Sekten schieden.» — Der Unterschied zwischen den vier Partheien mochte, wie wir sehen, nicht nur von der Auslegung der Lehre des Buddha abhängen, sondern auch von andern Zufälligkeiten; was die Meinungen betrifft, so bildeten sich dadurch nur zwei Schulen. In der Uebersetzung des Tschhen thi wird gradezu gesagt, «in dieser Zeit (unter Açoka) waren die Geistlichen in vier Partheien (tschun Art) gespalten» und weiterhin «in Folge des verschiedenen Urtheils über die fünf Gegenstände zertheilten sie sich in zwei Schulen. — Deshalb muss auch der chinesische Text eher so übersetzt werden, wie von uns geschehen ist.

4) གནས་བསྟུན, der tibetische Text unterscheidet diesen Namen von གནས་བརྟན, dem Namen der Schule, welche wahrscheinlich von ihm ihre Benennung erhielt; in der chinesischen ist er durch Ta te grosse Tugend (Mahâguṇa) übersetzt und der Name der Schule Sthavira wird durch Schang tso pu, die eine höhere Stelle eingenommen habenden, wieder gegeben.

zwei Schulen, die der Mahâsâṅghika und die der Sthavira.

Im Fortgang des zweiten Jahrhunderts gestalteten sich 227
aus der Schule der Mahâsâṅghika's neuere (chines. Uebers.: drei) Schulen: die Schule der Ekavjavahârika's, der auf gleiche Weise argumentirenden[8]), die Schule der Lokottaravâdin[9]) und die der Kukkulika oder Kukkuṭika.[10])

---

5) ཀླུ chinesische Uebersetzung a. Lung siang tschung Parthei der Drachen (Lung gleich sanskritisch nâga) und des Elephanten (siang gleich sanskritisch nâga); die Uebersetzung b. Ta ku tschung «Parthei des grossen Königreichs;» es ist sonderbar, dass wir an andern Orten diesem Namen nicht im Sinn einer Parthei begegnen, sondern Nâga war der eigentliche Name eines Geistlichen, welcher sich an dem Streit betheiligte; vergleichen wir das weiterhin Gesagte, so überzeugen wir uns, dass von seiner Parthei namentlich die Mahâsâṅghika's ausgingen.

6) ཤར་ཕྱོགས་པ «von der östlichen Seite;» chines. a.: Pian pie, b.: Wai pian «angränzend» oder «jenseits der Gränze liegend.» Bei Bhavja führt er, wie es scheint, den Namen Sthiramati (? ཡིད་བརྟན), aber in der dritten chinesischen Uebersetsung wird der genannte durch In yuen «Grund» übersetzt; diesem Worte entspricht das sanskritische pratjaja, wahrscheinlich fälschlich für prâtschja gelesen.

7) མང་དུ་ཐོས་པ, chinesisch To wen «der viel gehörte (berühmte);» obgleich dies bei andern Gelegenheiten auch ein allgemeines Epitheton eines Gelehrten ist, so muss man es doch hier als den besondern Namen sowohl einer Person als Parthei nehmen. In der dritten chinesischen Uebersetzung werden nur die drei Lehrer: Neng (Stärke — Nâga?), In yuen (Grund pratjaja) und To wen (Bahuçrutîja) als diejenigen aufgezählt, welche die Lehre von den fünf Gegenständen angenommen haben; bei Bhavja dagegen ist bahuçrutîya als Beiwort der drei Personen Sthiramati, Nâga und Prâtschja gebraucht. 227

8) Einige Namen aus diesen Schulen finden sich nicht in dem sanskritisch-tibetischen Lexikon Mahâvjutpatti; zum Glück aber sind die sanskritischen Namen aller Schulen, welchen wir in der gegenwärtigen Schrift begegnen, obgleich etwas verstümmelt, am Ende der Uebersetzung des Tschhen thi bewahrt, wodurch es möglich ist, sie zu fixiren. So wird die oben genannte

228 In demselben Jahrhundert bildete sich aus der Schule der Mahâsâṁghika noch eine andre Schule: die der Bahuçrutîja [11]); in demselben Jahrhundert bildete sich aus der

---

Schule, welche im Mahâjutpatti ausgelassen ist, bei Tschhen thi genannt: I-kapi-yui-pa ha li ka, im Tibetischen ཐ་དད་གཅིག་པ «einzige Unterscheidung;» es ist aber augenscheinlich, dass ཐ་དད hier irrig statt ཐ་སྙད «Benennung, Annahme, Bedingung» gebraucht ist, und in der That erscheint unten dieses Wort; in der chinesischen Uebersetzung a und b: I schue pu »die eins behauptende Schule;» aus der Erklärung zu Stücken aus der Mandschuçripari-pritschhtschhâ, welche in der dritten Uebersetzung angeführt wird, kann man schliessen, dass sie so genannt ward, weil sie auf dieselbe Weise wie die Mahâsaṁghika's argumentirte; aber bei Bhavja finden wir, dass diese Benennung sich auf die dem Buddha zugeschriebene Fähigkeit alles in einem Augenblick begreifen zu können gründet. Nach Târanâtha war die Benennung «der auf dieselbe Weise argumentirenden» zugleich auch die allgemeine für alle Mahâsâṁghika's.

9) འཇིག་རྟེན་འདས་སྨྲ་ཝེ་སྡེ, Chinesisch b.: Tschhu schi schue pu, oder a. Schue tschhu schi pu, c. Schhu schi kian schue «die über das Hinausgehen aus der Welt argumentirenden,» d. h. dass in den Buddha's nichts ist, welches der Welt angehört.

10) Bei Tschhen thi: Kao kiu li kiu oder Kao kiu ti kia བྱ་གག་རིས་ཀྱི་སྡེ; das Wort རིས «Abtheilung» muss vielleicht für eine Veränderung von རི «Berg» genommen werden; denn in der chinesischen Uebersetzung des Tschhen thi ist dieses Wort übersetzt: Hoei schan tchu pu «die auf einem Kalkberg lebende Schule,» aber bei Hiuen Thsang: Ki in po «die Hühner-Nachfolge;» in der dritten Uebersetzung Ku kiu «die in der Grotte lebenden» und unter Ieu khia wahrscheinlich eine Umwandlung des sanskritischen Wortes; nach den Worten des Târanâtha (Cap. XLII) war diese Schule mit der der Lokottaravâdin identisch, und in der That wird sie in andern Quellen nicht erwähnt.

228 11) Diese Schule haben wir bereits oben beim Anfang der Spaltung als eine Parthei des Lehrers Bahuçrutîja erwähnt gesehen; wahrscheinlich muss man annehmen, dass sie sich in Betreff der fünf Satze mit den übrigen vereinigte und sich nachher von ihnen bezüglich der Meinungen trennte, welche unten angegeben werden; bei Bhavja wird ohne Weiteres gesagt, dass die Schule Bahuçrutîja so genannt ward, weil sie Bahuçrutîja zu ihrem Lehrer

Schule der Mahâsâṁghika's die der Pradschnâptivâdin[1]). Im zweihundertsten Jahre[2]) bildete ein Tîrthika[3]), welcher in den (buddhistischen) geistlichen Stand eingetreten war und auf dem Berge Tschaitja[4]) lebte, nachdem er die fünf Sätze[5]) der Mahâsâṁghika's verkündigt und für sie gekämpft hatte, drei Schulen: die Tschaitika (Tschaitjaçaila), Aparaçaila[6]) 229

---

hatte; aber wir müssen erinnern, dass nicht alle Erwähnungen übereinstimmend versichern, dass der ersten Schüler nur zwei waren.

1) གདགས་པར་སྨྲ་བའི་སྡེ «die von der Bedingtheit sprechenden;» Chines. Schue kia pu «sprechend was unwahr;» b. Fung pie schue «sprechend mit Unterscheidung» c. Schi sche lun «erwägend mit Voraussetzung.» Nach Bhavja werden sie so genannt, weil sie behaupteten, dass alles Zusammengesetzte leidvoll ist in Folge der gegenseitigen Beziehung oder Bedingtheit. Bei Târanâtha (Cap. XLII) heist diese Schule རྟག་པར་སྨྲ་བ «die Ewigkeit bekennende;» hier steht རྟག «ewig» wahrscheinlich irrig für གདགས.

2) Nach beiden chinesischen Uebersetzungen: als zwei hundert Jahr verflossen waren.

3) ཀུན་ཏུ་རྒྱུ, nach dem Chinesischen «Wai tao»; bei Hiuen Thsang wird gesagt, dass er in der Schule der Mahâsâṁghika's in den geistlichen Stand getreten sei, und sich durch grosse Gelehrsamkeit, Fleiss und Erfolge ausgezeichnet habe.

4) མཆོད་རྟེན་གྱི་རི; bei Hiuen Thsang: Tschi to; in der dritten Uebersetzung Tschi thi, und die Sekte wird Tschi thi kia genannt. Nach Târanâtha (Cap. XLII) ist dies dieselbe Schule mit den Purvaçaila und es wird hinzugefügt, dass die Anhänger des Mahâdeva so genannt würden

5) ལུགས, «Methoden» aber bei Hiuen Thsang werden sie, den früheren gemäss, wu schi «fünf Dinge» genannt.

6) ནུབ་ཀྱི་རི་བོའི་སྡེ; Chinesisch a. und b. Si schan tschu pu lebend auf 229
den westlichen Bergen; c. fu pho lo, d. i. upara: bei Tschhen thi ist diese Schule ausgelassen.

und Uttaraçaila [1]). Auf diese Weise hatte die Schule der Mahâsâmghika's sich in vier und auch fünf Zweige[2]) getheilt: in die (eigentlichen) Mahâsâmghika's, die Ekavjavahârika's, die Lokottaravâdin, Kukkuṭika, Bahuçrutlja, Pradschnâptivâdin, Tschaitika und Aparaçaila.[3])

Die Schule der Sthavira's, nachdem sie mehrere Jahre (in unverändertem Zustand[4]) existirt hatte, spaltete sich, im
230 dritten Jahrhundert[5]), in Folge einiger Streitigkeiten, in

---

1) བྱང་གི་རི་བོའི་སྡེ; Chinesisch a. und b. Po schan tschu pu «lebend auf den nördlichen Bergen;» c. Iu to lo sche lo; aber bei Bhavja und Târanâtha findet sich statt Uttaraçaila: Pûrvaçaila (ཤར་གྱི་རི་བོ་པ) «Bewohner der östlichen Berge.»

2) So auch in den zwei ersten chinesischen Uebersetzungen: wahrscheinlich ist deshalb nicht einfach «neun» gesagt, weil zwischen den ersten vier und den andern fünf Schulen eine grössere Differenz bestand; aus andern Berichten geht hervor, dass die Schule der Pradschnâptivâdin eine selbstständige war und wahrscheinlich an der Spitze der übrigen vier stand.

3) Im tibetischen Text ist hier die vierte Schule die der Uttaraçaila ausgelassen, und der Grund davon ist ein augenscheinlicher Irrthum, da zwei chinesische Uebersetzungen sie gleichmässig ansetzen; die Uebersetzung von Tschhen thi drückt sich folgendermassen aus: «Die Mahâsâmghika's spalteten sich in vier und auch fünf, sieben bildende, Schulen» und alsdann werden aufgezählt: die Mahâsâmghika's, Ekavjavahârika's, Lokottaravâdin, die Bewohner des Kalkberges, die Bahuçrutlja, die Pradschnâptivâdin; als siebente werden die Tschaitika und Uttaraçaila angesetzt. Daraus muss man schliessen, dass entweder einige nur eines bildeten, aber verschiedne Namen führten, — oder die Schreiber sahen sich wider ihren Willen genöthigt, einige Schulen auszulassen, um — mit Ausschluss der Mahâsâmghika's, deren Name allen gemeinschaftlich war — nur sieben Schulen zu erhalten; denn man durfte im Ganzen nur achtzehn Schulen zählen und konnte die elf, welche sich aus den Stahvira's gebildet hatten, nicht ausschliessen.

4) Chinesisch a. «brachte ihre Zeit in einmüthiger Uebereinstimmung hin;» b. die Schüler der Sthavira's existirten mehrere Jahre.

5) Chinesische a. «im Anfang des dritten Jahrhunderts;» b. in der Mitte des dritten Jahrhunderts;» c. «als das dritte Jahrhundert begann, da in diesem (wörtlich: in der Mitte).»

zwei Schulen: von diesen wurden die, welche behaupteten, dass alles sei, die Schule der Hetuvâda genannt, d. i. «die eine Ursache anerkennenden»[1]; die früheren Sthavira's aber nannten sich die Schule Haimavata (der Schneegebirge[2]). In demselben dritten Jahrhunderte bildete sich aus der Schule der Sarvâstivâdin eine andre Schule der Vatsîputrîja[3]). In demselben Jahrhundert bildeten sich aus der Schule der Vatsîputrîja andre Schulen: die Dharmottarîja[4]), die Bhadrâja-

---

1) So ist eher der genaue Sinn des tibetischen Textes; aber die Worte: 230
«die, welche behaupten, dass alles existirt,» sind gleichfalls ein Eigen-Name dieser Schule: und geben den sanskritischen Namen derselben, Sarvâstivâdin, wieder, welcher spater viel bekannter wurde, als die Benennung «die eine Ursache anerkennenden» (hetuvâdin); deshalb finden wir in den chinesischen Uebersetzungen a. und b.: «es bildeten sich zwei Schulen: eine der Sarvâstivâdin (Schue i tsie ieu), welche auch genannt wird: «die von der Ursache sprechende (die Ursache anerkennende Schue in);» c. sie wurden genannt; die eine Sa po to (Sarvâstivadin), auch mit dem Namen «die uber die Ursache Erwägungen anstellende.» Nach Bhavja wurde diese Schule auch Muruntaka genannt, und noch bekannter ist sie unter dem Namen der Vibhâdschjavâdin.

2) Chinesisch a. «die ursprünglichen Sthavira's veränderten ihren Namen in «Schule der Schneegebirge;» b. die zweite Schule, welche auf den Schneebergen lebte, wird auch genannt: «Anhänger (Schüler) der Sthavira's;» c. die alten Sthavira's erhielten einen andern Namen: «Schule der Schneeberge.»

3) གནས་མ་བུའི་སྡེ; Chinesisch a. und c.: Tu tseu pu «Schule des Sohnes des Kalbes.» b. «Die Schule der Anhänger des Sohnes des zu leben vermögenden» (khe tschu). Die tibetische Uebersetzung des Wortes vatsa, welches zunächst «Kalb» dann «Spross» überhaupt bedeutet, stimmt buchstäblich mit der des Tschhen thi. Vatsîputra ist berühmt durch die Zusammenrufung der Versammlung zur Versöhnung der Streitenden.

4) ཆོས་མཆོག་པའི་སྡེ; Chinesisch c. Ta mu to li; a. und b.: Fa schang pu «Schule der höchsten Lehre.» Dies war der Eigenname des Gründers dieser Schule.

nlja [1]), Sammatija [2]) und die Schule der sechs Städte (Schan-
231 nagarika [3]). In demselben Jahrhundert [4]) bildete sich aus der Schule der Sarvâstivâdin die Schule der Mahîçâsaka's [5]). In demselben Jahrhundert bildete sich aus der Schule der Mahîçâsaka eine besondere Schule der Dharmagupta [6]), welche

---

1) བཟང་པོ་ཕྲུ་ནེ་སྡེ; Chinesisch c.: pa to lo ie ni; b. Hian tschhing «Gutes jâna; a. Hien tscheu «guter Helm;» bei Bhavja werden sie genannt བཟང་པོའི་ལམ་པ «gehörend zu dem guten Wege.» Nach Târanâtha's Worten gehörten die Vatsîputrîja, die Dharmottarîja, die Bhadrâjanîja und Kaurukullîja, so wie auch die Schule der sechs Städte zu einer und derselben Sekte.

231 2) ཀུན་གྱིས་བཀུར་བའི་སྡེ «von allen geachtet;» chinesisch a. und b.: Tsching lan pu «Schule des rechten Masses,» und dieser Name findet sich bei den Chinesen sehr oft [scheint auf einer Variante zu beruhen]; c. «Mi li auch Sin mi ti (Sammatija) genannt. Nach Bhavja wurde dieselbe Schule auch Avantaka und Kaurukulla genannt.

3) Schan to ka li ka, tibetisch གྲོང་ཁྱེར་དྲུག་གི་སྡེ «die Schule der sechs Städte;» so nennt sie auch die dritte chinesische Uebersetzung; die erste aber nennt sie die Schule des Berges mit dem dichten Walde (Mi-lin-shan pu), und die erste «die Schule, welche im dichten Walde lebt» (Mi lin tchu pu).

4) In der chinesischen Uebersetzung wird überall einfach gesagt: im dritten Jahrhundert

5) ས་སྟོན་གྱི་སྡེ; chinesisch a. Hu ti «die Erde aufklären;» b.: Tsching ti »gerade Erde» (vielleicht im Sinn «die Erde gerade machen);» [das Sanskrit bedeutet «Erde beherrschend oder belehrend»]; c.: Mi scha, in andern Büchern Mi scha so, Corruption von Mahîçâsaka; in Bhavja's Uebersetzung wird diese Schule མང་སྟོན་པ «die vieles lehrende» genannt [ob auf einer Variante Mahâçâsaka beruhend?].

6) ཆོས་སྲུང་སྡེ «die Schule der die Lehre bewahrenden;» chinesisch a: Fa thsang «Schatz des Gesetzes oder der Lehre;« b. Fa hoe «der die Lehre bewahrenden:» c. Tan u te. Corruption von Dharmagupta, und unter diesem Namen kommt sie oft bei chinesischen Schriftstellern vor.

als ihren Lehrer den Maudgaljâjana[1]) bekannte. In demselben Jahrhundert[2]) bildete sich aus der Schule der Sarvâstivadin eine besondre Schule (Su pa li scha ka) Suvarsha, welche bei einigen Kâçjaplja genannt wird[3]). Alsdann im vierten Jahrhundert[4]) bildete sich aus der Schule der Sarvâstivâ- 232

---

1) མོའུ་དགལ་ལ; chinesisch a. Tsai schu «Früchte sammeln» (?Uebersetzung der Bedeutung vom Maudgaljâjana), chinesisch b. «diese Schule sagte von sich, dass ihr Lehrer Wu-khia lo ist;» c. nach dem Namen des Hauptlehrers In tchin lien nannte sie sich Tan u te.» Es bedarf keiner Bemerkung, dass Maudgaljâjana, wenn dieser in der That hier gemeint ist, für den Schüler des Buddha gilt, welcher noch bei dessen Leben starb, und wenn ihn die besprochene Schule als ihren Lehrer bekennt und den Namen Dharmagupta «geheime Lehre» führt, so wollte sie damit sagen, dass die Lehre des Maudgaljâjana einige Zeit hindurch im Geheimen bewahrt wurde. Indessen sagt jedoch Bhavja, dass sich diejenigen Dharmagupta's nannten, welche sich für Anhänger eines Lehrers dieses Namens ausgaben.

2) Chinesisch a. «gegen das Ende» desselben.

3) ལ་བཟང «guter Berg» irrig statt ལོ་བཟང «gutes Jahr», womit die bei- 232
den ersten chinesischen Uebersetzungen übereinstimmen: Schan sui «gutes Jahr;» in der dritten chinesischen Uebersetzung ieu li scha (varcha). Wir bemerken, dass in Bhavja's Uebersetzung anstatt ལོ་བཟང sich ཆོས་བཟང་འབེབས་པ findet «die Herabsendung der guten Lehre» und bei Târanâtha «die Herabsendung des guten Regens,» welches richtiger ist, da das Wort varscha vielleicht auch in der Bedeutung «Regen» genommen ward, wie denn die Regenzeit vârshika heisst.

4) འོད་སྲུངས་པའི་སྡེ «Schule der Bewohner des Lichts;» aber die Chinesen übersetzen — abgesehen von den vorliegenden Uebersetzungen und an einem andern Orte — gewöhnlich In kuang «Licht trinken» [das sanskritische Verbum pa, von welchem das auslautende pa in kâçjapa abgeleitet wird, heisst nämlich sowohl «haben» als «trinken.»] Die dritte Uebersetzung hat khia ie, eine Corruption von kâçjaptja. — Trotz dem, dass nach den Worten des Autors, die erste Benennung — Suvarshika — richtiger ist, findet sich diese Schule stets unter letzterm Namen, und weiterhin nennt er sie auch selbst so.

5) Chinesisch a: «Im Anfang des vierten Jahrhunderts.»

din eine andre Schule Saṁkrânti [1]), welche bei einigen die der Sautrântika (Sûtrântavâda [2]) genannt wird, und als ihren
233 Lehrer den Dharmottara oder Uttaradharma bekannte [3]). Auf diese Weise theilte [4]) sich diese Schule der Sthavira's in elf Schulen: 1. Sarvâstivâdin, 2. Haimavata, 3. Vatsîputrîja,

---

1) འཕོ་བར་སྨྲ་བའི་སྡེ Chinesisch a: Schue tchhuen pu «welche die Drehung, die Wanderung anerkennen»; b: Schue tu pu «die vom Uebergang redenden,» ein Name, der ihnen gegeben wird, weil sie behaupteten, dass der Pudgala [die Seele] aus dieser Welt in eine andre übergeht. Den sanskritischen Namen stellen wir, in Uebereinstimmung mit dem tibetisch-sanskritischen Lexikon aus dem in der dritten chinesischen Uebersetzung verderbten Wort Sen kia lan to her.

2) Chinesisch c: Siu to lo lun pu «die über die Sûtra's Betrachtungen anstellenden མདོ་སྡེ་སྨྲ་བའི་སྡེ; Chinesisch b: Schue king pu «die die Sûtra's anerkennenden;» Chinesisch a: king liang pu «Maass (Wägung) der Sûtra's;» unter diesem Namen finden wir sie noch in der Reise des Hiuen Thsang.
233 Wahrscheinlich ist diese Schule mit derjenigen identisch, welche als einer der beiden Hauptzweige des Hînajâna — bekanntlich Vaibhâshika's und Sautrântika's — dargestellt wird; doch betrachten die tibetischen Schriftsteller sie als eine besondre.

3) Chinesisch c: Wu to lo (Verderbniss von Uttara), ཆོས་མཆོག «die höchste Lehre,» bei Hiuen Thsang übersetzt durch kin hi «anmuthige Freude» (in der zweiten Uebersetzung ausgelassen). In der allgemeinen Uebersicht haben wir bereits gesagt, dass dieser Uttara in den Âgama's erwähnt wird und darauf gründen wir unsre Annahme, dass diese Bücher zu der Schule der Sautrântika's gehören. Wir bemerken noch, dass bei Bhavja der Name Uttara durch das Wort བླ་མ übersetzt ist, und die Benennung der Schule བླ་མ་པ (Uttarika?) lautet. Das allerauffallendste ist, dass wir oben dem Dharmottara als Gründer einer Schule begegnet sind, welche von den Sautrântika's unterschieden wird; allein wir werden unten sehen, dass die Schule Dharmottara von den Sûtra's handelt. Wir bemerken noch, dass bei Târanâtha gesagt wird: Saṁkrânti, Anhänger des Uttara und Tâmraçâṭîja sind ein und dieselbe Sekte — und dicht vorher sagte er, dass die Sekte Tâmraçâṭîja («rothes Gewand») so benannt ist nach dem Namen eines Sthavira; ist nun dieser Tâmraçâṭîja ein und dieselbe Person mit Uttara?

4) Bei Hiuan Thsang: «Die Schule der Sthavira spaltete sich in 7 und 8

4. Dharmottara, 5. Bhadrâjana, 6. Sam̃matîja, 7. Schule der sechs Städte, 8. Mahîçâsaka, 9. Dharmagupta, 10. Kâçjapîja und 11. Sam̃krânti.[2])

(Jetzt) werden wir über die allgemeinen und besondern[3]) 234 (aller) dieser (Schulen) sprechen.[4])

---

und bildete 11 Schulen.» Ist dies ein zufälliger Irrthum, oder ist auch hier — nach Analogie des bei den Mahâsâm̃ghika's Gesagten — irgend ein andrer Sinn verborgen, von welchem sich in den übrigen Uebersetzungen auch nicht einmal eine Andeutung findet? Bei Bhavja erscheint eine andre Eintheilung: als eigentliche Sthavira's rechnet er nur sechs Schulen (ausschliesslich der Sthavira's im eigentlichen Sinn); aus den übrigen hier aufgezählten Schulen bildet er eine besondre Abtheilung der Vibhâdschjavâdin; überdies darf man nicht unberücksichtigt lassen, dass, wenn man die verschiednen Namen einer und derselben Schule in Rechnung bringt, im Ganzen fünfzehn Schulen herauskommen.

1) In der dritten chinesischen Uebersetzung wird gesagt: «zwölf,» weil die Schule der Sthavira's selbst unter den übrigen besonders mitgezählt wird.

2) Wir werden uns hier nicht darüber verbreiten, dass diese Zählung nicht von allen auf gleiche Weise angenommen wird; eben so wird auch die Theilung in zwei Hauptschulen, die Mahâsâm̃ghika und Sthavira, nicht von allen zugelassen. Bhavja betrachtet die Vibhâdschjavâdin — einen der Namen der Sarvâstivâda — als ein besondres System; hier muss man, nach Târanâtha's Worten, berücksichtigen, wer der Berichterstatter ist; die Sthavira's behaupten, dass es nur zwei Hauptschulen gab, die Mahâsâm̃ghika's aber erken- 235 nen drei an. Ausserdem muss man die Sarvâstivâda von einer hier nicht erwähnten Schule, der der Mûlasarvâstivâda (གཞི་ཐམས་ཅད་ཡོད་པར་སྨྲ་བའི་སྡེ) unterscheiden, deren Vinaja in tibetischer Uebersetzung überliefert ist. Vinajadeva dagegen rechnet vier Hauptschulen: die Mahâsâm̃ghika, Sarvâstivâda, Sthavira und Sam̃matîja. An dessen Meinung halten sich jetzt die Tibeter. Aber auch die hier erwähnte Schule Sam̃matîja hat ihre Ueberlieferungen; eine zählt vier Hauptschulen folgendermassen: Mahâsâm̃ghika, Sarvâstivâdin, Vatsiputrîja (zu welcher sie sich auch selbst zählte) und Haimavata (oder Sthavira's im eigentlichen Sinn).

3) བར་གྱི་གཞུང་ལུགས bedeutet eigentlich: die mittleren Sätze. Hier aber entspricht das Wort «mittler» «zwischen zwei Dingen befindlich» ohne Zweifel dem sanskritischen Wort antara, intervallum u. s. w. discrimen.

4) Bei Hiuen Thsang «Auf diese Weise muss ich jetzt über «die allgemeinen und die letzten (wo «die letzten» d. i. «besonderen») Meinungen

Die Grundsätze[1]) der Schule der Mahâsâṅghika's und der Schulen Ekavjavahârika, Lokottaravâdin und Kukkûṭika waren folgende: Die Buddha's, Bhagavant's[2]) sind aus der Welt weggehende und in den Tathâgata's ist nichts (weltli-
235 ches[3]). Alle Worte (d. i. alle Lehren) des Tathâgata drehten sich (d. h. waren anbequemt) gleichförmig mit dem Rade des Glaubens (d. h. er brachte nichts vor, ohne dass es sich auf die Lehre bezog[4]); alles Vorgebrachte ist klar[5]); alles ist in demjenigen Sinn vorgebracht, welchen es hat[6]). Der Tathâgata hat keine Gränzen des Rûpa (d. i. der Gestalt[7]); die

---

sprechen, über die harmonirenden und disharmonirenden Ideen aller (dieser) Schulen.»

1) Chinesisch a: noch «die allgemeine.»

2) བཅོམ་ལྡན་འདས Bhagavant, aber in den chinesischen Uebersetzungen ist dieser Titel des Buddha allenthalben durch das Wort Shu lai ersetzt, welches eigentlich dem Worte Tathâgata entspricht; wir glauben, dass nicht ohne Grund hier ein Unterschied gemacht ist: in seiner weltlichen Laufbahn wird der Buddha Bhagavant genannt, aber in seinem Zustande nach dem Nirvâṇa: Tathâgata.

3) Die tibetische Uebersetzung ist bei dieser Gelegenheit sehr dunkel; aber ohne uns auf Details einzulassen, bemerken wir, dass der von uns hier gegebene Sinn sich auf die Vergleichung mit den drei chinesischen Uebersetzungen gründet, welche mit Bhavja's Auseinandersetzung verglichen sind.

235 4) Chinesich a: «Alle Worte des Tathâgata sind eine Drehung des Rades;» die andern Uebersetzungen enthalten ebenfalls denselben Sinn; aber bei Bhavja wird gesagt «die Predigt des Tathâgata gehört nicht zu dem Rad der Lehre» — wahrscheinlich ist hier irgend ein Irrthum oder Druckfehler.

5. Tibetisch རྗོད་པར་བསྒྲངས་པ «klar erhalten,» haben wir für einen Fehler genommen und gelesen བསྒྲང་བ. Chinesisch a «Der Buddha brachte hervor (d. i. sagte alles in einem einzigen Laute;» Chinesisch b: «Der Buddha kann alles in einem einzigen Worte aussprechen; schliesslich hat er alle Dinge gesagt;» bei Bhavja «das Wort des Tathâgata ist im Herzen verschlossen.»

6) Chinesisch a: «alles Vorgebrachte ist nicht dem Sinne gemäss.»

7) Chinesisch a und b: «der gestaltliche Körper des Buddha ist unbe-

Kraft der Buddha-Bhagavant's ist unbegränzt; die Dauer ihres Lebens ist unberechenbar; sie spenden (durch ihre Worte Andern) Frömmigkeit und kennen (darin) keine Befriedigung (oder «keine Ermüdung»), sie schlafen nicht[1]); sie genehmigen die Bitten (oder «Fragen») und nennen nichts bei Namen, weil sie sich in ewiger Selbstversenkung befinden[2]); mit belebten Wesen jedoch unterhalten sie sich durch Namen 230
und durch bestimmte Worte[3]). Die Buddha's erkennen durch einen einzigen Gedanken alle Gegenstände, ergreifen alles mit dem Geiste, welcher einem einzigen Gedankenmoment entspricht[4]). Ewig und beständig bis zu der Vollendung des

---

gränzt, d. h. auf Grund der folgenden Attribute kann der Buddha zahllose Gestalten annehmen.

1) རབ་ཏུ་དད་པར་མཛད་པའོ ‖ ཆོག་པར་མི་འཛིན་པའོ། མནལ་བར་ཡང་མི་མཛད་དོ. Der Sinn dieser abgerissenen Ausdrücke, welche wir für nöthig erachtet haben durch Einschiebung von hinzuzudenkenden Worten zu ergänzen, ist deutlicher in den chinesischen Uebersetzungen ausgedrückt: a: Der Buddha erleuchtet die belebten Wesen, indem er ihnen reine Frömmigkeit einflösst und den Geist der Unersättlichkeit und der Nichtbefriedigung; der Buddha schläft nicht.» b: .... freudige Frömmigkeit spendend .... schläft er nie.»

2) Chinesisch a: «Die Buddha's antworten ohne das Bedürfniss zu haben, nachzudenken. Der Buddha nennt niemals bei Namen u. s. w., weil er ewig in Beschaulichkeit verharrt.» b: Auf die Fragen antwortet er ohne nachzudenken .... c: ... er spricht nicht in Worten, (weil) das Herz desselben beständig eins ist.» Da das tibetische Original sehr undeutlich ist, so findet sich darin statt མིང das Wort ཉིད «nicht.» Der Ausdruck «nicht bei Namen nennen» bedeutet nicht, dass der Buddha sich nur oberflächlich ausdrückt, son- 236
dern von einem Gegenstande den inneren Begriff darstellt, ohne jene Subjectivitäten, welche durch Worte nur erfassbar sind.

3) Chinesisch a: «aber alle belebten Wesen glauben, dass er mit Namen spricht und springen vor Freude;» in der zweiten chinesischen Uebersetzung ist diese Stelle ausgelassen; chinesisch c: «alle zahllosen belebten Wesen hören von Tathâgata eine Erklärung.»

4) Der Sinn ist «umfassen alles auf einmal.»

Nirvâṇa selbst besitzen die Buddha's-Bhagavant's einen vollendeten und nicht geboren werdenden Geist[1]). Die Bodhisattva's[2]) empfangen[3]) im Mutterschooss nicht den Zustand des Kalalam, Arbudam, Peçi und Ghana[4]); die Bodhisattva's lassen sich in Gestalt eines Elephanten[5]) in den Mutterschooss nieder und die Bodhisattva's kommen zur Welt, indem sie den
237 Schooss der Mutter durchbohren[6]). Die Bodhisattva's haben kein Gefühl der Begierde, der Bosheit und der Gewaltsamkeit. Wenn sie es wünschen, werden sie in niederen Wiedergeburten geboren, zur Vervollkommnung der belebten Wesen[7]). In klarem Begreifen[8]), vermittelst des einigen un-

---

1) «Vollendeter Geist» d. h. ein allerhöchster, welcher frei ist von jedem subjectiven Denken; «nicht geboren werdend» d. h. welcher nichts Subjectives zulässt; dies sind die beiden Arten des Geistes.» Chinesisch a. «beständig begleiten den Buddha im Saṁsâra bis zum Nirvâṇa,» in welchem, wie wir in der allgemeinen Uebersicht bemerkt haben, von dem Buddha nichts übrig blieb.

2) Unter Bodhisattva wird hier, wie wir gesagt haben, der Buddha in seiner letzten Wiedergeburt verstanden.

3) ལེན་པར་མཛད་དོ, «empfangen;» alle chinesischen Uebersetzungen, und so auch Bhavja sagen das Gegentheil; wahrscheinlich ist im tibetischen Text durch einen Fehler die verneinende Partikel མི ausgelassen.

4) So werden die ersten Perioden der Conception des Foetus im Mutterschoss genannt: kalalam bedeutet Vermischung, Unreinigkeit [vgl. jedoch Böhtlingk u. Roth, Sanskrit. Wörterb. u. d. W.], die Periode der ersten Woche, wo die Masse des zukünftigen Körpers geronnener Milch gleicht; — arbudam «Blase» — die Periode der zweiten Woche, wo sich eine Form zeigt, nach Art von etwas Aufgedunsenem, — peçi Verdichtung [im Sanskrit Ei] ghana, «Verhärtung» — die Perioden der dritten und vierten Woche. Nur in der zweiten chinesischen Uebersetzung ist ein fünftes die Periode praçakha angedeutet: die Bildung der Hände und Füsse.

5) Chinesisch a, b und c: «in Gestalt eines weissen Elephanten.»

237 6) Chinesisch a, b und c: «werden aus der rechten Seite geboren.»

7) Chinesisch a: Wenn sie aus Verlangen, den belebten Wesen Nutzen zubringen, in niedern Wiedergeburten geboren zu werden wünschen, so be-

begränzten Verstandes werden alle verschiedenen Arten der vier Wahrheiten erkannt[1]). Vermittelst der fünf Concreta werden die Erkenntnisse[2]) leidenschaftlich und leidenschaftlos. Die Welten der Formen und die formlose Welt haben sechs Erkenntnisse[3]); fünf[4]) Organe sind abgeschlossen; das

---

geben sie sich auch dahin; «b: und werden dort nicht in Folge eitler Thaten geboren.» Niedre Wiedergeburten (buchstäblich: schlechte Schicksale) werden gewöhnlich die Wesen der Hölle, Preta's und Thiere genannt; hier aber ist vielleicht nur die Geburt unter Menschen gemeint.

8) མངོན་པར་རྟོགས་པར, Chines. Hien kuan, «Anschauung;» hier wird das Moment angedeutet, wo der Bodhisattva, nachdem er sich in die Betrachtung der Wahrheit versenkt hat, diejenige Offenbarung erlangt, durch welche er zum Buddha wird; und dann auch in Bezug auf jeden Beruf: der Srota âpanna oder der Arhant bedarf ebenfalls eines klaren Begreifens der vier Wahrheiten

1) Die vier Wahrheiten sind: Leid, das Hervorgehn aus Ursachen, Entsagung, Pfad; aber jede dieser Wahrheiten hat ihre Unterabtheilungen. welche ihrerseits sich in verschiednen Beziehungen betrachten lassen; deswegen wird auch gesagt: «verschiedne Arten der vier Wahrheiten.»

2) རྣམ་པར་ཤེས་པའི་ཚོགས་ལྔ་, Chinesisch wu-shi «die fünf Erkenntnisse» sind die Erkenntniss des Auges, Ohres, der Nase, der Zunge und des Körpers [sanskrit. tvatsch «Haut» als Organ des Gefühls] oder Sehen, Hören, Riechen, Schmecken, Fühlen.

3) Die sechs Erkenntnisse sind, ausser den fünf vorhergehenden Sinnen, noch die Seele selbst, oder die innere Erkenntniss, welche auch der höchste Sinn genannt wird. Diese ganze Stelle ist in der tibetischen Uebersetzung sehr dunkel übertragen. Chinesisch a: der Körper hat Verdunkelung des Auges und der übrigen fünf Erkenntnisse und ist frei von der Verdunkelung; die Welt der Formen und die formlose besitzen sechs Erkenntnisse; Chines. b: «in den fünf Erkenntnissen sind Verdunkelung und Reinheit; die formversehene und die formlose Welt haben gleichfalls sechs Sinne.» Daraus muss man schliessen, dass hier zwei verschiedene Fragen untersucht werden: die Eigenschaft der fünf Sinne und ob in den andern Welten (ausser unsrer
Sinnenwelt) Sinne existiren. Bei Bhavja wird einfach gesagt: die sechs Sinne 239
sind leidenschaftlich und frei von Leidenschaften, d. h. dass dieselben Sinne, welche uns an die Welt fesseln, auch an der Entsagung von ihr Antheil nehmen, oder: auch in der Entsagung von der Welt können die Sinne existiren.

4) རིལ་པོ, Chinesisch Tuan, wörtlich «runde,» d. h. ohne innern Sinn für

fleischliche (d. h. das materielle) Auge sieht die Formen u. s. w. nicht [1]), der Körper fühlt nicht; in der Selbstversenkung ist es möglich zu sprechen (oder findet Unterhaltung statt);
238 auch die Seele hat einen Körper; auch die Vorstellung hat einen Körper; bei allen Handlungen, welche dem Gesetze gemäss vollzogen werden, findet kein Zutritt statt [2]), Die Srota âpanna's [3]) begreifen die Wesenheit durch die Seele und deren Aeusserungen [4]). Unter den Arhant's sind solche, die durch andre vervollkommnet sind, die von andern zur Untersuchung angeleitet werden, die andern nachahmen und den Pfad aus Worten ableiten. [5])

---

die Erkenntniss der Gegenstände unfähige [das sanskritische Wort ist wohl sthûla «grob, materiell»].

1) ཞེས་བྱ་བ་ནས — བར་དུའོ, d. i. Chines. a: das Ohr hört keinen Ton, die Nase riecht keinen Geruch, die Zunge schmeckt keinen Geschmack u. s. w. [die Wahrnehmung ist vielmehr an das Vidschnâna «das Erkenntnissvermögen dieser Sinne» gebunden].

2) D. h. es kann keine Sünde oder Laster in religiösen Handlungen statt finden. Aber diese ganze Stelle ist ausserordentlich verschieden von dem, was wir in den chinesischen Uebersetzungen finden; a: in der Beschauung existirt das Wort; auch existiren (darin) beruhigte Geister und streitige Vorstellungen; das Gethane nimmt nichts in sich auf. Chinesisch b: es kann sowohl ruhige als feindliche Herzen geben: deswegen sind auch einfache Sterbliche, die einen hoch, die andern niedrig; das bereits Vollendete hat keinen Platz (?). c.: in der Anschauung giebt es auch Unterhaltung und eben so einen beruhigten Geist, und auch eine Anordnung der Gedanken (eine Vorstellung); alles Gethane hat keinen Platz (!).

3) Srota âpanna ist die erste, niedrige, Stufe der Heiligen, deren Classe unter dem Namen Arhant begriffen wird.

4) Chines. a: Die Srota âpanna's begreifen ihre Natur (eignes Wesen) durch die Seele und deren Aeusserungen. Chines. c: sie erkennen ihre Selbstheit (sich selbst?).

5) Hier sind, mit Ausschluss des zweiten und dritten Punkts, alle übrigen von den fünf Sätzen angeführt, welche, wie oben (in der Gâthâ) gesagt ist, den Grund der Spaltung unter den Geistlichen bildeten. Bei Bhavja ist diese Stelle so übersetzt: «und die Arhant's vollenden die Lehre durch andre (nach der Anweisung andrer); es giebt einen Pfad der Unwissenheit, der

Der Weg gestaltet sich aus Leiden[1]); in der Unterhal- 239
tung über Leiden liegt Vortheil[2]); zur Entfernung der Leiden bedarf es der Anlagen des Verstandes und Vorräthe (buchstäblich: Besitz) von Heil (d.h. Tugend[3]). Es sagen (die Anhänger dieser Schulen), dass man auch im achten Gebiet lange bleiben könne, dass auch ein Fall aus dem Gebiete der Familien statt finden könne[4]). Die Srota âpanna's sind dem Fall

---

Zweizüngigkeit, der Untersuchung und der Entfernung der Leiden; d. h. hier sind bereits alle fünf Sätze überliefert. Chines. a: die Arhant's können durch andre geleitet werden, als unwissende, zweifelnde, durch andre belehrbare, den Pfad aus Worten ableitende (oder der Pfad geht von Worten aus); Chines. b: «es giebt Arhant's, deren Kleider andre mit Unreinheit be-
schmutzen; es giebt unwissende Arhant's, zweifelnde (unentschlossene), sol- 239
che, die von andern geleitet werden können; auch wird der heilige Pfad in Worten ausgedrückt; Chines. c: es giebt Arhant's, welche von andern Nutzen ziehen, unwissende, zweifelnde, durch andre untersuchende. — Aus diesem können wir schliessen, dass in dem ersten Terminus der Sinn liegt «dass die Arhant's durch andre auf die schlechte Seite gezogen werden können: über in dem vierten Terminus — dass sie zur Beurtheilung selbst oder zur Erkenntniss der vier Wahrheiten nicht durch sich selbst gelangen können, sondern durch andre.

1) Chines. a: die Leiden können zu dem Weg führen; Chines. b: «auch über Qualen zu sprechen bildet den Weg.»

2) Chines. a: «Worte über die Qual können helfen;» Chines. b: «auch über Qualen zu sprechen ist ein Grund;» hier will man die Verbindung zwischen allen vier Wahrheiten andeuten: denn nachdem die Qualen, ihr Grund und der Pfad aufgezählt sind, wird weiterhin über die vierte Wahrheit: die Entfernung, gesprochen.

3) Chines. c: «durch die Kraft des Verstandes kann man sich scheiden vom Leben und Tod (das heisst «von der Wiedergeburt») und ruhigen Genuss erlangen (d. i. das Nirvâṇa); Chines. a: die, welche Verstand anwenden, können alle Leiden vernichten und können sie auch zum Heile bringen; die Leiden sind auch Nahrung; Chines. b: «durch Angemessenheit des Verstandes werden die Leiden vernichtet; die Empfindung der Leiden ist auch eine Nahrung.»

4) Den Berufen der Çrâvaka's, oder dem heiligen Pfad, entsprechen verschiedene Zustände, welche Länder (bhûmi) genannt werden; von diesen werden die beiden ersten durch die Zustände, welche aus der Beschauung der Wahrheiten entstehen, nämlich der feurigen und der obersten, in der Welt erworben, über welche wir in der allgemeinen Uebersicht gesprochen haben;

unterworfen, die Arhant's sind dem Fall nicht unterworfen. Es giebt keine wahre weltliche Anschauung (d. h. ausserhalb des Buddhismus); es giebt auch keine weltliche Kraft der Frömmigkeit; es giebt nichts, was (vom Buddha) nicht
240 bestimmt wäre (worüber er nicht gesprochen hätte; durch den Eintritt in die sündenlose Wahrheit, sagen sie, entfernt man nicht alle Bande (oder «Fesseln des Saṁsâra»[1]). Die Srota âpanna's können alle Sünden gut machen, ausgenommen die Todsünden[2]). Alle Sûtra's haben einen bestimmten Sinn[3]): 1. Vernichtung des analytischen, 2. des nichtanalytischen Denkens, 3. Himmel, 4. Âjatana des gränzenlosen Himmels, 5. Âjatana des gränzenlosen Wissens, 6. das nichts enthaltende Âjatana, 7. das Âjatana, in welchem keine Vorstellung und nicht keine Vorstellung ist[4]), 8. alles auf die gegensei-

---

dem zweiten Zustande entspricht auch ein Land der Familien (gotrabhûmi); wer dieses erreicht, tritt gewissermassen in die Classe derer, welche die Heiligkeit erlangen; das darauf folgende Gebiet — κατ'ἐξοχήν — heisst das achte; dies ist gleichsam der Vorhof zur Erlangung des Berufs des Srota âpanna.

240 1) Wahrscheinlich ist im tibetischen Text hier ein Fehler, oder die Negation überflüssig. Chinesisch a: «wenn man in die wahre Natur eintritt und sich von den Geburten trennt, so kann man sagen, dass man alle Bande abgeschnitten hat; Chines. b: «wenn ein Mensch in die Beschauung eingeht, dann werden alle Bande vernichtet.»

2) མཚམས་མེད་པ, Chines. wu kiang; buchstäblich: «keinen Zwischenraum habende (sanskritisch anantarja *) Sünden sind: der Mord der Mutter, eines Arhant, des Vaters, die Erregung von Spaltung unter Geistlichen, das Vergiessen des Blutes eines Tathâgata.»

3) Da die Schriften, welche dem Buddha zugeschrieben werden, nicht mit einander übereinstimmen, so fing man in der Folge an zu behaupten, dass er sich nicht in allen genau ausgedrückt habe.

4) Alle diese vier Âjatana sind nichts anders als die vier Arten der Samâpatti, oder der Beschauungen, welche der unsichtbaren Welt entsprechen.

*) Wohl eigentlich: wo sich nichts zwischen die That und deren Folge — gewissermassen Bestrafung — zwischenschieben, die Folge sich also durch nichts abwenden lässt.

tige Verkettung der Ursachen (Pratîtjasamutpâda) Gegründete und 9. die Seele, die hell in ihrer Eigenwesenheit, obgleich verdunkelbar durch augenblickliche und besondre Eitelkeiten ist [1]), bilden die neun Arten des Zusammengesetzten. «Anuçaja's [2]), sagen sie, sind weder Seele, noch Aeusserungen der Seele [3]); sie werden unbegreifliche genannt (oder: Chi- 241
nesisch a: keine Ursache habende, unfehlbare, unbestimmte). Sie sagen, dass die Anuçaja's für sich selbst sind, und die Bande [4]) für sich selbst sind [5]). Anuçaja sind Aeusserungen, welche der Seele nicht entsprechen [6]). Vergangenes und Zu-

---

1) Chinesisch a: «die Eigenschaften der Zweige des heiligen Pfades; die Natur der Seele ist eigentlich rein, aber augenblickliche und besondre Eitelkeiten verdunkeln sie, deswegen heisst sie auch unrein; Chines. b: acht Abtheilungen des neuen Pfades; die Seele ist ihrer Natur nach rein, aber sie wird durch Eitelkeiten verdunkelt.

2) བག་ལ་ཉལ་བ oder ཕྲ་རྒྱས; Chines. sui min «Einschläferungen» ist der allgemeine Namen der Eitelkeiten, oder der Grundlagen des Samsâra; unvermerkt erscheinen sie allenthalben; der Art sind: Begierde, Zorn, Stolz, Unwissenheit, eitler Zweifel und eitle Unwissenheit; aber im Verhältniss zu der Methode ihrer Entfernung erhebt sich ihre Zahl, den Systemen gemäss, welche von ihnen handeln, bis zu 98 und selbst 112.

3) Nach den buddhistischen Begriffen kann man die Seele von ihren Aeus- 241
serungen nicht trennen, oder in andern Worten: sie zeigt sich nur in ihren Aeusserungen.

4) Parjavasthâna, ཀུན་ནས་དཀྲིས་པ — tschhen tsi «Bande;» so werden die Arten der Eitelkeit genannt, welche an den Saṁsâra knüpfen und nicht die Freiheit verstatten zum Nirvâṇa zu streben; hier liegt die Frage darin: sind alle Eitelkeiten Bande, haben sie alle dieselbe Bedeutung, oder müssen nur diejenigen Eitelkeiten Gegenstand der Bekämpfung für die Buddhisten sein, welche «Bande» heissen?

5) Chines. a: die Anuçaja's sind verschieden von den Banden und die Bande verschieden von den Anuçaja's.

1) Der Seele entsprechende Aeusserungen: སེམས་དང་མཚུངས་ལྡན་པ, chines. yu sin siang ing heissen die Fähigkeiten der Seele, wie Empfindung, Bewusstsein, Denken, Scham, Leidenschaft, Stolz u. s. w. (im Ganzen 51

künftiges existiren nicht[1]). Das Dharmâjatana[2]) ist nicht erkennbar, ist keine Sache (Gegenstand) der Erkenntniss[3]). Es
242 giebt keinen mittleren Zustand; [4]) in dem Beruf des Srota âpanna findet (bereits) die Erlangung der Beschauung statt.

Dies sind die hauptsächlichen und allgemeinen Sätze der oben aufgezählten (Chines. a. vier) Schulen. Die besondern Sätze sind die folgenden[5]): in demselben Verhältniss, in welchem sich die (Chines. a. vier) Wahrheiten theilen, zeigt sich auch ein (Chines. a. abgesondertes) Begreifen (derselben). Es

---

Punkte); unter den nichtentsprechenden begreift man die allgemeinen Attribute der Welt, oder der physisch-metaphysischen Gesetze [Kategorien], wie: Erlangung, Empfindungslosigkeit, Leben, Geburt, Alter, Aufenthalt, Zeit, Ort u. s. w. (eine umständliche Auseinandersetzung wird in der Dogmatik gegeben werden). Nach Bhavja: «Die Anuçaja's werden weder als entsprechende noch als nichtentsprechende Aeusserungen der Seele erkannt; Anuçaja ist eins und Fesseln sind etwas andres.»

1) Chines. a: Vergangenes und Zukünftiges haben keinen wahren Körper; Chines. c: Es giebt keine vergangene und zukünftige Welt. Aber hier wird einfach gemeint; existirt ein Gegenstand in der Gegenwart und in der Zukunft?

2) Unter dem Namen Âjatana སྐྱེ་མཆེད, Chinesisch tschhu versteht man instrumentale Erkenntniss, oder Erkenntnisse vermittelst des Auges, des Ohrs u. s. w.; man zählt deren zwölf; das Dharmâjatana ist die letzte derselben, nämlich: die Vermittlung der Gegenstände, welche der Erkenntniss der Seele unterworfen sind. Hieher gehören sowohl die entsprechenden als nichtentsprechenden Aeusserungen der Seele, Vergangenes und Gegenwärtiges, das Unsichtbare und das Unzusammengesetzte.

242 3) Des Vidschnâna oder Geistes im eigentlichen Sinn.

4) བར་མ་དོའི་སྲིད་པ, Chines. Tschung ieu oder Tschung in (mittlerer Schatten), so wird die Zwischenzeit genannt, oder der Zustand, in welchem sich der Mensch oder ein Wesen nach dem Tode bis zu der Zeit befindet, wo es wieder geboren wird.

5) Chines. b: «Was aber die unter einander verschiedenen Meinungen betrifft, so unterscheiden sich die Mahâsâṃghika's von den drei andern.»

giebt einiges[1]), welches durch sich selbst geschaffen, einiges, welches durch fremdes, einiges, welches durch beide (d. h. durch dieses und andres, sowohl aus sich als auch zugleich durch fremdes), einiges ist geschaffen durch Verkettung[2]). Zu einer und derselben Zeit begegnen sich zwei Gedanken; die Eitelkeit und der Pfad begegnen sich; der Samen selbst wird zum Keim[3]). Die (chinesisch: «vier») Elemente der (chin. «sechs») Organe sind der Veränderung unterworfen[4]); (aber) die Seele und deren Aeusserungen sind nicht der Veränderung unterworfen; durch die Seele wird der Körper erfüllt (oder die Seele ist dem ganzen Körper gemeinschaftlich); 243
die Seele wird (im Körper) sitzend vorgestellt; auf diese Weise kann (sowohl) dieses, wie (auch) andre (Formen der Seele) vorgestellt werden.[5])

Dieses sind die besonderen Sätze.[6])

---

1) ཅུང་ཟད, Chines. a: ieu schao fa «es giebt wenige Gegenstände»; bei Tschben thi ist dieses Wort allenthalben übersetzt: «es giebt Leiden.»

2) རྟེན་ཅིང་འབྲེལ་བར་འབྱུང་བ.

3) Chines. b; «Viele Gedanken sind zu gleicher Zeit; einstimmiger Weg und Eitelkeiten entstehen zugleich; Thaten und Früchte gehen zugleich auf; Samen ist Keim.» Der Sinn ist der, dass zu einer und derselben Zeit verschiedene Zustände statt finden können.

4) Chines. a: «Sie haben die Bedeutung der Gestaltveränderung»; genau eben so auch unten.

5) Chines. a: die Seele ist allenthalben im Körper; bezüglich des von ihr 243
eingenommenen Raumes kann die Seele zusammengepresst und ausgedehnt werden.

6) Chines. a: «Diese letzten Meinungen gestalten, indem sie sich ausbreiten und entwickeln, eine zahlreiche Menge von verschiedenartigen Erklärungen;» Chines. b: «Die Annahme aller dieser Meinungen und ihre Befolgung war nicht in allen Schulen gleich; jede hält sich an ihre Anschauung; deswegen werden sie auch genannt «verschiedne Annahmen.» Daraus muss man schliessen, dass unter besondern Sätzen namentlich solche zu verstehen sind, in deren Entscheidung diejenigen Schulen differiren, welche gemeinschaftliche Grundlagen haben.

Die Hauptsätze der Schule Bahuçrutija sind die folgenden: sie bekennen, dass die fünf Töne (oder die Worte, d. h. Gegenstände der Lehre) des Tathâgata (nämlich): Nicht-Ewigkeit, Qual, Leerheit, Nicht-Ich und Nirvâṇa, (als) Beruhigung und (als) Pfad (oder) wahrhafter Weggang[1]), der Welt nicht angehören, aber die übrigen (Töne oder Worte) weltlich sind. Es giebt Arhant's, die von andern fortgerissen werden können, unwissend sind, zweifelnd, von andern geleitet werden, den Weg auf Grund von Worten betreten[2]). In allem übrigen stimmen sie mit den Meinungen der Sarvâstivâda.[3])

244 Die Hauptsätze der Schule der Pradschnâptivâdin sind folgende: die Leiden sind keine Skandha's[4]); die Âjatana's

---

1) So ist der tibetische Text buchstäblich zu verstehen; aber nach der Chines. Uebersetzung a: «fünf Töne des Buddha sind die Lehre, welche aus der Welt weggeht (die der Welt nicht angehört): 1. Nicht-Ewigkeit, 2. Qualen, 3. Leerheit, 4. Nicht-Ich und 5. Nirvâṇa — «Beruhigung;» diese fünf sind der Pfad, welcher herauszuführen vermag und zu scheiden (von der Welt); Chines. b: «diese fünf Gesänge sind der grade Weg, welcher aus der Welt führt.»

2) Es bedarf auch keiner Bemerkung, dass in diesem ganzen Satz der Sinn der letzten der fünf Thesen entwickelt wird, welche als Grund der Spaltung dienten: «der Weg geht hervor aus Worten;» doch folgen unten nochmals die fünf Sätze in Bezug auf die Arhant's.

3) Statt ཐམས་ཅད་ཡོད་སྨྲ་བ steht im tibetischen Text ཐམས་ཅད་མཁྱེན་པ་སྨྲ་བ «Allwissenheit anerkennende;» aber sicherlich ist dies ein Fehler; denn solch einen Namen finden wir nicht: und ausserdem zeigen alle drei
244 chinesischen Uebersetzungen übereinstimmend hier Sarvâstivâda. — Wir bemerken, dass die Uebereinstimmung der Sekte Bahuçrutija mit der letzten Schule zeigt, dass die Eintheilung aller Schulen in nur zwei Abtheilungen unrichtig ist.

4) Der tibetische Text ist hier sehr unklar und man kann vielleicht lesen བསྡུ་བ་ལྔ་ནི་ཕུང་པ་མེད་པའི, welches den Sinn hätte: «die fünf Sammlungen

sind unbegreifbar [1]); alle Thaten [2]) sind in Folge ihrer gegenseitigen Verbindung qualvoll [3]). Es giebt keinen Thäter im Menschen [4]); es giebt keinen vorzeitigen Tod: (aber) er wird erworben durch seine früheren Thaten; das Sichtbarwerden der Vergeltung (oder der Folge) entspringt aus der Entwicklung der Thaten [5]). In Folge der Durchdringung mit guten Werken wird der Pfad erworben. Der Pfad ist kein anschau- 245
barer; der Pfad ist nicht zerstörbar [6]). In allem übrigen stimmen sie überein mit den Mahâsâṁghika's.

---

sind nicht zusammengehäuft,» d. h. dass die fünf Skandha's nicht einen bilden können; aber in den chinesischen Uebersetzungen heisst es: «die Leiden sind keine Skandha's.» Bei Bhavja finden wir «es giebt Leiden ohne Skandha's»; deshalb haben wir auch diese Stelle so gelesen: སྡུག་བསྔལ་བ་ནི་ཕུང་མེད་པའོ.

1) མ་རེག་པ «ungreifbar» anstatt མ་རིག་པ; Chinesisch a.: alle Âjatana's sind unwahr.» Chinesisch b: «alle Âjatana's sind unvollendet.» Ajatana wird, wie gesagt, die instrumentale oder vermittelte Erkenntniss genannt.

2) Saṁskâra འདུ་བྱེད, Chines. tschu sing, d. h. die der Seele entspringenden und nicht entsprechenden Aeusserungen.

3) Chines. b.: alle Gegenstände der That werden, indem sie sich wechselseitig eine an die andere lehnen, auf Grund ihrer Falschheit, Qualen genannt;» Chines. a.: da alle Thaten wechselseitig unter einander verbunden sind, sich unwahr entfalten und vereinigen, so werden sie Qual genannt.

4) Chines. a.: «Es giebt keinen handelnden Menschen;» b. «es giebt keine menschlichen Handlungen.« — Hier wird gemeint: es giebt keinen Pudgala oder kein Ich.

5) Chines. a: die Thaten bilden, indem sie sich fortpflanzen, den Grund; es giebt verschiedene Vergeltungen; Chines. b: es giebt keinen vorzeitigen Tod; alles, was einem zu Theil wird, entspringt aus früheren Thaten; die Gründe und die Vergeltungen können, indem sie sich fortpflanzen, Handlungen hervorbringen; alle Qualen werden aus Handlungen geboren.

6) Chines. a: In Folge von guten Werken wird der Pfad erworben; der 245
Pfad kann weder zusammengesetzt noch zerstört werden.

Die Hauptsätze der Schule Sarvâstivâda [1]) sind folgende: Alles existirt; wie etwas existirt, so existirt es auch; alles Zusammengesetzte ist zusammengesetzt aus Namen und Rûpa [2]); Vergangenes und Zukünftiges existiren [3]); das Dharmâjatana ist etwas Begreifliches, bildet einen Gegenstand der Erkenntniss und ist erreichbar [4]). Die Geburt, die Entsagung, Aufenthalt, Nichtewigkeit und die der Seele nichtentsprechenden Aeusserungen sind enthalten in dem Skandha der That (sam̃skâra); es giebt drei Arten (Elemente) des Zusammengesetzten; (eben so) drei des Unzusammengesetzten; alle Merkmale
246 des Zusammengesetzten sind drei; drei der (vier) Wahrheiten sind zusammengesetzt, eine ist unzusammengesetzt, die Gelangung zum Ziel (zu der Aneignung oder der Erfüllung) der vier Wahrheiten ist die deutliche Erfüllung (oder das Ende

---

1) Im Tibetischen ist der folgende Artikel ausgelassen, welcher sich bei Hiuen Thsang findet: drei Schulen, nämlich: die Tschaitika, Aparaçaila und Uttaraçaila hatten folgende Hauptsätze: ein Bodhisattva befreit sich nicht von seinem bösen Schicksal; die Darbringung eines Opfers vor den Denkmälern bringt keine grossen Früchte; es giebt Arhaut's, welche durch andre fortgerissen werden können...... in diesen fünf Sätzen und den übrigen Meinungen stimmen sie mit den Mahâsam̃ghika's überein. — Bei Tschhen thi und in der dritten chinesischen Uebersetzung werden hier nur zwei Schulen erwähnt: die Tschaitika und die Uttaraçaila, aber aufgezählt sind alle fünf Sätze; allein in der dritten Uebersetzung wird gesagt, dass die Bodhisattva's von schlechtem Schicksal frei sind.

2) Bei Hiuen Thsang: die Hauptsätze der Schule Sarvâstivâda sind folgende: alle Sarvâstivâda sagen so: das Existirende ist in zwei (Merkmalen) enthalten: im Namen und im Rûpa [Gestalt]. Aber bei Tschhen thi dem Tibetischen näher.

3) Bei Tschhen thi: Vergangenes, Gegenwärtiges und Zukünftiges existiren, erstens, auf dem Grunde, dass so geradezu gesagt ist, zum zweiten, auf Grund der beiden Merkmale (? fa, d. i. Namen und Rûpa), zum dritten, weil sie einen Raum einnehmen, zum vierten, weil sie Früchte bringen.

4) Ueber das Dharmâjatana ist bereits oben gesprochen: wir haben gesehen, dass die Mahâsam̃ghika's die Erkenntniss desselben, welche hier in drei Formen zugelassen wird, verwarfen; unter dem ersten Worte (begreiflich) muss man einfaches Begreifen verstehen, das zweite (Gegenstand der Er-

des Weges und im Verein damit die Erlangung des Berufes des Buddha)[1]; vermittelst der Entsagung und des Nichtstrebens (nach irgend etwas) wird man zu der sündenlosen Wahrheit geführt. Die Vorstellung der Handlungen, welche das Siegel der Begierde tragen, ist die wahre Sündlosigkeit[2]). Nachdem man sich in der wahren Sündlosigkeit aufgehalten, wird man mit dem fünfzehnten (Moment) der Wiedergeburt des Gedankens Srota âpanna genannt, und mit dem sechszehnten ist man bereits ein (wirklicher) Srota âpanna[3]). Der aller-

---

kenntniss) bezeichnet: die Zugänglichkeit für abstracte Erkenntniss, und das dritte (Erreichbarkeit) ist gewissermassen Vertiefung in den Gegenstand, Aneignung desselben.

1) མངོན་པར་རྫོགས «gänzliche Erfüllung.») — Dieses selbe Wort wird zu einem Epitheton des Buddha.

2) Bei Hiuen Thsang: «die stufenweise Aneignung der vier Wahrheiten gründet sich auf zwei Beschauungen (Samâdhi): die der Leerheit und des Nichtbegehrens (Nichtbestrebens); durch die Verbindung derselben kann man die wahre Natur erlangen und sich von den Wiedergeburten befreien; durch die Vorstellung der Begierde (des Verlangens) kann man in die wahre Natur eingehen und sich von den Wiedergeburten befreien.» Bei Tschhen thi: bei stufenweiser Betrachtung der vier Wahrheiten muss der Mensch, wenn er in die wahrhafte Anschauung einzugehen begehrt, dieses nothwendig vermittelst der Drehung des Heiles: der Leerheit und des Nichtbegehrens, thun; wenn man alle Thaten der Welt der Begierden prüft, dann kann man in die wahre Beschauung eingehen! — Der Sinn ist, dass zu der Erlangung der vier Wahrheiten, durch welche das Heil erworben wird, diejenige Beschauung nöthig ist, welche die wahre Sündlosigkeit heisst.

3) Die vierte Wahrheit oder der Pfad wird von den Buddhisten getheilt in den vorbereitenden Pfad, den befähigenden, den Pfad der Wahrheit, des Aneignens und des Nicht-Studirens; in dem befähigenden Pfade erscheinen vier Zustände: Wärme, das Oberste, Geduld und das Oberste in der Welt; von hier ist es nur ein Schritt, um in den Pfad des Vorhersehens überzugehen, welcher den Beruf des Ârja — des Heiligen — giebt und die erste Stufe dieses Berufes ist der Srota âpanna: im Pfade des Vorhersehens jedoch wird die Prüfung und Beurtheilung der vier Wahrheiten in sechzehn Perioden oder Momenten vollendet; es giebt vier Berufe des Ârja: Srota âpanna, Sakridâgâmin, Anâgâmin und Arhant; jeder dieser Berufe theilt sich in zwei Arten: die annähernde und die wirkliche; deswegen finden sich auch hier

höchste (Zustand) in der Welt ist der einzige Gedanke in
247 drei Arten. Aus dem höchsten Zustand in der Welt kann man nicht fallen; (um desto mehr ist) der Srota âpanna dem Falle nicht unterworfen; der Arhant ist eine dem Falle unterworfene Person[1]); die Arhant's erlangen nicht alle den Geist, welcher nicht geboren wird[2]); auch der einfache Sterbliche wirft von sich (d. h. ist fähig von sich zu werfen) die Begierden und die Empfindungen der Bosheit der Welt der Empfindungen; auch die Tîrthika's können die fünf Hellsichten besitzen[3]); auch unter den Göttern ist es möglich nach Keusch-

---

zwei Arten von Srota âpanna's, welche in der chinesischen Uebersetzung verschieden benannt sind.

247 1) Der Arhant ist höher als der Srota âpanna und dennoch ist er dem Falle unterworfen, während der letzte es nicht ist; gewiss erklärt man diesen Widerspruch am allerrichtigsten dadurch, dass es im Anfang keinen andern Stand des Ârja gab, als den Arhant, und als solcher jeder genommen ward, welcher die vier Wahrheiten begriffen hatte. Es giebt viele Unterabtheilungen der Arhant's; zu der ersten oder niedrigsten Art gehört der, welcher diesen Beruf vermittelst der Ehrfurcht vor dem, was er aus der Lehre des Buddha gehört hat, erreichte, ohne dass er selbst vermittelst des Denkens zu den in ihr enthaltenen Wahrheiten gelangt wäre; solch ein Arhant, muss man sicher annehmen, wird auch in den Gâtha's gemeint, welche die fünf Sätze enthalten, «der Arhant wird fortgerissen, ist unwissend, zweifelnd, wird von andern geleitet, erlangt den Pfad aus Worten.» Weiterhin wird unter dem Worte «Fall des Arhant» nur das verstanden, dass er unter eintretenden Umständen zu dem Beruf eines Srota âpanna herabsinken kann; so muss man, um die Widersprüche zu versöhnen, auch hier deuten, obgleich diese Erklärung in der That vielleicht ausserordentlich gezwungen ist.

2) Hiuen Thsang: «Nicht alle Arhant's erlangen den nicht gebührenden Geist.» Bei Tschhen thi: «Alle Arhant's erreichen überhaupt nicht den nicht geboren werdenden Geist;» nicht geboren werdende Erkenntniss oder Geist (Anutpâdadschnâna) wird die absolute Erkenntniss genannt, welche den erhabenen Wesen eigen ist; in der subjectiven Erkenntniss werden Ideen geboren, wenn auch nur zu dem Zweck, um sich durch sie leiten zu lassen; in dem erhabnen Zustand ist dies nicht mehr nöthig.

3) Die fünf Hellsichten (abhidschnâ) sind folgende: das himmlische oder göttliche Auge, Ohr, Kenntniss fremder Gedanken, Kenntniss der früheren Geburten, wunderthätige Macht; übrigens ist ihre Definition nicht allenthalben gleich.

heit zu streben, (nur) durch sieben (Arten der Beschauung) Samâpatti können die Artikel der Bodhi erlangt werden [1]), nicht aber durch die übrigen Beschauungen [2]). Die Dhjâna's 218
sind enthalten in der Anwendung der Erinnerung [3]); vermittelst der Djâna's trittst du in die wahre Sündlosigkeit und erlangst den Beruf des Arhant selbst [4]); obgleich auch vermittelst der Welt (Chines. a. des Körpers) der Formen und des Unsichtbaren (Chin. a. Früchte, welche geben den Beruf des) Arhantthums, erlangt werden, so gelangst du doch nicht zu der wahren Sündlosigkeit, (weil nur) in der Welt der Begierden man zu der Sündlosigkeit gelangt und (den Beruf des) Arhant erreicht; wenn gleich man auch in der Welt der Formen den Beruf des Arhant erreicht, so giebt es doch da keinen Eingang in die wahre Sündlosigkeit. Im nördlichen Dvîpa [Insel], Uttarakuru, kann man sich nicht von den Leidenschaften trennen; dort werden (deshalb auch)

1) Diese sieben sind: Gedächtniss, Fleiss, Freude, Reinheit, Untersuchung, Beschauung und Entsagung — diese werden im Pfade des Vorhersehens erworben, nach Erreichung des Obersten in der Welt.

2) Samâpatti's sind Beschauungen, welche der unsichtbaren Welt entsprechen, unter ihnen stehen die Dhjâna's: Beschauungen, welche sich auf die Welt der Formen beziehen.

3) Smṛitjupasthâna — damit beginnt die Reihe der sieben und dreissig 218
Stufen, welche zu der Bodhi fuhren; der Pfad ist allerdings im Anfang von dem, welchen wir oben gezeigt haben, verschieden, nachher aber vereinigt er sich mit ihm, so dass die erste von diesen Stufen zu dem vorbereitenden Pfade gehört — und dieses allein ist das Smṛitjupasthâna; dieses besteht aus vier Artikeln: Erinnerung an den Körper, an die Empfindung, an die Seele und das Existirende.

4) So im tibetischen Text; aber bei Hiuen Thsang wird gesagt, dass es im Gegentheil nicht möglich ist, mit Hülfe der Dhjâna's zu der wahrhaftigen Sündlosigkeit zu gelangen, und dies ist, wie es scheint, richtiger, weil der Beruf der Arhant's nicht zu dem vorbereitenden Pfade gehört; bei Tschhen thi: wenn man ohne Vermittlung der Dhjâna's zu der wahrhaftigen Beschauung gelangen kann, so kann man gleichfalls (auch den Beruf des) Arhant erreichen.

keine Ârja's geboren; diese werden auch nicht unter den empfindungslosen Wesen geboren [1]). Endlich (sagen die Sarvâstivâda, dass) man nicht mit Recht behaupten kann, dass die vier Früchte [2]) (nur) unter der Form des Çramaṇa [3]) erlangt würden; in einem sündlosen weltlichen Pfade (kann) durch Lossagung von den Leidenschaften (gleichfalls) der Beruf des Sakṛidâgâmin und des Anâgâmin erworben werden [4]).
249 Vier Fähigkeiten der Erinnerung enthalten in sich die ganze (Lehre). Alle Anuçaja's sind Aeusserungen, welche der Seele entsprechen; alle Anuçaja's sind Bande, aber nicht alle Bande sind Anuçaja's [5]). Alles, was existirt, ist nicht in Folge der wechselseitigen Verbindung unwahr; und in die Arhant's kann gleichfalls etwas Unwahres eingehn, (weil auch) in den Arhant's ein Fortschreiten der Tugend Statt findet; der mittlere Zustand (S. 266 Anm. 4.) existirt (nur) in der Welt der Empfindungen und in der Welt der Formen. Obgleich man auch vermittelst der fünf Organe des Vidschnâna den Leidenschaften unterworfen wird, so kann man sich doch nicht (durch dieselben) von den Leidenschaften befreien; sie nehmen (Chin. nur) ihre Merkmale (d. h. Subjecte) an, sind aber nicht begabt

---

1) Nach Hiuen Thsang «im empfindungslosen Himmel,» dem vierten und allerletzten der unsichtbaren Welt.

2) Die vier Früchte, d. h. des Srota âpanna, Sakṛidâgâmin, Anâgâmin und Arhant.

3) D. h. in der Form eines buddhistischen Geistlichen.

4) Chinesisch a: «die vier Früchte der Çramaṇa's werden nicht durch die Stufenfolge der Dhjâna's erlangt.» Chines. b: «in der Reihenfolge der Beschauungen liegt nicht die unumgängliche Nothwendigkeit die vier Früchte des heiligen Pfades zu erlangen; wenn jemand bereits in die wahre Natur eingegangen ist und sich von den Wiedergeburten auf Grund des weltlichen
249 Pfades befreit hat, dann kann er den Beruf des Sakṛidâgâmin und des Anâgâmin erreichen. Unter dem weltlichen Pfade versteht man weltlichen Beruf, und hier muss man den Keim der Lehre von den Bodhisattva's suchen.

5) Vergleiche was oben über dieselbe Meinung der Mahâsâmghika's beigebracht ist.

mit klarem Begreifen (oder Chines. «mit der unterscheidenden Fähigkeit»); die Seele und deren Aeusserungen existiren (Chin. in Wirklichkeit, weil keinem Zweifel unterworfen ist, dass): die Ziele existiren (oder die Gegenstände des Bestrebens) der Seele und deren Aeusserungen; die Eigenwesenheit ist nicht das, was mit Eigenwesenheit begabt ist; Seele ist nicht das, was die der Seele entsprechenden Aeusserungen sind; es existirt auch eine weltliche (d. h. nicht dem Buddhismus allein angehörige) wahrhaftige Anschauung; auch in der Welt existirt ein Organ des Glaubens (oder «der Frömmigkeit,» gleichwie) auch unbestimmte Gegenstände existiren. In den Arhant's kann etwas der Art sein, welches weder Gegenstand des Studiums noch des Nichtstudiums ist [1]), obgleich auch alle Arhant's das Dhjâna erlangt haben, so zeigen sie sie doch (nur) nicht in Allem [2]); auch in den Arhant's findet ein Geniessen (der Vergeltung oder des Einflusses) der früheren Thaten Statt, (weil) — den Tod in der Selbstversenkung ausgenommen [3]), — der tugendhafte 230
Gedanke am Ende des Lebens (mit dem Uebergang zum Arhant aus dem) eines einfachen Sterblichen vielleicht nicht entstanden sein möchte. [4])

---

1) Der Pfad des Nicht-Studiums ist die höchste Vollendung, welche durch die nicht geboren werdende Erkenntniss erlangt wird.

2) Chines. a: nicht alle sind im Stande sie zu zeigen.

3) So ist, wie es uns scheint, die Uebertragung des tibetischen treuen 250
Textes; aber bei Hiuen Thsang ist diese Stelle so übersetzt: «auch einfache Sterbliche sterben im tugendhaften Gedanken; zur Zeit der Selbstversenkung kann man überhaupt nicht sterben.»

4) In den Uebersetzungen des Tschhen thi und Hiuen Thsang begegnen wir folgender Einschiebung, welche sich weder in der tibetischen noch in der dritten chinesischen Uebersetzung findet: «Das Heil (oder Chin. b: die Erstickung der Verdunkelungen) des Buddha unterscheidet sich (an Gestalt nicht von dem (Heil) der zwei Jâna's; aber der Pfad der drei Jâna's hat seine Besonderheiten: Barmherzigkeit, Mitleid und die übrigen (Eigenschaften des

Sie sagen (über die Bodhisattva's): die Bodhisattva's haben eine enge Verbindung mit den einfachen Sterblichen, weilen in der wahrhaften Sündlosigkeit, leben unter den einfachen Sterblichen; die den belebten Wesen angehörigen nennen
251 sie dem Einfluss unterworfen [1]). Alle Handlungen (saṁskâra) sind augenblickliche [2]). Obgleich aus dieser Welt auch nichts in die andre Welt übertragen wird, so geht doch der Pudgala hinüber [3]). Obgleich man beim Tode auch jeden Skandha der

---

Buddha) existiren nicht (nur) im Verhältniss zu den belebten Wesen, weil die letzteren ihn zum Heil (d. h. zum Verlassen der Welt) nicht zugelassen hätten.» — Es ist augenscheinlich, dass dieses ein Einschiebsel ist, oder wenigstens bereits eine spätere Annahme in Folge der Bekanntschaft mit dem Mahâjâna, weil die früheren Çrâvaka's keinen Begriff von den drei Jâna's haben konnten.

1) ཟིན་པའི་རྒྱུད, «die erlangte Reihenfolge.» Chinesisch a Tschi sheou siang siu oder b: Thsiu siang siu «den Zustand des Aufeinanderfolgens nehmen.» — Der Sinn muss sein, dass sich die Wesen nicht vom Einfluss der der Thaten und der Natur befreien können, im Gegensatz zu dem Erhabenen; Chin. a: «die Bodhisattva's sind gewissermassen einfache Sterbliche, die sich nicht von allen Banden frei gemacht haben. Wenn sie noch nicht zu der wahren Natur gelangt sind und sich von den Wiedergeburten nicht befreit haben, dann leben sie zusammen mit den einfachen Sterblichen, werden nicht vorübergegangene oder erhabne genannt; belebte Wesen [werden] nur in Folge der gegenwärtigen Annahme der Aufeinanderfolge bedingt (so genannt). Chin. b: «Die Bodhisattva's sind unzweifelhaft einfache Sterbliche, umwunden von den neun Arten der Bande; wenn ein Bodhisattva bereits zu der wahren Beschauung gelangt ist, und sich nicht aus der Erde der einfachen Wesen entfernt hat, dann wird er wegen der entlehnten Nachfolge (?) ein bedingt-belebtes Wesen genannt.» Alles dieses ist viel einfacher in der drit-
251 ten chinesischen Uebersetzung auseinandergesetzt: «Die Bodhisattva's sind einfache Sterbliche, welche von den Banden beherrscht werden; da sie sich nicht erhoben und nicht von den Wiedergeburten geschieden haben, so scheiden sie sich auch nicht von den Orten, welche von einfachen Sterblichen eingenommen werden, nehmen den Körper belebter Wesen an und gelten für solche.

2) Chines. a: «Alle Handlungen verschwinden augenblicklich.»

3) Nichts kann aus dem früheren Leben in das folgende übergehen; nur der weltliche Pudgala, sagen sie, geht hinüber; Chines. b: nur nach weltli-

Thaten abwarf, so bleiben dennoch Skandha's ohne Veränderung übrig. Es giebt ein Dhjâna, welches der Welt nicht angehört. Es giebt ein reines Forschen[1]); in dem ewigen Samsâra kann Heil eintreten[2]). Zur Zeit der Selbstversenkung (in die Beschauung) giebt es keine Worte (d. h. kann man nicht sprechen). Das Rad der Lehre (des Buddha) besteht aus dem acht Glieder enthaltenden heiligen Pfade[3]); alle Worte des Tathâgata werden gedreht (d. h. ausgesprochen), in Ue- 232
bereinstimmung mit dem Rade der Lehre; aber nicht alle sind deutlich (d. h. bestimmt) ausgesprochen, und nicht alle in dem Sinn ausgesprochen, welchen sie haben; nicht alle Sûtra's sind mit ihrem genauen Sinn ausgesprochen; aber obgleich auch nicht alle Sûtra's ihren genauen Sinn haben, so giebt es doch Sûtra's mit ihrem genauen Sinn.

---

cher [Sprache] wird so bedingt gesprochen;» Chines. c: «nach weltlicher Sprache wird gesagt, dass es dieses und ein andres Leben giebt.»

1) Forschen oder Erwägung (vitarka) ist eine oberflächliche Betrachtung der Gegenstände, welche ihre allgemeinen Merkmale aufsucht: diese bildet, im Verein mit dem Schlaf, der Reue und der Untersuchung (vitschâra) vier Zustände des Uebergangs des Geistes in den Skandha der That; durch das Wort «rein» haben wir den Ausdruck ཟག་པ་མེད་པ a lei «nicht Flussbabend» (asrava) übersetzt; dieser bedeutet einen schlechten Zustand, Beschmutzung, das Fortgerissenwerden durch den Strom der Bande u. s. w., überhaupt, was nicht zur Befreiung von der Welt gelangen lässt.

2) ཉམས་པར་ཏག་པ་སྲིད་པའི་དགེ་བ་ཡོད་དོ, wenn hier ཏག nicht für einen Fehler statt རྟོག zu nehmen ist; im Chinesischen ist diese Stelle ebenfalls unverständlich übersetzt: «es giebt Heil, es giebt eine Ursache;» aber unten bei der Analyse der Meinungen der Mahîçâsaka's wird gesagt: «es giebt kein Heil im Kreislauf des Samsâra;» dadurch wird auch klar, dass hier darüber gehandelt wird: ob Heil dem Samsâra zugehören könne oder nicht.

3) Ârjâshtângamârga ist die letzte (der sieben und dreissig) Stufen, welche zu der Bodhi führen; mit Hülfe desselben werden alle Eitelkeiten abgewor- 232
fen und zeigt sich die Seligkeit vollständig — dies ist der Weg des Vorher-

Der Art sind ihre Hauptsätze; was ihre besondern betrifft, so sind diese unzählig.

Die Hauptsätze der Schule Haimavata sind folgende: Bodhisattva's werden einfache Sterbliche genannt, welche keinen Neid (oder Begierde) haben; sie treten ohne Befleckung in den Mutterschooss [1]). Die Tîrthika's besitzen die fünf Hellsichten nicht [2]). Die Götter können nicht nach Keuschheit streben. Unter den Arhant's sind von andern fortgerissene, unwissende, zweifelnde, von andern geleitete, den Pfad aus Worten ableitende. In allem Uebrigen stimmen sie mit den Sarvâstivâda's überein.

Die Hauptsätze der Schule Vatsîputrîja sind folgende: Der Pudgala (das Untheilbare) ist weder identisch mit den Skandha's, noch (etwas) von den Skandha's Getrenntes; er ist so genannt auf Grund (der Vereinigung) der Skandha's,
253 der Sphären (Dhâtu) und der Âjatana's. Alle Thaten sind augenblicklich in Verhältniss zu einer andern Zeit [3]). Ausser

---

sehens, die acht Glieder sind: das wahre Anschauen, die wahre Erwägung, das Wort, das wahre Ziel der Handlungen, das wahre Leben, die wahren Bestrebungen, die wahre Erinnerung und die wahre Beschaulichkeit.

1) Chines. a: «Die Bodhisattva's sind gewöhnlichen Sterblichen gleich; wenn der Bodhisattva in einen Mutterschooss tritt, hat er keine Empfindungen der Begierde und der Leidenschaft (?);» Chines. b: «der Bodhisattva ist ein einfacher Sterblicher, der keine Begierde hat; wenn er geboren wird, wird er nicht mit einem Mutterschooss bekleidet;» Chines. c: «Der Bodhisattva (ist) ein einfacher Sterblicher, welcher von Unwissenheit frei ist; er lässt sich in einen Mutterschooss herab in den reinen Gebieten der Geister.» bei Bhavja dagegen wird gesagt, dass der Bodhisattva nicht ein einfacher Sterblicher ist. Ein solcher Widerspruch kann vielleicht nicht allenthalben nur daraus erklärt werden, dass das Original nicht verstanden ward, sondern es war sehr leicht möglich, dass in die Urschrift selbst verschiedene Zusätze geriethen.

2) Chines. c: «Nicht alle Tîrthika's können die fünf Hellsichten besitzen.» Bei Bhavja dagegen «den Tîrthika's sind die fünf Hellsichten zugänglich.»

3) Chines. a: «alle Thaten existiren zeitlich und werden momentan weggeworfen.»

dem Pudgala giebt es nichts, was aus einer Welt in die andre überginge; es wird gesagt, der Pudgala geht über (d. i. wird wiedergeboren).

Die Tîrthika's haben die fünf Hellsichten. Nicht in Folge der fünf Arten des Vidschnâna wird man den Leidenschaften unterworfen, wird aber auch nicht [durch sie] von den Leidenschaften befreit; die Abwerfung der Leidenschaften entspringt durch Abwerfung von Allem, was in Verbindung mit den Leidenschaften steht und der Abwerfung unterworfen ist. Wenn man, bei wahrhaftigem Befinden in der Geduld, dem Namen, den Merkmalen und dem Höchsten in der Welt, Alles betrachtet, was eine Verbindung (mit den Leidenschaften) hat, und Alles abwirft, was man abwerfen muss, dann erreicht man das zwölfte Moment und wird ein Eintretender), aber mit dem dreizehnten Moment wird man ein die Früchte Erlangender. [1])

Die (vier) Schulen Dharmottara, Bhadrâjana, Sammatîja und die Schule der sechs Städte unterscheiden sich in der Auffassung von allen diesen (von den Vatsîputrîja's) nicht; sie streiten nur in Betreff der Auslegung der folgenden Gâthâ: [2])

Die, welche sich gerettet haben, können fallen,
Die vollständig ins Elend Gesunkenen wieder umkehren,

1) Geduld und das Höchste in der Welt sind, wie wir gesagt haben, gewisse Zustände, welche durch die Prüfung der vier Wahrheiten erlangt werden; von da geht man über zu dem Pfad des Vorhersehens, welcher, wie wir bereits gesagt haben, aus sechzehn Momenten besteht; bei dem zwölften Moment wird man ein Srota âpanna, welcher sich vorbereitet, bei dem dreizehnten aber ein wirklicher.

2) Chines. a: Es giebt auch andre derartige verschiedne Annahmen, gegründet auf die Verschiedenheit der Auslegung einer Gâthâ: daraus bildeten sich in der Schule der Vatsîputrîja vier Schulen: Dharmottara, Bhadrâjana, Sammatîja und die Schule des Berges des dichten Waldes (s. oben).

Die Zufriedenheit der Zufriedenheit kann erlangt werden, Alles mit Heil Begabte ist Heil. [1])

254 Die Hauptsätze der Schule Mahîçâsaka sind folgende: Vergangenes und Zukünftiges existiren nicht; es existiren (nur) das Gegenwärtige und das Unzusammengesetzte; für die vier Wahrheiten (existirt) ein einziges Verständniss; ehe man die (Wahrheit der) Qualen durchschaut hat, kann man

---

3) Bei Hiuen Thsang: «Nachdem er sich bereits gerettet, fiel er auch von Neuem, er fiel aus Begierde und kehrte wieder zurück; bewahrend was 254 Genuss in der Freude verschafft, den Spuren der Freude folgend, erlangst du Freude.» Bei Tschhen thi ist ist die dritte Zeile so übersetzt: «Nach Erreichung des zufriednen Orts (der Zufriedenheit) freust du dich (buchstäblich «gehst du spazieren» [entsprechend dem sanskritischen Verbum vi-hṛi]) an dem was angenehm.»

Aber bei Tschhen thi allein — gleichsam zur Erklärung dieser Gâthâ — findet sich noch folgende Verlängerung der Auseinandersetzung der Meinungen der Schule Vatsîputrîja: «Alle Wesen sind zwei Arten des Fallens unterworfen, dem Fallen in Folge des Denkens und dem Fallen in Folge von Handlungen. Geburt und Tod hängen von zwei Hauptursachen ab: der Eitelkeit und den Handlungen; zwei Gegenstände sind die hauptsächlichste Ursache des Heils, nämlich Vipaçjana und Çamatha; wenn jemand nicht die erhabne Ursache verstärkt, sich der wahren Lehre schämt, so gehört er nicht zu jener Abtheilung (der Gerettetwerdenden); es giebt zwei Wurzeln der Eitelkeit, welche beständig allen Wesen nachfolgen, nämlich Unwissenheit und Leidenschaft (Liebe oder Anhänglichkeit). Es giebt sieben Arten von Reinheit. Der Geist des Buddha ist nicht bedingt durch Moral und Anderes; indem er sich auf die wahre Einsicht stützt, sieht er Alles ein. Prüft man ihn im Verhältniss zu der Verneinung, so stellt er sich in sechs Formen dar. Durch die Beschauung, welche der Welt der Formen und der unsichtbaren entspricht, geht man nicht ein in die wahre Beschauung (dasselbe was oben die wahre Sündlosigkeit). Der Bodhisattva wird beständig geboren in der Mitte (der Wesen). Wenn er den höchsten und nicht geboren werdenden Geist erreicht, erlangt er den Namen des Buddha. Die Sûtra's, welche von den Tathâgata's ausgesprochen sind, haben eine dreifache Bedeutung; die einen erklären das Uebel, welches aus den Wiedergeburten entspringt, (die andern) erklären die Gegenstände des Heils, und (die dritten) haben überhaupt nicht die Erklärung von irgend etwas zum Gegenstand.»

Nur bei Bhavja finden sich einige Nachrichten über die Hauptmeinungen der Schulen Dharmottara, Sammatîja u. s. w.

(alle übrigen) Wahrheiten nicht durchschauen, Durchschauung ist Durchschauung [1]). Die Anuçaja's sind weder Seele noch deren Aeusserungen; sie sind unbegreiflich [2]); die Anuçaja's und die Bande sind von einander verschieden; die Anuçaja's sind nichtentsprechende Aeusserungen der Seele; die Bande aber sind entsprechende. Der einfache Mensch kann die Em- 233
pfindungen der Lust und Bosheit nicht abwerfen. Die Tîrthika's haben die fünf Hellsichten nicht; die Götter können keine Keuschheit haben. Es giebt keinen mittleren Zustand, in den Arhant's giebt es keine Vergrösserung der Tugenden; vermittelst der fünf Organe des Vidschnâna wird man leidenschaftlich und leidenschaftlos. Die sechs Arten des Vidschnâna sind Correspondenzen der Forschung und der Erwägung. Der Pudgala ist gleich dem Haupte [3]); in der Welt kann eine wahrhafte Anschauung Statt finden [4]); es giebt kein der Welt angehöriges Dhjâna; es giebt keine fehllose oder reine Erkenntniss [5]); es giebt kein Heil in der Drehung des Saṁ-

---

1) མཐོང་པ་ནི་མཐོང་བ་དག་ཡིན་ནོ, Chines. a: «Wenn man durchschaut die Wahrheit der Leiden, dann durchschaut man auch alle Wahrheiten. Das Durchschauthabende kann eine solche Durchschauung sein.» Chines. b: «die endliche Durchschauung besteht in der Durchschauung aller Wahrheiten.»

2) «Sie gründen sich auf nichts.»

3) མགོ་མ་ཀྱམ་པ, Chines. tsi schou, dies bedeutet, wie aus Bhavja's Wor- 235
ten ersichtlich ist, dass der Pudgala dem Körper gleich ist, in welchem er sich befindet.

4) Chines. a: «eine wahre Anschauung findet sich auch in der Welt: aber die Wurzel der Frömmigkeit kann nicht in ihr statt finden.» Chines. b und c: «in der Welt giebt es keine wahre Anschauung und auch keine Frömmigkeit.

5) Wahrscheinlich dasselbe wie oben; reine Forschung, d. i. རྣམ་པར་ཤེས་པ, statt རྣམ་པར་རྟོག་པ; so wenigstens finden wir in der chinesischen Uebersetzung.

sara[1]); der Srota âpanna ist eine Persönlichkeit (ཆོས་ཅན), die dem Falle unterworfen ist. Der Arhant ist überhaupt dem (vollständigen?) Falle nicht unterworfen; alle Artikel des Pfades sind ausgesprochen (d. h. enthalten) in den Anwendungen des Gedächtnisses. Es giebt neun Arten von Unzusammengesetztem: 1. Negation einer besonderen Untersuchung (oder der Analyse); 2. nicht-analytische Negation, 3. Himmel; 4. Unbeweglichkeit; 5. Wesenheit alles Tugendhaften; 6. Wesenheit des Nicht-Tugendhaften; 7. Wesenheit des Unbestimmten; 8. Wesenheit des Pfades und 9. Wesen-
256 heit von allem auf die Verkettung Gegründeten. In den Menschen verändern sich die Elemente der Organe im Anfang und am Ende[2]); die Seele und deren Aeusserungen sind (gleichfalls) veränderlich. Der Buddha zeigt sich (d. h. ist enthalten) in dem Saṁgha (der Geistlichkeit, weil) das Opfer für den Saṁgha Frucht bringt, aber nicht das (Chines. Almosen, welches getrennt vom Saṁgha gegeben wird) für den Buddha; der Pfad der Buddha's und der Çrâvaka's ist ein und derselbe[3]). Alle Handlungen sind momentan; nichts wird aus dieser Welt in die andre übertragen.

Dies sind die Hauptsätze; die besondern Sätze sind folgende: Vergangenes und Zukünftiges existiren; ein mittlerer Zustand existirt gleichfalls. Das Dharmâjatana ist erkennbar und begreifbar. Das Denken ist Handeln (d. h. die Handlun-

---

1) Chines. b: «der Grund der Nicht-Existenz ist nicht gut.»

258 2) Chines. a: Der Eintritt in den Mutterschooss bildet den Anfang des Lebens, beim Tode verändern sich alle Elemente der Organe; Chines. b: «die Annahme der Geburt ist der Anfang, der Tod das Ende; die vier Elemente, die fünf Organe (Auge, Ohr u. s. w.), die Rede und deren Aeusserungen ändern sich alle;» Chin. c: «vom Leben bis zum Tode ändern sich alle Organe und Elemente und verschwinden.»

3) Chines. a: «Der Pfad und das Heil der Buddha's und beider Jâna's (!) sind dieselben.»

gen sind nur der Seele allein eigenthümlich); es giebt keine Handlung des Körpers und der Sprache; die Forschung (vitarka) und Untersuchung (vitschâra) sind Correspondenzen der Seele. Die Erde (d. h. die Erdkugel) existirt einen (vollen) kalpa; die Früchte aus Opfern, welche man den Denkmälern (stûpa's) bringt, sind unbedeutend. Alle Anuçaja's erscheinen stets in der gegenwärtigen Zeit[1]). Die fünf Gegenstände, welche Anhänglichkeit bewirken: Unwissenheit, Stolz, Saṁsâra, Anschauung (oder Theorie) und als fünftes: der Pfad der Handlungen, sind immer die Merkmale und aus diesen gehen die Qualen hervor.[2])

Dieses sind die besonderen Meinungen.

Die Hauptsätze der Schule Dharmagupta sind folgende: 237
(Chines. Obgleich auch) der Buddha in dem Saṁgha sich zeigt (d. h. enthalten ist), so verschafft doch (nur) die Opferdarbringung für den Buddha grosse Früchte, nicht aber die für den Saṁgha (Chines. a: «und») die Denkmäler[3]). Der Pfad der Çrâvaka's[4]) ist verschieden vom Pfad der Buddha's; die Tîrthika's haben die fünf Hellsichten nicht; der Körper eines Arhant ist fehllos. In allem Uebrigen stimmen sie mit den Mahâsâṁghika's überein.

Die Hauptsätze der Schule Kâçjapîja sind folgende: das Abgeworfene, vollständig Begriffene existirt; das Nichtabge-

---

1) Chines. a: «Die Wesenheit des Anuçaja existirt in der Gegenwart; die Skandha's, Âjatana's und Dharma's existiren gleichfalls stets nur in der Gegenwart.»

2) Bei Hiuen Thsang und Tschhen thi ist die letzte Periode in Form einer Gâthâ übersetzt und davor wird gesagt: dies sind die besondern Meinungen: ihre Meinungen sind verschieden in Betreff der folgenden Gâthâ.

3) Chines. b: «Wenn man den Buddha in den Denkmälern verehrt, wird 237
Vergeltung statt finden.»

4) Chines. a: «Obgleich das Heil für den Buddha und beide Jâna's dasselbe ist, so ist doch der *Pfad* verschieden.»

worfene wird nicht vollständig Abgeworfenes genannt[1]); Handlungen, welche durch Vergeltung Vergeltungen geworden sind, existiren; was nicht durch Vergeltung geschehen ist, existirt nicht[2]). Die Handlungen (Saṁskâra), welche aus vergangenen Ursachen hervorgegangen sind, existiren; es giebt keine Handlungen, welche aus zukünftigen Ursachen hervorgehen[3]). Alle Gegenstände, welche des Studiums fähig sind, sind Gegenstände der Vergeltung. In den übrigen Meinungen stimmen sie mit den Dharmagupta's überein.

Die Hauptsätze der Schule Saṁkrânti sind folgende: sie sagen, dass die Skandha's aus dieser in die andre Welt übergehen; die Skandha's werden ohne den heiligen Pfad abge-
238 löst[4]); die Skandha's, welche aus der wurzelhaften Gränze (d. h. der Natur?) hervorgehen, existiren; es existiren auch die einen Genuss habenden (?)[5]). Der Pudgala existirt in der absoluten Idee. In allem Uebrigen stimmen sie mit der Schule Sarvâstivâda überein.

---

1) Bei Hiuen Thsang: »wenn etwas bereits abgeworfen (buchstäblich: abgehauen) und vollständig begriffen ist, existirt;» bei Tschhen thi: was bereits ausgelöscht, wovon man sich befreit hat, das existirt nicht.

2) Chines. a: «Wenn die Vergeltung für Handlungen bereits reif (d. i. erlangt) ist, dann existirt sie nicht; wenn die Frucht nicht reif ist, dann existirt sie.

3) Bei Hiuen Thsang gleichfalls — und es ist noch hinzugefügt: «alle Handlungen sind momentan;» aber bei Tschhen thi «das Zusammengesetzte setzt (sich) nicht aus einer vergangenen Ursache zusammen, sondern aus einer gegenwärtigen und zukünftigen.» (?)

4) Chines. a: «Es existirt keine Vernichtung der Lebenszeit der Skandha's ohne den heiligen Pfad.»

238 5) Bei Hiuen Thsang befindet sich Nachfolgendes: «auch für den einfachen Sterblichen kann Annahme des heiligen Gesetzes statt finden.»

DRITTE BEILAGE.

Auseinandersetzung der philosophischen Systeme des Buddhismus.

Die von mir in der vorigen Beilage mitgetheilte Uebersetzung von Vasumitra's Werk über die buddhistischen Schulen muss, nach meiner Meinung, in Zukunft die Grundlage umständlicherer und gelehrterer Untersuchungen über die allmähliche Entwicklung des Buddhismus bilden. — Wir können, trotz der Dunkelheit der Ausdrücke, für welche wir vergeblich bei den nachfolgenden Schriftstellern Erläuterungen gesucht haben — nicht umhin, die Verbindung und den natürlichen Uebergang von den hier vorliegenden Ideen zu denen zu bemerken, welche in den folgenden buddhistischen Schulen ausgesprochen und entwickelt werden. Ausserdem haben wir, mit Ausnahme des Werkes des Bhavja, welches ohne Zweifel auf dieselbe Abhandlung des Vasumitra gegründet ward, — keine andern Quellen zur Beurtheilung des alten Buddhismus; wir können auch nicht ein einziges 230
Werk mit Sicherheit nachweisen, welches die Anschauungen und Meinungen irgend einer der hier aufgezählten Schulen mit grösserer Bestimmtheit dargestellt hätte.

Ganz Anderes tritt uns entgegen, wenn wir alle nachfolgenden Schulen studiren wollen. Man darf annehmen, dass

auch nicht eines der Hauptwerke der Vaibhâschika's, Sautrântika's, Madhjamika's und der Mystiker der Uebersetzung in die chinesische oder tibetische Sprache entgangen ist; hier scheint es uns, dass im Gegentheil der Ueberfluss der Materialien eher die Darstellung verdunkeln würde, wenn man sich bei seinen Ausführungen direct zu den Originalen wenden und der gelehrten Welt dasjenige, was ihr als das Wesentliche in den Dogmen, den Einrichtungen und den philosophischen Anschauungen einer bestimmten Schule dargestellt werden muss, aus diesen mittheilen wollte. — Wir haben bereits unsre Ansicht dahin ausgesprochen, dass wir weder der ausführlichsten Nachrichten über alle unbedeutenden Thatsachen bedürfen, welche den Geist der Buddhisten beschäftigten, noch einer Uebersetzung aller buddhistischen Bücher, welche existiren, sondern nur eines Auszuges des Wesentlichen in ihnen, eines genauen und richtigen Begriffs von den hauptsächlichsten Ideen, welche einst die Geister beschäftigten, von der Bedeutung derselben für das Leben der Menschheit: — ob sie dem Gedanken irgend etwas Neues gewähren, oder ob es nur eine Wiederholung von Solchem ist, was schon an einem andern Orte ans Licht getreten war. Auf jeden Fall darf jedoch derjenige, welcher Alles selbstständig bearbeiten will, wenigstens zuerst zu seinem eignen Unterricht, diejenigen Werke nicht bei Seite lassen, welche von Buddhisten — die sicher ihre Religion am Genausten kannten — selbst ausgearbeitet sind, und in welchen über die Hauptmeinungen einer jeden Schule gehandelt wird. Allerdings aber verpflichtet uns nichts, mit ihren Augen da zu sehen, wo wir bemerken, dass nicht der unpar-
260 theiische Erzähler spricht, sondern der Anhänger einer gewissen Sekte, wo die Sprache der Philosophie durch die Sprache der Religion ersetzt wird.

Für unsern jetzigen Zweck haben die tibetischen Quellen einen unbestrittenen Vorzug vor den chinesischen; wir haben zwei umfassende Werke des lTschang skja Chutuktu[1]) und Dsham-jang-bschadpa, bezüglich deren diese beiden gelehrten Lama's nicht ihres Gleichen haben; doch betraten sie nicht zuerst die Laufbahn der Siddhânta's oder der Auseinandersetzung der Meinungen der verschiednen Schulen; schon vor ihnen könnten wir eine ununterbrochene Reihe von Schriftstellern über denselben Gegenstand aufzählen, selbst mit Ausschluss von Tsongkhapa und sicherlich ist der Tarkadschvala (རྟོག་གེ་འབར་བ), das Werk des indischen Schriftstellers Bhavja, welcher eine Uebersicht aller Schulen darin aufstellte, älter als alle diese. Der Mangel dieses Werks in einer chinesischen Uebersetzung bestätigt die Ansicht, dass die Bearbeitung der Siddhânta's, gleich dem Mysticismus, zu der Zeit, als die Chinesen Indien besuchten, um religiöse Schriften zu sammeln, dort noch nicht bekannt war. Da sie drei Uebersetzungen von Vasumitra's Werk für die Nachkommenschaft aufbewahrt haben, würden sie sicherlich um so weniger ein so wichtiges Werk wie der Tarkadschvala ist, übergangen haben, wenn es in ihrer Zeit existirt hätte.

In gegenwärtiger Abhandlung haben wir die Absicht den Leser — wenn auch nur theilweis — mit dem ausgezeichneten Werke des Dsham-jang-bschadpa bekannt zu machen; dieses ist später geschrieben, als die Siddhânta's des lTschang-skja Chutuktu, zeichnet sich vor diesen durch Kritik aus und wird deshalb sowohl bei den Tibetern, als Mongolen sehr ge-

---

1) Unser verstorbener Freund Gorsky, bekannt durch seine Abhandlungen, welche den Arbeiten der Mitglieder der Pekingschen Mission einverleibt sind, hat handschriftlich eine unvollendete Uebersetzung dieses Werks hinterlassen.

schätzt. Dieses Werk ist so umfangreich, dass es ohne alle
261 Anmerkungen in einer Uebersetzung mehrere Bände füllen würde; wir sind deshalb genöthigt uns nur auf Mittheilung des wesentlichsten Inhalts desselben zu beschränken. — Ueberdiess würde es, um die Bedeutung aller speciellen Fragen, welche in unserm Werke hervortreten, verständlich zu machen, nöthig gewesen sein, den Leser vorher mit der buddhistischen Dogmatik bekannt zu machen; daher lassen wir hier alles weg, was die Verschiedenheiten in den Meinungen dieser oder jener Schule in Bezug auf religiöse Anschauungen betrifft, indem wir uns vorbehalten, in der Dogmatik damit bekannt zu machen. Hier begnügen wir uns nur eine Skizze ihrer metaphysischen Ideen zu geben.

In diesen philosophischen Anschauungen lassen die Buddhisten, wie wir sehen werden, die Sûtra's, welche als Grundlage ihrer Religion dienten, schon bei Seite. Sie wenden sich an den allgemeinen Werthmesser des Denkens, an die logischen und metaphysischen Gesetze, und wollen mit Hülfe derselben bereits einen Conspectus der ganzen Lehre darstellen, und ihr eine allgemeine unbedingte Auslegung geben. Jetzt werden wir nicht mehr mit dem Kandschur, in welchem die Sûtra's gesammelt sind, zu thun haben, sondern mit den Erklärungen dazu, welche im Tandschur enthalten sind; an die Stelle der unbekannten Schriftsteller der früheren Zeit treten jetzt bereits historische Persönlichkeiten; früher, kann man sagen, hatten wir mit dem Ausdruck der Masse zu thun, jetzt treten uns schon individuelle Werke entgegen.

Es kann nichr meht als vier Hauptschulen des Buddhismus geben, weil so von dem Buddha gesagt ist, und dies wird durch die Worte zahlreicher Lehrer des Buddhismus

bekräftigt. Alle Schulen sind in zwei Jâna's enthalten: die Vaibhâschika's und Sautrântika's bilden das kleine Jâna (Hî- 282
najâna), und werden auch Çrâvaka's genannt; die Madhjamika's aber und Jogâtschârja's bilden in gleicher Weise zwei Abtheilungen des Mahâjâna. Einige Tibeter zählen die Jogâtschârja's zu dem Jâna der Pratjeka's, aber Kunsches-*m*khanpo (ཀུན་ཤེས་མཁན་པོ) rechnet die Sautrântika's zu den Vaibhâschika's, und nimmt an, dass es im Ganzen nur drei Schulen gegeben habe (entsprechend den drei Jâna's oder Perioden der Lehre); Andre dagegen nehmen fünf Schulen an, indem sie die Vatsîputrîja's von den Vaibhâschika's trennen. Aber alle derartigen Bestimmungen würden den oben angeführten Autoritäten widersprechen und sind demgemäss nicht zulässig. [1])

Wenn gleich die Çrâvaka's in der Folge sich nachgiebiger gegen die Lehre des Mahâjâna zeigten, so sahen sie nichts desto weniger ursprünglich die Anhänger derselben als exoterische Häretiker an. — Obschon ihre Einwürfe nicht vollständig auf uns gekommen sind, so finden wir doch nichts desto weniger die wesentlich unterscheidenden Züge beider Jâna's in den Rechtfertigungen der Mahâjânisten selbst. Sie sagen: die früheren Çrâvaka's (beide Schulen) erkannten weder einen Âlaja an, noch die Verdunkelungen der Seele, sie hatten keinen Begriff von dem Nicht-Ich in der Natur, leugneten die Existenz der drei Körper des Buddha, die zehn Gebiete (daçabhûmi) und betrachteten die Lehre des Mahâjâna nicht als Wort des Buddha. In Betreff des letzten Punktes sagten sie, dass das Mahâjâna nicht von dem Buddha ausgesprochen sei, weil es nicht in den drei Piṭaka's der Çrâva-

1) Dschem jang *b*schadpa's གྲུབ་མཐའ Bl. 80.

ka's enthalten sei, dass diese Lehre einen andern Pfad zum Heile zeigt, indem sie zur Sühnung der Sünden das Lesen der Dhâranî's, das Abwaschen in der Gangâ u. s. w. vorschlägt, gleich den Vedânta's die Ursachen und Folgen, den Glauben an die vier Wahrheiten und die drei Kostbarkeiten verwirft und, gleich dem Lokâjata lehrt, dass Alles leer sei.
263 Wenn gleich die Bücher des Mahâjâna zu irgend einer der achtzehn Schulen gehörten, darf man sie dennoch nicht für das Wort des Buddha nehmen, weil sie weder bei der ersten Sammlung der buddhistischen Bücher (sogleich nach dem Tode des Buddha), noch bei den späteren bekannt waren. Die Meinung der Mahâjânisten über die Ewigkeit des «Sambhogakâja» (Körper der Seligkeit) genannten Körpers des Buddha steht im Widerspruch mit der Lehre, dass alles Zusammengesetzte nicht ewig ist. Die Lehre vom seligen Leben (བདེ་ཀྲ་འགྲོ) der Bodhisattva's steht im Widerspruch mit der Idee von dem qualvollen Zustande alles Weltlichen (asrava ཟག་བཅས); die Meinung, dass der Geist (སྙིང་པོ) des Tathâgata mit allen verwandt sei und das Vidschnâna entlehnt wird, steht nicht in Uebereinstimmung mit der Lehre von der Nicht-Existenz des Ich (des untheilbaren). Nach der Lehre des Mahâjâna versinkt der Buddha nicht vollständig in das Nirvâna, den Çrâvaka-Arhants wird vorausgesagt, dass sie einst Buddha's werden; aber dieses stimmt nicht überein mit der Idee der Ruhe (ཞི་བ), welche darunter verstanden wird, und welche die Arhant's, wie angenommen wird, im Nirvâna erreichen. Ueberdies tadelten die Çrâvaka's (wie ersichtlich) die Mahâjânisten darüber, dass sie die Arhant's erniedrigen,

1) Folglich war die Rede davon.

von der Verehrung weltlicher Personen handeln, die Bodhisattva's mehr als den Buddha selbst preisen, den Çâkjamuni nur als eine magische Verkörperung betrachten (als eine temporelle, d. h. dass er auch schon früher Buddha war), der ewigen beschaulichen Nicht-Thätigkeit und Abwesenheit (oder Entfernung von) Ursachen und Folgen den Vorzug einräumen, sagen, dass auch die grössten Sünden vollständig (རྩ་བ་ནས — von der Wurzel) getilgt werden können, die Lehre von den sechzehn Arten der vier Wahrheiten verwerfen, sie 261
nicht als absolute Wahrheit annehmen wollen u. s. w. Aus allem diesen folgerten sie, dass die Mahâjânisten die Brut eines unheil-beabsichtigenden Dämons sind, der jede Grille zum Betrug der Thoren niedergeschrieben hat.[1])

Die Mahâjânisten rechtfertigen sich gegen diese Anklagen durch die Ungewöhnlichkeit (ཐུན་མིན) ihrer Lehre, welche in Folge davon durch die gewöhnlichen Sammler der Sûtra's nicht zugänglich gemacht werden konnte, sondern der Betheiligung von Bodhisattva's, wie Samantabhadra u. s. w. bedurft habe. Sie zeigen, dass ihre Lehre in dieselbe Reihe mit dem Buche der Mahâsâṁghika gehört, welches das grosse Statut (mahâvastu, གཞི་ཆེན་པོ) genannt wird, wo bereits von den zehn Bhûmi und den Ideen der Pâramitâ's gesprochen wird; dazu fügen sie noch, dass zwei Sekten dieser Schule: die Pûrvaçaila und die Aparaçaila die Sûtra's der Pradschnâpâramitâ und andre aus der Lehre des Mahâjâna, in Prakrit-Sprache abgefasst, besassen.[2])

---

1) གྲུབ་མཐའ Blatt 81.

2) Wenn diese Erwähnung nicht in dem Sinn zu nehmen ist, dass, wie der Autor selbst durch die Worte vieler indischer Lehrer bekräftigt, die späteren Çrâvaka's die Echtheit der mahâjânistischen Werke anerkannten und

Die Mahâjânisten sagen, dass sie eben so sehr Buddhisten 263 sind, wie auch die Çrâvaka's, weil sie den Buddha als ihren Lehrer betrachten, weil sich ihre Lehre nicht im Widerspruch mit der Substanz von dessen Lehre befindet, und nicht von den vier Regeln abweicht, über welche der Buddhismus sich geeinigt hat. — Die sechzehn Arten der Wahrheit bei den Çrâvaka's und die Existenz der Ursachen und Folgen sind nur als eine subjective Wahrheit angenommen, aber in den höchsten metaphysischen Blicken auf die Natur sind andre Ideen als die über die Leiden nöthig — um so mehr da auch bereits den Çrâvaka's die Annahme einer subjectiven und transcendentalen Wahrheit zugeschrieben wird: — die Idee von der magischen Manifestation des Buddha (folglich auch «von seinen drei Körpern») war eine Folge der unumgänglichen Nothwendigkeit die Wunderthaten zu erklären, welche die Çrâvaka's selbst dem Çâkjamuni in seinem historischen Leben zuschrieben; wie hätte er so zu handeln vermocht, sagen die Mahâjânisten, wenn er nur ein einfacher Sterblicher gewesen wäre?

Was die Tilgung der Sünden durch Abwaschen in der Gangâ betrifft, so sagen die Mahâjânisten, dass es als Folge des Eides oder Wunsches des Drachen Anudâtta zugelassen sei. [1])

---

sich ihrer Ideen oft zur Widerlegung der Angriffe von Seiten der Tîrthika's bedienten — dann hat es keine Noth, die Entstehung des Mahâjâna ausserhalb des Schoosses irgend einer Schule zu widerlegen; sein Ursprung ist dann nichts anders, als eine Entwicklung ein und desselben Buddhismus bei seiner Begegnung mit den sehr verschiedenartigen Fragen, zu deren Entscheidung es nöthig war, Vieles von aussen zu entlehnen, oder aus sich zu erdenken, Altes zu verändern, obgleich die Veränderung vielleicht selbst die allerfundamentalsten metaphysischen Ideen berührte.

263 1) D. h. «von aussen entlehnt;» dies geschah ohne Zweifel in der Absicht, die Unzufriedenheit der Häretiker zu entfernen. Jetzt jedoch denkt nicht ein Buddhist an die Kraft dieser Sühnung.

Die Vaibhâschika's.

Die späteren Buddhisten begreifen unter dem Namen Vaibhâschika's (oder Vibhâga བྱེ་བྲག་སྨྲ་བ) alle früheren An- 266
hänger des Buddha und betrachten diese Benennung als eine gemeinsame für alle achtzehn Schulen, allein es ist kein Grund anzunehmen, dass sie sich selbst mit diesem Namen bezeichnet hätten, wenigstens zu der Zeit als es ausser ihnen keine andern Systeme gab. In allen Sûtra's, sogar den mahâjânistischen, erscheint Buddha, umgeben von dem Sangha der Bhikschu oder der Çrâvaka's, und wahrscheinlich benannten sie sich eben so oft mit diesem Namen wie mit den Beiwörtern: esoterisch, rechtgläubig und den übrigen. Wir haben bereits in der allgemeinen Uebersicht gesagt, dass man unter dem Namen Vaibhâschika eine viel spätere Schule verstehen muss, welche sich vielleicht aus der Verschmelzung einiger Schulen gestaltete, oder einen Theil von ihnen in sich absorbirte; als eine solche besondre Schule erkannte sie als ihre Lehrer an den Vasumitra, Upagupta, Buddhadeva und andre.

Der Namen Vaibhâschika wurde ihnen, wie sie sagen, gegeben einerseits, weil sie als ihre Hauptautorität das Buch Vaibhâschja (བྱེ་བྲག་བཤད་མཚོ oder °ཆུ་གཏེར) betrachteten, andrerseits weil sie viel von der Mannigfaltigkeit (བྱེ་བྲག — vibhâga?) der Substanz oder des Realen (རྫས) in der Dimension der drei Zeiten u. s. w. handeln. [1])

Die Eintheilung der Vaibhâschika's in achtzehn Schulen wird als hinreichend anerkannt; doch finden wir Varianten

1) གྲུབ་མཐའ Blatt 85.

in der Aufzählung und Eintheilung derselben in hauptsächliche und untergeordnete bei Vinltadeva, Vasumitra und Bhavja; wenn anzunehmen wäre, dass jeder neue Name, welchem wir bei einem von diesen begegnen, eine neue Schule ist, dann würden ihrer mehr als die genannte Zahl gewesen sein.

267 Von den vier Hauptschulen hatten die Mûla-Sarvâstivâda ihre Bücher in der Sanskritsprache und betrachteten sich als Anhänger des Râhula, des Sohnes des Buddha[1]), welcher aus königlichem Geschlecht hervorgegangen war; von ihm hatte der Buddha selbst vorausgesagt, dass er unter allen der sittlich reinste sei. Ihre Sañghâṭi[2]) bestand aus neun bis fünf und zwanzig Lappen. Ihre Schule hatte vier Zeichen: die Blume Utpala, den Lotus, den Mani [Juwel] (རིན་ཆེན) und Baumblätter. Am Ende ihrer Namen[3]) gebrauchten sie die Wörter mati, çrî, prabha, kîrti und bhadra, wie z. B. Râhulaçrî, Çrîmânbadhra (? དཔལ་ལྡན་བཟང་པོ Name des Nâgârdschuna), Çâkjaçrî u. s. w.

Die Mahâsâmghika's bedienten sich der Prâkrit-Sprache und betrachteten als ihren Lehrer Kâçjapa; die Zahl der Lappen in der Samghâṭi war bei ihnen von sieben bis drei und zwanzig; das Zeichen der Schule war eine Muschel; ihre Namen endeten sich auf mitra, dschnâna (ཡེ་ཤེས), gupta, garbha, wie z. B. Dîpaṁkaradschnâna, Abhajakaragupta.

Die Bücher der Schule Mahâsammatîja waren in der Sprache Apabhrançça, Sprache der Thiere, einem Jargon (ཟུར

1) Nach Andern des Râhulabhadra, welcher später erscheint.

2) Mantel, oder Kleid aus Lappen zusammengenäht.

3) Es ist bekannt, dass die Novizen vor der Weihe zum Bhikschu ihre Namen veränderten.

ཚིགས) des Sanskrit. Sie betrachteten sich als Anhänger des Upâli (ཉེ་བར་འཁོར); die Zahl der Lappen in der Saṁghâṭi war von fünf bis ein und zwanzig; das Zeichen der Schule war die Blume Tâmbûla; die Namen endeten sich (den Worten des rTags-ts'ang-Lotsava gemäss) auf dâsa (? འབངས) und 268
sena, z. B. Dharmadâsa, Muktisena; aber es ist (aus andern Stellen) ersichtlich, dass sie auch die Worte: çila, hari, tschandra, guhja, z. B, Dânaçila, Karmaçila u. s. w. gebrauchten.

Die Sthavira's gebrauchten die Sprache Paiçâtschi, leiteten sich von Kâtjâjana ab, hatten an ihrer Saṁghâṭi dieselbe Zahl von Blättern, wie die Saṁmatija's; das Zeichen ihrer Schule war ein Rad (tschakra); ihre Namen endigten sich auf deva, âkara (? འབྱུང་གནས), varman (གོ་ཆ) sena, dschiva, bala, z. B. Ratnâkara, Pradschnâvarman u. s. w. [1])

Wir fanden bereits in den oben angeführten Artikeln des Vasumitra, dass eine von den achtzehn Schulen noch Sautrântika's genannt wird. So sagt auch der tibetische Lotsava Schesrab Rin-tsch'en (ཤེར་རིན), dass zwei Schulen: die Mahiçâsaka und Saṁkrânti namentlich Sautrântika's sind; aber Dscham-jang-*b*schadpa will dies nicht als wahrscheinlich anerkennen; zur Bestätigung seiner Meinung hat er nöthig zu beweisen, dass es zwei Zweige der Çrâvaka's gab, dass die Sautrântika's eine vollständig getrennte Schule bildeten. Gesetzt aber auch, dass die genannten Schulen nicht namentlich dem Namen nach Sautrântika's waren, so wird dadurch noch nicht widerlegt, dass die ersten Lehrer der letzteren nicht zu

1) གྲུབ་མཐའ Blatt 87.

ihnen gehört und nicht die Ideen dieser Schulen entwickelt haben.

Da die Mahâjânisten als hauptsächlichen, unterscheidenden Typus der ganzen buddhistischen Lehre die Idee des Nicht-Ich aufstellen, so ist für sie von hohem Interesse die Frage: ob die Sekten, welche das Ich zuliessen, buddhisti-
209 sche zu nennen sind, oder nicht. Alles bezeugt, dass fünf Schulen: die Vatsiputrîja, Bhadrâjanîja, Kaurukullaka, Dharmagupta und Uttarika das Ich als eine Persönlichkeit oder für geistig anerkannten. Sie stützten sich in dieser Beziehung auf folgenden Satz, welcher dem Buddha zugeschrieben wird: «Bhikschu's, ich erkläre euch, (was diese) Bürde ist, woher die Bürde genommen wird, wann sie abgeworfen wird und wer sie trägt: Bürde sind: die fünf Skandha, welche entlehnt werden, die Leidenschaft (སྲེད་པ) veranlasst ihre Uebernahme, das Heil aber ihre Abwerfung: der Pudgala trägt sie;» folglich, sagen sie, hat der Pudgala oder das Ich Existenz; dieses Ich ist das, was die Folgen (oder Vergeltungen) geniesst, was, indem es sich im Samsâra bewegt, die früheren Skandha's (mit dem Tode) von sich abwirft und sich in andre kleidet — ist das, was das Heil (གྲོལ་བ་པོ) erreicht. — Nur, fügen sie hinzu, «da Buddha, indem er sagte, dass der Pudgala das ist, was die Last trägt, nicht bestimmt hat, ob es ewig oder nicht ewig sei, so nennen wir diesen Pudgala oder das Ich unausdrückbar, unerklärbar (གང་ཟག་གམ་བདག་ནི་བརྗོད་དུ་མེད་པ); solch einen Namen muss man ihm auch darum geben, damit wir nicht nach dem Beispiel der Tîrthika's von ihm sprechen als von etwas von den Skandha's Verschiedenem, Ewigem, aus Theilen Bestehendem»[2]). lTschang-skja Chutuktu be-

1) Ich glaube, dass diese Meinung nicht in offnem Widerspruch mit den

weist in seiner Uebersicht der Systeme, dass, was keinem 270
Zweifel unterworfen, fünf Schulen der Abtheilung Mahâsaṁmatîja die Sünde begingen, das Ich als Persönlichkeit anzuerkennen, und schliesst daraus, dass man sie nicht als Buddhisten anerkennen dürfe. — Unser Autor dagegen sagt, dass, da sie das von ihnen anerkannte Ich weder für eine Substanz (རྫས) nehmen, noch für bedingt (བཏགས་པ), noch für real, noch nominal; daraus hervorgehe, dass sie das Nicht-Ich anerkannten, wie auch die übrigen Buddhisten [1]).

Die Vaibhâschika's erkennen das oben erwähnte Sûtra Vaibhâschja als das eigentliche Wort des Buddha an, welches erst nach dessen Tode von sieben verschiednen Lehrern, Schülern des Buddha gesammelt sei, und aus diesem Grunde aus sieben besonderen Werken bestehe; andern Falls, sagen sie, würde sich nichts auf die Abtheilung Abhidharma Bezügliches unter den Werken des Buddha befinden; das sei aber bekannt, dass seine Lehre in den drei Piṭaka's enthalten sein muss: und so sei das Vaibhâschja eben so echt, als der Vinaja und die Sûtra's und stehe in gleicher Linie mit dem von Dharmatrâta verfassten Buch Udânavarga (ཆེད་དུ་བརྗོད་པ).

Die Lehre der Vaibhâschja steht mit der Lehre der Sautrântika's hauptsächlibh darin in Widerspruch, dass sie das

früheren Ideen des Buddhismus steht; diese hatten nur im Auge: dass alles in der Welt Existirende Qual hervorbringt und man sich folglich bestreben muss, es abzuwerfen; die Idee von dem Mangel des Ich entwickelte sich bereits nach und in Folge dieser Idee von der Qualvollheit, aber nicht in dem Sinn, in welchem die Mahâjânisten sie aufzufassen anfingen. Die späteren — indem sie den vier Wahrheiten der Çrâvaka's eine andre Auslegung gaben — betrachten die genannten Schulen vielleicht bereits mit grösserer Härte, als die andern Vaibhâschika's.

1) གྲུབ་མཐའ Blatt 89.

Unzusammengesetzte als Substanz (དངོས་པོ) anerkennt. Da die Vaibhâschika's andre Systeme und die Autorität der Sûtra's nicht anerkannten, so waren sie nicht dazu genöthigt den Sinn der Lehre des Buddha in einen geraden und schrägen zu scheiden, was für die andern erforderlich war, da sie nicht zu bestreiten wagten, dass die Vaibhâschika's Buddhisten seien.

Die Vaibhâschika's nahmen an, dass die Erkenntniss durch die Organe (དབང་ཤེས) den Gegenstand wirklich in sei-
271 nem eigentlichen Organismus, oder in der Nacktheit ohne jede Hülle, d. h. nur dessen nicht-äussere Bedeckung (ཡུལ་རྣམ་མེད་རྗེན་ཆེར་གྱི་དངོས་སུ་བཟུང་བ) begreife, stimmen aber nicht mit den Sautrântika's überein, welche annahmen, dass der Gegenstand (gegen eine solche Erkenntniss des ihm) entsprechenden [eigentlichen Wesens] durch seine Form oder Bedeckung (འདྲ་རྣམ་གྱིས་བར་ཆོད་པ) verhüllt wird; — sie nahmen an, dass auch selbst die Atome in ihrem eigentlichen Wesen in eine solche Erkenntniss eintreten: dass obgleich ein Atom in seiner Einzelheit genommen oder getrennt der Empfindung auch zugänglich ist, es sich doch nicht mit ihm so verhält bei der Verbindung oder Sammlung gleichartiger Atome, gleichwie wir zwar nicht jedes einzelne Haar (auf dem Kopfe) sehen, wohl aber, wenn deren viele sind, erkennen, dass es Haare sind; in dieser Weise bezogen sie die Erkenntniss des Rûpa [Gestalt] u. s. w. auf die Erkenntniss der Atome, welche keine Hülle haben und unter einander verbunden sind. Alles Erkennbare theilten sie in fünf Kategorien, oder Grundlagen (གཞི [wohl sanskrit. dhâtu]), welche als Wegweiser der

Erkenntniss dienen. Diese sind: 1. Sichtbarkeit oder Rûpa, 2. der oberste (གཙོ་བོ oder die Seele), 3. der Gefährte oder die der Seele angehörigen Aeusserungen (སེམས་འབྱུང), 4. die Zufälligkeit, oder die nicht-entsprechenden Handlungen (Sam̃skâra) und 5. das Unzusammengesetzte[1]). Sie betrachteten als existirend oder real (རྫས་གྲུབ) geschaffen alles das, an dessen Stelle man nichts anderes Selbstständiges setzen kann, oder: 272
alles, was irgend begreiflich, alles, was denkbar དོན་བྱེད་པ (diesem entgegengesetzt wären z. B. Hasenhörner, oder das, was man sich nicht vorstellen kann) ist Substanz (དངོས་པོ) und Materie (རྫས); der Art ist auch der abstracteste Begriff. Ueberdies nahmen aber einige Vaibhâschika's zwei Arten des Erkennbaren an: die reale und die nominale (རྫས་བཏགས་པ་གཉིས), und in diesem Fall bezogen sie auf die erstere alles in der absoluten Wahrheit Existirende, auf die zweite alles in der subjectiven.

Zu dem Unzusammengesetzten, folglich absolut Existirenden und als real Anerkannten, rechneten die Vaibhâschika's den Himmel und zwei Arten der Samâpatti, aber von den magadhischen Vaibhâschika's wird gesagt, dass sie hierher auch die Tattvatâ (Wesenheit དེ་བཞིན་ཉིད) rechneten; sie betrachteten den Körper des Çâkjamuni als den Körper eines

1) Dies ist augenscheinlich schon ein neues System, welches an die Stelle der fünf Skandha's gesetzt ist, welche anfingen für nicht mehr befriedigend zu gelten; die Erscheinung des zweiten und dritten Ausdrucks deutet bereits auf Bekanntschaft mit der Sâm̃khja-Lehre.

gewöhnlichen Menschen und sogar nachdem er den Sieg über den Dämon gewonnen hatte, d. h. zum Buddha geworden war, wird sein Körper für einen menschlichen erachtet; nur sagen sie, dass der Buddha sich von diesem Augenblick an (gewissermassen) in dem Nirvâṇa mit einem Ueberrest befand und erst mit dem Tode in das überrestlose [Nirvâṇa] überging, in welchem sein Körper und seine Empfindungen (ཚོར་རིག) ihre Existenz auf ewig verloren. Die Göttlichkeit des Buddha setzen sie nur in sein Nicht-Bedürfniss zu lernen (མི་སློབ་ཆོས) und sie sahen sie in ihm, als dem Repräsentanten
273 (རིག་བྱེད) des Schutzes (çaraṇa)[1]. Da sie alles Unzusammengesetzte als Ewiges anerkennen, so betrachteten die Vaibhâschika's alles Zusammengesetzte als momentan, nichts als Inhalt[2] habend, was als Stütze dienen könnte (གཞི་བྱེད་པོ་མེད), deswegen kann sich auch die Welt nicht ohne die Thaten eines andern Schöpfers (içvara u. s. w.) halten; mit einem Wort: alles was sich aus der Vereinigung von Ursachen bildet, in welcher Art es sich auch darstellen möge, ist momentan, nur in der Minute seiner Geburt existirend. Diese Meinung aber ist, wie ersichtlich, bereits von den Kaschmirschen Philosophen (སྨྲ་དང་ལྡན་པ) entwickelt, welche in der

1) Wie einfach sind diese Ideen noch im Vergleich mit den mahâjânistischen! Und warum z. B. verwerfen die Mahâjânisten den menschlichen Körper des Buddha? — weil in jenem Fall das Vergiessen seines Blutes nicht für eine Todsünde hätte gerechnet werden können.

2) བདག་གི་སྐྱོང oder བདག་པོ་མེད, hier nicht identisch mit Nicht-Ich, und bedeutet buchstäblich: «nicht einen Regenten habend.»

Folge, wie es scheint, die Repräsentanten aller Vaibhâschika's wurden.[1])

Die Sautrântika's.

Die charakteristische Eigenthümlichkeit der Sautrântika's besteht darin, dass sie den Begriff von dem untheilbaren Nicht-Ich zur Subtilität entwickelten. Ihren Namen erhielten sie daher, dass sie ihr System unter Leitung (ཚིད་མ) oder auf den Grundsätzen der Sûtra's gründeten, wie das 274
Schaḍmukha (སྒོ་དྲུག་པ d. h. sechsthorige), Ârjabhadrâtschârja (བཟང་པོ་སྤྱོད་པ) und andre (?). Diese Sûtra's nehmen sie buchstäblich. Auch nennt man sie die durch Beispiele (དཔེ་སྟོན་པ) Erklärenden, da sie sich durch die Kunst auszeichneten, ihre Meinungen vermittelst Beispiele zu bekräftigen. — Diesen Benennungen begegnet man eben so auch in den Schulen der Vaibhâschika's; doch bezeichnen sie, nach der Meinung des Autors, nicht ein und dasselbe, weil nach den Worten des Avalokitavrata (? སྤྱན་རས་གཟིགས་བརྟུལ་ཞུགས) die letzteren die subtile Idee vom Nicht-Ich nicht anerkannten.[2])

Man theilt die Sautrântika's in zwei Schulen: in die, welche der buchstäblichen Bedeutung ihrer Sûtra's (ལུང་གི་རྗེས་འབྲང) und die, welche dem Sinn (རིགས་ཀྱི་རྗེས་འབྲང) derselben folgen; die letzteren halten sich nur an das, was in den Sû-

1) གྲུབ་མཐའ Blatt 35.

2) གྲུབ་མཐའ Bl. 99.

tra's und in dem siebengliedrigen Abhidharma des Vaibhâschja mit der gesunden Vernunft, oder den Deductionen des Verstandes übereinstimmt. Noch sagen Einige, namentlich der Tibeter Tsch'os rdsche rgjal bsangpo), dass die Sautrântika's sich bezüglich der Lehre von der Form (རྣམ་པ) der Erkenntniss in drei Abtheilungen scheiden, dass nämlich nach Einigen das Erkennende und das Erkanntwerdende sich in gleicher Menge darstellen (གཟུང་འཛིན་གྲངས་མཉམ་པ), oder jedes besonders nur die Hälfte eines ganzen Eies bildet (སྒོ་ང་ཕྱེད་ཚལ, oder endlich jede Mannigfaltigkeit sich als unterschiedlos
275 darstellt (སྣ་ཚོགས་གཉིས་མེད). Doch werden diese drei Arten — welche insbesondre von den Jogâtschârja's entwickelt und wahrscheinlich durch die Sautrântika's bereits von diesen entlehnt sind — in ihrer Totalität nicht in dem Madhjamakâlamkâra (དབུ་མ་རྒྱན, ein Werk des Çântarakschita, ཞི་བ་འཚོ Tandschur B. ས) erwähnt, obgleich rGjal bsangpo sich auch darauf bezieht; dort wird nur von der ersten und dritten Art, als den Sautrântika's bekannt, gesprochen. Die Bedeutung dieser drei Lehren über das Verhältniss der Erkenntniss zu den Objecten ist folgende: wenn wir zum Beispiel in dunkelblauer Farbe einen dunkelblauen Gegenstand (སྔོན་པོ་དང་གྲུབ་བདེ་རྫས་གཅིག) darstellen, — mögen dann noch so viele verschiedene Begriffe über den dunkelblauen Gegenstand daneben existiren, — z. B. dass er geschaffen, nicht ewig, — so wird doch nur seine Form auch in dem begreifenden oder ihn beurtheilenden Subject (རང་འཛིན་ཡུལ་ཅན d. h. Verstand oder Be-

griff) reflectirt; ganz eben so werden, wenn wir etwas Buntfarbiges sehen, alle Farben desselben, so viel ihrer auch sein mögen, — dunkelblau, gelb u. s. w. — in dem zu diesem Buntfarbigen umgewandelten Sinn des Sehens (མིག་ཤེས) oder im Begriff (རྣམ་རྟོག) zurückgestrahlt oder erzeugt. — Eben dieses wird auch gleiche Menge des Subjects und Objects genannt. Andre sagen auch, dass, wenn wir uns einen dunkelblauen Gegenstand vorstellen, dann tritt in die Form unsrer Vorstellung nichts weiter als die Dunkelblauheit, nicht aber, dass diese gemacht, nicht ewig u. s. w. sei; auf gleiche Weise stellen sich uns, bei der Betrachtung von etwas Buntfarbigem, weder die dunkelblaue noch die gelbe, noch die übrigen Farben dar, sondern nur die Buntfarbigkeit und nur diese Form nimmt der Sinn des Sehens auf; dieses wird die Zertheilung in die Hälften eines Eies genannt. Nach Andern: bei der Vorstellung eines dunkelblauen Gegenstandes erscheint — wenn auch noch so viele andre Attribute in ihm enthalten sind, d. h. wenn auch von seiner Seite im Objecte eben so viele andre Attribute sich darstellen, als er in sich enthält, z. B. dass er gemacht sei und so weiter — den- 270
noch dieses Object (d. h. der Begriff) selbst nicht in eben so vielen Formen, sondern nimmt nur die dunkelblaue Form an; eben so z. B. wenn man etwas Buntfarbiges sieht, entsteht — wenn auch das Object selbst sich in dunkelblauer, gelber und den übrigen Farben darstellt (རྣམ་པ་གཏད), in dem Sinn des Sehens dennoch nicht eine solche Menge, sondern es wird nur in der Form der Buntfarbigkeit vorgestellt. — Dieses wird auch die unterschiedlose Mannigfaltigkeit genannt.

Die Sautrântika's erkannten weder die Realität an, wie die Vaibhâschika's, noch den Âlaja und die Verdunkelungen der Seele, wie die Jogâtschârja's, noch auch die Leerheit (གཞན་སྟོང), wie die Madhjamika's. Alles Zusammengesetzte schlossen sie in fünf Skandha's ein und nahmen eine Menge Arten von Unzusammengesetztem an: nämlich Alles, was eine allgemeine Bedeutung (སྒྲ་སྤྱི) oder Begriff (དོན་སྤྱི) hat, das Vergangene, Zukünftige, die Leerheit und das Nicht-Ich, zwei Arten von Wahrheiten der Leiden, alle vier Formen der Wahrheit Nirodha, mit einem Wort: Alles, was nicht materiell (དངོས་མེད་དུ་གྲུབ་པ) existirt, ist zusammengesetzt. [1])

Zu den übrigen Classen der Ârja's, welche sich bei den Vaibhâschika's finden, fügten die Sautrântika's noch zwei Arten der Pratjeka's hinzu; der Buddha, in seinen früheren Wiedergeburten ein einfacher Sterblicher, wird erst in seiner
277 letzten Wiedergeburt zum Buddha; einige (Sautrântika's) schrieben ihm nur ein einziges Rad der Verkündigung zu: die Lehre von den vier Wahrheiten — Andre drei. Das endliche Nirvâṇa des Buddha bestand in der Vernichtung der Existenz des Geistes und des Körpers, einem verlöschenden Licht gleich. Folgendermaassen wird es in einem Fragment, welches aus den vermischten Büchern der Schule Tâmraçâṭîja (གོས་དམར་སྡེ — folglich hat sich auch diese in Sautrântika's verwandelt) auf uns gekommen ist, geschildert: «gleichwie eine erloschene Lampe nicht mehr angehört (wörtlich: nicht weggegangen ist) weder der Erde, noch dem Himmel, noch irgend einem Gebiete der Welt; sie hat ihre kurzdauernde Existenz geendet, weil das Oel versiegt

1) གྲུབ་མཐའ Bl. 99 und weiter.

ist: so auch der Buddha u. s. w.» Dabei wird bemerkt, dass gesagt ist «nicht angehört weder der Erde noch dem Himmel» um das Nirvâna von den Begriffen der Sekte Lokâjata über dasselbe zu unterscheiden, und zur Unterscheidung von den Nirgrantha's und den andern hinzugefügt ist: «noch irgend einem Gebiet.»[1])

Betrachtung der Lehre der Sautrântika's im besondern.

a. Jede Substanz (དངོས་པོ) ist Augenblicklichkeit (སྐད་གཅིག་མ).

Die Vaibhâschika's theilten die Substanzen in ewige und nichtewige, und obgleich sie zu den letzteren alles Zusammengesetzte zogen, so nannten sie sie doch nicht augenblickliche (sondern nur nicht-ewige). Die Sautrântika's sagen auch: jede Substanz ist, als zusammengesetzt aus einer Vereinigung von Ursachen (Ingredienzen), Augenblicklichkeit: denn sie existirt nur im Moment der Entstehung (d. h. die Existenz der Substanz ist eine Reihe von Momenten der Entstehung). Man kann in ihr den Charakter (ངོ་བོ) der Entste- 278
hung nicht von dem Charakter der Zerstörung trennen; wenn man sagt, dass ein Gegenstand im ersten Moment entsteht, und in dem andern (oder vom zweiten an) existirt, so bedeutet das: er geht nimmermehr zu Grunde, weil er im ersten entsteht, im zweiten Moment aber existirt (གནས) und folglich, wie im zweiten, so auch im ersten Moment sowohl Entstehung als Existenz vereinigt sein müssen. Man könnte zwar zugestehen, dass der Grund, welcher den Gegenstand zu Anfang schuf, ihn dauerhaft (ewig) gestaltete, dass er aber zer-

1) Ebds. 103.

stört ward in Folge einer (andern) zerstörenden Ursache — wenn er jedoch im Anfang unzerstörbar geschaffen war, so bedeutet das, dass nichts im Stande ist ihn zu zerstören, weil er seit unvordenklicher Zeit unzerstörbar existirt. Ihr Syllogismus (སྦྱོར་བ oder རང་གཞན་གྱི་རྟགས་ཡང་དག) ist folgender: alles, was zu irgend einer Zeit zu Grunde gehend wird, das ist auf der Stelle bereits von dieser Zeit an ein nicht Existirendes, wie z. B. ein Gegenstand im letzten Moment seiner Existenz; (ganz eben so) sind (auch) Rûpa [Gestalt] u. s. w. (bereits) zur Zeit ihrer Entstehung mit dem Charakter der Vernichtung bekleidet. [1])

b. **Beziehungen zu andern Schulen und deren Literatur.** Die Sautrântika's behaupten, dass die sieben Theile der Vaibhâschja nicht allein nicht des Buddha Wort sind, sondern sogar nicht einmal von heiligen Männern abgefasst, sondern von einfachen Sterblichen; den Grund dafür finden sie in den in ihnen enthaltenen Ideen der Lehre z. B. von der Ewigkeit und Realität der Himmels u. s. w. Sie sagten, dass der Abhidharma keinen besondern Piṭaka bildet, son-
279 dern dass man seine Lehren in den abgerissenen Ausdrücken finden muss, welche in den Sûtra's und im Vinaja zerstreut sind — dort, wo von den allgemeinen nnd besondern Merkmalen gesprochen wird. In der Folge verwarfen die Sautrântika's die Echtheit der Sûtra's des Mahâjâna nicht, sondern sagten nur, dass man sie in einem uneigentlichen Sinn verstehen müsse. [2])

c. **Lehre von den Monaden und dem Rûpa** [der Gestalt, dem Körper]. Die Çrâvaka's nahmen überhaupt Monaden an, welche keine Theile haben (རྡུལ་ཕྲ་རབ་ཆ་མེད); nach

1) Ebds. Bl. 104. 2) Ebds. Bl. 105.

der Meinung des Lehrers Samgharakschita (? དགེ་འདུན་བསྲུང)
bleiben diese Monaden nicht eine an der andern kleben, sondern einen Zwischenraum zwischen sich lassend, umringen sie einander wechselseitig, um einen Körper zu bilden, — nach den Worten des *b*Tsunpa (བཙུན་པ): wenn gleich auch nicht unmöglich ist, dass zwischen ihnen kein Zwischenraum wäre, so muss man doch eher annehmen, dass sie sich einander nicht berühren; — andre Lehrer sagten, dass weder eine Berührung noch ein Zwischenraum Statt findet, sondern dass sich die Monaden (indem sie einen Körper bilden) in einer Aneinandergränzung (འདབ་ཆགས་པ) befinden. Ausserdem schliesst der Autor aus den erhaltenen Berichten über den Streit der Sautrântika's mit den Jogâtschârja's, dass (wenigstens einige) diesem Gedanken folgende Sautrântika's die Monade als aus Theilen bestehend (ཆ་བཅས) annahmen; aber auf jeden Fall sagen alle, dass die Monade etwas Untheilbares (བསལ་དུ་མེད་པ, nicht in Stücke Zerbrechbares) ist und dass sie, wenn man sie zertheilt, vernichtet wird. Nach den Worten des Abhidharmasamutschtschaja (? མངོན་པ་ཀུན་བཏུས) müssen die Monaden selbst — wenn gleich aus der Vereinigung
derselben ein Körper oder ein Rûpa gebildet wird — den- 280
noch als etwas Unkörperliches gedacht werden; dies ist die alleräusserste Theilung, die man sich nur vorstellen kann, — die Monade ist der 2401ste Theil der Spitze eines Haars, oder der siebente Theil eines Atoms. — Ueberhaupt nehmen alle buddhistischen Systeme gleichmässig an, dass es keine kleinere Form als diese giebt und sie weder gespalten noch getheilt werden kann; sie weichen von einander nur darin

ab; ob eine Monade aus Theilen besteht, oder nicht — und wenn dabei auch (im ersten Fall) gesagt wird, dass die Monade aus acht Elementen (ཧྲུལ་རྫས་བརྒྱད་འདུས) gebildet sei, d. h. acht Seiten habe, so sagt doch niemand, dass sie eine Verkettung (བསགས་ཧྲུལ) sei; denn sie hat keine andern Monaden, welche sie hätten zusammensetzen können (ཟང་ཐལ་བྱེད); ja sogar der Begriff einer Monade als etwas Realen (རྫས་ཧྲུལ), würde eine Meinung der Tîrthika's sein. Und so heisst es bei Bhûmisena (? ས་སྡེ): «obgleich die Monade Theile hat, so ist sie doch nicht zusammengesetzt und mit Theilen versehen» [1]).

Die Sautrântika's sagten, dass das Organ (des Sehens, oder das Auge) nicht das Maass des Sichtbaren ist, weil es als materiell nicht über ein Object zu urtheilen vermag, nicht die Fähigkeit zu begreifen hat (བསལ་རིག); sondern dass nur das Vidschnâna [Erkenntniss] des Auges das Object begreift; auf den Einwurf «dass es in diesem Falle möglich sein würde, die Gegenstände zu sehen, die sich hinter einer Wand befinden,» antworten sie, dass dieses ganz und gar nicht daraus folgt, weil, wenn die Gegenstände verborgen sind, die zum Auge gehörige Erkenntniss auch nicht entsteht; dies ist aber dennoch vielleicht nicht ganz gewiss (wie
281 die Vaibhâschika's behaupten), weil wir Gegenstände durch Glas, Blasen, Marienglas, Wasser sehen; die zum Auge gehörige Erkenntniss entspringt nur da nicht, wo die Beleuchtung (སྣང་བ) eines Gegenstandes gehindert wird.

d. Die Lehre vom Nichtrealen (དངོས་མེད) und No-

1) Ebds. Bl. 107.

minalen (བཏགས་མེད). Die Vaibhâschika's nahmen alle sechs und vierzig Arten der Seelenäusserungen für etwas Reales (རྫས་ཡོད), getrennt von einander Existirendes an. Unter den Sautrântika's betrachtete Bhattopama (?བཙུན་པ་དཔེ་ཅན) als real und selbstverständlich nur Gefühl, Vorstellung und Denken (ཚོར་འདུ་སེམས་པ་གསུམ), aber der ehrwürdige Buddhadeva (?བཙུན་པ་སངས་རྒྱས་ལྷ) fügte noch das Fühlen und Vorstellen (ཡིད་བྱེད) dazu; alle übrigen Aeusserungen wurden als Theil der Seele betrachtet und die Seele und deren Aeusserungen nahmen sie für eine und dieselbe Sache (རྫས་གཅིག). — Der Lehrer Çrîlabha (དཔལ་ལྡན) nannte alles Nichtzusammengesetzte und eben so auch die nicht entsprechenden Saṁskâra's nominal, aber Rûpa und Erkenntniss (གཟུགས་ཤེས), Geist und Materie real. Doch folgt nicht daraus, dass das Nominale unwahr (ཀུན་རྫོབ) sei; nur das ist wahr, dass das Reale, das absolut Existirende (དོན་དམ་དུ་གྲུབ་པ) ist; zu dem Nominalen wird auch das Vergangene und Zukünftige gerechnet; dieses unterscheidet sich von dem Realen dadurch, dass man darauf nicht besonders (ཡན་གར་དུ) zeigen kann, wie wir auf Rûpa oder Empfindung zeigen..... («siehe dies — oder dies!»), noch seine Bestimmung (ལས) Sache [sanskritisch artha] auf- 282
zuzeigen vermag; wie wir z. B. sagen: das Auge ist für das bestimmt u. s. w. — Nicht substantiell (དངོས་མེད) ist die Ne-

gation (དགག་པ), in welcher die Substanz auf der Seite der Negation liegt (བཀག་ཆ་ལ་འཇོག).

e. Von der Form der Erkenntniss, welche durch die Organe erlangt wird (དབང་ཤེས་རྣམ་ལྡན). Die Vaibhâschika's sagten, dass der Begriff, welcher entsteht (d. h. verschafft wird) durch Organe (དབང་སྐྱེས་བློ), keine Form hat, und dass die Empfindung ohne diese [Form] in Wirklichkeit alles aus Atomen Bestehende erfassen kann. Aber die Sautrântika's und mit ihnen auch alle übrigen Systeme bestreben sich hauptsächlichst zu beweisen, dass die Empfindung (organische Erkenntniss) Form annimmt; daraus kann man (angeblich) leicht beweisen, dass auch die Erkenntniss selbst, welche durch sie erweckt wird, zu einer formhaften (རྣམ་བཅས) wird. Sie sagen, dass man sich kein Object ohne Form deutlich vorstellen kann, weil es in sich selbst nicht die Eigenschaften hat, sich zu erleuchten (གསལ་བའི་ངོ་བོ), sonst würden dunkelblau u. s. w. sich auch ohne Betheiligung der Erkenntniss deutlich darstellen. Und so ist das, was das Object erleuchtet, die Erkenntniss; — nur unterscheiden sich die Sautrântika's von den Jogâtschârja's und den Madhjamika's in Betreff dessen, worin der Grund dieser Erleuchtung enthalten ist. Sie nehmen an, dass er sich ausserhalb (von uns) befindet, d. i. in den Monaden, aber die übrigen leugnen die Existenz des Grundes ausserhalb. Alle Buddhisten, welche die Form zulassen, nehmen übereinstimmend an, dass, wenn man auf ein
283 Glas sieht, dessen andre Seite mit Farbe überzogen ist, man eben sowohl das Glas als auch die Farbe sieht; die Sautrântika's (der Lehrer Bodhibhadra) sagen, dass dabei das Glas

selbst mit seinem eigentlichen Wesen (ངང་དངོས་ཉིས), in den Begriff eintritt, die Farbe aber schon als Zurückstrahlung (གཟུགས་བརྙན), und auf diese Weise erfassen wir (auf einmal gewissermassen zwei verschiedenartige). Begriffe, so dass ausserdem, dass die Erscheinung der Wirklichkeit, (d. i. des Glases) zu einer ausschliessenden Form der Erkenntniss wird, der Grund davon, dass die Erkenntniss sich in der Form und in der Farbe zeigt, in der Eigenthümlichkeit der vereinigten Atome (Farben?) liegt; diese Meinung unterscheidet sich von der der Jogâtschârja's dadurch, dass sie nicht (gleichwie die letzteren) beweist, dass es kein Rûpa [Gestalt] ausser dem Vidschnâna [Erkenntniss] giebt; doch darf man nicht vergessen, dass wenn auch die Möglichkeit zu urtheilen (einen Begriff zu erwägen (དོན་འཇལ), wenn eine Form existirt, zugestanden wird, doch niemand zugesteht, dass das Vidschnâna sich durch die Form des Begriffs veränderte (བསྒྱུར་རྡུན་པ)

Eben diese Form der Erkenntniss fassen sie in drei verschiedenen Weisen: von denen, welche dem Sinn folgen [S. 301, 274] nehmen einige an, dass sie eine aus gleicher Menge bestehende ist, andre aber, dass alle Mannigfaltigkeit in ihr unterschiedlos ist; auch nehmen einige von den Sautrântika's, welche der buchstäblichen Auslegung folgen, an, dass das Mannigfaltige allmählich, eins nach dem andern, in diese Form eingeht (སྣ་ཚོགས་རིམ་འབྱུང). Die letzte Meinung gründet sich auf folgende Deductionen: die einige, nicht mannigfaltige Erkenntniss (d. i. die Vorstellung eines und desselben Gegenstandes) kann nicht mehrere Formen haben; — wenn wir ein vor uns ausgebreitetes Gemälde betrachten, dann müssen in unserm Begriff eben so viel Formen erscheinen,

als in ihm Arten dargestellt werden; ohne dies könnten wir
284 das Gemälde nicht so erfassen, wie es ist, weil die ihm entsprechenden Formen nicht in unsern Begriff eingetreten sind; wenn aber die bestimmte Menge der mannigfaltigen Formen (in unsern Begriff) eintritt, so bedeutet das, dass sich eben so viel verschiedene Erkenntnisse manifestirt haben. Dies ist nicht so zu nehmen, dass — wie die sagen, welche annehmen, dass die Formen den Zustand der gleichen Menge haben, verschiedenartige Formen, welche dem Auge, Ohre u. s. w. gehören, angeblich zu gleicher Zeit in die Erkenntniss eintreten können; das gleichzeitige Eintreten einer Menge von gleichartigen Formen, z. B. mehrerer Farben (der Buntfarbigkeit) würde bedeuten, dass sich die Erkenntniss nicht auf eines concentrirte, sondern nach verschiednen Zielen strebte. Demgemäss sagen die, welche die Unterschiedlosigkeit (Einheit) der Erkenntniss behaupten, dass es keinen Widerspruch enthält, wenn in einer Erkenntniss viele Formen sein werden (und dieser Meinung giebt der Autor den Vorzug). Die, welche sich zu der Aufeinanderfolge bekennen, sagen, dass die Formen eine nach der andern in den Begriff treten, und obgleich es scheint, dass sie zugleich eintreten, so ist dies doch nur eine Täuschung, welche aus der Schnelligkeit des Eintretens hervorgeht, — gleichwie ein Pfeil (dem Scheine nach auf einmal) alle acht Blätter der Utpala-Blume durchbohrt, oder wie wir einen flammenden Umkreis als Brand beschrieben sehen —; sie sagen, dass alle übrigen Meinungen mit dem Worte des Buddha, welcher sagte, dass das Vidschâna der Wesen eine Reihe von Strömen ist, in Widerspruch stehen.

f. Die Sautrântika's widerlegen die von den Vaibhâschika's anerkannte gleichzeitige Existenz der Ursachen und Folgen damit, dass in diesem Fall das Hervorbringende und das

hervorgebracht Werdende ein und dasselbe sein müssten, und folglich kein Act der Entstehung Statt fände, oder: die Gleichzeitigkeit erfordert nicht, dass das eine das andre hervorbrachte; wenn es überhanpt nichts (Hervorbringendes) giebt, so bedeutet das: es kann nichts entstehen; wenn (es) sich in Gemeinschaft befindet, dann wird die Entstehung et- 285
was Zeitliches sein (den Bedingungen der Zeit nicht Unterworfenes — oder sie kann zu jeder Zeit entstehen). Daraus leiten die Sautrântika's folgenden Schluss ab: das, was nicht vorher eine Kraft hatte, ist auch in der Folge nicht anwendbar und demnach existiren alle Ursachen früher (als die Folgen). Diese Meinung ist auch den Jogâtschârja's und Madhajamika's gemeinsam, aber die Sautrântika's vergleichen die Verschiedenheit der Zeit in den Ursachen und Folgen mit den Beziehungen zwischen dem Begriffenwerdenden und dem Begriff (གཟུང་འཛིན); das erstere nennen sie die Ursache, von welcher die Form des zweiten abhängt, und da sie der Zeit nach verschieden sind, so ist demnach die Ursache der Ort (ཡུལ) und die Folge das Oertliche (ཡུལ་ཅན).

g. Die Sautrântika's, wie auch alle Hînajanisten, nehmen an, dass man in Dschambudvîpa Buddha werden könne; ausserdem aber sagen sie, dass sie und die kaschmirschen Çrâvaka's im Buddha zehn Kräfte annahmen, die ihm bereits durch die Lehre des Hînajâna zugeschrieben werden. Der Koscha erwähnt sogar die achtzehn charakteristischen Eigenschaften des Buddha, indem er jedoch unter ihnen die zehn Kräfte, vier Unerschrockenheiten, drei Arten von Gedächtniss und die grosse Barmherzigkeit versteht [1]). Die Sautrântika's 286
liessen es, wie ersichtlich, im Buddha nicht mehr bei einem

1) གྲུབ་མཐའ Bl. 114.

Saṁbhogakâja oder Körper der Seligkeit, sie führten bereits den Dharmakâja [Körper der Gerechtigkeit] ein, was, wie es scheint, bei den Vaibhâschika's, nach ihrer Lehre vom Buddha, wie wir sie oben kennen gelernt haben, zu urtheilen, noch ganz und gar nicht bekannt war; überhaupt scheint es, dass man mit den Sautrântika's die Einführung einer Menge von Buddha's in die buddhistische Mythologie ansetzen muss. Wir finden, dass sie sagten, dass alle Buddha's unter sich gleich sind an Verdiensten, im Dharmakâja und in den Handlungen zum Nutzen der belebten Wesen, dass sie sich aber unterscheiden durch Lebensdauer, Kaste und Grösse des Körpers (was wir auch beständig in den Âgama's antreffen).

Die Mahâjâna-Lehre. Jogâtschârja's.

Nach der allgemeinen tibetischen Annahme ging die Sekte der Madhjamika's den Jogâtschârja's voraus, aber die Verfasser der Siddhânta's sagen, dass sie sie deswegen nicht in der historischen Reihenfolge behandeln, weil sie (erst) mit den Sekten zu Ende kommen wollen, welche den Sinn der Lehre des Buddha nicht vollständig begriffen haben. In der That stützen die Madhjamika's ihre Lehre auf die Sûtra's der Pâramitâ's und andre in deren Geist abgefasste, während die Jogâtschârja's die Quellen ihrer Lehre aus denjenigen Sûtra's schöpften, in welchen bereits über die Lehre der Pâramitâ's Betrachtungen angestellt werden. — Ueberdies bestreitet niemand, dass Nâgârdschuna, welchen die Madhjamika's als ihr Oberhaupt betrachten und welcher die Pâramitâ's herausgab und erklärte, viel (300 oder 200 Jahr) früher als Ârjâsanga lebte, welcher seinem Beispiele sowohl in Her-
287 ausgabe von Schriften ohne den Namen des Buddha folgte, als in Erklärung derselben in dem Sinn, welcher den Grund zum System der Jogâtschârja's legte. Aber wenn wir auch

nicht an der Echtheit des grössten Theils von Nâgârdschuna's Werken zweifelten, so würden wir doch auch dann — in Uebereinstimmung mit der Versicherung der Madhjamika's, dass seine Schule bald vergessen, oder wenigstens durch den Glanz der Jogâtschârja's verdunkelt und erst durch die späteren Lehrer (Buddhapâlita u. aa.) wieder hergestellt ward — die Jogâtschârja's in der vorliegenden Ordnung betrachten, weil die Madhjamika's selbst sich als neu ansehen, und bei dieser Gelegenheit ihre Entstehung nach den Jogâtschârja's nicht bestreiten. Ueberdiess kam, wenn gleich auch die Madhjamika's die Lehre der Pâramitâ's sogar vollständig begriffen und erklärten, dennoch in die Gesammtheit ihres Systems vieles auf Grund der Entwicklung des Systems der Jogâtschârja's; sie berührten viele Fragen, liessen sich in Streit über Vieles ein: einzig deshalb, weil bei den Anhängern des Ârjâsanga die Rede davon war. Ja sogar! wenn die Lehre der Pâramitâ's in dem System der früheren Madhjamika's vollständig ausgedrückt war, dann betrachteten sie damals die Religion des Buddha noch durch das Prisma der drei Jâna's, während die Jogâtschârja's sie in die Lehre der drei Perioden theilten — was auch von den späteren Madhjamika's angenommen ward. Ueberhaupt dürfen wir die Jogâtschârja's als die Bearbeiter aller der Bücher betrachten, welche dem Buddha von demjenigen Gesichtspunkt aus zugeschrieben wurden, in welchem die allerspätesten Sûtra's — selbst Theile der Tantra's nicht ausgeschlossen — Halt machten, weil nur in der Idee, dass die ganze Welt eine Schöpfung des Gedankens ist, der Mysticismus sich zu entwikkeln vermochte, welcher diesem Gedanken das Versprechen gab, den Körper, in welchem er enthalten wäre, in den Glanz der Gottheit zu verwandeln. Aber die Hauptidee der Jogâtschârja's, oder die Lehre vom anfangslosen Âlaja und der

seit undenklichen Zeiten verdunkelten Seele, ist eher ganz
288 aus fremden Lehren entlehnt, als eine historische Entwickelung von Gedanken, die sich in einer unbearbeiteten Quelle des buddhistischen Denkens erhalten hätten — solch ein Gedanke, um sich in die Reihe der buddhistischen Lehre zu stellen, allen andern Systemen den Vorwurf des Unwahrheit machen, so fremd ist er ihnen! Die Madhjamika-Lehre dagegen ist bereit, sich mit allem zu umgeben, was irgend dem Buddha zugeschrieben wird. —. Dieses ist vollständig der Typus des Bettlers, welcher niemals untersucht, wer und was man ihm giebt; das ist der Hoschan oder Lama, welcher eifrig die Cäremonie des Begräbnisses oder der Busse (der Sündentilgung) für jedweden vollziehen wird, der ihn nur einladet.

Die Tibeter stellen für das von uns zu analysirende System vier Namen auf, von denen wir zwei im Sanskrit kennen, nämlich Jogâtschârja (eigentlich Jogin (རྣལ་འབྱོར་སྤྱོད་པ) «die sich mit dem Joga Beschäftigenden,» und Vidschnânavâdin («die das Vidschnâna Anerkennenden» [als Princip Annehmenden?] རྣམ་ཤེས་སྨྲ་བ); wir haben aber nicht gewagt, auf eigne Hand die noch viel gewöhnlicheren Namen: «die nur den Gedanken Anerkennenden» (སེམས་ཙམ་པ, was uns auch häufig im Chinesischen begegnet, wei schi: Tschittamâtra?) und «die den Begriff Anerkennenden» (རྣམ་རིག་པ) wieder herzustellen und uns deshalb zur Regel gemacht sie, statt dieser Namen, Idealisten zu nennen. Das Wort Jogâtschârja (und Jogisten) wird auf verschiedne Weise von ihnen erklärt. Nach den Worten des Ârjâsanga im Mahâjânasamgraha (ཐེག་བསྡུས་ T. B. ལི) kann derjenige, welcher im Joga (der

Beschaulichkeit) stark ist, durch die Kraft dieser Joga in seine Seele die echte Natur alles Existirenden einführen; oder: sie werden so genannt, weil sie im Stande sind, sich nach der Lehre zu richten, die im Sûtra über den Joga in der Bodhisattvabhûmi (Tandsch. B. ཞི) auseinandergesetzt ist; 289
noch andere: weil sie bis über die Gränzen des Meeres des Gedankens (བློ, welcher jedoch, nach der Erklärung, im Sinn von Vernunft genommen wird) gelangen, d. i. «übergehen bis jenseits (sich trennen) von allem Erkennbaren» oder «sich vor keinen Gefahren im Meere des Gedankens fürchten.» Der Name Vidschnânavâdin wurde ihnen sichtlich deshalb gegeben, weil sie das Buch (? གཞུང) über das Vidschnâna als das einzig tiefe und unschätzbare ansahen. Idealisten nennt man sie deshalb, weil sie behaupten, dass alle drei Welten in Wahrheit nur im Gedanken (d. i. in der Idee) existiren, dass der Körper und der, welcher damit begabt ist, nur eine Idee (རྣམ་རིག) des Geniessenden sind, oder — dass alles Zusammengesetzte Substanz (རྫས) von neuen Ideen ist, und alles Erkennbare — Element (བདག་ཉིད) derselben.. [1])

Die Jogâtschârja's theilen sich (gleichwie auch die Sautrântika's) in die, welche die Autorität des Textes anerkennen, oder hauptsächlich dem Buche Jogâtschârjabhûmi (Tandsch. B. ཛི) folgen, und in diejenigen, welche sich nach dem Sinn richten, indem sie sich an den Abhidharmasamutschtschaja (མངོན་པ་ཀུན་བཏུས T. ལི). und an die sieben logischen Tractate

1) གྲུབ་མཐའ Bl. 119.

halten. Ueberdies theilen einige die Jogâtschârja's in diejenigen, welche die Wahrheit (རྣམ་བདེན) und die, welche die Unwahrheit (རྣམ་རྫུན) unsrer durch die Empfindung vermittelten Erkenntniss annehmen; aber nach Andern finden sich diese beiden Unterabtheilungen in jeder der oben erwähnten Eintheilungen. Nach den Worten des Bodhibhadra (བྱང་བཟང)
290 muss man als den Lehrer derer, welche die Wahrheit annehmen, den Dignâga betrachten, als den der zweiten den Ârjâsanga; überdies gehören zu den erstern als Erklärer Dharmakîrti, Çântideva und Çâkjamitra (ལྷ་ཤཱཀ་གཉེས), zu den zweiten und zugleich zu einer neuen Unterabtheilung derselben, den Fleckenlosen (དྲི་མེད), Alamkâropadhjâja (? རྒྱན་མཁན་པོ), während Dharmottara (ཆོས་མཆོག) zu den Jogâtschârja's gehört, welche die Unreinheit und Unwahrheit unsrer Erkenntniss (རྣམ་བརྫུན་དྲི་བཅས) annehmen. Die, welche die Wahrheit des Begriffs anerkennen, theilen sich*) wieder in: 1. die, welche den Zustand der Menge annehmen, 2. die den Zustand der Hälfte (eines Eies) und 3. die Unterschiedlosigkeit des Begriffs von dem in denselben eintretenden Object; die ersten von diesen theilen sich noch in zwei Arten: in die, welche acht, und in die, welche nur sechs Arten (ཚོགས) des Vidschnâna anerkennen; die aber, welche Unterschiedlosigkeit bekennen, nehmen entweder sechs oder nur ein Vidschnâna an. Diejenigen, welche sich zu der Unwahrheit des Begriffs bekennen, scheiden sich — ausser der angegebenen Theilung in reine und unreine — noch in Betreff der An-

*) Vgl. S. [illegible] (274).

nahme des Vidschnâna, in vier Arten: nämlich in die, welche acht, sechs, eine oder neun Arten des Vidschnâna anerkennen.

Wir bemerken noch, dass der Name Madhjamika eigentlich nicht blos der einen bekannten Schule des Mahâjâna angehört, sondern dass ihn auch die Jogâtschârja's sich zuschreiben; und wenn wir hier diesen Namen als einen besondern genommen haben, so folgen wir darin nur der bei den Tibetern geltenden Gewohnheit; es kommt auch vor, dass die Madhjamika's die Jogâtschârja's «die die Substanz Aner- 291
kennenden (དངོས་པོར་སྨྲ་བ)» nennen, und die letzteren jenen das Epitheton der «das Seien Leugnenden (ངོ་བོ་ཉིད་མེད་པར་སྨྲ་བ)» geben.[1])

Indem wir jetzt zu der Auseinandersetzung der Meinungen der verschiedenen Schulen des Mahâjâna übergehen, können wir nicht hoffen in der Folge verständlich zu sein, wenn wir nicht vorher einen Begriff von den fundamentalen Punkten geben, auf welche sich diese Schule in ihren Deductionen gründet. Sie liegen in der Entscheidung der Frage: was das Erkanntwerdende und die Erkenntniss ist; diese sind Object und Subject, welche gegenseitig ihre Plätze tauschen, d. h. das Erkanntwerdende, in unsern Begriff eintretend, verwandelt sich in diesen selbst, wird alsdann jetzt von neuem zum Object, welches man wiederum würdigen muss. Die Lösung dieser Fragen ist in der Erklärung der Dogmen von den drei Merkmalen und den zwei Wahrheiten enthalten. Bei den erstern kann man sagen, wird alles geprüft, was zur Beurtheilung gehört, selbst den Begriff oder die Idee nicht

1) གྲུབ་མཐའ Bl. 119.

ausgeschlossen; bei den zweiten werden dieselben Elemente unsrer Erkenntniss in ihrer innern Bedeutung analysirt. Die Merkmale (triṇi lakshaṇâni [Kennzeichen]) sind Parikalpita [1]), Paratantra [2]), und Parinischpanna [3]). Parikalpita ist die Voraussetzung oder der Irrthum; der Ort ist bei denjenigen belebten Wesen, welche nicht begreifen, dass alles leer ist, die Annahme der wahrhaftigen Existenz dessen, was nicht existirt; der Art alles, was ohne eigenthümliche Merkmale zu
292 haben, nur nominal existirt — mit einem Worte, alles, was irgend durch unser Denken einem Gegenstande zugeschrieben wird. Diese Voraussetzung kann zweifach sein: entweder die Voraussetzung eines überhaupt nicht Existirenden, wie z. B. des Nicht-Ich, oder die Voraussetzung eines Scheinbaren, wie z. B. von allem Aeusseren; — dies ist [gewissermassen] Luftspiegelung. Paratantra ist etwas Abhängiges, Unselbstständiges; dieses ist das, was als Grundlage des Irrthums, oder des Parikalpita dient; der Art ist auch jedes unwahre Philosophiren, der Art die Seele, die Empfindungen und die innere Erkenntniss. Alles, was existirt, ist eine Vereinigung von Ingredienzien, hat keine eigenthümliche Natur und wird deshalb von etwas Anderm abhängig (Paratantra) genannt. Luftspiegelung ist Parikalpita, ihre scheinbare Bewegung ist Paratantra; die länglichten Strahlen der Sonne, welche durch eine Spalte gesehen werden, die Zurückstrahlung in einem Spiegel, die Fata morgana können zur Erläuterung dienen, auf welche Weise neben Gewissheit Voraussetzung entstehen kann, auf welche Weise ausserhalb des Gedankens Object,

1) ཀུན་བརྟགས chin. Pian-ki tseu sing.

2) གཞན་དབང chin. I tha tseu sing.

3) ཡོངས་གྲུབ chin. Yuan keng tseu sing.

Aeusserung der Seele, Vergeltung für Thaten entstehen kann. Parinischpanna — «vollständig gebildet «oder «vollendet» — ist das unveränderliche und unübertragbare echte Sein, welches zugleich das Ziel des Pfades bildet; nämlich: das Höchste im Guten, das Absolute; der Art kann nur das sein, was als nicht eitel und nicht verdunkelt in den Geist eingeht, wie das Nicht-Ich oder die Leerheit, geprüft in ihren (zwölf) 203
verschiednen Arten; der Art der helle Blick, welcher in der Luftspieglung sich nicht irrt; der Art der Aether[1]), welcher, ohne ein Hinderniss zu bilden und der Berührung unzugänglich den ganzen Raum durch sich erfüllt. Ganz so ist Parinischpanna das, was allen Gegenständen gemeinsam ist.

Alle diese Termini sind von der Schule der Jogâtschârja's eingeführt. Was die zwei Wahrheiten betrifft, so erscheint ihr Name auch bereits im Hinajâna, nämlich: Paramârthasatja (དོན་དམ་པའི་བདེན་པ und Saṁvṛitisatja (ཀུན་རྫོབ་ཀྱི་བདེན་པ) oder die absolute Wahrheit und die subjective. Die Vaibhâschika's und die Sautrântika's, die sich an den Text hielten, verstanden unter Saṁvṛitisatja alles, was in seiner Zusammensetzung der Zerstörung (བཅོམ), oder dem Vergehen unterworfen ist, oder das, in welches der Verstand nicht den alten Begriff trägt, wenn es sich ändert (བློས་ཆོས་གཞན་གསལ་ཏུ. Dies ist die Hülle, durch welche hindurch man das eigentliche Kennzeichen des Gegenstandes, seine Substanz, wiederfindet; der Art ist ein in Stücke zerbrochener Krug, der Geruch von Wasser; hier wird der Begriff vom Krug oder Wasser, (welcher vorher durch den Verstand gebildet ist), gewissermassen zerbrochen (zerstört). Alles dagegen, was der Zerstö-

1) [Das Original hat «Himmel»; es ist aber kaum zu bezweifeln, dass ihm eine Uebersetzung von sanskrit. âkâça «Aether» zu Grunde liegt.]

rung nicht unterworfen und ein Begriff ist, welcher von dem Verstand nicht aufgegeben werden kann, existirt als Paramârthasatja; — der Art sind die allgemeinen Begriffe von Rûpa [Körper], Empfindung u. s. w. und von allem Unzusammengesetzten. Obgleich von den Gegenständen des Samvritisatja auch gesagt wird: dass dieses oder jenes nur relativ existirt, so ist doch eine solche Ausdrucksweise nicht unwahr [1]). Die Sautrântika's, welche sich an den Sinn hielten, nannten Paramârthasatja das, was diesen Begriff bilden oder auch in der absoluten Bedeutung haben kann (དོན་བྱེད་ནུས་པ), was dies aber nicht kann, nannten sie Samvritisatja; mit ersterm Namen benannten sie alles durch sich selbst Vorstellbare, oder was seine besondern Merkmale (རང་མཚན) hatte; mit dem zweiten was nur in allgemeinen Zügen enthalten
204 (སྤྱི་མཚན) war; demgemäss existirt jede Substanz oder jedes Zusammengesetzte wahrhaft absolut, aber alles Unzusammengesetzte, wie z. B. Aether, fälschlich, weil die besondern Merkmale in ihm verborgen oder verdunkelt sind. Die Ideen der Sautrântika's in dieser Beziehung werden aus ihrem nachfolgenden Streit mit den den Inhalt Leugnenden (den Madhjamika's) verständlich; die letztern sagen, es giebt nichts, was eine absolute Bedeutung hätte. Die Sautrântika's wenden ein: falsch (མི་འཐད་དོ)! wir sehen die unleugbare Kraft des Samens den Keim u. s. w. hervorbringen. Die den Inhalt Leugnenden: aber dieses ist nur äusserlich (es scheint nur so). — Die Sautrântika's: wäre es nur äusserlich, so würde es nicht statt finden, d. h. aus dem Samen würde kein Keim wachsen: wenn keine Kraft in irgend etwas wäre, wie

1) གྲུབ་མཐའ Bl. 92.

so sehen wir dann, dass im Samen die Kraft [den Keim hervorzubringen] ist u. s. w.[1]). In der Mahâjâna-Lehre, bei den Jogâtschârja's und Madhjamika's existiren eine Menge Definitionen für das Paramârthasatja und die Saṁvṛiti; — so ist Saṁvṛiti 1) das, was nicht die Kraft (ནུས་པ) hat, welche man bei der Geburt u. s. w. voraussetzen muss; 2) das, was als Charakter der Materie existirt (དངོས་པོའི་ངོ་བོ་ཉིད་དུ་ཡོད་པ): 3) das Unbegreifliche (བརྟགས་དཔྱད་མ་བྱས་པ); 4) das in der Welt allgemein Angenommene (འཛིན་ལ་གྲགས་པ); 5) das, was nur einzig Name oder Wort ist (མིང་སྒྲ); 6) allgemeiner Ausdruck (སྒྲ་སྤྱི); 7) allgemeiner Begriff (སྒྲ་དོན་གྱི་སྤྱི). Das jeder von diesen Definitionen Entgegengesetzte wird das als Paramârtha Existirende genannt. Ausserdem hat die Saṁvṛiti die Bedeutung 295
8) der Nichtdauerhaftigkeit, als Bezeichnung von Allem, was nur momentan existirt; 9) des Unwahren; 10) des Unlogischen; 11) der Negation im Sinn des Paramârtha. Deswegen, sagen sie, gehört der Geist des Heiligen (འཕགས་པའི་རྗེས་ཐོབ་ཡེ་ཤེས) sowohl zu dem Paramârtha als auch zu der Saṁvṛiti, d. h. dass er sowohl selbst gekennzeichnet ist, als auch mit bedingten Gegenständen verkehrend. Nach dem Abhidharmasamutschtschaja ist Alles, was als eitel vorgestellt wird, Saṁvṛiti, was aber als rein: Paramârtha. Im Allgemeinen existiren zwei Hauptdefinitionen: 1. Saṁvṛiti wird genannt, was als Kraft eines Namens oder Merkmals vorausgesetzt wird; das Entgegengesetzte ist Paramârtha; aber die Jogâtschârja's und Madhjamika's streiten mit einander über das, was zu dem

1) Ebds. Bl. 100 — 101.

einen oder dem andern gehört; die erstern sagen, das alles, was mit dem Merkmal des Parikalpita bekleidet ist, als Saṁvṛiti existirt, aber Paratantra und Parinischpanna sind Paramârtha, weil man sonst nicht Ursachen und Folgen, Bestimmung und Wesen annehmen könnte. So heisst es im Lankâvatâra: «Parikalpita existirt nicht, aber Paratantra existirt» und im Madhjamakâloka (དབུ་མ་སྣང་བ Tandsch. B. ས, einem Werk des Kamalaçila) wird gesagt: «wenn die Gegenstände nicht als substantielle im Paramârtha existiren, dann werden sie auch in der Saṁvṛiti nicht derartig sein; was im Paramârtha nicht existirt, kann auch nicht in der Saṁvṛiti entstehen — so wenig, wie z. B. ein Sohn von einer unfruchtbren Frau geboren werden kann. 2. Saṁvṛiti ist das, was als Grundlage für die Erweckung der Eitelkeit dient, aber das Svasaṁvedana (Selbstbewusstsein, oder das sich selbst analysirende Denken) des Heiligen in seiner Selbstversenkung, welches die Eitelkeit zu überwinden vermag, ist Paramârtha. Dies ist die wahre Anschauung, welche durch den Pfad der Vorschauung erworben wird. [1])

296 Die Jogâtschârja's betrachten als Grund für die Theilung der beiden Wahrheiten das Erkennbare, welches entweder Dharma oder Dharmadhâtu (ཆོས་ཉིད) ist, d. h. die Aeusserlichkeit und die Substanz (?), von denen das erstere nicht existirt, das zweite aber — im Gegensatz — auch das echte Sein ist. Es giebt nicht mehr und nicht weniger Wahrheiten, und sie sind die Repräsentanten des durch die Eitelkeit Verdunkelten und des vollkommen Reinen, oder des Saṁsâra und des Nirvâṇa; doch kann man von den Wahrheiten und vom Dharma und Dharmadhâtu weder sagen, dass sie ein

1) གྲུབ་མཐའ Bl. 140.

und dasselbe sind, noch dass sie irgend etwas Verschiedenes, weil im erstern Fall auch ein einfaches Wesen die Wahrheit begriffe, im zweiten aber es keine Rettung gäbe (da unsere Vorstellungen nicht von den Merkmalen getrennt werden können). Und so ist das Saṁvṛitisatja diejenige Bedingtheit (ཆོས་ཐ་སྙད་པ), welche die Eitelkeit hervorzubringen vermag; nach den Worten der Erklärung zu der Akshajamati und der Vjâkhjâjukti (རྣམ་བཤད་རིགས་པ Tandsch. B. ས, Werk des Vasubhanda) sind die Thaten und Vergeltungen Substanzen (རྫས), welche bedingt aber nicht absolut existiren, weil sie Gegenstände der weltlichen Erkenntniss sind. Das Saṁvṛitisatja ist entweder abhängig (བཏགས་པ, wie z. B. der Pudgala, welcher von den Skandha's abhängt), oder der Erkenntniss angehörig (ཤེས་པའི་ཀུན་རྫོབ) oder wörtlich, wenn wir uns nur bedingt über einen Handelnden, eine Handlung oder Sache (བརྗོད་པའི་ཀུན་རྫོབ) ausdrücken: hier bedeutet das Wort satja nicht mehr als existirend (unwahr oder bedingt). Synonyme der Saṁvṛiti sind: bedingte Wahrheit (ཐ་སྙད་པའི་བདེན་པ), Vermittlung (གཞིའི་ཆོས) u. s. w. Das endliche Ziel des reinen Pfades ist das Pa- 207
ramârthasatja — derartig ist auch der Geist, welcher die Selbstversenkung erlangt, welcher höher als alles (parama) ist und die [wahre] Bedeutung (artha) besitzt; er ist die Wahrheit, weil das Sein (གནས་ཚུལ) und die Erscheinung (སྣང་ཚུལ) desselben identisch sind; Synonyme des Paramârtha werden sein: die Identität (དེ་བཞིན་ཉིད), das was ewig ein und

dasselbe bleibt, das wahre Ende (ཡང་དག་མཐའ), Merkmallosigkeit (མཚན་མ་མེད་པ) und Dharmadhâtu (das Sein).[1])

Nach der Meinung der Madhjamika's dient dasselbe Erkennbare zur Grundlage des Unterschiedes der zwei Wahrheiten, d. h. das vom nicht zerstreuten Geist absolut Begreifbare ist Paramârtha, aber das relativ (buchstäblich: durch Vermittlung der bedingten Logik) Begreifbare ist Saṁvṛiti; ausser diesen beiden Arten kann es keine dritte geben und sie sind sich unter einander vollständig entgegengesetzt; unter Paramârtha wird nicht blos der allerhöchste Geist verstanden, und die in ihn eingehenden untrügerischen Ideen (རིགས་པ), sondern auch die Form des dreigliedrigen Syllogismus (རྗེས་དཔག) selbst, welcher diese Ideen ausdrückt, weil sie nur in einem trüglichen Verstandesschluss ausgedrückt werden können. Dies ist das Philosophiren, wo es weder ein Vermeinen noch eine Lästerung (སྒྲོ་སྐུར་གཉིས) giebt; ein Irren oder eine Verdunkelung der Vernunft im Begreifen des Paramârtha ist Saṁvṛiti; sie kann auch wahr sein, aber nicht absolut wahr. Dieses ist nichts anders als derselbe Paramâr-
298 tha, aber nur ein mangelhafter; — es ist die bedingte weltliche Irrthumlosigkeit; deshalb wird die Saṁvṛiti (von den Madhjamika's und Sautrântika's) getheilt in die bedingt wahre — wie z. B. der Begriff von der Substanz, welche, obgleich sie nicht existirt, doch nicht etwas blos Vermeintliches ist — und in die unwahre, welcher Art alle (nicht reale) Combinationen des Verstandes sind, z. B. bei den Jogâtschârja's die Idealität, in der Sâṁkhja-Philosophie das Hauptsächliche

---

1) གྲུབ་མཐའ Bl. 162 — 164.

[das Mahat «Grosse»], bei Lokâjata die Entstehung der Wesen aus Elementen. 1)

Die Prasanga's sagen, dass man nicht behaupten könne, dass die beiden Wahrheiten entweder ein und dasselbe, oder verschieden sind; wenn sie ein und dasselbe wären, so würden wir, nachdem wir die Saṁvṛiti abgeworfen, auch den Paramârtha abgeworfen haben, und wenn sie verschieden wären, so würden wir uns nicht von der Saṁvṛiti befreien können. Indem wir mit dem Worte Nicht-Ich alles bezeichnen, was zusammengesetzt ist, oder in der Saṁvṛiti existirt, geben wir ihm dadurch einen gleichbedeutenden Charakter mit dem Paramârtha, dem Sein (oder Unzusammengesetzten); wenn aber dieser Charakter bereits in der Saṁvṛiti ist, so bedeutet das, die Gegenstände haben bereits ein vollständiges Sein, folglich haben sie in dem Augenblick, in welchem wir sie uns vorstellen, das Heil (སྒྲོལ་ཟིན) erreicht. Aus diesen und ähnlichen Sophistereien deduciren die Prasanga's, dass beide Wahrheiten ein und dieselbe Eigenschaft (ངོ་བོ་གཅིག) Uaben, aber zwei verschiedene Begriffe (ལྡོགས་པ་གཉིས). — Nach den Prasanga's ist Paramârtha das, was wir Echtes in einem Gegenstand finden, oder besser: das, was wir als wahr in ihm anerkennen. — Saṁvṛiti ist der Begriff, welcher in den bedingten weltlichen Ausdrücken enthalten ist, wodurch er wesentlich falsch ist. Nach dem Tscharjâvatâra (སྤྱོད་འཇུག) ist das Absolute nicht Eigenthum des Verstandes, dieser ist trügerisch; nach dem Satjadvajâvatâra (བདེན་གཉིས་ལ་འཇུག་པ) tritt 209

1) གྲུབ་མཐའ Bl. 267.

299 das Paramârthasatja aus dem Kreise aller Bedingungen heraus; es hat weder Entstehung noch Begränzung, ist weder ausdrückbar, noch Ausdruck, weder begreiflich, noch begriffen — es ist das Allerhöchste. Auf eben dieselbe Weise drückt sich auch der Pitâputrasamâgama aus. Deshalb wird in der Avatâraṭikâ (འཇུག་འགྲེལ) gesagt: in Wirklichkeit ist in nichts irgend ein Unterschied zwischen Substanz und Nichtsubstanz; man kann nicht sagen, dass dieses wahr oder abgerissen [a]), glückselig oder leidensvoll, rein oder unrein, Ich oder Nicht-Ich, leer oder nicht leer, Merkmal oder Inhalt (མཚན་གཞི) u. s. w. Unter dem Worte artha wird hier verstanden ein begreifbarer Begriff, welcher durch den höchsten Geist erkennbar oder auffindbar — ein derartiger Begriff wird, nachdem er der höchste von allen Begriffen geworden, auch Wahrheit (satja) genannt. Der ganze Name der andern Wahrheit ist Lokasam̃vritisatja — «weltliche, scheinbare Wahrheit;» unter dem Namen Loka «Welt» wird hier sowohl die untheilbare als die zwiefache Vernunft (གཉིས་སྣང་ཅན་གྱི་བློ) verstanden; so wird jede Vorstellung von allem andern ausser der Leerheit genannt, welche allein die Identität des Subjects und Objects ist — überhaupt werden hier weltliche Ausdrücke angedeutet. — Die Sam̃vṛiti hat eine Menge von Bedeutungen; Lüge, Zusammengebundnes, das Enge, Vidschnâna (བརྗོད་པ), Sichtbarkeit, das Runde, Enthaltbarkeit; aber hier wird es in der Bedeutung von Samantavṛita genom-

---

a) Note des Uebersetzers: = unwahr; im Sanskrit stand wohl «dhruva und adhruva «fest (= wahr) und unfest (= unwahr); jenes wäre im Chinesischen ungefähr nach seiner zweiten, dieses nach seiner ersten Bedeutung übertragen.

men «vollständig verfinstert, oder verdunkelt, d. h. wie im Avatâra (འཇུག་པ) gesagt wird «Saṁvṛiti ist die Verfinsterung des Daseins durch Unwissenheit, sie ist das [nur] erfahrungsmässig Wahrheit Scheinende;» der Art ist das Nichtwissen 300
des Daseins eines Gegenstandes. Im Paramârtha kann man ein zwiefaches Nicht-Ich unterscheiden und vier Hauptarten der Leerheit oder sechszehn und zwanzig Unterabtheilungen der Leerheit.[1])

Allerdings erscheint jetzt bei den Jogâtschârja's in Verbindung mit der Lehre von den zwei Wahrheiten auch die Lehre von dem wirklichen und ungenauen Sinn. Wir haben bereits mehrfach erwähnt, dass die Systeme, welche im Buddhismus neu auftraten, zwar bis dahin unbekannte Werke für das Wort des Buddha selbst ausgaben, sich aber doch zur Regel machten, obgleich diese nicht von den alten Schulen anerkannt wurden, doch nicht die Echtheit dessen, was vor ihnen abgefasst war, anzufechten; sie nahmen nur ihre Zuflucht zu dem Kunstgriff, dass der Buddha sich nicht überall unbedingt ausgedrückt habe, sondern, sich nach den Begriffen seiner Zuhörer richtend, häufig von dem gesprochen habe, was mit seinen wahren Gedanken ganz im Widerspruch stand — so z. B. habe er bisweilen behauptet, dass alles existirt, dass es einen Pudgala giebt u. s. w. In dieser Weise entstand die Lehre von den zwei Auffassungen, in denen man das Wort des Buddha nehmen muss und mit dieser Idee bemüht man sich alle Widersprüche zu versöhnen. Gesteht man zu, dass, wie bereits oben gesagt, die Sautrântika's diese Termini nicht in der Folge entlehnten, d. h. zu der Zeit, als sie die Nicht-Unechtheit der Sûtra's des Mahâ-

1) གྲུབ་མཐའ Bl. 292.

jâna anerkannten, so haben sie sie auch sicher eingeführt. Da aber wenigstens die neuesten Buddhisten in dieser Beziehung in dem Sandhinirmotschana, mit welchem die Schule der Jogâtschârja's auf die Bühne tritt, eine Stütze für sich suchen, so gehört die vollständige Entwicklung unstreitig auch diesen an; — damit in Verbindung gehört ihnen auch das Recht auf die Lehre von den drei Rädern oder Perioden der Verkündigung des Buddha. Folgendermassen wird darüber in dem erwähnten Buch gesprochen: «Der Bhagavant,
301 über in dem erwähnten Buch gesprochen: «Der Bhagavant, sich zu Anfang in der Stadt Vârâṇasî im Walde Mṛigadâva befindend, drehte für den im Jâna der Çrâvaka's Stehenden das erstaunliche und wunderbare Rad der Verkündigung, in welchem er die Artikel der vier heiligen Wahrheiten auseinandersetzte. Aber dieses Rad des Glaubens, welches von dem Bhagavant gedreht ward, — obgleich keiner der Menschen und Götter ein ähnliches in der Welt gedreht hatte — nicht das allerhöchste und nicht unzugänglich (der Widerlegung); es enthielt in sich den ungenauen Sinn und wurde Gegenstand des Streites (d. h. es konnte bestritten werden). (Darauf) drehte der Bhagavant ein zweites erstaunliches und wunderbares Rad der Lehre für die im Mahâjâna Stehenden über die Leerheit; dieses war darauf gegründet, das alles Existirende keinen Inhalt (ངོ་བོ་ཉིད) hat, und dass es deshalb weder Entstehung noch Begränzung giebt, (alles) seit undenklicher Zeit ruhig sei (གཟོད་མ་ནས་ཞི་བ d. h. sich nicht manfestirt habe) und im Nirvâṇa vollständig in sich selbst versenkt; aber auch dieses Rad war nicht das allerhöchste, nicht unzugänglich u. s. w. (wie oben). (Darum) begann Bhagavant (von eben da aus), dass alles Existirende keinen Inhalt hat und deshalb weder Entstehung noch Begränzung existirt, dass

alles seit undenklichen Zeiten ruhig und in sich selbst vollständig in das Nirvâna versenkt ist, und drehte für die zu allen Jâna's (d. h. zu dem kleinen und grossen) Gehörenden das erstaunliche und wunderbare Rad der Lehre, in welcher (alles) so gut und systematisch als möglich auseinandergesetzt ist (ལེགས་པར་རྣམ་པར་ཕྱེ་བ་དང་ལྡན་པ); über dieses Rad geht nichts; dieses ist nicht zugänglich (der Widerlegung), enthält den genauen Sinn in sich und kann nicht zum Gegenstand des Streites dienen.» Hieraus sehen wir, dass die dritte Pe- 302
riode dieselben allgemeinen Grundlagen mit der zweiten hatte, da aber die Ausdrücke der Pâramitâ's den Charakter der Unbestimmtheit in sich tragen — welchen sie jedoch auch ausdrücklich im Auge hatten — so suchten die nachfolgenden Werke diese Ungenauigkeit zu erläutern — den Punkt aufzuweisen, von welchem aus die Lehre der Pâramitâ's sich entfaltet. Auf dieser Grundlage wollen die Jogâtschârja's alle Jâna's in ihrem System verschmelzen; es an das Mahâjâna der Çrâvaka's anschliessend, glauben sie ihm grössern Glanz zu verleihen, bekleiden es mit der Harmonie eines Systems, aber indem sie es von einem Punkt aus entwickeln, machen sie es auch vielleicht einseitig. Demgemäss bemerken die Madhjamisten — ohne die Autorität dieses Berichts umzustürzen — mit Recht, dass eine derartige Systematisirung der dritten Periode keinen Vorzug giebt, sondern nur zeigt, dass sie für nicht sehr erhabne Personen — wie es die Mahâjânisten, die eigentlichen Zuhörer der zweiten Periode waren — bestimmt war, und dass deshalb erforderlich war, für so wenig ausgebildete wie diese waren, klar auseinanderzusetzen, was anzunehmen sei. Wie dem auch sein möge, die Jogâtschârja's beziehen auf die erste Periode der Verkündigung die Lehre von den vier Wahrheiten und das in deren

Geist (?) Auseinandergesetzte, die vier Âgama's, das Dharmânusmṛitjupasthâna (Kandsch. 3 — 87), den Lalitavistara, das Karmaçataka (K. B. སུ), das Avadânaçataka (K. B. སུ) u. aa.; als fundamentale Werke in der zweiten Periode gelten ihnen die Pradschnâpâramitâ's und die damit übereinstimmenden: die Vadschratsch'hedikâ, der Samâdhirâdscha (K. B. དུ), der Buddhâvataṁsaka, der Ratnakûṭa und andre. Als fundamentales Sûtra der dritten Periode gilt ihnen das Sandhinirmotschana und die sich in dessen Geist ausdrückenden: Gaṇavjûha, Lankâvatâra, Daçabhûmi, Tathâgatagarbha. Doch bestreiten die Mahâjânisten, dass der Lankâvatâra und
303 die übrigen zu der dritten Periode gehörten, und sagen, dass die Jogâtschârja's sie nur deshalb zu ihr zählen, um zu beweisen, dass die Pâramitâ's den ungenauen Sinn in sich enthalten. Hier ist es angemessen zu bemerken, dass Anfangs einige Buddhisten in den drei Perioden der Verkündigung des Buddha auch drei verschiedne Perioden zu sehen glaubten, welche Abschnitte in dem Leben desselben vor der Erlangung des Buddha-Berufes bis zu seinem Nirvâṇa bildeten, so dass er nach Einigen zuerst sieben oder weniger Jahre über die vier Wahrheiten belehrte, alsdann sieben und zwanzig oder dreissig Jahr das zweite Rad verkündigte und die letzten zwanzig oder dreissig Jahr das dritte; doch ist diese Ueberlieferung jetzt als unbegründet aufgegeben. [1])

Wie sich das auch verhalten möge: die Jogâtschârja's, welche dem Sinn folgen, halten sich, um die Lehre der Pâramitâ's umzustossen, an die bekannten logischen Grundsätze, diejenigen aber, welche dem Text folgen, behaupten, dass äussere Existenz z. B. bereits dadurch widerlegt wird,

1) གྲུབ་མཐའ Bl. 119 und weiter.

dass der Buddha deutlich gesagt hat, dass alle drei Welten nur im Gedanken existiren (སེམས་ཙམ་མོ). Sie sagen, dass wenn es in den Pâramitâ's heisst, dass alles — vom Rûpa an bis zu der Allwissenheit — keinen Inhalt hat, dies ein ungenauer Ausdruck ist — weil sich dies — wie sie sagen — nicht auf die Gegenstände selbst in ihrem innern Sein (?) bezieht, und nicht mehr bedeutet, als dass alles keine Merkmale hat, wie z. B. der Begriff eines Kindes u. s. w.; dass wenn man den Ausdruck: dass alles existirt, mit Ausnahme des leeren Inhalt Habenden, des nicht Entstehenden u. a. w., im Sinn der Nichtexistenz, der Merkmallosigkeit nimmt, dies eine Negation der Merkmale des Paratantra und Parinischpanna sein würde, über welche die Sûtra's der dritten Periode lehren; — dass ausserdem keine Vervollkommnung im Pfade statt finden würde, weil es keine Entlehnung gäbe; 304
nach ihren Worten hat die Lehre von dem Mangel des Inhalts, der Entstehung u. s. w. einen Sinn nur bei der Analyse des Absoluten, wenn wir finden, dass es ein Ewiges und in der Ewigkeit Existirendes giebt, und ein Selbstständiges in der Ausdehnung der Selbstständigkeit. Nach den Jogâtschârja's, welche dem Sinn des Wortes folgen, sind die Worte: dass alles keine Existenz hat, nur darum gesagt, um zu zeigen, dass es keine andern Merkmale giebt ausser dem Grahaguhja (གཟུང་འཛིན), oder dem Begriff und der Vernunft, und demgemäss alles leer ist, d. h. keine Merkmale hat. Ueberhaupt sagen die Jogâtschârja's im Verein mit den Sautrântika's (welche die Pâramitâ's anerkennen), dass die Lehre von der Merkmallosigkeit vor allem sich darauf bezieht, dass gezeigt werden soll, dass es in dem Gegenstand keine wahrhaft existirenden Theile giebt — weder

einen thätigen bestimmbaren, noch einen leidenden (oder bestimmenden). [1])

Allgemeine Bemerkungen über die Jogâtschârja's.

Als Hauptbedingung für die Uebereinstimmung der Theorie mit der Praxis betrachten alle Mahâjânisten die Vermeidung der beiden Extreme der Anschauung und deshalb nennen die Jogâtschârja's auch sich selbst Madhjamika's (aber einige dehnen diesen Namen auch auf die Çrâvaka's aus), oder «die sich in der Mitte der beiden Extreme Haltenden» *), d. h. zwischen dem Bekenntniss der Ewigkeit und der Zufälligkeit (buchstäblich: der Abgerissenheit), oder der Existenz und Nichtexistenz; aber in der Definition dieser zwei Extreme unterscheiden sich beide Schulen des Mahâjâna auf Grund ihrer Hauptpunkte von einander. Die Jogâtschârja's sagen, wenn man Paratantra und Parinischpanna und die
303 Begriffe von diesen Wörtern, als absolut, wahrhaft existirend, selbst gekennzeichnet und selbstständig nimmt (obgleich Paratantra und Parinischpanna auch selbst in sich so sind), so bedeutet das an das Extrem des Vorurtheils (སྒྲོ་འདོགས) gerathen — oder gewissermassen das nie Gewesene [wohl sanskritisch apûrva] anerkennen; leugnet man Paratantra u. s. w. so geräth man in das andre Extrem der Lästerung (སྐུར་འདེབས), oder in die Negation des Wahrhaften. Die Vermeidung dieser beiden Extreme bildet den mittleren (madhjama) Weg, d. h. wo man nicht von dem nie Gewesenen aussagt, dass es ist, und nicht von dem Wirklichen, dass es nicht ist; und weiter: die Mitte liegt in der Unterschiedlosigkeit der An-

1) གྲུབ་མཐའ, Bl. 126.

*) Wohl sanskritisch adhruvatâ «Nichtewigkeit» vgl. Note zu S. 298, 299.

nahme der Existenz und der Nichtexistenz. Hier tritt, auf Grund eines Capitels des Kâçjapaparivarta (im Ratnakûṭa XLIII) und der Erklärung des Sthiramati (?བློ་བརྟན) dazu, die Lehre von folgenden dreizehn Gegenständen ein:

1) Lehre von der Leerheit (oder der Nichtexistenz) des Pudgala, 2) von dem Nicht-Ich des Pudgala, 3) von der Leerheit und 4) dem Nicht-Ich der Gegenstände, 5) vom Vorurtheil und 6) der Lästerung, 7) vom Abhisamaja oder dem klaren Begreifen und 8) von der Verwandlung desselben in die Bodhi, 9) in welcher die Seele weder der Eitelkeit noch der Qual unterworfen ist, 10) über die Vorstellung der zwei Nicht-Ich, 11) von der besondern Umwandlung zu dem zweiten Nicht-Ich, 12) über die transcendentale Leerheit und 13) über die Kraft der Leerheit. [1])

Alles ist in zehn Vikalpa's (རྣམ་རྟོག), nicht vollständig reinen, bedingten Ideen oder Begriffen enthalten. Diese Vikalpa's verfinstern vor uns den Begriff von der Existenz des Gegenstandes; sie sind Verirrungen, in welchen die bedingten Merkmale, welche von uns zum Bezeichnen der, im 306
Inhalt leeren, Gegenstände angenommen sind, uns deren Wesen zu sein scheinen; hier findet sich der Gedanke mit dem Namen — dem Worte, welches nur die äusseren Merkmale ausdrückt — zusammengeschweisst. Deshalb wird auch in allen Pâramitâ's, um diese Vikalpa's zu besiegen, (beständig) von der Vernunft gesprochen, in welcher sie nicht sind རྣམ་པར་མི་རྟོག་པའི་ཡེ་ཤེས). So sagt der Buddha in der Pradschnâpâramitâ «ich sehe überall keinen Bodhisattva» zu dem Zweck, um die Annahme oder den Begriff von einem Bodhi-

1) Ebds. Bl. 136.

sattva als Materie abzuschneiden; «ich sehe auch keinen Namen eines Bodhisattva — einer Pradschnâpâramitâ,» um keine Voraussetzung zuzulassen; so heisst es: «es giebt (gar) keine Leerheit,» um keine negirende Lästerung zuzulassen; — «Das, was Leerheit des Rûpa ist, ist nicht Rûpa,» um nicht eine irrige Annahme für das eine zuzulassen; — «es giebt kein andres Rûpa ausser der Leerheit; Existenz des Rûpa ist Existenz der Leerheit, und Existenz der Leerheit ist Existenz des Rûpa;» dieses ist darum gesagt, um keinen Unterschied zuzulassen; die Worte: das, was Rûpa genannt wird, ist nichts weiter als ein (leerer) Name entfernen die Annahme der Existenz; die Worte «die Existenz wird nicht geboren, wird nicht verneint, wird nicht verdunkelt und nicht gereinigt widerlegen die Annahme der Besonderheit; der Satz: nachdem man in einem künstlichen Namen die Gegenstände analysirt und ihnen momentane Benennungen gegeben hat, darf man sie auch nur als Namen begreifen, bedeutet, dass man den Namen nicht für die Bedeutung nehmen darf; — die Worte: «der Bodhisattva sieht überhaupt alle diese Benennungen nicht und da er sie nicht sieht, so lässt er sich auch nicht fortreissen» bedeutet, dass er den Irrthum vermeidet den Sinn für den Namen zu nehmen.

Hierin allein, sagen die Jogâtschârja's, ist auch die ganze Bedeutung der Pradschnâpâramitâ enthalten. Mit Hülfe der
307 vier Untersuchungen, d. h. indem wir Namen als Namen, Gegenstand als Gegenstand, nominelle und abhängige Existenz betrachten, finden wir nichts weiter als eine Idee (རྣམ་རིག), welche auch selbst in der absoluten Idee verschwindet — dies ist, sagen sie, was wir auch als Leerheit aner-

kennen. Daraus deduciren die Jogâtschârja's den Schluss über die Nichtexistenz der äusseren Gegenstände (ཕྱི་རོལ་དོན་མེད་པ) (für unsre Erkenntniss), weil, nach den Worten des Pramâṇaviniçtschaja (རྣམ་ངེས T. B. ཏེ, Werk des Dharmakîrti): «das Grüne sich nicht von dem Begriff desselben unterscheidet, sondern sich wirklich mit ihm zugleich darstellt, oder: das Grüne und der Begriff desselben bestimmen sich einander wechselseitig; obgleich das Grüne verschieden scheint, so hat es doch eigentlich keine Existenz in einem andern Sinn, unterscheidet sich nicht von dem Begriff, welchen die Vernunft über dasselbe eingiebt; wäre in dem Grünen eine andre Existenz, dann wäre sie nicht fähig, sich zugleich darzustellen.» Als Text für die Negation der Existenz der äusseren Begriffe dienen folgende Worte des Lankâvatâra:

Betrachte die Wiedergeburten des Pudgala, die Skandha's,
Die Ingredienzen und Monaden,
Das Hauptsächliche und den Îçvara,
Als Producte des Gedankens.
Sie sind nicht (etwas) Bezeichnendes, sondern der Gedanke selbst.
Der Begriff von äusserer Bedeutung ist eine verkehrte Anschauung,
Wenn man analysirt, wie es sich gebührt,
Dann wird (der Unterschied) zwischen dem Begriffenenen und dem Begriff vernichtet.

Die Negation der Existenz der äusseren Begriffe führt die Jogâtschârja's zu den Beweisen dafür, dass weder die Atome als Repräsentanten der Materie, noch der Pudgala als 308
Repräsentant des Geistes, etwas von der Idee Besonderes sind. In Betreff der erstern sagen sie, dass, wenn man (wie die

Sautrântika's) die Monade als eine Verbindung von sechs (Seiten) betrachtet, dies bei alle dem bedeutet, dass sie aus Theilen besteht: wenn man aber alle sechs als etwas einiges nimmt (wie die Vaibhâschika's), dann muss man auch eine Kugel als Monade betrachten; folglich, sprechen sie, kann man von den Monaden weder dies noch das andre sagen, sondern es bedeutet, dass auch alles, aus ihnen Zusammengesetzte, von Einheit und Vielheit (གཅིག་དུ་བྲལ) getrennt ist (d. h. weder Einheit noch Vielheit hat) — so sagt der Lankâvatâra:

«Einheit und Vielheit soll man verwerfen.
Obgleich Rûpa im Spiegel
Reflectirt wird, bedeutet es doch nichts.»

Oder Ârjadeva sagt:

«Welche Substanz man auch prüfe,
In keiner ist eine Einheit;
Worin aber keine Einheit ist,
Darin ist auch keine Vielheit.»

Deshalb werden alle äussern Gegenstände mit einem Traum, einem Echo u. s. w. verglichen. Die Jogâtschârja's bedienen sich der bekannten Legende, dass das Wasser den Menschen Wasser scheint, den Göttern Nectar und den Preta's Blut. Wenn wir, sagen sie, Aeusseres erkennten und nicht die Ideen der eigenen Seele, wie könnten dann über einen und denselben Gegenstand verschiedne Begriffe sich bilden? Deswegen bringen diejenigen, welche die in der Beschaulichkeit [Contemplation] liegende Macht erlangen, alles, was sie irgend Lust haben, (aus sich) hervor: Wasser, Erde u. s. w.; deshalb stellt der Heilige in der Selbstversenkung kein sichtbares Rûpa und Uebriges dar. Und so existirt alles, da es keine äussere Bedeutung hat, als Existenz der Seele, und

folglich existirt es auch wahrhaftig (nur da). Deswegen heisst 309
es im Bodhisattvabhûmi: «alles, was Rûpa u. s. w. genannt wird, ist trügerisch und deshalb darf man nicht sagen, dass diese Nominalitäten Existenzen dieser Gegenstände sind.» Im Upadeça des Kâtjâjana wird gesagt: «das Dhjâna selbst wird nicht hervorgebracht auf Grundlage von (d. i. in der Umwandlung zu) Erde, Feuer, Wasser, Luft.[1])

Mit der Negation des äusseren Begriffs verbinden sie auch die Möglichkeit, alle Vikalpa's aufzuheben, da sie nichts anders sind, als die Verdunkelungen, welche aus der Eitelkeit hervorgehen, und Verdunkelungen der Vernunft, welche sich auf die beiden Nicht-Ich gründen. Aber die Jogâtschârja's stimmen unter sich nicht überein: ist wahr oder unwahr — mit andern Worten — existirt oder existirt die Form der Seele, welche den Irrthum abgeworfen hat? ist ein gestalteter Begriff roh oder erleuchtet? ist die Seele durch Unwissenheit verdunkelt, oder nicht verdunkelt? Daraus geht auch eine Eintheilung derselben in zwei Schulen hervor: die die Wahrheit Behauptenden und die die Unwahrheit Anerkennenden. Und deshalb müssen wir hier diese Schulen sammt ihren Unterabtheilungen besonders betrachten.

Die besonderen Schulen der Jogâtschârja's.

Wir haben bereits oben gesagt, dass die Jogâtschârja's, welche die Wahrheit anerkennen, sich in Betreff der Meinungen über die Beziehungen des Erkennbaren und der Erkenntniss in drei Arten theilen. Ihre Meinungen finden eine Stütze für sich sowohl in den Worten des Buddha, als auch bei vielen andern Schriftstellern. So heisst es in der Daçabhûmi: «Siegreiche Kinder! alle drei Welten und so auch die drei

1) གྲུབ་མཐའ Bl. 167—171.

Zeiten existiren nur in der Idee.» Im Lankâvatâra wird gesagt: «was Aeusseres scheint, existirt ganz und gar nicht;
310 nur die Seele manifestirt sich in verschiednen Formen.» In einem andern Buche heisst es: «wenn der Gedanke verschieden scheint, so geht dieses aus dem Irrthum hervor; wie kann das Vidschnâna seine Kenntnisse aus etwas Anderm (ausser sich) schöpfen? Das, was aussen Bedeutung zu haben scheint, davon hat der Buddha gesagt, dass es (augenblicklich oder) plötzlich sei.» In der Bodhisattvabhûmivṛitti (Tandsch. B. ཅི) heisst es: «das Vidschnâna scheint zwiefach in Folge des Graha und des Guhja; vernichtet man aber das Vidschnâna, dann giebt es ausserhalb (desselben) ganz und gar keine Bedeutung.» An einer andern Stelle: «Einige, nachdem sie durch Anstrengung des Verstandes begriffen haben, dass der Graha leer ist (nicht existirt), nehmen das Guhja für das wesentlich Existirende; andre, indem sie urtheilen, dass alles vollständig entfremdet ist (identisch mit: nicht existirt), wie ein Traum begriffen wird, und dass die Mannigfaltigkeit in dem Körper des Svasaṁvedana (des Selbstbewusstseins) ruht, erkennen an, dass nur der unentzweite Geist existirt.» Alles dies bringt auch Ârjâsanga bei. — Dignâga sagt in der Âlambanaparîkschâ (དམིགས་བརྟགས T. B. ཅེ): «die Eigenschaft des innerlich Erkennbaren, welches gewissermassen äusserlich scheint, hat Bedeutung, weil es die Eigenschaft des Vidschnâna ist;» und in seinem eignen Commentar zu diesem Werk erklärt er in folgender Weise: «es existirt zwar keine äussere Bedeutung, aber [der Umstand], dass gewissermassen äusserlich scheint, was sich nur im Innern befindet, hängt von der Anstrengung des Gedankens ab;» d. h., nach der Erklärung des Çântideva (ཞི་བ་ལྷ) zu derselben

Stelle: ein Theil des Erkennbaren wird das Ziel des Strebens.» Im Pramâṇavârtika (རྣམ་འགྲེལ, einem Werke des Dharmakîrti T. B. ཙེ) «die Existenz desselben (Grahaguhja) ist die glänzendste, reine, weil sie die echte Eigenschaft der Erkenntniss ist.»

A. Die Jogâtschârja's, welche die wahre Form als in die 311
Erkenntniss eintretend bekennen, nehmen eine Verschiedenheit des Graha und Guhja an, d. h. dass die Form Graha von der Form Guhja verschieden ist, oder, dass wenn jede innere Vorstellung besonders existirt, so auch das aussen Erscheinende Besonderes ist. Folglich sind in diesem Fall ihre Meinungen mit denen der Vaibhâschika's einstimmig, aber, sagen sie, dieser scheinbare Unterschied verschwindet in der absoluten Idee (Paramârtha), wejl sowohl das Object (ཡུལ), als auch das Objectivirte (ཡུལ་ཅན), welche beide die Existenz der Erkenntoiss bilden, nichts weiter sind als Elemente der inneren Intelligenz des Svasaṁvedana, welches sie empfindet; wenn wir sie Graha und Guhja nennen, so ist dies nur eine Voraussetzung und in diesem Fall sind sie als Voraussetzung unwahr, ihre Zweiheit aber ist [darum] noch keine Unwahrheit. Anerkennend, dass das Grüne und der Begriff davon in der Zeit als verschiedene Substanzen entstehen, deduciren andre daraus, dass diese Schule die Hauptidee von der einheitlichen Vorstellung leugnet; aber die Schule der Jogâtschârja's antwortet, dass sie dies ganz und gar nicht — wie die Sautrântika's, annimmt, weil das Grüne und der Begriff davon, obschon sie nicht zu derselben Zeit erscheinen, dennoch nachher ein und dieselbe Substanz bilden und bei der Richtung auf sie als gleichzeitig vorgestellt werden.

B. Von dem Begriff der Existenz bei den Jogâtschârja's,

welche, gleich den Sautrântika's, eine gleiche Menge von Graha's und Guhja's annehmen, ist, wie es scheint, nur aus den Widerlegungen ihrer Meinungen, denen wir in verschiedenen dialektischen Schriften begegnen, etwas zu ersehen; in diesen wird eingewandt, dass die Erkenntniss nicht aus drei Theilen (Graha, Guhja und Svasamvedana, Selbstbewusstsein) bestehen könne, weil sie, die sie zugleich in die Empfindung der Intelligenz eintreten, nicht verschieden sein
312 können; dieselben Werke beweisen, dass jede Form (Graha ?), nachdem sie gleichartig mit dem Vidschnâna geworden, ihre Mannigfaltigkeit verliert, dass der Vidschnânâlaja einer ist, und, dass nach den Worten des Dharmakîrti nicht zwei gleichartige Erkenntnisse zu einer und derselben Zeit eingehen können u. s. w.

C. Die Jogâtschârja's, welche die Unterschiedlosigkeit in der Mannigfaltigkeit der eingehenden Formen erkennen, theilen sich ihrerseits in drei Unterabtheilungen:

1. Die einen erkennen an, dass alles, was irrthümlich mannigfaltig scheint, in der absoluten Idee die Substanz eines Vidschnâna ist; deshalb giebt es ausser dieser Substanz der einen Erkenntniss weiter nichts, was Bedeutung hätte; das, was eine Bedeutung zu haben scheint, wird, nachdem es zu einer Substanz mit dem Vidschnâna geworden, nur aus Unverstand besonders als Aeusseres oder Inneres vorgestellt, und, da es weder in der Eigenschaft des Graha und Guhja enthalten ist, noch auch diese in sich enthält, existirt es wahrhaftig als Idee.

2. Andre behaupten, dass zu jeder Zeit nur das Vidschnâna der Seele in den Formen der Mannigfaltigkeit entsteht; wenn man nichts berücksichtigte, würde es ganz und gar keine verschiedenartigen und vielförmigen eingehenden Kenntnisse geben; dass aber ein und dasselbe Vidschnâna, durch

die Thür der sechs Organe scheinend, verschiedne Benennungen annimmt.

3. Die Jogâtschârja's, welche die Nichtzwiefachheit des Mannigfaltigen bekennen, — deren Meinung nach den Worten des Dharmakirti die allerbeste von allen ist — behaupten, nach den Worten des Pramânavârtika, dass jede Erkenntniss, wie mannigfaltig sie auch immer sein möge, nur von den Organen abhängt und ausser diesen keine andre Grundlage hat, durch welche sie von der Erkenntniss verschieden sein könnte, die sich so darstellt, wie sie in das Zuerkennende eingeführt wird; und so: «Die Form der Seele wird das Element für die Einheit des Mannigfaltigen.» Sie 313
sagen, dass absolut kein Widerspruch darin liegt, dass viele Objecte (buchstäblich: Atome, welche, obgleich sie Glieder haben, doch keine Substanzen sind) vereinigt zu einer Ursache[1]) eines Begriffs werden, weil, indem man die Form, in welcher sich ein Gegenstand der Vernunft darstellt, Graha nennt, in demjenigen, welcher diesen Gegenstand des Erkennens begreift, (consequenter Weise) kein andrer Graha statt finden kann, als der mit eben jener Form identische, oder mit andern Worten: «ausser der Existenz der Ursache giebt es keinen Graha und als was der Sinn in ihm erscheint, das wird auch sein Graha genannt. Ueberdiess erkennen sie in der absoluten Vernunft (dennoch) ein mit den Formen der Mannigfaltigkeit (wie mit Gliedern) einheitliches Vidschnâna, in welchem kein Unterschied ist zwischen Innerm und Aeusserm, Vorangehendem und Nachfolgendem (d. i. Graha und Guhja), dem Grünen und Nichtgrünen. Es fragt sich aber, wie der Unterschied zwischen dem Aeusseren und Inneren zu

---

1) So wird in der Logik der Gegenstand genannt und deshalb wird in den Worten: 1. Grünes und 2. Begriff vom Grünen — das erste Ursache, und das zweite Folge genannt.

erklären sei: er hängt nur ab von der Subjectivität und der Zeit und erscheint verschiedenartig nur als Voraussetzung oder Vikalpa, aber nicht in der absoluten Idee:» — deshalb heisst es: Verstand und Begriff sind nicht verschiedenartig, hängen nicht ab von der Zeit (buchstäblich: wurden nicht zu Früherem und Uebrigem gemacht); (weil) das Element des Vorhergegangenen und des Nachfolgenden sich nicht offenbaren kann.

Die Jogâtschârja's, welche die Form der Erkenntniss für unwahr halten, stützen sich gleichfalls auf viele Ausdrücke der Sûtra's und der Commentare. So führen sie die Worte des Lankâvatâra an:

«Die von den Kindern angenommenen äusseren Begriffe
314 existiren nicht; nur der durch die Eitelkeit verwirrten Seele stellen sie sich als scheinbare Begriffe dar; alles, was sich irgend zeigt, zeigt sich — wie eine magische Erscheinung; die Existenz, welche keine Erscheinung hat, ist rein und unbegränzt, wie der Aether.» Oder in einem andern Sûtra: «alle Gegenstände sind das Herz (d. h. haben die Eigenschaft) der Voraussetzung, weil sie, in der Idee geschaffen, keine Substanz sind, keine Wurzel (der Wirklichkeit) haben, ähnlich einer magischen Erscheinung.» Im Mahâjânasamgraha: «sie erkennen an, dass in Folge der Verschiedenartigkeit von der Einheit der Seele der Begriff nicht existirt.» Nach den Worten des Dignâga: «der Gegenstand der Betrachtung ist nur im Innern enthalten, indem er zur Gestaltung der Erkenntniss gehört und nachdem er deren Ursache geworden ist. — In demselben Sinn drückt sich auch Çântideva aus. In der Bodhisattvabhûmivritti heisst es:

«Die besondern Ideen des Vidschnâna erscheinen in der Form des Rûpa.» Çâkjabodhi (ཤཱཀྱ་བློ) sagt: grün, gelb u. s. w.

finden sich weder innerhalb, noch ausserhalb und gleichen deshalb einem Hasenhorn (d. h. sind etwas nirgends Existirendes).» Im Pramâṇavartika wird gesagt: «Wie kann in einem und demselben Mannigfaltigkeit hervortreten. Das hat überall keinen Sinn.» In einem andern Buche heisst es: «Durch die Macht der Verdunkelung entsteht die scheinbare Theilung in Graha und Guhja; sie ist unwahr, irrig, absurd.»

Diese Schule der Jogâtschârja's theilt sich — abgesehen von vielen einzelnen Discordanzen — in zwei hauptsächliche Unterabtheilungen, die, welche anerkennen und die, welche nicht anerkennen die Verdunkelung (buchstäblich: die Beschmutzung) des Elements des Vidschnâna in der absoluten Idee durch den Schmutz des Grahaguhja. Dessen thun die indischen Schriftsteller auf zwiefache Weise Erwähnung: nach den einen sagen die, welche die Verdunkelung anerkennen, «dass der analysirende Verstand, selbst wenn er über die Gränzen des Saṁsâra hinausschreitet, sich nicht von dem Graha und Guhja trennt, weil er auch auf den Irrthum schaut» — aber Ârjâsanga und Maitreja, die Repräsentanten 315
der die Verdunkelung nicht Anerkennenden sagen (der ersterе) «dass in dem Verstand, der keinen Vikalpa hat, gar keine Manifestation eines subjectiven Begriffs statt findet,» und (nach Maitreja) «dass er sich weder nach etwas richtet, noch sich irgend welche Merkmale vorstellt.» Auf Grund des Pramâṇavartika erkennen einige an, «dass eine zwiefache Sichtbarkeit das Element der Seele verdunkelt,» andre aber, dass, da die Verdunkelungen (wie auch alles in der Welt) momentane sind, ihrer gar keine in dem Element der Seele giebt, sondern diese rein ist, wie Glas,» oder mit andern Worten: die erstern sagen, «dass nicht nur die Empfindungen der Beruhigung und der Betrübniss im Vidschnâna und in der absoluten Vernunft xistiren, sondern durch die Macht der

Unwissenheit sich auch äussere Objectivität zeigt, welche durch Trug und Irrthum das Vidschnâna verdunkelt;» die andern aber behaupten, «dass das Vidschnâna in der absoluten Bedeutung durch die Aufnahme äusserer Formen gar nicht befleckt wird, dass aber kein einfaches Wesen, sondern nur ein Buddha dasselbe erreichen (sich desselben bedienen?) kann [1].»

Dass der Begriff des Ausdrucks: «nur in der Idee» nicht von allen auf gleiche Weise angenommen ward, ist daraus ersichtlich, dass Dschamjang *b*schadpa, nachdem er es unternommen den berühmten tibetischen Lotsava rTags-ts'ang und andre zu widerlegen, hinzufügt, dass auch sogar Dharmakîrti nicht zu beweisen vermochte, dass alles nicht eine und dieselbe Substanz mit der Seele, oder Seele selbst ist, woraus deutlich, dass auch in Indien selbst diese Ideen verbreitet waren. rTags-ts'ang behauptete, dass nach der Meinung der Jogâtschârja's das Grüne u. s. w. ihre Existenz (buchstäblich: ihren Inhalt བདག་ཉིད) innerhalb der Substanz der Seele haben, d. h. welche andre Bedeutung wird das Wort: «nur in der Idee» haben, wenn nicht alle Gegenstände
318 die Seele sind, welche sie erfasst?» Aber unser Autor sagt, dass sie nicht begriffen, dass, wenn die Gegenstände Inhalt, Substanz, Element der Seele sind, dann die Seele bereits gewissermassen aufhört Seele zu sein, dass ihre Eigenschaft selbst eine zusammengesetzte wird. Er sagt, dass der erwähnte Ausdruck nichts weiter bedeutet, als dass es ausser dem Gedanken oder der Idee keine äusseren Begriffe giebt, dass das Wort «Gedanke» hier als eine besondre Art (buchstäblich: als Gefährte) der Seele genommen wird, das Wort

1) གྲུབ་མཐའ Bl. 174—180.

«nur» aber klar anzeigt, dass es nicht die Seele, sondern nur deren Zubehörigkeit ist. — Dieses erläutert er durch das Beispiel: dass sich auch im Traume Formen der Skandha, Wälder, Berge, weitläuftige Felder darstellen, obgleich nichts (wirklich) Erscheinendes eintritt; dies ist nichts weiter als Gedanke, daraus folgt aber nicht, dass jede Vorstellung besonders Seele ist, d. h. dass deren Theile ein (ganzer) Gedanke geworden sind — mit andern Worten, dass auch in der Vorstellung des Berges selbst das Oben, Unten, die Mitte und jede Seite desselben eine Totalität der Seele bilden müssen. Unter den übrigen Bestätigungen dieses Gedankens, Texten aus dem Mahâjânasaṁgraha, aus den Werken des Çântipa und den übrigen — führt er Folgendes an: das Vidschnâna zertheilt sich nach den Ideen, in welche es sich verwandelt, oder: «wie der Reflex des Rûpa (im Spiegel) von diesem verschieden ist, so ist auch ein (bestimmter) Gedanke der Seele verschieden von der Seele (selbst),» was nach des Autors Worten bedeutet, dass der Reflex im Spiegel, obgleich er nicht der Spiegel selbst ist, dennoch nicht auch etwas ausser diesem ist; so ist auch Rûpa u. s. w. (was in die Erkenntniss eingeht), obgleich sie nicht die Erkenntniss (selbst) sind, doch ebenfalls auch nicht etwas anderes.[1])

Die Madhjamika's. 317

Madhjamika ist, wie wir oben gesagt haben, ein Name, welchen sich beide Hauptschulen des Mahâjâna aneignen, welcher aber hier, wie die Tibeter lehren, für diejenigen gebraucht wird, die — indem sie beide Extreme leugnen, d. h. die Ewigkeit oder die Existenz in der absoluten und die Ab-

1) གྲུབ་མཐར Bl. 183.

gerissenheit oder die Nichtexistenz in der bedingten Idee[1]) — annehmen, dass alles nicht wirklich existirt, wie ein magischer Trug, mit einem Wort, das Sein leugnen. Eben diese Verneinung beider Extreme verschafft ihnen auch den Namen Madhjamika's, d. h. die die Mittelstrasse (madhjama) Lehrenden; diese glauben sie zu predigen, indem sie ganz und gar nichts von den Gegenständen sagen, sondern das Sein der Substanz leugnen; und deshalb werden sie auch «die das Nichtsein Bekennenden» genannt. Dennoch theilen sich die Madhjamika's in zwei sehr differirende Schulen: die Svatantrika's (die Radicalen རང་རྒྱུད་པ), welche annehmen, dass jeder Gegenstand auf eine ungewöhnliche Weise aus dem Wesen seiner eigenen (sva) Wurzel (tantra?[2]) རྒྱུད) seine Existenz hat und die Prasanga (? ཐལ་འགྱུར་པ), welche sich zur Widerlegung ihrer Gegner der Sophismen der bekannten Art bedienen, in welchen sie das Nichtentsprechende oder die Absurdität jeder Meinung, welche sie auch immer sein möge, deduciren — was auch Prasanga genannt wird. Da jetzt nur das letztre System in Tibet das Privilegium der Herrschaft geniesst, so zweifeln viele sogar, ob man die Sautrântika's zu den Madhjamika's zählen müsse, und unser Autor gewährt ihnen gewissermassen nur aus Gnade und zwar, wie er sagt, weil ihre Theorie über der der Jogâtschârja's steht und man sie ausserdem, wenn man sie aus der Zahl der Madhjamika's
318 ausschliesst, sonst nirgends unterbringen könnte (weil die Buddhisten gewohnt sind nur vier Systeme zu rechnen).

Wie der Autor, so bezweifeln auch die Tibeter allsammt überhaupt auch nicht, dass die Lehre nicht nur nach den

1) [Vgl. Bem. zu S. 304 und S. 299.]

2) [Vgl. zu S. 320.]

Ideen des Mahâjana, sondern sogar im Geist der Madhjamika Prasanga, durch den Buddha vom Augenblick an, wo er diesen Beruf erreichte, sein ganzes übriges vierzigjähriges Leben hindurch auseinandergesetzt und sogar noch während der Dauer von eben so viel (?) Jahren unter Ânanda's Vorstandschaft des Glaubens bewahrt worden sei; sie finden eine Unterstützung für diese Annahme in dem prophetischen Sûtra Mahâdûta (? སྤྲིན་ཆེན་པ), welches im Verein mit dem Mahâbberihâraka (རྔ་བོ་ཆེ) viel weiter geht und über die späteren Schicksale des Buddhismus handelt. Nach Ânanda verschwand die Lehre des Mahâjâna unter den Menschen, aber vierhundert Jahr nach dem Tode des Buddha erschien Nâgârdschuna, welcher nach denselben Sûtra's sechshundert Jahre lebte, während Bodhibhadra ihm nur ein hundertjähriges Leben zuschreibt. Nâgârdschuna war, nach den Worten der Tibeter, eigentlich ein Prasanga, obgleich man in seinen Schriften auch nur die Ideen erblicken kann, welche beiden Schulen der Madhjamika gemeinsam sind; wir bemerken, dass der Jogâtschârja'sche Ârjasanga den Nâgârdschuna weder verwirft, noch seine Werke angreift. Dieses allein zeigt schon, dass er vielmehr Sûtra's schrieb, nicht aber die Çâstra's, welche jetzt unter seinem Namen aufgeführt werden. Der Autor widerlegt die Angabe des Bodhibhadra: dass Nâgârdschuna nur hundert Jahre gelebt habe, dadurch, dass er in diesem Fall nicht der Lehrer des Bhavja — des Gründers der Schule der Svatantrika's — hätte sein können. An dieser Legende hatte aber wahrscheinlich einzig der Wunsch Antheil, seiner Schule auch den chronologischen Vorrang vor den Jogâtschârja's zu geben; wenn Bhavja in der angegebe- 319
nen Periode lebte, wie konnte er — wenigstens bereits ein

Zeitgenosse, wenn nicht ein Vorgänger des Ârjâsanga — über die Schule der Jogâtschârja's in seinem Werke Tarkadschvala (རྟོག་གེ་འབར་བ Tandsch. B. ཛ) sich so umständlich verbreiten? — Wie sich das nun auch immer verhalten möge, die Tibeter nehmen an, dass das erste Werk aus der Schule der Madhjamika's dem Buddhapâlita angehörte, dem ersten Prasanga, welcher den im Buddhismus berühmten Syllogismus abfasste, oder den Beweis des Nicht-Ich. Bhavja aber, nachdem er diesen Syllogismus als unwahr verworfen hatte, gründete die Schule der Svatrantika's, in welcher Çântirakschita später eine neue Unterabtheilung schuf, indem er in die Lehre des Madjama die Lehre der Jogâtschârja's einführte; deshalb werden in der Schule Svatantra zwei Hauptunterabtheilungen gerechnet: die Madhjamika-Sautrântika und die Madhjamika-Jogâtschârja. Mittlerweile stellte Tschandrakirti den Ruhm des berühmten Syllogismus wieder her, und eine Reihe von Werken, welche, wie ersichtlich, der Verbreitung des Buddhismus in Tibet sehr nahe und theilweis gleichzeitig waren, gab alsdann, während der späteren Existenz desselben in Indien, dieser Schule vor den übrigen den Vorrang, was auch ihr Einfluss auf Tibet erwies.[1])

1) གྲུབ་མཐའ Bl. 192. 202. Weiterhin verbreitet sich der Autor darüber dass der Buddhismus eine geistige Beschäftigung erfordert, welche im Çamamatha und Vipaçjana entwickelt ist, nicht aber eine einfache Entfernung jeder gekennzeichneten Vorstellung aus sich selbst, wie Einige glauben und besonders, nach dem Begriff der Tibeter, die chinesischen Hoschangs, welche angeblich jeden Gedanken wie eine Eingebung des Teufels betrachten. — Wir erinnern hier angemessen an den Bericht des Bu-ston in seiner Religionsgeschichte, wonach anfänglich die chinesischen Hoschangs die Führer der Tibeter im Buddhismus waren, bis der Inder Kamalaçila erschien und in Gegenwart des Königs Kri-srong-sde-btsan in einer Disputation (einer augenscheinlichen Wiederholung der Disputationen, welche sich in Indien zwischen den Madhjamika's und Jogâtschârja's erhoben hatten) die Meinungen der Ho

Das Wort Svatantra (nach der tibetischen Uebersetzung: 320
eigen, ursprünglich) wird in gleichem Sinn mit selbstständig (རང་དབང), unabhängig (བདག་དབའ — svairî स्वैरी sich nach seinem eignen Verlangen richtend (von sva und irin) genommen; das Wort tantra bedeutet hier «sich gestaltet habend» (སྒྲུབ་པ) [1]) und jedes Wort zeigt, dass der Name Svatantrika's denen gegeben ward, welche die selbstständige Gestaltung (Existenz) durch das eigenthümliche Sein oder den Inhalt desselben annehmen und dieses in Widerlegungen der Ausdrücke ihrer Gegner durch Deductionen (རྟགས) beweisen, welche deshalb auch sogar Deductionen der Selbstständigkeit u. s. w. genannt werden. Der Autor, indem er den letzten Zusatz machte, wollte damit sagen, dass man nicht nöthig hat zu glauben, dass die Svatantrika's in Wirklichkeit die Materialität der Gegenstände annehmen, eben so wenig als die Prasanga's, indem sie das Svatantra leugneten, vielleicht bedeuten sollten, dass sie die Materialität verneinten; in diesem Falle würde es nöthig sein diese und jene in die Classe der Tîrthika's zu versetzen; als wahre Madhjamika's dürfen sie sich weder an das eine noch an das andre Extrem halten — und deshalb muss man sowohl das Svatantra als den Prasanga wie zwei verschiedne dialektische Hypothesen betrachten, mit denen sich jede Schule, nur zur Widerlegung ihrer Gegner waffnet, nicht aber annehmen, dass sie nur bei dem stehen blieben, was in diesen Sätzen enthalten ist; wei-

---

schangs widerlegte; seit dieser Zeit ward der Einfluss der Chinesen vernichtet; die Tibeter fingen an nur nach Indien zu reisen und nur Inder bei sich aufzunehmen.

1) [Tantra hat hier wohl seine bekannte Bedeutung «Ursache;» svatantra wird als Bahuvrîhi zu nehmen sein und heisst dann «seine eigne Ursache habend — durch sich selbst verursacht.»]

ter verstehen sie noch nichts unter ihrem Extrem. Uns scheint jedoch, dass der Name Svatantra gebildet ist im
321 Gegensatz zu dem Terminus der Jogâtschârja's: Paratantra, indem diese die Existenz äusserer Begriffe anerkennen.

Die Madhjamika-Sautrântika's unterscheiden sich bereits wesentlich von der Schule der Sautrântika's dadurch, dass sie später als die Jogâtschârja's auftraten, folglich mit deren Ideen und Ausdrücken zu schaffen haben und den Sûtra's, welche die Jogâtscharja's als Stütze ihrer Ideen aufstellten u. s. w. eine Erklärung geben mussten. Die den Çrâvaka's noch nicht bekannte Eintheilung aller Gegenstände nach drei Merkmalen verwarfen sie nicht, — aber von dem Punkte ausgehend, dass die Lehre der Jogâtschârja's von der Entwickelung von allem aus der Idee weder mit dem Worte des Buddha übereinstimmt, noch mit der allgemein angenommenen Meinung (གྲགས་པ); dass der Graha und das Guhja nicht beide leer sein können, sehen sie auch das Parikalpita und Paratantra sehr verschieden an. Die Jogâtschârja's sagten, dass alles, was wir im Graha und Guhja von den Gegenständen ausser uns erkennen — da es weiter nichts als Wort, und Begriff, was wir mit ihnen vereinigen (der Charakter des Vikalpa) — Parikalpita (Vermeintliches) ist, welches keine eignen Kennzeichen oder selbstständige Existenz hat und der Gegenstand selbst ist ihm völlig fremd (Paratantra), d. h. wird nicht vermittelst des Parikalpa in unsern Gedanken erreicht; — die Madhjamika-Sautrântika's dagegen sagen, dass Graha und Guhja eben so sehr Substanzen sind, als Paratantra und Parinischpanna und dass sie selbstständig existiren; wahr ist, dass alle drei Merkmale nichts anders sind, als eine und dieselbe Nichtexistenz; hier aber trägt diese verschiedne

Epitheta an sich: Paratantra[1]) ist die Nichtsubstantialität der
Entstehung — dies ist das Subject, welches zum Stützpunkt
für unsere Definition oder Urtheil dient: es ist aus dem Zu- 322
sammentreffen fremder Theile entstanden — und deshalb heisst es Paratantra: seine Entstehung ist nicht in der absoluten Idee; Parikalpita ist die Nichtsubstantialität der Merkmaligkeit, d. h. das was wir nur als wirklich substantiell in dem zu bestimmenden Object annehmen, drückt nicht sein echtes Sein aus, oder existirt nicht in der absoluten Idee; während Parinischpanna die absolute Nichtsubstantialität ist, oder der Mangel einer wahrhaftigen Existenz im Gegenstand — diese ist vollständig existirend, weil sie nicht so verbleibt wie wir voraussetzen, sie ist das Object der absoluten Idee; — der Art ist die Negation der Existenz, in welcher jeder Gegenstand vollständig in die Theile seiner Zusammensetzung zerlegt erscheint, wodurch er sein Ich verliert.

Auf gleiche Weise schieden sich die Madhjamika-Sautrântika's von den Jogâtschârja's auch in der Art wie sie das Gemeinsame in der Lehre des Buddha in den drei Perioden der Verkündigung auffassten; — die letzteren, indem sie annahmen, dass die Çrâvaka's und Pratjeka's zu der Ordnung der Auserwählten (ངེས་པའི་རིགས) gehören und unzweifelhaft bereits die Fähigkeit besitzen, den Beruf des Buddha zu erringen, sahen in den zwei oder drei Jâna's gewissermassen eine stufenartige Folge und setzten daraus nur ein Jâna zusammen; die Madjamika-Sautrântika's aber leugnen diese Einheit und beweisen, dass die Çrâvaka's und Pratjeka's Auserwählte sind, indem sie das Wort der Sûtra's anführen, wo gesagt wird, dass über ihrer Lehre eine andre, ihnen

1) Die Madhjamika's beginnen mit diesem Merkmal, aber nicht mit dem Parikalpita.

nicht zugängliche steht, dass in ihrer Lehre nur von dem groben Nicht-Ich des Pudgala die Rede ist, aber mit keinem Wort das Nicht-Ich des Dharma erwähnt wird, welches einzig und allein die Kraft in sich trägt, die geistige
323 Verfinsterung zu vernichten; deshalb gestanden sie zwar zu, dass die Arhant's die Verfinsterungen der Eitelkeit vernichten, leugnen aber, dass sie das Nirvâna erreichen können.

Sie sagen, dass die Stellen in den Sûtra's Lankâvatâra, Daçabhûmi, Sandhinirmotschana, wo das Wort tchittamâtra erwähnt wird, sich nur auf die Absicht des Buddha beziehen, die Lehre der Tîrthika's zu widerlegen, welche zugestanden, dass es das Vidschnâna Geniessende oder Essende gebe, dass man aber nicht glauben dürfe, dass es ganz und gar keinen äusseren Begriff in bedingter objectiver Beziehung gäbe; — in absoluter verhält es sich anders: — leugnet man, sagen sie, das Rûpa [Gestalt, Körper], worauf gründet sich alsdann noch der Begriff selbst? Es ist wahr, der Begriff von zwei sich zeigenden Monden ist trügerisch und in der Wirklichkeit existiren keine zwei Monde, sondern dieses alles ist auf einen Mond basirt; es ist wahr, dass ihn die ganze äussere Welt mit einem Traumgesicht vergleicht, — aber auch das Traumgesicht selbst, als etwas Angenommenes, gründet sich auf einen Theil (分), welcher in die Voraussetzung eingeht [d. h. Voraussetzung wird]; und demgemäss liegt der Grund des Begriffs (Graha und Guhja) ausser uns und gründet sich nicht auf das Svasamvedana (welches sie auch leugnen) — und demgemäss giebt es Atome der Substanz.

Von den zwei Wahrheiten nach den Begriffen dieses Systems haben wir bereits oben gesprochen; hier bemerken wir nur noch eine charakteristische Ausdrucksweise dieser Schule: «indem sie die Existenz einer eigentlich aus sich selbst gebildeten Substanz, ihre Eigenwesenheit, selbst merkmalig annehmen,» sagen die Madhjamika's, «leugnen sie eben dadurch den Begriff des wahrhaft (བདེན་པར), echt (ཡང་དག་པར) und absolut (དོན་དམ་པར) gestalteten,» d. h., dass diese letzten Worte völlig entgegengesetzt sind (indem sie dem Paramârtha angehören) den vorhergehenden (welche die Saṁvṛiti ausdrücken»).

Die Madhjamika-Svatantra-Jogâtschârja's sind die An- 324
hänger des Çântirakschita und unterschieden sich von den Svatantra-Sautrântika's dadurch, dass sie die Existenz der äusseren Begriffe verwarfen; aber im Verein damit unterwarf sich diese Schule auch den übrigen charakteristischen Unterabtheilungen der Jogâtscharja's, d. h. sie schied sich in solche, die die Wahrheit (d. h. Wirklichkeit) der Begriffe, welche durch die Erkenntniss gebildet werden, wenn die Grundlage dieser Begriffe innerhalb und nicht ausserhalb von uns liegt, anerkennen, und solche, die sie nicht anerkennen. Çântirakschita selbst und seine Schüler gehören zu den erstern; er sagte, dass die Begriffe von «dunkelblau, gelb u. s. w.» existirende und relativ wirkliche sind — nicht aber aber einfach blosse Namen. Hierin fand er Anhänger in Kamalaçila und Ârjamukta (? འཕགས་གྲོལ). Der Gründer der Madhjamika-Jogâtschârja's, welche die Wirklichkeit des Begriffs leugnen, war der Lehrer Haribhadra (སེང་གེ་བཟང་པོ), der in der Hauptsache mit Çântirakschita übereinstimmt; er sagte, wenn es in Wirklichkeit keine Entstehung des Graha ausser uns gäbe, dann gäbe es consequenter Weise auch kein Guhja, und demgemäss müsse man sogar leugnen, dass (in Wirklichkeit) auch nur ein ideeller Begriff existire; das wirklich

existirende Element ist nur der unentzweite Geist — die Begriffe sind nichts andres, als ein magischer Trug. Obgleich der Autor auch aus einigen Worten des Haribhadra schliesst, dass er (eine Beschmutzung d. h.) eine Verdunkelung der Seele anerkannte, so scheint doch, dass sich die gegenwärtige Entfaltung dieser Ideen später vollendete; wir haben bereits gesehen, dass die Jogâtschârja's, welche die Wirklichkeit der Begriffe leugnen, sich ihrerseits in diejenigen theilten, welche die Verdunkelung der Seele anerkannten und die, welche sie nicht anerkannten. Dasselbe geschah nothwendig auch für
325 die besprochene Unterabtheilung der Madhjamika's. Für die eigentlichen Lehrer des Satzes, dass die Seele, obgleich in ihrer Eigenwesenheit rein, dennoch durch den Schmutz der Saṁvriti (d. h. der Begriffe) verunreinigt wird, wie trübes Wasser, muss man Dschepari (?) ansehen. Dem entgegengesetzt lehrte der Lehrer Kambala (welcher nach den Worten des Autors mit Lavapa identisch ist), dass die Seele in ihrer eignen Beschaffenheit nicht an der Verdunkelung Theil nimmt, sondern nur in Folge der erborgten Skandha's mit der Verdunkelung umkleidet wird, dass der Begriff mit einem Glase verglichen wird, durch welchen die Seele das Rûpa sieht, und dass Graha und Guhja in diesem Verhältniss verschieden sind, d. h. der den Irrthum hervorbringende Graha ist selbst einer Erscheinung gleich und nicht Beschaffenheit der Seele.

Dieser Schule Svatantra ist in Rücksicht auf die Lehre des Buddha mit den Sautrântika's gemeinsam, dass sie bezüglich der Eintheilung der Lehre — drei Perioden im graden und schrägen Sinn für die erste Lehre von der absoluten Wahrheit erfordern; sie sagen aber, dass obgleich da auf gleiche Weise sowohl das Aeussere (Rûpa u. s. w.), als auch das Ideelle entfernt wird, dennoch derjenige, welcher die Nicht-Existenz von allem zu begreifen nicht im Stande ist, zuerst die Idealität zulassen möge, um bequemer zu der Nichtexistenz des Aeusseren zu gelangen, von wo er sich stufenweise auch das Nicht-Ich der Seele aneignet und alsdann leicht zu dem Paramârtha gelangen wird; so war auch, wie sie sagen, die Absicht des Buddha.

Die Prasanga — die andre Schule oder das andre System der Madhjamika — wird von den Tibetern, d. h. den jetzigen Lamai'schen Lehrern, als die einzige, die Lehre des Buddha vollständig richtig erklärende anerkannt, d. h. mit andern Worten: die Prasanga-Schule lehrt angeblich so, wie der 326
Buddha selbst innerlich glaubte und bekannte, als er seine mannigfaltige Lehre vortrug; die Tibeter drücken sich darüber bestimmt aus. Nach dem Prasannapâda (ཚིག་གསལ im Tandschur B. 2, einem Werke des Dharmakîrti) können die Madhjamika's das Svatantra nicht zulassen, weil sie nichts anerkennen können, d. h. die Svatantrika's, indem sie anerkennen, dass der Gegenstand selbstständig, eigenwesig, oder aus seiner eignen Wurzel (Svatantra) gestaltet ist, müssen daraus deduciren, dass es eine wirkliche Entstehung giebt, und von da müssen sie in irgend ein Extrem gerathen, dessen Negation auch eine Wesenheit der Lehre des Madhjama ist; denn diese darf gar keine Ueberzeugung haben. Diese Negation des Gedankens durch jedes Aeussere (Samvriti), ausgedrückt in den Syllogismen der bekannten Art, welche Prasanga genannt werden, gab auch dieser Schule der Madjamika's ihren Namen, d. h. in den Syllogismen dieser Art werden nur fremde Meinungen herausgestellt und ihre Unangemessenheit ausgesagt. Wir haben schon oben gesagt, dass die Madhjamika's sich in die alten und die neueren theilen, d. h. dass angeblich bis auf Ârjâsanga die Lehre des Nâgâr-

dschuna, Ârjadeva u. s. w. sich in deren Geiste erhalten hatte, aber später vergessen und von Buddhapâlita wieder hergestellt ward; aber nach diesem traten auf Tschandrapâda (? ཟླ་བའི་ཞབས) und Çântipa, oder Çântideva (ཞི་བ་ལྷ); dahin rechnen sie auch die Meinungen des Çâkjamitra, Nâgabodhi und Njâjakokila (? རིགས་པའི་ཁུ་བྱུག), obgleich diese sich selbst nicht diesen Namen gaben.

Diese Prasanga stellen ihrerseits ein langes Register von Büchern des Kandschur und Tandschur auf — die letzteren finden wir in einem besondern Theil des Catalogs, welcher
327 der Madhjamika-Lehre (དབུ་མའི་སྐོར) gewidmet ist; überdies rechnen sie auch den grössten Theil der Hymnen im Tandschur dahin; was jene betrifft, so sind es fast alle berühmten Bücher des Mahâjâna, ausgenommen das Saṁdhinirmotschana, der Mahâbhertharaka und das Garbhasûtra (སྙིང་ཛོའི་མདོ) und andre, welche einzig den rein ungenauen Sinn enthalten (d. h. mit andern Worten: welche im Geist der Jogâtschârja's geschrieben sind), während die siebenzehn Bücher der Pradschnâpâramitâ, die Akschajamatinirdeça, der Samâdhirâdscha, die Dharmasaṁgîti, die Anavataptaparipṛitschtsch'hâ, Sagaraparipṛitschtsch'hâ, das Mandschuçrîvikrîdita, das erste Capitel aus dem Ratnakûṭa und das Capitel des Kâçjapa, auf welches Nâgârdschuna und dessen Schüler sich berufen (wenn nur diese Werke nicht untergeschoben sind), zu den Sûtra's des ausschliesslich echten Sinnes gehören. Die andern Bücher, wie die Daçabhûmi, der Buddhavischajâvatâra, die vier Bücher der vier Samâdhi, der Avataṁsaka, Dharaṇîrâdscha, Ghaṇavjûha und andre werden als gleichmässig zu diesen und jenen gehörig betrachtet (d. h. wir sind berech-

tigt sie sammt den hier ausgelassenen: dem Lankâvatâra, dem Saddharma und übrigen zu der Lehre der Jogâtschârja's zu ziehen, da die Gegner von diesen nicht wagen sie sich vollständig anzumassen). Wir wollen hier bemerken, dass die Tibeter die Bücher des genauen Sinnes oder die Madhjamischen die tiefen (ཟབ་མོ) nennen, die der Jogâtschârja's aber die ausgedehnten (རྒྱས་པ vaipulja? aber hier im Sinn von «analytischen» (ལེགས་ཕྱེ), wie oben gesagt ist).

Den Unterschied zwischen dem zwiefachen Sinne [bei den Auffassungen] der Sûtra's gründen sowohl die Prasanga als Svatantra darauf: wird von Buddha über den Paramârtha gesprochen, oder nur über die Saṁvṛiti? Sie halten sich hier- 328
in an die Worte des Sûtra Akschajamatinirdeça, wo gesagt wird: «die Sûtra's, welche über den Paramârtha lehren, sind die Bücher des geraden Sinnes, aber die, welche die Saṁvṛiti auseinandersetzen, enthalten den schrägen Sinn.» Diejenigen nämlich, wo der Sinn in Buchstaben und Worten ausgedrückt wird, welche aber auf dieses Unbegreifliche deuten, sind die Bücher des geraden Sinnes; aber selbst wenn man zugiebt, dass dieses Buch schon vor der Lehre oder den Schriften der Jogâtschârja's erschien, und folglich vor ihnen die Eintheilung der Sûtra's nach zwei Auffassungen in den Gebrauch einführte — wozu die Mahâjânisten leicht durch den Wunsch bewogen werden konnten, ihre Lehre über die Çrâvakische zu stellen, — so finden wir doch hier in der Lehre über den zwiefachen Sinn [die beiden Auffassungen] nicht das, was die Madhjamika's darin sehen wollen, nämlich dass man darunter auch die Lehre der Jogâtschârja's verstehen muss — oder überhaupt, dass in dem Buche die Lehre der drei Perioden analysirt wird — ein Terminus,

welcher vollständig erst von den Jogâtschârja's eingeführt ward; die Worte des Buches Akschajamati sind nicht gegen die Jogâtschârja's gerichtet, (welche ihm vielleicht noch nicht bekannt waren); es drückt sich deutlich aus: «Die Bücher, in welchen von dem Nicht-Ich, wie vom Ich unter verschiednen Ausdrücken gelehrt wird, wie: Ich, Existenz, Leben, lebender Mensch, Pudgala, der Handelnde, der Empfindende u. s. w., diese Bücher enthalten den schrägen Sinn.» Die Prasanga theilen diesen schrägen Sinn in zwei Arten: der ganz unwahre, z. B. wenn etwa gesagt wäre, dass man den Vater, die Mutter (?) tödten müsse, wo man folglich überall schon dem Buchstaben nicht folgen darf, — und der zulassbare Sinn, in welchem man verstehen muss, wie gesprochen wird, wenn z. B. gelehrt wird, dass Glück und Leid aus weissen und schwarzen (d. h. guten und schlechten) Handlungen hervorgehen; — obgleich dies auch so bedingt ist, so muss es in der absoluten Idee doch auf das Nicht-
329 Ich anspielen, weil die Entstehung von Glück und Leid keine wesentliche Bedingung dieser Handlungen ist. Diese Eintheilung des schrägen Sinnes ist von den Prasanga's augenscheinlich gegen die Jogâtschârja'sche Definition gerichtet, wonach der gerade Sinn der ist, wo man so verstehen muss, wie gesprochen wird; die Madhjamika's führen diese Definition auf die Stufe der Subjectivität hinunter. Von da aus geben sie den Texten, auf welche sich die Jogâtschârja's stützen, ihre Erklärung. Die Prasanga's sagen, dass man, von den drei Jogâtschârja'schen Merkmalen, unter Parikalpita die vermeintliche Voraussetzung verstehen muss, dass Paratantra, unter welchem man alles Zusammengesetzte begreift, als selbstmerkmalig existirt, oder Sein besitzt; sie erklären dies durch ein Beispiel: vor uns liegt ein Seil — wir nehmen es für eine Schlange, aber diese ist durchaus nicht in

diesem Seil. Und so ist Paratantra das, was als Grundlage der vermeintlichen Voraussetzung des Parikalpita dient, aber es ist auch die Grundlage des Parinischpanna, wenn z. B. das Sehen, wie das dem Buddha Angehörige, das Erscheinende in seinem innern Sein entspringend sieht, d. h. Existirendes in dem Nichtexistirenden nicht voraussetzt; da alle Gegenstände (Paratantra) nicht in dem Paramârtha existiren, d. h. kein eigenes Sein haben, so wird diese Grundlage des Parinischpanna das Leere oder das zum Schluss auf die Leerheit Führende genannt. Die charakteristische Lehre der Prasanga besteht darin, dass Alles, was es irgend giebt, nichts weiter ist, als etwas ausser uns mit einem Namen Bezeichenbares (མིང་གིས་པར་བཏགས་ཙམ mit einer Phrase, augenscheinlich nach der Manier der Jogâtschârja'schen སེམས་ཙམ gebildet), nichts mehr als das Seil, welches in der Dunkelheit Schlange genannt ist, ein ausgestopftes Thier (oder ein Erdaufwurf) das in der Ferne für einen Menschen genommen wird; so wird gesagt: das Element der Erde ist nicht mehr als ein bedingter Name — Bedingtes ist weder Mann noch Frau.»

Die Prasanga's sagen, dass ihr System sich von allen 330
übrigen durch folgende ungewöhnliche Eigenthümlichkeiten (ཁྱད་པར་ཐུན་མོང་མ་ཡིན་པ) unterscheidet, (der Autor zählt hier, wie wir sehen werden, elf Punkte auf, aber gewöhnlich rechnet man im Ganzen acht hauptsächliche):

1. nehmen sie eine bedingte Existenz der äusseren Begriffe an, obgleich diese keine absolute haben; dagegen darf man das nicht vom Âlaja sagen, obgleich auch von ihm, aber schräg, in vielen Sûtra's die Rede ist.

2. Zwischen den beiden Nicht-Ich (dem materiellen und persönlichen) giebt es keinen Unterschied in Bezug auf

ihre eigentliche Bedeutung als Leerheit — sie unterscheiden sich aber bezüglich der Grundlagen, aus welchen diese Leerheit abgeleitet wird; da die Annahme des Ich eine grobe und eine feine ist und alle übrigen Schulen nicht glauben, dass der Begriff Ich Leiden und Zorn hervorbringt (sondern nur einzig Unwissenheit), nehmen die Prasanga's dagegen deren Anwesenheit in allen drei Giften: dem Leid, dem Zorn und der Unwissenheit an (nicht aber nur in der Unwissenheit allein).

3. Da der Logik (Pramâna) eine fehllose (oder sich nicht von neuem irrende) Erkenntniss zugeschrieben wird, und es ohne den heiligen eben so hochgeschätzten Geist, welcher zugleich mit der Erreichung des Buddhaberufes erlangt wird, keine fehllose Erkenntniss giebt, so ist die Fehllosigkeit eines einfachen Sterblichen ungewöhnlich (?)

4. Die Fähigkeit der rohen Vorstellung der sechszehn Arten der vier Wahrheiten vermittelst der einfachen Beschaulichkeit (རྟོག་འགྱུར་མངོན་སུམ་) gehört nicht ausschliesslich blos den Heiligen an, sondern auch einfachen Wesen, wenn sie in den Pfad eingetreten sind — obgleich andre Systeme dies nicht zugeben; solch eine Beschaulichkeit ist nichts anders, als eine Aeusserung der Seele, von welcher es falsch
331 sein würde zu sagen, dass sie eine Erkenntniss (Vidschnâna) sei, welche keine Verdunkelung (Vikalpa) habe; auf diese Weise, sagen sie, ist der Arhant, so wie ihn die Çrâvaka's definiren (welche anerkennen, dass das Hauptforderniss des Arhant die Erfassung der sechszehn Arten der vier Wahrheiten ist) kein wirklicher Arhant, sondern noch ein einfacher Sterblicher, weil wir, sagen sie, sehen, dass auch der Arhant, nachdem er in Zweifel gerathen, in die Hölle fährt.

5. Nur zu einer und derselben Zeit mit dem Vorhersehen der Leerheit beginnt der Eintritt in den befähigenden Pfad, oder den ersten Zweig desselben, welcher die Wärme genannt wird, aber der nicht-subtile Begriff von den sechszehn Arten der Wahrheit deutet den Eintritt noch nicht an und leitet sogar nicht zu diesem Pfad.

6. Von den drei Zeiten sagen die Prasanga's, dass sie
Materie sind, indem sie unter diesem Worte das Zusammengesetzte verstehen. Unter dem Namen Vergangenheit verstehen die Prasanga's das Zerstörte — aber in diesem Zerstörten, sagen sie, liegt der Grund, aus welchem die Folgen
hervorgehen, «ein grobes Wort, welches vor diesem Kalpa
wegen etwas gesagt ist, geht nicht verloren (buchstäblich;
wird nicht zerstört), sondern fordert Vergeltung, sagt der
Buddha,» und so ist die vergangene Zeit die gegenwärtige,
welche nur aus Mangel an Ursachen der Dauer zerstört ist,
während die Zukunft die — aus derselben Unzulänglichkeit
der Ursache — noch nicht entstandene (Gegenwart) ist. Versteht man unter dem Worte «zerstört» die Vernichtung der
Ursache, dann wäre es nicht unrecht zu sagen, dass alles
Zusammengesetzte momentan existirt; ohne Ursache kann
nichts entstehen (diese Ursache aber muss in Folge der Mo-
mentanität der Existenz sich als vergangen darstellen). Wie
könnte überdies was nicht früher existirt, sich in der Folge
in Existenz erhalten? wenn man anerkennt, dass die Entstehung von einer Ursache begleitet wird, so erkennt man an,
dass auch das Zerstörte sich nicht verliert. Sagt man nicht 332
auch in der Welt, dass die Aussaat ohne Wasser vergeht,
das Kind ohne Nahrung stirbt? — aber der Buddha hat
uns nicht geheissen das, was in der Welt angenommen
ist, zu verwerfen, wenn es mit der gesunden Vernunft
übereinstimmt. Man muss beachten, dass weltliche Annahme

(འཇིག་རྟེན་གྲགས་པ), — welche als Ausdruck zugelassen wird, obgleich sie keine Genauigkeit (buchstäblich: Uebereinstimmung) in sich enthält — und weltliche Bedingung (འཇིག་རྟེན་པའི་ཐ་སྙད) — welche, weil sie sich in (diametralem) Widerspruch mit dem wahren befindet, nicht zugelassen wird — hier unterschieden werden.

7. Die Prasanga's erkennen weder das Svatantra noch das Svasaṁ vedana an — sie sagen, dass wir, nachdem wir in einem Gegenstand aufgesucht haben, was irgend durch sich selbst existirend sei, nichts finden, folglich Svatantra nicht zulassen können; vom Svasaṁvedana sagen sie, dass es ein solches eben so wenig geben kann, als ein spitzer Säbel sich selbst durchhauen oder eine Fingerspitze sich selbst berühren kann; — die Jogâtschârja's führen als Beispiel ein Licht an, welches sich und andre Gegenstände erhellt; aber warum, sagen die Prasanga's, verbrennt denn das Feuer sich nicht selbst (?!), oder warum verbirgt sich nicht die Finsterniss in Finsterniss (?)? Das Licht erhellt nicht sich selbst — (sondern es ist sichtbar, weil) keine Finsterniss blieb.

8. Es ist nicht richtig, das augenscheinliche oder das erschienene (Pratjakscha) für Vidschnâna zu nehmen — dies ist (eher) das Object aber nicht ein objectiver Begriff — wenn ein Krug und die ihn erfassende organische Aeusse-
333 rung (Erkenntniss) wechselseitig mit einander sich verflechten, so ist trotz dem in ihnen der Krug die eigentliche Augenscheinlichkeit, die organische Aeusserung aber ist das, woran jene sich knüpft.

9. Dem Buddha sind zwei Arten des Nirvâṇa eigenthümlich, die einen Rest übrig lassende und die keinen Rest

lassende. Die erstere besteht nur in dem Abwerfen der Eitelkeiten; die zweite ist eine vollständige Beendigung des Verlaufs der Skandha's; — im erstern bleiben, wenn gleich die Eitelkeiten erstickt sind, doch noch angewohnte Irrthümer (Einfluss der Leidenschaften — བག་ཆགས་ཀྱི་འཕྲུལ་པ), wovon nichts im zweiten bleibt; die Beendigung der Skandha's entsteht im (Gewinn des) Dharmadhâtu — wo alles Innere und Aeussere vernichtet wird, der Begriff des Ich und *Mein* verschwindet — und der Dharmakâja erlangt wird.

10. Obgleich die drei Gifte, folglich auch die Unwissenheit, mit dem einen Namen «Eitelkeit» bezeichnet werden, so giebt es doch, (wie wir auch in einigen Sûtra's finden,) geistige Verdunkelungen, welche nicht zu der Eitelkeit gehören — derartige Verdunkelungen beginnen erst dann abgeworfen zu werden, wenn die Eitelkeiten völlig abgeworfen sind, und bis dahin giebt es keine Möglichkeit sich von ihren Einflüssen zu befreien; die Abwerfung einer derartigen geistigen Verdunkelung zu vollziehen sind weder die Çrâvaka's noch Pratjeka's im Stande; deshalb wird auch im Dhâranîrâdscha gesagt, dass die Beendigung des asrava durch den Buddha ganz und gar nicht gleich ist mit der bei den Çrâvaka's — bei den letztern sind die Schwächen (བག་ཆགས) noch nicht überwunden; die Abwerfung der geistigen Verdunkelungen wird von den Bodhisattva's theilweis nach Erreichung des achten Gebiets begonnen.

11. Die letzte und wichtigste Verschiedenheit der Prasanga's besteht in dem besondern System der Negation beider Extreme: der Existenz und Nichtexistenz. Sie wird in dem kleinen Satz ausgedrückt: «*Vermittelst der Negation des Extrems des Seins wird in Folge der bedingten Erscheinung auch das Extrem des Nichtseins*, wel-

ches sich nicht im Paramârtha befindet, geleugnet.»
334 Die Auslegung dieses Satzes ist innig vereinigt mit den Beweisen der Prasanga's, welche das Nicht-Ich bekräftigen, und die Gestaltung von irgend etwas aus einem eignen Wesen widerlegen. Uebrigens sind die Beweise so weitläufig, dass wir uns erlauben mögen, nur eine ihrer Deductionen auszuziehen, welche von dem Autor in einem andern Werke[1]) dargestellt wird. Gewöhnlich nehmen die Buddhisten ein zwiefaches Nicht-Ich an: das Nicht-Ich der Natur und das Nicht-Ich des Menschen; der Begriff des letztern fliesst aus dem Beweis des erstern. Das Nicht-Ich der Natur oder der Gegenstände wird durch folgende Deductionen bekräftigt: 1. Wenn die Pflanze selbst durch sich aus ihrer besondern eignen Natur hervorginge, dann wäre sie keine Zusammensetzung (རྟེན་འབྲེལ — es ist aber bewiesen, dass sie eine Zusammensetzung ist). 2. Wenn irgend etwas in der Natur selbstständig oder absolut existirte, dann würde man fähig sein, es zu hören und zu sehen (denn es müssten die Empfindungen des Sehens und Hörens sich absolut in eins verschmelzen). 3. Allgemeines würde nicht vielen eigenthümlich sein können, weil es eine untheilbare Einheit wäre (als welche man das Ich voraussetzen muss, wenn es ein solches gäbe). 4. Die Pflanze hätte nicht nöthig von neuem zu entstehen, weil sie sich bereits und ohne dieses in sich selbst enthielte. 5. Wenn irgend ein Skandha, z. B. das Gefühl, selbstständig existirt, so folgt daraus, dass auch ein andrer Skandha, z. B. der der Form, selbstständig existirt, indess aber kann sich durch die Selbstständigkeit des Gefühls keine Selbstständigkeit des Skandha der Formen gestalten, weil

1) དབུ་མ Bl. 101 u. weiter.

hier das Gestaltende und das, was gestaltet wird, unter sich gleich sind.

Die Prasanga's sagen, dass die ganze Lehre des Buddha dahin zielt, den Pfad zu zeigen entweder zu den höchsten 335 Gebieten der Welt, den Himmeln, wo man die Seligkeit der Persönlichkeit geniesst, oder zu dem endlichen Weggang aus der Welt, d. h. zum Nirvâna. Der erstere Pfad wird durch Tugenden erworben, der zweite durch die höchste Vervollkommnung der Intelligenz. Von hieraus entwickelt sich die Eintheilung der Wesen in drei Ordnungen, aber diese drei Ordnungen entsprechen nicht den drei Jâna's (der Çrâvaka's, Pratjeka's und Bodhisattva's), in welchen gleichfalls Mittel zum Heile (oder dem Nirvâna) gezeigt werden; während in der Eintheilung der Wesen die erste Stelle die gewöhnlichen Sterblichen einnehmen, welche nur das Paradies suchen, bilden dagegen die drei Arten der Buddhisten nur zwei Ordnungen, nämlich das Hînajâna und das Mahâjâna. Uebrigens ist diese Meinung bereits eine rein eklektische; in den Sûtra's begegnet man in dieser Beziehung beständig Widersprüchen.

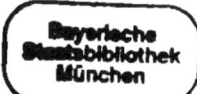

INDEX.

Die Zahlen sind die des russischen Originals, welche in der Uebersetzung am Rand stehen.

A.

E.

G.

N.

O.

P.

Berichtigungen.

S. 10 Z. 5 v. u. Rischi.
11 7 v. o. Ṡiddhârtha.
27 1 v. u. Bikschuṇî's.
35 10 v. o. ist. —
43 4 v. u. Gandhamâdana.
48 5 » » Buddhismus.
50 2 v. o. Madhjântika.
54 10 » » Sâketana.
9 v. u. Hâstinapura.
56 8 v. o. sich.
58 12 » » Mahâsjâṇi.
23 » » Bhaṭṭâtschârja.
59 23 » » Tschakrâjodhja.
24 » » Khri srong ldeu tsan.
60 11 » » Nejapâla, Âmrapâla.
28 » » Jamunâ.
33 » » Pratitasena.
63 2 » » Arhantmord.
95 9 » » Sûtra's.
99 3 v. u. Turkestan.
135 16 v. o. grösste.
138 8 v. u. Çrâvaka.
139 9 » » Çâkjamuni.
171 18 v. o. Nirmâṇarati.
23 » » Nirvâṇa.
175 2 v. u. Mandschuçrî.
201 3 v. o. Literatur.

S. 221 Z. 4 v. u. Çâvaripa.
230 9 » » Açvaghoscha.
4 » » Tschhen thi.
232 6 » » Piṭaka's.
239 3 v. u. Ajodhjâ.
240 8 » » Tîrthika.
247 9 v. o. Mahâsâṃghika.
250 12 » » Mahâsâṃghika.
270 3 v. u. Mahâsâṃghika.
17 » » Mahâsâṃghika.
250 4 v. o. Mahâvjutpatti.
252 6 v. u. Sthavira's.
256 1 » » Hiuen Thsang.
268 9 » » ཐམས་ཅད་ཡོད
5 » » Bahuçrutîja.
272 14 » » Srota âpanna.
301 8 » » Avalokitavrata.
302 12 » » Çântirakschita.
11 » » rGan bsangpo.
324 14 v. o. Eitelkeit.
332 10 » » Ghaṇavjûha.
345 1 v. u. existiren.
358 9 » » Sâgara ....
3 » » Dhâraṇî ....